TEXAS

Eine Übersichtskarte von Texas mit den eingezeichneten Routenvorschlägen finden Sie in der vorderen Umschlagklappe.

Horst Schmidt-Brümmer

TEXAS

überarbeitet und aktualisiert von
Carina Sieler

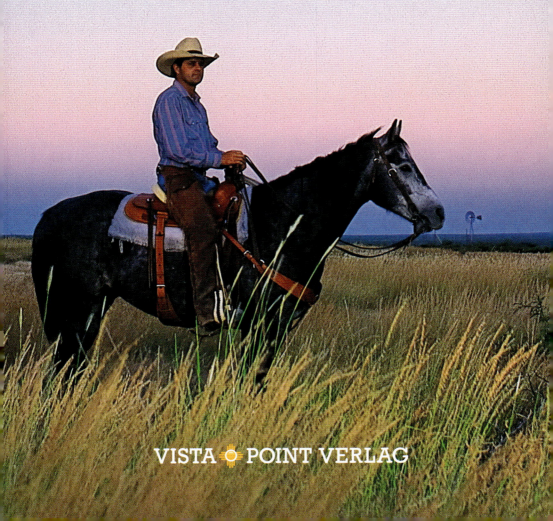

VISTA ◈ POINT VERLAG

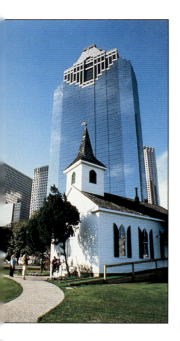

Inhalt

The Lone Star State: Willkommen in Texas 8

Routen und Routenplanung
Varianten zwischen zehn Tagen und vier Wochen .. 22

Rinder, Öl und Elektronik
Landeschronik 26

ELF ROUTEN FÜR ZENTRAL-TEXAS UND DIE GOLFKÜSTE

① **Cowtown:** Fort Worth 40

② **The Big D:** Dallas 54

③ **Die aparte Hauptstadt:** Austin 71

④ *Gone With The Wurst:* New Braunfels 90

⑤ **Kaffeeklatsch im Wilden Westen**
Fredericksburg 98

⑥ **Texas Hill Country**
Von Fredericksburg nach San Antonio 108

⑦ **»¿Hi baby, que pasa?«:** San Antonio 117

⑧ **Koloss am Bayou:** Houston 131

⑨ **Ab auf die Insel:** Nach Galveston 144

⑩ **Texas Riviera:** Von Galveston nach Port Aransas
oder Corpus Christi 158

⑪ **Ranchin':** Die King Ranch und die *Tip o' Texas* 170

△ oben: Sam Houston Park; unten: Mariachi »al fresco«

ZWEI ROUTEN DURCH OST-TEXAS

1 **Chili und Öl:** Von Galveston nach Beaumont 178

2 **Evergreen Country**
Streifzug durch das östliche Texas 185

SIEBEN ROUTEN DURCH WEST-TEXAS

1 **Auf nach Westen**
Von San Antonio nach Marathon 192

2 **Die Große Biege:** Big Bend National Park 201

3 **Atempause im Big Bend:** Varianten 211

4 **Entlang der River Road:** Nach Marfa 220

5 **Traumweiten:** West-Texas 231

6 **Wüster Gips:** White Sands National Monument 238

7 **Sun City:** El Paso – Abschied von West-Texas 248

ZWEI ROUTEN FÜR DEN TEXAS PANHANDLE

1 **Yellow Rose of Texas:** Amarillo 252

2 **Hartes Holz:** Palo Duro Canyon State Park 256

Service von A–Z 262

Orts- und Sachregister 278
Namenregister 284
Bildnachweis und Impressum 288
Zeichenerklärung ...... hintere innere Umschlagklappe

△ Sandcastle auf South Padre Island   Ostersonntag vor dem Dallas Museum of Art ▷

The Lone Star State
Willkommen in Texas

»All my exes
live in Texas«

George Strait

Stets hat der einsame Stern seinem Land heimgeleuchtet und ihm gute Dienste erwiesen. Seit den alten Tagen, als Texas noch unabhängige Republik war, ist er als Sinnbild allseits beliebt: auf den Helmen der Footballspieler, auf den flatternden Landesfahnen, auf den »Longneck«-Bierflaschen. Die Bilanz kann sich sehen lassen, denn wie ein Phönix ist Texas aus dem Staub des Wilden Westens zum Superstar des amerikanischen Sonnengürtels aufgestiegen.

Wahre Trecks von Jobsuchern bewegten sich im letzten Jahrzehnt in seine Richtung. So wie einst die Spanier dem Phantom der sieben Goldenen Städte nachjagten, so kommen die neuen Schatzsucher in den *Sunbelt*, den amerikanischen Süden. Nicht mehr zu Pferde, sondern oft nur im Wohnwagen, um von einem Parkplatz aus eine neue Karriere zu starten.

Sie kommen aus Detroit, Südostasien, Mailand, Mexiko und El Salvador, von überall. Niedrige Steuern, kaum staatliche Einmischung, wenig Neigung für gewerkschaftliche Ansprüche oder kostspielige Umweltauflagen halten die Wirtschaft ebenso in Schwung wie die angestammten Tugenden des Selfmademan, jenes amerikanischen Unternehmertyps, der in Texas noch in Reinkultur zu besichtigen ist. Leute wie die Ölmilliardäre Hunt, der frühere Gouverneur John Connally oder der ehemalige US-Präsident Lyndon B. Johnson verkörpern mit ihren Bilderbuchkarrieren dieses Ideal, den amerikanischen Traum im Großformat.

Glanz und Geld werfen aber auch Schatten. Sie fallen in erster Linie auf die sozial Schwachen im Land, auf die ethnischen Minderheiten, die *Hispanics*, wie sich die Mexiko-Amerikaner hier nennen, deren Bevölkerungsanteil zur Zeit am schnellsten wächst, und auf die Schwarzen, die keine mehr sind *(black was beautiful)*, weil sie nun *African-Americans* heißen. Die gesetzliche Wohlfahrtsbeihilfe liegt in Texas weit unter der nationalen Armutsgrenze. Nur Mississippi zahlt weniger. Immer noch ist es erlaubt, kleine Schulbezirke zu bilden, um den Nachkommen der Wohlhabenden gute Schulen dadurch zu sichern, dass man Schüler aus ärmlichen Wohnvierteln ausschließen kann. Nach wie vor setzt sich der unverhüllte Reichtum der Städte von der Not in den Ghettos und Barrios ab, aber auch von einigen Gegenden des ländlichen Texas, wo vieles an die Dürftigkeit des Alten Südens erinnert. Dennoch, trotz sozialpolitischer Spannungen – an der wirtschaftlichen und gesamtgesellschaftlichen Widerstandsfähigkeit des Staates besteht kein Zweifel. Dafür sitzen Agribusiness, Öl- und Gasgeschäft sowie Hightech-

The Lone Star State: Willkommen in Texas

Industrien (z. B. Elektronikbranche, Biomedizin, Raumfahrt) zu fest im Sattel. Und so hat sich in der jüngsten Finanzkrise und der sich anschließenden Rezession kein anderer Staat in den USA als wirtschaftlich so robust erwiesen wie Texas.

Anzeichen von Größenwahn? Ein bisschen schon, denn die Texaner lassen sich den Glauben an ihre Einmaligkeit nicht gern nehmen. Es war schon schlimm genug, als sie ihre Unabhängigkeit aufgaben und der Union beitraten. Das schmerzt so manchen heute noch. »Wir sind die einzige Nation, die jetzt ein Bundesstaat ist«, erklärt ein Patriot aus San Antonio. Ganz ernst meint er das natürlich nicht, aber ein wenig doch. Wie er neigen viele Texaner zu nostalgischen Trips in die glorreiche Vergangenheit. Dass aber Alaska in die USA aufgenommen wurde, das ärgert sie nun wirklich alle, denn plötzlich war Texas nicht mehr der größte Bundesstaat, sondern nur noch die Nummer zwei.

Dabei liebt dieses Land die Superlative. Die dicksten Steaks, die größte Ranch, die schönsten Girls, die höchsten Wolkenkratzer, das erfolgreichste Baseball-Team, die meisten Millionäre – alles und alle müssen möglichst *made in Texas* sein. *Think big* ist gefragt. Wer's mit zurückhaltendem *talking small* versucht, setzt sich dem Verdacht aus, ein Yankee zu sein, ist also unbeliebt. Das sind überhaupt alle, die nördlich des Red River geboren wurden. Diese Nordstaatler missfallen den Texanern durch ihre, wie sie finden, arrogante Art, ihr ständiges Gekrittele und unnötiges Getue. Auch wegen ihrer gelegentlichen Heuchelei. »Wenn die hier sind, dann fallen sie über unsere Steaks und Drinks her. Aber hinterher reden sie abfällig über uns«, schimpft ein Barkeeper in Dallas nach der Abreise einer Beratergruppe aus Boston.

Umgekehrt muss man sich wegen des Imponiergehabes aber auch das eine oder andere sagen lassen. »If God meant for Texans to ski, he would have made bullshit white«, lautet so ein Spruch – fast ebenso unübersetzbar wie hämisch. Da die Texaner als Angeber in der Familie der Vereinigten Staaten gelten, halten viele Yankees sie für hemdsärmelige Haudegen und Machos, die alberne Hüte tragen und nicht mal gutes Englisch sprechen. Texaner, das sind halt die Rebellen und Südstaatler von gestern, die nichts

In Texas ist alles größer: Hier blockieren Mega-Melonen die Landstraße …

The Lone Star State: Willkommen in Texas

dazugelernt haben. In Europa klingt das kaum anders. Auch hier lächeln viele milde, wenn vom Lone Star State die Rede ist. Gern denkt man sich da seinen abendländischen Teil. Und liegt damit meistens schief. Sehr schief. Mitnichten nämlich ist Texas die grobschlächtige Hinterwelt verschwitzter Viehtreiber. So manche Ranch besitzt ihren eigenen Flugzeugpark samt Rollbahn. Computer statt Cowboys zählen die Rinder und zudem leben mehr als zwei Drittel aller Texaner längst in den großen Metropolen und träumen allenfalls noch romantisch vom Land (wie im Übrigen die meisten Städter auf der Welt). Dieses besteht auch nicht bloß aus platter Prärie mit und ohne Ölpumpen, sondern präsentiert eine faszinierende Vielfalt: zerklüftete Bergregionen und Canyons, magische Wüsten und duftende Nadelwälder, Bayous mit Entenflott und tropische Zitrusgärten. Von der fast 1000 Kilometer langen Golfküste ganz zu schweigen.

Man hält die Texaner für permanente Steakesser mit ausufernden Bierbäuchen – wahrscheinlich, weil man noch wenig gehört hat von den Leckerbissen einer inzwischen

Tadao Andos Meisterwerk: The Modern Art Museum in Fort Worth

The Lone Star State: Willkommen in Texas

sehr verfeinerten Südwestküche, den Gerichten der Cajuns, den Raffinessen der Cross-over Cuisine und dem inzwischen wirklich respektablen texanischen Wein. Kaum einer stellt sich Texas – Herzzentrum hin, NASA her – nicht als kulturelle Hinterwelt vor. Dabei verfügen Dallas, Fort Worth und vor allem Houston über Top-Museen und Kunstsammlungen in zum Teil Aufsehen erregender Architektur, die den internationalen Vergleich nicht zu scheuen braucht. Sie haben eine Vielzahl prächtiger spanischer Missions-

Dallas Museum of Art

kirchen, deren originale Bausubstanz (etwa im Vergleich zu Kalifornien) erheblich besser erhalten ist, progressive Country & Western-Musik (Austin!) und eine bedeutende Filmproduktion. Hinzu kommen die sehr lebendige hispanische Kultur mit ihrer englisch-spanischen Zweisprachigkeit und die frappierende Erbfolge deutscher Siedler in Orten wie Fredericksburg, Boerne oder New Braunfels, die mit bayerisch-deftiger Folklore die Herzen der Amerikaner höher schlagen lässt.

Früher schien das mit den Stereotypen und Abziehbildern von Texas besser zu klappen. Im 19. Jahrhundert pries Hoffmann von Fallersleben die texanischen Freiheiten, und Karl Anton Postl, alias Charles Sealsfield, konnte mit seinem Roman »Das Kajütenbuch« auswanderungswilligen Deutschen den Mund für einen Trip nach Texas wässrig machen. Karl May gelang es immerhin, der Alten Welt den *Llano Estacado* einzuprägen, jenen Teil der Great Plains, der das nördliche Texas und den Panhandle einnimmt. Schließlich trug Hollywood mit Westernfilmen kräftig zu dem Texas-Bild in unserer Fantasie bei – an einem Traumstaat aus Postkutschen, die in den Hinterhalt sausen, Indianern, die durch den Rio Grande oder den Rio Pecos schwimmen,

The Lone Star State: Willkommen in Texas

und aus Heldenfiguren – mal Männer des Rechts wie Judge Roy Bean oder Wyatt Earp, mal solche jenseits davon wie John Wesley Hardin oder Billy the Kid.

In den 1980er-Jahren lieferte »Dallas« ein Texas fürs Wohnzimmer. Ihm fehlte zwar der regionale Touch, weil die TV-Serie von Anfang an als ein Produkt konzipiert war, das schlichtweg synthetisch sein musste, um es weltweit vermarkten zu können. Immerhin aber brachte »Dallas« dem Lone Star State Sympathien. Vielleicht, weil ihm, aufs Ganze gesehen und trotz aller Gemeinheiten seitens J.R., das Monströse und Gewalttätige fehlte, das immer noch das Landes-Image mitprägt. Die Ermordung John F. Kennedys, der Kultfilm »Easy Rider« und der radikale Vollzug von Todesstrafenurteilen tragen dazu bei, dass sich daran bisher nichts geändert hat. Aber wenn Miss Ellie die Pferde streichelte, dann schien die Welt auch in Texas wieder in Ordnung.

Wie auch immer: Reisen ist oft das beste Mittel gegen Gemeinplätze, die über ferne Länder im Umlauf sind, auch und vielleicht erst recht bei einem so großen. Der Einstieg verläuft, wie dürfte es anders sein, über einen der großspurigsten Flughäfen der USA: **Dallas/Fort Worth International Airport**, die Gemeinschaftsanlage bringt es auf eine Fläche größer als Manhattan und auf rund 2000 Starts und Landungen täglich. Die Zwillingsstädte könnten nicht verschiedener ausfallen und sind deshalb ein seltsames Pärchen. Hier Dallas, die schicke Metropolis der Prärie, die gern New York sein will, und auf der anderen Seite Fort Worth, die *cowtown* mit ihren ruppigen *stockyards*, aber eben auch einem feinen *Arts District*. Kühe und Kunst – näher als hier können sie sich kaum kommen.

Die eine Seite, Dallas, liegt am Ende des fruchtbaren Ost-Texas, bei ihrem Gegenüber fängt der Westen an. Der östliche Nachbar bleibt trotz seiner komplizierten Finanzwelt

TEXAS: *Büffelherden – das war einmal. Der Boom kam mit dem Öl und blieb mit Texas Instruments, Herzchirurgie (Houston) und der NASA*

Live Music Capital of the World: Austin

und eher puritanischen Gesinnung der Südstaatenmentalität verpflichtet, der Nachbar im Westen schlicht dem Cowboy-Image. Der eine trägt meist Schlips, der andere eher den Kragen offen.

Was spricht also dagegen, die Reise durch Texas in **Fort Worth** zu beginnen, um erst einmal das angenehme Grundgefühl zu spüren, Boden unter den Füßen zu haben: mit Stallgeruch in den Stockyards, durch Kunstgenuss, im urbanen Sundance Square, benannt nach dem Tunichtgut Sundance Kid, den wohlwollende Kritiker gern als den Robin Hood des Wilden Westens sehen? Er soll hier einmal sein Hauptquartier gehabt haben. Erst danach kommt das neureiche **Dallas** an die Reihe, eine Stadt, die dem Besucher nicht gerade gleich um den Hals fällt, die aber durch eine Strategie gezielter Kostproben überraschende Qualitäten an den Tag legt.

Austin, die in den letzten 15 Jahren beträchtlich angewachsene, liberale Hauptstadt, kann sich immer noch auf ihre den Gang der Dinge deutlich beeinflussende Universität und eine geradezu einmalige Country-Music-Szene verlassen, die sich vom Big Business in Nashville, Tennessee, und Branson, Missouri, durch alternativen Klang und nachdenklichere Verse unterscheidet – geprägt nicht zuletzt von den Country-Originalen Waylon Jennings und der lebenden Legende des *King of outlaw music*, Willie Nelson. Bluegrass, Rock'n'Roll, Polka und Walzer, Blues und Honky-Tonk – alles und mehr gibt's in Austin zu hören.

»Deep in the Heart of Texas«: So macht sich ein bekannter Song seinen Reim auf das gefällige Hügelland rund um Austin, das **Texas Hill Country**. Die natürlichen Reize sei-

The Lone Star State: Willkommen in Texas

Rosettenfenster an der Mission San José in San Antonio

ner sanften Bergrücken und saftigen Weiden, die kühlen Creeks und Flüsse, Wiesen und Felder voller *blue bonnets* und zunehmend auch die lokalen Weingüter locken Jahr für Jahr massenhaft Naturfreunde und Ausflügler an. Aber auch Kulturgeschichte wird großgeschrieben, schließlich feierten Landes- und Gründervater Stephen Austin und seine Leute hier ihre Siedlungspremiere, dicht gefolgt von Deutschen, Wenden, Tschechen, Polen, Skandinaviern. Sie alle drückten dem Hill Country ihren Stempel auf, der diesen Landesteil noch heute von anderen Gegenden in Texas unterscheidet. Was die Fahrradclubs oder Camper, die Autopilger und Wandersleute, die Teenies und Senioren bei den ersten warmen Sonnenstrahlen im Jahr hierher lockt, ist neben Auslauf die hübsch herausgeputzte Kultur von damals. Hinzu kommen folkloristische *fests* und eine Küche, die bei budgetbewussten US-Touristen vor allem durch ihre großen Portionen Zufriedenheit schafft. Eins der pittoresken Städtchen hier heißt sogar Utopia. Na bitte! Immer wieder wechseln auf den kleinen Farmroads die Grünschattierungen, und manchmal ist es, als fahre man durch ein verkleinertes Siebengebirge, durchsetzt mit gepflegten Weiden und noch gründlicher gepflegten Rindern.

Flüsse, Wasserfälle, Höhlen und Seen zählen zu den erfrischenden Vorgaben, die hier das Erwachen heiterer Gefühle bei Ankunft auf dem texanischen Lande fördern. Die Seenkette nordwestlich von Austin – Lake Travis, Lake Marble Falls, Lake Buchanan – ebenso wie Lake Medina, Medina River und die Umgebung von **New Braunfels** machen klar: Wasser hat's reichlich – in der sengenden Sommerhitze dieses Landesteils eine gute Gabe Gottes!

San Antonio ist zweifellos die beliebteste und sicher auch schönste Großstadt von Texas, jedenfalls die europäischste. Den zentralen Riverwalk darf man getrost als einen touristischen Geniestreich bezeichnen, von dem andere Stadtväter eigentlich träumen müssten, denn er bringt eine ganze Stadt auf einen schönen Filmstreifen – ohne störende Übergänge, Durststrecken und Lärm. Im Klartext: Der Riverwalk wirbt laufend für San Antonio, ohne dass dieses sich selbst überhaupt zeigen müsste!

Mit Superlativen, besonders auf architektonischem Feld, schmückt sich vor allem **Houston**. Um die Jahrhundertwende noch lieblich Magnolia City genannt, hat sich die Stadt zu einem petrochemischen Moloch entwickelt und gleichzeitig bestens davon profitiert. Drei Fakten brachten sie auf Touren: Galveston, der wirtschaftliche Mitbewerber im Süden, wurde 1900 durch einen Hurrikan und eine Springflut ausradiert; im benachbarten Beaumont wurde reichlich Öl entdeckt; und der Bau des Ship Channel machte Houston zum größten Umschlaghafen der USA, obwohl es 50 Meilen vom Golf entfernt liegt.

Lange Zeit konnte jeder bauen, was und wie er wollte *(no zoning)*, was viel Wildwuchs zur Folge hatte und Houston Los Angeles immer ähnlicher machte – durch einen *urban sprawl*, zusammengehalten durch ein Netz von Freeways. Diese heiße Phase ist vorbei und Houston erwachsener geworden. Geblieben ist das Wetter, das vor allem im Sommer nicht jedermanns Sache ist. So erteilt die Stadt jedem Besucher denn erst einmal eine wohltuende Lektion zum Thema Airconditioning, wenn man nach dem Schwitzbad im heißen Gelee des subtropischen Klimas (draußen) plötzlich in eine Tiefkühltruhe (drinnen) gerät, und umgekehrt.

Was wäre eine Reise durch Texas ohne die NASA, die Hightech-Version von Peterchens Mondfahrt? Also führt die Route zum **Space Center Houston** südlich der Stadt, dem Hauptquartier des amerikanischen Raumfahrtprogramms und der Bodenstation des recycelbaren Spaceshuttle, das 1962 gebaut wurde.

Das verträumte Inselstädtchen **Galveston** mit seiner stürmischen Geschichte bringt ein bisschen Ruhe in die Reise – wie überhaupt die Fahrt am Golf entlang zur erholsamen **Mustang Island**, der schmalen Insel, die schützend **Corpus Christi**, der Stadt mit dem denkwürdigen Namen, vorgelagert ist. An Mustang Island schließt sich **Padre Island National Seashore** an, eine paradiesische Sandwildnis mit extrem ruhiger Gang-

Koloss am Bayou: City Park und Houston Skyline

art, weitgehend von der Zivilisation abgeschnitten und ökologisch noch völlig intakt. Nur wenige nehmen es recht zur Kenntnis: Immerhin knapp 1000 Kilometer lang ist die **Texas Riviera** zwischen Louisiana und Mexiko.

Wer ganz bis zum *southern tip of Texas* vordringen möchte, kann weiter nach Süden durchs struppige Brush Country über die berühmte **King Ranch** bis nach **South Padre Island** fahren. Auf der munteren Insel werden zwar die Meeresschildkröten geschützt, nicht aber ahnungslose Touristen, die im März während der sogenannten *spring break* auf mehr als 100 000 High School- und College-Schüler treffen, die die Insel in eine wilde Partyzone verwandeln.

Wer sich in Galveston für die Osterweiterung der Route entscheidet, gerät in eine andere texanische Welt, denn ein Hauch vom Alten Süden weht durch die dortigen dichten Wälder und stillen Wasser. Die Baumwoll- und Plantagenkultur des Old South hat die Landesgrenzen nie so recht akzeptiert. Mal drängten Siedler ins texanische Waldland, mal rabiate Freibeuter, die *filibusters*, mal prächtige Antebellum-Villen, liebliche Magnolienbäume und Azaleen. Umgekehrt hat Louisiana texanische Importe erhalten. Bonnie und Clyde, das Gangsterpärchen, wurden 1934 von Texas Rangers in einen Hinterhalt gelockt und östlich von Shreveport beim Ambrose Mountain erschossen. Und heute geht es vor allem im Nordosten Louisianas eine Spur forscher zu als im behäbigeren Süden des Bayou-Staates. Auch landschaftlich sehen sich die beiden Seiten links und rechts vom grenzbildenden Sabine River ähnlich – die Marschen am Golf, die feuchten Waldböden, die Bayous und Wasserzypressen, die die Ufer der Flussläufe und Seen drapieren.

Texas Riviera: Sonnenuntergang in Padre Island

The Lone Star State: Willkommen in Texas

Texanischer Scherenschnitt: Cowboyfrühstück

Nach der anfangs erfolgreichen Baumwollproduktion besann sich der Osten auf die kommerzielle Ausbeutung des nächsten (und naheliegenden) Rohstoffs: seines immensen Baumbestands. Zwischen 1890 und 1940 ging es Millionen und Abermillionen Hektar Kiefern an den Kragen. Dann sprudelte das Öl, kurz vor der Wende zum 20. Jahrhundert zuerst in Corsicana, gleich danach – und wie ein Paukenschlag – aus der Mega-Quelle Spindletop bei Beaumont und schließlich (das große Finale in den 1930er-Jahren) in Kilgore.

Der kurze Streifzug durch den immergrünen (weil regenreichen) Osten führt von Galveston nach **Beaumont**, durchs urwaldähnliche Dickicht des **Big Thicket National Preserve**, ins Reservat der Alabama-Coushatta-Indianer, zum erfrischenden **Lake Livingston** und schließlich nach **The Woodlands**, einer Resort-Gemeinde mit Modellcharakter – durch ihre gelungene Mischung aus Naturnähe und komfortabler Service-Community.

Auf nach Westen: Das 2006 Kilometer lange Flussbett des **Rio Grande** zwischen Texas und Mexiko, von El Paso/Ciudad Juárez bis Brownsville/Matamoros ist mit allen Wassern gewaschen. Von Anfang an war der Fluss *la frontera*, Grenzlinie, Durchgang und Kämpferzone. Lange wollten die Mexikaner ihn als Grenze nicht anerkennen. Den Nueces River ja, aber nicht den Rio Grande. Das brachte Ärger, meist blutigen. Hier tobten die ersten Gefechte des Amerikanisch-Mexikanischen Kriegs, dann die des Bürgerkriegs mit seinen Baumwollblockaden. Es folgten Attacken der *bandidos* auf die Texas Rangers und umgekehrt. Hier kreuzten die Schnapsschmuggler, die *tequileros* und *rumrunners,* während der Prohibition, und in jüngster Zeit folgten die Drogenschmuggler. Hier suchten die straffällig gewordenen Gringos Zuflucht am anderen Ufer, und die

The Lone Star State: Willkommen in Texas

zahllosen Mexikaner auf Jobsuche trieb es auf die Gegenseite. Der Rio Grande – wer ist durch ihn nicht schon geschwommen, geritten, gewatet oder gefahren!

Mehr als 20 Prozent aller Texaner sind mexikanischer Abstammung. Die weitaus meisten leben inzwischen in den Städten. In den Grenzorten am Rio Grande stellen die Mexiko-Amerikaner meist die Mehrheit. Lange verdienten sie nur einen verschwindenden Teil der Löhne, die Anglos gezahlt werden, blieben oft lebenslänglich Analphabeten und verspielten damit jede Chance, weiterzukommen. Ein rigides Patronatsprinzip sorgte für klare Verhältnisse. Die sogenannten *patrons* waren meist Sheriffs mit guten Beziehungen zum Öl- und Banken-Establishment, die bei ihren mexikanischen Arbeitern für die rechte Stimmabgabe bei Wahlen zu sorgen wussten. Notfalls mussten angeheuerte *pistoleros* nachhelfen.

Erst die Bürgerrechtsbewegung der 1960er-Jahre brachte Änderungen. Organisationen wie die *La Raza Unida*-Bewegung, öffentliche Proteste, Wählerinitiativen und Rechtshilfefonds führten zur Verbesserung der Lebens- und Arbeitsverhältnisse in Stadt und Land. Von den Erfolgen, wie sie die gewerkschaftlich organisierten Landarbeiter in Kalifornien unter Cesar Chavez errangen, blieben die mexikanischen Kollegen in Texas zwar weit entfernt, aber es gelang ihnen, zahlreiche Volksvertreter in die Schul- und

Auf nach Westen

The Lone Star State: Willkommen in Texas

Stadträte zu wählen. Die Einwandererströme aus dem Süden versorgen nach wie vor die texanischen Felder, Ranches und Kleiderfabriken mit ungelernten Arbeitern, die Restaurants, Hotels und privaten Haushalte mit Personal und Hilfskräften. Und sie füllen die Blutbanken im südlichen Grenzland.

Mexiko, auf der anderen Seite, freut sich über die Entlastung seines Arbeitsmarktes. Unter dem Druck des schwachen Pesos betreibt Mexiko die Politik verstärkter Grenzansiedlung, um sein Arbeitslosenproblem Texas näher zu bringen und um die Landflucht in die eigenen Großstädte zu bremsen. Umgekehrt: US-Firmen siedeln gern knapp hinter der Grenze, weil hier die Löhne niedriger sind. *Maquiladora* heißen die Montagewerke, die sich zwischen Ciudad Juárez und Matamoros der billigen Arbeitskräfte bedienen.

Die natürliche Grenze entlang dem Rio Grande war lange Zeit praktisch nicht zu sichern. Daran hat letztlich auch der 2006 vom US-Repräsentantenhaus beschlossene *Secure Fence Act* nichts geändert. Das höchst umstrittene Projekt versucht, die US-Grenze zu Mexiko durch einen massiven Grenzzaun bzw. Kameras, Hightech-Sensoren und Radaranlagen zu sichern, um damit den illegalen Grenzübertritt aus Mexiko zu erschweren. Zusätzlich hat sich in Texas eine Art soziales Netzwerk formiert um die Grenze auf »eigene Faust« zu beobachten.

Mehr als 40 000 selbsternannte *virtual Texas deputies* verfolgen über fest installierte Webcams die Grenze rund um die Uhr via Internet. Auffälligkeiten werden über eine Notfallnummer an die lokale *Border Patrol* gemeldet. Wer aber irgendwo einmal einen Blick auf den Rio Grande wirft, erkennt, dass weiträumige Flussauen, dichtes Gestrüpp und unwegsames Geröll ein geradezu perfektes Terrain für Versteckspiele bilden. »Es ist, als ob man mit einem kurzen Messer gegen den Degen Zorros kämpft«, beklagt ein US-Grenzer seine Ohnmacht gegenüber dem Zustrom heimlicher Einwanderer.

Auf 1,5 Millionen schätzt man zurzeit die Zahl der unter der Hand eingereisten Chicanos, die sogenannten *wetbacks* (weil sie vom Durchschwimmen des Rio Grande einen nassen Rücken bekommen hatten). Gegen solche Zugkraft sind die Border-Patrol-Leute trotz ausgeklügelter Überwachungslogistik letztlich machtlos. Der Run auf den Dollar setzt einfach zu viele in Trab – einzelne, die es auf eigene Faust versuchen, und Grüppchen, organisiert von *coyotes*, professionellen Menschenschmugglern, die Taktik und Ter-

The Lone Star State: Willkommen in Texas

Wildblumen im Big Bend

rain beherrschen. Trotz verschärfter Grenzkontrollen reichen die demographischen Schockwellen mexikanischer Immigranten inzwischen bis in den Neuengland-Staat Maine, wo sie Sardinen verpacken, Unkraut jäten und auf Eierfarmen arbeiten. Von den Carolinas bis nach Hawaii bilden sie als *low-wage work force* inzwischen das sich fortlaufend selbst erneuernde Rückgrat der amerikanischen Landwirtschaft.

Die westliche Region des Lone Star State ist nicht nur geographisch, sondern auch kulturhistorisch aufs Engste mit dem gesamten Südwesten der USA verbunden. In **El Paso** stehen sich die Südzipfel der Rocky Mountains und die Nordzipfel der Sierra Madre gegenüber. Und Judge Roy Bean, der legendäre Friedensrichter, der jenseits des Rio Pecos einst für *law & order* zuständig war, residierte in Langtry, also sogar noch östlicher als Big Bend, die »Große Biege« des Flusses. Das Wichtigste aber: West-Texas wartet mit einigen der schönsten Westernlandschaften der USA auf und mit einer, die noch kaum einer kennt.

Über **Del Rio** in Richtung Norden durchquert die West-Texas-Route das karge alte Land des Trans-Pecos-Gebiets, die einstmals letzte *frontier*. Hier ist es so trocken, dass meist sogar der Regen aufgibt und verdurstet, bevor er überhaupt die Erde erreicht. Dass in diesen wundersamen Weiten einer der schönsten Naturparks der USA liegt, wissen die wenigsten. Die meisten machen um den **Big Bend National Park**, die Krümmung des Rio Grande, einen großen Bogen. Verständlich, denn er liegt weitab vom Schuss. Big Bend: eine Art touristisches Rumpelstilzchen!

Nach der kleinen Kunstmetropole **Marfa** unterbrechen nur noch No-Name-Nester wie **Shafter** und **Van Horn** die Breitwandpanoramen des texanischen Westens, bis sich am Horizont das urzeitliche Riff der **Guadalupe Mountains** aus dem kargen Wüstenboden der Chihuahua-Wüste erhebt zur Reise in die Unterwelt, dem Abstieg in die Superhöhlen des **Carlsbad Caverns National Park** im südlichen New Mexico. Und eine weitere imposante Landschaftsform folgt auf dem Fuß, die schlohweiße Gipswüste **White Sands**. Über **Las Cruces** geht es zurück nach **El Paso**.

Der **Panhandle** ist die nördlichste der hier vorgestellten texanischen Reiseprovinzen. Ein Blick auf die Landkarte zeigt, woher der Name kommt. Die Kontur des Landzipfels ähnelt tatsächlich dem »Stiel«, der die »Riesenpfanne« des Lone Star State gut im Griff hat. Oder sind das weite flache Hochplateau, der endlose Pelz aus Grasland und die zerklüfteten Canyons doch nur eine Hinterwelt, in der es heftig windet und sich die Präriehunde gute Nacht sagen? Kaum, denn die südlichen Ausläufer der Great Plains besitzen

The Lone Star State: Willkommen in Texas

durchaus ihre herben Reize. Einsam und endlos dehnen sich die Äcker und Weiden unter einem riesigen Cinemascope-Himmel. Berüchtigt sind *die blue northers*, heftige Stürme, die plötzlich lostoben, rapide Temperaturstürze bescheren und ebenso rasch wieder abflauen – ein Land im Windkanal.

Kein Wunder, dass sich die ersten Siedler an die Baukunst der heimischen *prairie dogs*, der Erdhörnchen, hielten, die in Löchern siedeln. Die Neuankömmlinge machten es den drolligen Moppeln nach –

Laster mit Longhorn: Route 66 bei Amarillo

in Form von Erd- und Grubenhäusern, den sogenannten *dugouts*, um sich in diesem windigen Westen zu schützen. Der Wassermangel war groß. Lange kannten nur die Indianer und Büffel die wenigen Quellen und wussten sich deshalb im unendlichen Grasmeer zu bewegen und zu behaupten. Zur Orientierung rammte man Stöcke in den Boden, daher der Name: *Staked Plain* oder *Llano Estacado*.

Unsere Exkursion beschränkt sich auf Amarillo und seine Umgebung, das vorzügliche **Panhandle Plains Museum**, den **Palo Duro Canyon** und, last but not least, die ulkige **Cadillac Ranch**, Sinnbild amerikanischer Autokultur, ausgerechnet an einer Straße, die dafür wie keine andere steht: die **Route 66**.

»Cadillac Ranch« bei Amarillo

21

Routen und Routenplanung
Varianten zwischen zehn Tagen und vier Wochen

Trotz seiner Wundertüte voller touristischer Angebote ist Texas erst noch auf dem Weg, ein Reiseland zu werden, das sich Europäer gern einmal allein vornehmen und im Zusammenhang erschließen möchten.

Das hat vielerlei Gründe. Vom vermutlich wichtigsten war schon die Rede: Alte Klischees und Vorurteile von Texas haben sich zäh und die Neugier entsprechend gering gehalten. Anders als die pausenlos umworbenen Renner unter den US-Destinationen – Florida, Kalifornien, der Südwesten und, mit Einschränkungen, auch die Südstaaten – hat sich Texas in der Vergangenheit auf den internationalen Reisemärkten eher zurückgehalten und keine klangvollen oder neuen Ansatzpunkte für Ferienträume geschaffen. Texas' Küste liegt weder am Pazifik noch am Atlantik, sondern am Golf von Mexiko; texanische Indianerkulturen blühen eher am Rande und im Verborgenen und Willie Nelson heißt nun

Größenvergleich: Bundesrepublik–Texas

Goin' Texan – so wie die Reiter in diesem nostalgischen Treck, der über den »Salt Grass Trail« alljährlich von Cat Springs nach Houston zur Livestock Show führt

Routen und Routenplanung: Varianten zwischen zehn Tagen und vier Wochen

mal nicht Arnold Schwarzenegger. Metropolen wie Dallas, Austin, Fort Worth oder Houston ziehen, was ihr Image angeht, gegenüber New York, San Francisco, Washington, ja selbst Las Vegas erfahrungsgemäß den Kürzeren. San Antonio macht da eine gewisse Ausnahme, aber eine Stadt allein, von New York einmal abgesehen, motiviert noch zu keiner USA-Reise.

Nimmt man die simple Tatsache hinzu, dass der Lone Star State bereits durch seine physische Größe (1300 Kilometer Ost-West, 1500 Kilometer Nord-Süd) schlecht in die meist knapp bemessenen Urlaubszeiten passt, so wundert es nicht, dass Texas bisher allenfalls an seinen Rändern touristisch angeknabbert wurde, quasi als Zugabe auf jene Regionen, die, wie gesagt, traditionell in der Gunst der europäischen Reisenden liegen:
– von New Orleans und den Südstaaten aus in Richtung Houston und Golfküste
– von Phoenix/Tucson/Albuquerque aus in Richtung El Paso und West-Texas – auf der Route 66 durch den Panhandle.

Texas, der »Lone Star State«

Die hier vorgeschlagenen Routen berücksichtigen zunächst das Terrain dieser Schnuppertouren, aber sie gehen weit darüber hinaus. Je nach individueller Präferenz und verfügbarer Zeit lassen sie sich so kombinieren, dass sie ein nahezu umfassendes Bild dieses Staates ergeben. Im Vergleich zu vorangegangenen Ausgaben enthält die Routenplanung nicht mehr die früher reizvollen Stippvisiten ins benachbarte Mexiko in die sogenannten *twin towns* nach Matamoros, Reynosa, Nuevo Laredo, Ciudad Acuña und Ciudad Juárez. Gutes mexikanisches Essen, Mariachi-Musik, folkloristische Souvenirs und köstliche Maragaritas waren immer einen Ausflug nach Mexiko wert. Heute gelten diese Abstecher in die mexikanischen Grenzstädte wegen des anhaltenden Drogenkriegs als gefährlich und das US State Department hat entsprechende Reisewarnungen ausgegeben. Auch wenn Touristen nicht Ziel von Übergriffen sind, geraten sie doch immer wieder ungewollt in Auseinandersetzungen. Damit haben aus touristischer Sicht vor allem auch die südtexanischen Schwesterstädte Brownsville und Laredo deutlich an Anziehungskraft verloren und sind daher nicht mehr Teil der Routenplanung.

Zusammengenommen lassen sich die vorgeschlagenen Routen wohl in den seltensten Fällen als reine Autotour realisieren, sondern eher als eine Art Froschhüpfen nach Fly-Drive-Manier. Das ist gerade in Texas nichts Besonderes, denn die Texaner benutzen das Flugzeug in ihrem eigenen Staat so wie wir hierzulande Bahn oder Bus.

Routen und Routenplanung: Varianten zwischen zehn Tagen und vier Wochen

Für jedes Fly-Drive-Programm bietet **Southwest Airlines** (www.southwest.com) flexible Reisemöglichkeiten. Mehrfach täglich verbindet die populäre Fluglinie die wichtigsten Städte: Amarillo, Austin, Corpus Christi, Dallas (Love Field), Houston (Hobby), Lubbock, Midland/Odessa, Rio Grande Valley (Harlingen) und San Antonio.

Kernroute: Zentral-Texas und Golfküste (10–15 Tage)

Nach der Ankunft am Airport Dallas/Fort Worth, dem wichtigsten Ankunftsflughafen von Transatlantikflügen, beginnt die Kernroute in Fort Worth, geht ans Ostende des *Metroplex*, nach Dallas, und quer durchs Zentrum von Texas in die musikalische Hauptstadt Austin, durch das in vieler Hinsicht überraschende Hill Country nach San Antonio, dann in den Osten nach Houston, von dort zum Golf nach Galveston und an der Küste entlang bis Corpus Christi und nach Mustang Island. Von hier kann man nach San Antonio zurückfahren. Alternativ kann man noch einen Tag für die King Ranch und South Padre Island einplanen und dann von dort über Dallas/Fort Worth wieder nach Hause fliegen. Vor allem wer in Austin und Mustang Island etwas länger bleiben möchte, oder sich das reichhaltige Museumsangebot in Dallas, Fort Worth und Houston nicht entgehen lassen will, sollte ein paar Puffertage einplanen.

Route: Ost-Texas (2 Tage)

Ausgangspunkt: Galveston. Es folgen Beaumont, die Wälder von Big Thicket, das Reservat der Alabama-Coushatta-Indianer und der Lake Livingston. Übernachtungsstopps liegen in Beaumont und in The Woodlands weiter südlich.

Route: West-Texas (7–10 Tage)

Die Erkundung des flächenmäßig üppigen Westens beginnt in San Antonio, führt an den Rio Grande und folgt ihm durch die Trans-Pecos-Region und über Marathon in den Big Bend National Park. Hier sollte man mindestens zwei, besser ein paar mehr Tage einplanen, wenn man die vielen Outdoorangebote nutzen

Routen und Routenplanung: Varianten zwischen zehn Tagen und vier Wochen

Texas lebt auf großem Fuß, natürlich auch beim Shopping

möchte. Über die River Road geht es nach Presidio und in die winzige Kunstmetropole Marfa, von wo aus sich die Route auf die gewaltigen Guadalupe Mountains und die kühlen Höhlen der Carlsbad Caverns zubewegt. Auf dem Rückweg nach El Paso passiert man noch den stillen Gips der Wüste von White Sands.

Von El Paso kann man entweder nach Dallas/Fort Worth zurückfliegen oder nach Amarillo weiterreisen.

Route: Texas Panhandle (2 Tage)

Am besten startet man den Abstecher in den »Pfannenstiel« vom Flughafen in El Paso. Selbstverständlich geht das auch von Dallas/Fort Worth. Richtige Route-66-Fans werden Lust verspüren, von Amarillo ein Stück auf dieser legendären Route zu fahren, z.B. nach Osten und nach Oklahoma City – ein typischer und schöner Streckenabschnitt, der zahlreiche Highlights bereithält: die No-Name-Nester Shamrock und McLean, ein vorzügliches Route-66-Museum in Clinton und Oklahoma City, eine freundliche Midwestern-Stadt, die mit der Cowboy Hall of Fame ein erstklassiges Cowboy-Museum bietet. Von Amarillo erfolgt der Rückflug nach Dallas/Fort Worth.

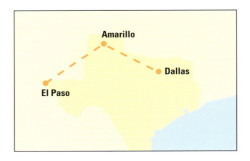

25

Rinder, Öl und Elektronik
Landeschronik

Was hierzulande der Neandertaler, das war in Nordamerika die »Midland Minnie« – eine Urtexanerin sozusagen, von der man 1953 auf der Scharbauer Ranch bei Midland Kopf und Knochen fand. Man nimmt an, dass sie zu den Plainsbewohnern zählte, die ihrerseits den nomadischen Jägern zugerechnet werden. Lebensumstände und -formen dieser prähistorischen Texaner sind aber noch weitgehend unbekannt.

Mehr weiß man über die sogenannten *West Texas Cave Dwellers*. Diese Höhlenbewohner (ähnlich wie die *Basket Makers* in Arizona und New Mexico) hinterließen Felsbilder, Knochen und Gegenstände des täglichen Gebrauchs, die die Archäologen auf ihre Spur brachten. Sie führt in den State Historical Park von Seminole Canyon bei Comstock, wo es noch heute sehenswerte Felszeichnungen dieser frühen *Rock art* gibt.

Als die ersten Europäer in das Gebiet des heutigen Texas kamen, fanden sie im Wesentlichen vier Indianergruppen vor. Zunächst, in der Küstenregion des Golfs, die mit der See verbundenen Stämme der Attacapas und der Karankawas; südlich von San Antonio die der Coahuiltecans. Im Osten wohnten die friedlichen Caddo-Stämme in Dörfern aus Holzbauten und Tempelhügeln und bestellten ihr Land. Bei ihnen setzten die Franziskaner mit ihren ersten Bekehrungsversuchen an. Außerdem trafen sie auf nomadische Plains-Indianer, vertreten durch die Tonkawas in Zentral-Texas, die Apachen im Nordwesten und später, gegen 1700, die Comanchen und Kiowas. Schließlich begegneten sie den Umsiedlern der Pueblo-Stämme aus dem Norden, die weiter südlich am Rio Grande bei El Paso ihre Kultur etablierten, den Boden künstlich bewässerten und ihre Lehmbaukunst pflegten.

Indianer auf Büffeljagd. Stich nach einem Ölbild von George Catlin

Heute leben in Texas noch wenige Mitglieder dreier Indianerstämme. Es sind die Tiguas südlich von El Paso und die Alabama- und Coushatta-Indianer in den *Big Thicket*-Wäldern von Ost-Texas.

1519 Alonso Alvarez de Piñeda entdeckt auf der Fahrt von Florida nach Yucatán bei der Suche nach einem direkten Wasserweg nach Indien den Golf von Mexiko und die Mündung des Rio Grande. Er erklärt das Land zum Territorium Spaniens und zeichnet die erste Karte. (1513 war Florida entdeckt worden.) In den folgenden Jahren scheitert eine weitere Expedition am Widerstand der Indianer.

1528 In der Nähe von Galveston Island wird eine Gruppe von Schiffbrüchigen mit Cabeza de Vaca, einem spanischen Granden, an Land gespült. Sie erlangt die Achtung der dortigen Karankawa-Indianer durch die Fähigkeit, Krankheiten zu heilen. 1535 ziehen die angesehenen Medizinmänner weiter und erreichen nach langem Fußmarsch und unter großen Entbehrungen den Golf von Kalifornien. 1542 publiziert de Vaca in Spanien die erste Erzählung vom Landesinneren. Das Territorium heißt Neu-Spanien, denn Spanien sieht es als sein Eigentum an, obwohl es von Indianern besiedelt ist. Insgesamt 92 Expeditionen führen in der Folgezeit durch dieses Neu-Spanien: auf der Suche nach Land, Gold und Sklaven.

1541 Unter ihnen sind 1541 Francisco Vásquez de Coronado, der West-Texas erkundet, und Hernando de Soto, der mit seinem Trupp durch den Ostteil des Landes und Zentral-Texas zieht. Sie geben dem Land zahlreiche Namen, unter anderem »Amichel«, »New Philippines« und »Tejas«. Die Caddo-Indianer hatten den Spanier Luis de Moscoso mit dem Wort »Tayshas« oder »Teyas« empfangen, was soviel wie Freundschaft bedeutete. Daraufhin nennen die Spanier alle Indianer in Ost-Texas so. Später bezieht sich das Wort, das schließlich zu »Texas« wird, auf den gesamten Staat.

Die Reiseberichte der prominenten Spanier Coronado und de Soto sind so entmutigend, dass erst einmal für eine Weile keine weiteren Versuche der Landerkundung unternommen werden. 50 Jahre lang kommen keine neuen Entdecker mehr. Niemand scheint Neigung zu verspüren, das flache Küstenland oder das ruppige West-Texas in Besitz zu nehmen. Im Übrigen findet man die Indianer sehr unfreundlich und kriegerisch. Gold und Silber sind nicht in Sicht.

1660 Immer mehr Indianer verschaffen sich Pferde, die die Spanier importiert hatten, und erhöhen so ihre Mobilität beträchtlich.

1680 Tigua-Indianer gründen das Dorf Ysleta del Sur bei El Paso. Sie wurden zusammen mit den Spaniern durch den Pueblo-Aufstand am oberen Rio Grande (aus dem Isleta Pueblo südlich von Albuquerque) vertrieben. Ein Jahr später entsteht hier eine spanische Mission.

1685 Ein Schiff der Flotte von Sieur de La Salle strandet in der Matagorda Bay. Sofort beanspruchen die Franzosen den Rio Grande als Westgrenze des Louisiana Territory und bauen das Fort St. Louis am Garcitas Creek. Aber Pech und Indianer bereiten der allzu nonchalanten Art der französischen Kolonialpolitik ein rasches Ende.

1690	Auch die Spanier setzen den Franzosen zu, denn die Fort-Gründung spornt sie ihrerseits zu neuen Kolonialmaßnahmen an, unter anderem zum Bau neuer Missionskirchen. Spanien ist wieder Herr im Hause.
1700	Dennoch, die spanischen Missionen im Osten müssen bald wieder aufgegeben werden. Stattdessen betreibt man beschleunigt den Aufbau neuer Kirchen im zentralen Süden des Landes, rund um Goliad und San Antonio (1718). Bis ins 19. Jahrhundert hinein bleiben sie die einzig nennenswerten Siedlungen im ganzen Land.
1719	Die Querelen zwischen Frankreich und Spanien enden vorerst damit, dass Texas wieder spanisch wird. Die Spanier leben in Grandenmanier im wilden Land, dessen Bedingungen sie sich nicht anzupassen verstehen. Ihre Bemühungen zielen mehr auf die Pflege feiner Tischsitten bei Festmählern als auf die Bebauung des Landes oder die Rinderzucht. Das gilt nicht für die Missionen. Sie funktionieren als straff von Mönchen durchorganisierte Kleinzellen.
1800	Die Alabama- und Coushatta-Indianer ziehen von Louisiana nach Texas, als sie erfahren, dass Louisiana an die USA verkauft werden soll, was tatsächlich 1803 mit dem sogenannten Louisiana Purchase auch geschieht.
1810	Die Herrschaft Spaniens in der neuen Welt gerät langsam aber sicher ins Wanken. Die mexikanische Revolte seit dem legendären 16. September unter Pater Miguel Hidalgo springt auf Texas über. Obwohl sie niedergeschlagen wird, folgen unruhige Jahre. Texas, das keine natürlichen Grenzen im Osten hat, zieht mehr und mehr Abenteurer, Freibeuter und Banditen an. Immer wieder müssen die spanischen Soldaten Abwehrkämpfe gegen illegale Einbrüche in ihre Provinz bestehen.

Auch angloamerikanische Siedler drängen in das als reich und begehrenswert beschriebene, unbewohnte Land. Und obwohl die US-Regierung 1819 in einem Vertrag mit Spanien formal alle Besitzrechte fallen lässt, stoßen weiterhin bewaffnete Gruppen nach Texas vor. 1813 nehmen sie sogar einmal kurz San Antonio ein. |
| 1821 | In diesem Jahr, in dem Mexiko seine Unabhängigkeit von Spanien durchsetzt, beginnt die moderne Geschichte von Texas. Es wird zusammen mit Coahuila Mexikanische Republik. Um das riesige Territorium unter Kontrolle zu bringen, vergibt die junge Nation forsch Land an jeden, der sich dort niederlassen und es bebauen will. Mit der Zustimmung Mexikos übernimmt Stephen F. Austin die Ansiedlung von 7000 Angloamerikanern rund um die 1823 von ihm gegründete Metropole der Kolonie, San Felipe de Austin. Damit führt er das Werk seines Vaters fort, der bereits 1820 von der spanischen Regierung die Erlaubnis erhalten hatte, 300 Familien in Texas einwandern zu lassen. Das Leben für die Siedlerfamilien ist mittelalterlich hart, ohne jeglichen Luxus der westlichen Zivilisation. In einer zeitgenössischen Quelle heißt es: »Texas ist für Männer und Hunde der Himmel – aber die Hölle für Frauen und Ochsen.«

Austin legt Wert auf die Integrität seiner Siedler, doch er kann nicht verhindern, dass immer mehr G.T.T.'s *(Gone to Texas)* nach Texas stürmen – kriminelle Elemente, auf der Flucht vor Strafverfolgung. Kolonialagenten, sogenannte *empresarios*, treten auf den Plan und steigern die Zuwanderungsquo- |

ten. Die Siedler bauen hauptsächlich Baumwolle an und leben von der Arbeit der Sklaven, die sie aus den Regionen des Alten Südens mitbringen. Ihre Mentalität unterscheidet sich beträchtlich von der der Lateinamerikaner. Die unabhängigen, beharrlichen Individualisten stehen den der Tradition eng verhafteten und römisch-katholischen Spaniern verständnislos gegenüber – und umgekehrt.

1825	Die USA versuchen, das Land östlich des Rio Grande für eine Million Dollar zu kaufen.
1828	Die Kolonisten rebellieren jetzt offen gegen Mexiko, es kommt zum sogenannten Fredonian War, aber der bringt nichts ein.
1830	Mexiko sieht sich immer mehr durch den großen US-Nachbarn und die wachsende Zahl seiner Siedler bedroht. Deshalb wird am 6. April eine Verordnung erlassen, die die Registrierung weiterer US-Emigranten vorschreibt. Texas soll von nun an im Wesentlichen nur noch von Mexikanern besiedelt werden. Doch obwohl mexikanische Soldaten in Texas stationiert werden, können die Kontrollen den Zuzug aus dem Norden nicht bremsen. Das Verhältnis der angloamerikanischen Siedler zu den mexikanischen beträgt 4:1. Und auf beiden Seiten wachsen die bösen Gefühle. Zusätzlichen Zündstoff liefern die Versuche Mexikos, die Sklaverei zu begrenzen, und nicht zuletzt die Tatsache, dass die Militärdiktatur von Santa Ana die mexikanische Verfassung von 1824 ständig missachtet. Schließlich formen die Kolonisten eine »Kriegspartei« – zum Unwillen Mexikos.
1831	Friedrich Ernst, ehemaliger Gärtner und Verwalter in feudalen deutschen Diensten, erwirbt Land in Austin County und ermuntert seine Freunde in Westfalen und Niedersachsen zur Emigration. Zahlreiche Familien wandern daraufhin nach Texas aus, darunter auch die Klebergs und die von Roeders. Sie siedeln 1843 in Cat Springs, westlich von Houston. Friedrich Ernst selbst gründet 1838 die Siedlung Industry.
1833	Stephen F. Austin reist mit einer Bittschrift nach Mexiko, in der er für seine Siedler die amerikanischen Bürgerrechte fordert. Daraufhin wird er für fast zwei Jahre ins Gefängnis geworfen, das er erst 1835 als kranker Mann verlässt. Seine folgende Rede zeigt Wirkung: »Texas braucht Frieden und eine lokale Regierung. Seine Bewohner sind Farmer. Sie brauchen ein ruhiges und friedliches Leben. Aber wie kann jemand unparteiisch bleiben, wenn unsere Rechte, unser Alles, in Gefahr sind?« Aufruhr breitet sich aus. Der Diktator Santa Ana schickt Truppen.
1835–36	Beginn der texanischen Revolution. Am 9. Oktober 1835 nehmen 50 freiwillige Texaner Fort Goliad ein. Austin wird Kommandeur der neuen texanischen Armee. Zwei Tage später marschiert sie mit 700 Mann nach San Antonio, das belagert und am 9. Dezember eingenommen wird. Für die Texaner ist damit der Krieg mit Mexiko beendet. Doch Santa Ana zieht eine riesige Armee zusammen, erobert Goliad zurück und erreicht am 23. Februar 1836 San Antonio. Die texanischen Soldaten mit den später zu Volkshelden stilisierten Travis, Jim Bowie und David Crockett sind der Überzeugung, dass das dortige Fort, die sogenannte Alamo, gehalten werden müsse, um die Mexikaner daran zu hindern, weiter ins Landesinnere vorzudringen. Doch

Rinder, Öl und Elektronik: Landeschronik

Gral von Texas: The Alamo in San Antonio

heftige politische Kontroversen verhindern eine rechte Übersicht und Organisation der unterschiedlichen militärischen Vorgänge.

So kommt es, dass die Verteidiger der Alamo (knapp 200 an der Zahl) keinen Nachschub bekommen und einem Heer von 6000 Mexikanern gegenüberstehen. Nach zermürbenden Gefechten folgt schließlich der letzte Angriff am 6. März 1836, der die erschöpften Texaner im Schlaf überrascht. Kein männlicher Verteidiger der Alamo überlebt, nur 15 schutzsuchende Frauen, Kinder und Sklaven. Das Opfer dieser 188 Männer macht die Alamo seither zur Pilgerstätte texanischer Patrioten. Schon vier Tage vor der Schlacht in der Alamo, am 2. März, erklärte Texas seine Unabhängigkeit in Washington am Brazos River. Am 21. April kommt es zur Entscheidungsschlacht der mexikanischen Armee unter Santa Ana und der texanischen unter Sam Houston – dort, wo sich Buffalo Bayou und San Jacinto River treffen. Während der Siesta überraschen die Texaner ihre Feinde mit dem Schlachtruf: »Remember the Alamo! Remember Goliad!« und entscheiden die Schlacht von San Jacinto nach nur wenigen Minuten für sich.

1836–46 Die *Lone Star*-Zeit. Zehn Jahre lang dauert die Außenposten-Demokratie von Texas als unabhängige Nation. Sam Houston wird erster Präsident der Republik Texas. Sein Ziel ist der Anschluss an die USA. Doch bis dahin muss das Land erst einmal im Alleingang harte Jahre überstehen. Der Krieg hat einen hohen Preis gefordert, ständige Einfälle der Mexikaner auf texanisches Gebiet ebenso wie Überfälle der Indianer kommen hinzu. Austin hatte bereits 1835 eine Gegenkampftruppe entwickelt: die Texas Rangers – ursprünglich zehn berittene Männer, die das Land der Siedler durchstreifen, um sie vor möglichen Gefahren zu schützen: vor Viehdieben, Banditen und Alkoholschmugglern. Eine Konsequenz aus der Arbeit jener Männer, die »wie Mexikaner reiten und wie Tennesseeans schießen« konnten, ist, dass die Stämme

	der Karankawas und der Attakapas schließlich 1844 flohen – einige nach Mexiko, andere auf die Insel Padre Island.
1839	Sam Houston ist um faire Verträge mit den Indianern bemüht, aber er kann seine eigenen Leute davon nicht überzeugen. Als sein Nachfolger, Mirabeau Lamar, Präsident der Republik wird, sind die Versöhnungsmöglichkeiten endgültig dahin. Unter dem Vorwand, die Cherokees würden mit den Mexikanern gemeinsame Sache machen, lässt er die Indianer durch Truppen aus dem Land jagen. Da sie sich wehren, kommt es zum sogenannten »Cherokee-Krieg«, den die Indianer verlieren. Anderen Stämmen, die sich mit den Angloamerikanern anzufreunden versuchen, ergeht es genauso.
1841	Unter dem Pseudonym Charles Sealsfield veröffentlicht Karl Anton Postl den populären Reiseroman »Das Kajütenbuch«. Die Handlung spielt in Texas, und das Werk beeinflusst in der Folgezeit potentielle Auswanderer erheblich. Weitere Reisebücher folgen, Romane, regelrechte Reiseführer, aber auch Gedichte und Lieder über Texas. Hoffmann von Fallersleben zum Beispiel schreibt ein Gedicht über die Schlacht von San Jacinto und Abschiedslyrik für Auswanderer wie etwa »Der Stern von Texas«. Viele Schriftsteller und Intellektuelle der unruhigen Generation der sogenannten Jungdeutschen um 1840 begeistern sich für die Neue Welt. Büchner, Heine oder Börne sind überzeugt, dass man Deutschland am besten den Rücken kehren sollte.
1842	In Bieberich bei Mainz tritt der sogenannte Adelsverein zusammen. Carl, Prinz zu Solms-Braunfels, übernimmt den Vorsitz. Aufgabe: Organisation und Schutz der deutschen Aussiedler in Texas. Im Einvernehmen mit der texanischen Regierung beginnt die Übersiedlung der ersten großen Kolonistenschar von 600 Familien. Die Segelschiffe brauchen zwölf Wochen bis nach Galveston. (Bei Führungen durch das Solmser Schloss Braunfels ver-

Die Grenzen der Republik Texas von 1844

Mission de Nuestra Señora de Guadalupe, Ciudad Juárez, Chihuahua, Mexiko (El Paso) um 1850

weist der Fremdenführer noch heute auf den »Texas Carl«, wenn er seine Gruppe am Bild des weltläufigen Prinzen vorbeilotst.)

1843 Sam Houston, zum zweiten Mal Präsident der Republik, versucht in Einzelverträgen, das erschütterte Vertrauen der Indianerstämme zurückzugewinnen. Einer seiner Unterhändler ist Jim Shaw, Delaware-Indianer, Scout, Übersetzer und Diplomat, der später (1847) dem deutschen Unterhändler von Meusebach bei dessen Friedensvertrag mit den Comanchen helfen wird. Ähnliche Vermittlungsdienste leistet 1850 Jesse Chisholm, Halb-Cherokee, bei den Comanchen und Kiowas.

Die junge Republik hat ihre Probleme mit der schwankenden Währung, internen Streitigkeiten und Löchern in der Staatskasse. Die Forderung Englands nach größeren Baumwoll-Lieferungen bestärkt die US-Regierung in ihrem Entschluss, Texas zu annektieren.

1845 Texas wird 28. Staat der USA und J.P. Henderson erster Gouverneur. Die stolze *Lone Star*-Flagge rückt nun hinter das Streifen- und Sternenbanner der USA auf Platz zwei. Der letzte texanische Präsident fasst das in die Worte: »The Republic of Texas is no more.«

1846 Mexiko sieht die Annexion als Kriegserklärung der USA an. Der Amerikanisch-Mexikanische Krieg beginnt. Die erste Schlacht wird bei Brownsville ausgefochten. Baron Ottfried Hans von Meusebach, zweiter Vorsitzender des Adelsvereins und Preuße, gründet Fredericksburg, während mit der »Galveston Zeitung« die erste deutsche Zeitung in Texas erscheint.

1848 Mit dem Vertrag von Guadalupe Hidalgo endet der Amerikanisch-Mexikanische Krieg. Die USA bekommen von Mexiko das Territorium zwischen Rio Grande und Nueces River; der Rio Grande wird endgültig Staatsgrenze. Texas erhält seinen Anspruch auf Gebiete nordöstlich des Rio Grande aufrecht. Ein Kompromiss regelt das so: Für zehn Millionen Dollar verzichtet Texas auf

weitere Gebietsansprüche im heutigen New Mexico und Colorado. Bis heute haben viele Texaner diese Schmälerung nicht verwunden. Andererseits freuen sich so manche New Mexicans heute, keine Texaner zu sein.
Die Flüchtlinge der 1848er Revolution in Deutschland kommen nach Texas. Ein Jahr darauf gründen Freidenker und Intellektuelle eine Farmkommune mit dem Namen Tusculum, das spätere Boerne.

1850 In Texas leben jetzt rund 200 000 Einwohner. Rund 20 Forts sollen die Siedler vor Übergriffen der Indianer schützen. Die Caddo-Stämme fliehen aus Texas, die der Tonkawas werden einem Reservat zugewiesen. – Rund 20 Prozent beträgt inzwischen der deutsche Anteil unter den weißen Siedlern. Sie ziehen zunehmend aus den Städten aufs Land und engagieren sich in Farmen und Ranchbetrieben.

1853 Erstes deutsches Sängerfest in New Braunfels; Ferdinand Lindheimer gibt die »Neu-Braunfelser Zeitung« heraus. Die »San Antonio Zeitung« erregt Unmut, weil sie Position gegen die Sklavenhaltung bezieht. Dampfschiffskapitän Richard King kauft einen riesigen Batzen Land im südlichen Texas und beginnt mit der Zucht von Longhorn-Rindern. Die King Ranch wird einmal die größte in Nordamerika werden.

1854 Noch eine sozialistische Kommune entsteht in Nord-Texas: La Réunion, von französischen Siedlern unter Berufung auf die Philosophie Fouriers ins Leben gerufen. Weitere europäische Auswanderer treffen ein, aus Norwegen, Polen und der Schweiz. Zahlreiche Klubs zur Pflege von Kultur und Gesellschaft werden von den deutschen Siedlern ins Leben gerufen: ein deutsch-texanischer Sängerbund, eine literarische Gesellschaft mit dem poetischen Namen »Prärieblume«, der Casino-Club und der Männerchor in San Antonio und zahlreiche Turnvereine.

Abenteuerreisen: Überquerung des Pecos River. Stich von 1851

1857	Die erste Postkutsche fährt von San Antonio nach San Diego, Kalifornien. Die Zeit zwischen der Annexion und dem Beginn des Bürgerkriegs bringt Texas einen geradezu explosionsartigen Bevölkerungszuwachs. Überall wird Land zur Besiedlung angeboten, immer mehr Städte erscheinen auf der Landkarte, Schulen und Straßen werden gebaut, und eine gewisse soziale und sicherheitspolitische Ordnung macht sich breit. Die meisten Siedler kommen aus den Südstaaten, samt Baumwollkultur und Sklaven. Die westliche Region des Staates wird nur schleppend besiedelt, obwohl sie durch eine Reihe von Forts gegen den indianischen Widerstand gesichert wird.
1861	In den späten 50er-Jahren des 19. Jahrhunderts erreicht die Sklavenfrage auch Texas. Schnell gewinnen extreme Pro-Sklavenvertreter und Befürworter der Sezession die Oberhand, während Sam Houston, schon zweimal Präsident der Republik und 1846–59 US-Senator, gegen die Sklavenhaltung und für die Union votiert. Zu seinem Schaden. Nachdem er 1859 zum Gouverneur gewählt worden war, wird er abgesetzt und ins Exil geschickt. Präsident Lincoln bietet ihm Truppen zur Unterstützung an, doch Houston lehnt ab. Die Texaner sagen sich von der Union los und schließen sich der Konföderation an.
1862	Als sich einige Deutsche für die Ziele der Union einsetzen und sich bewaffnen, geraten sie in einen Hinterhalt der Konföderierten. Die sogenannte Schlacht von Nueces beendet die kurze Tradition des liberal-radikalen Zweigs der Deutschen in Texas.
1863	Die siegreichen Schlachten von Galveston und Sabine Pass verhindern zwar eine Invasion der Unionisten über den Seeweg nach Texas, aber nicht, dass die Union die Häfen schließt. Texas versorgt sich und andere Konföderierte

Bürgerkrieg: Die kleinen Baumwollschiffe (die mit den Doppelschornsteinen) der Konföderierten zerstören gerade (1863) die Unionsflotte vor Galveston

mit Waren aus Europa, die über Mexiko eingeführt werden, sowie mit eigenen Vorräten und Erzeugnissen. Wer sich den Idealen der Konföderation widersetzt – Unionstreue im Norden des Landes und die deutschen *Counties* in Zentral-Texas –, wird unter Druck gesetzt, muss fliehen oder wird aufgehängt.

Büffeljagd in Taylor County (1874) △ ▽

1865 Ende des Sezessionskriegs. General Granger landet in Galveston und erklärt alle Sklaven für frei. Rassenkonflikte breiten sich aus, und der Ku-Klux-Klan gewinnt an Boden.

1865–69 Während der Ära der sogenannten *reconstruction* steht Texas unter einer Militärregierung: Gleiche Rechte für Schwarze und Weiße sollen eingeführt werden.

1866 Der erste Viehtreck nach Kansas leitet zahlreiche Herden-Trails ein.

1868 In der Nähe von Texarkana wird Scott Joplin geboren, der als Begründer des klassischen Ragtime gilt. Seine berühmteste Komposition: *Maple Leaf Rag*.

1870 Texas ist wieder Staat der Union. Rund 820 000 Menschen leben jetzt hier. John B. Stetson, Hutmacher in Philadelphia, produziert jene Hüte, die von nun an zur Standardkopfbedeckung der Texaner werden.

1872 Ernst Hermann Altgelt baut sich ein Haus im King William District von San Antonio und legt damit den Grundstein dieses vornehmen Wohnviertels der deutschen Oberschicht. – Die *reconstruction* dauert bis 1877. Die riesigen Longhorn-Herden erweisen sich als Retter des verarmten Staates nach dem Bürgerkrieg. Zusammen mit anderen Rindern werden sie in Millionenzahl auf die großen Trails zu den Fleischtöpfen des Nordens getrieben.

Deutsche Blaskapellen sind noch heute in Texas beliebt. Das Foto zeigt die Loescher Band in Cat Springs um 1890

1875 Die Indianer, immer weiter nach Westen gedrängt, sind so gut wie vernichtet. Die Überlebenden (z.B. die Comanchen) werden in Reservate nördlich des Red River eingewiesen.

Rinder, Öl und Elektronik: Landeschronik

Deutsche in Texas (1892): Gartenfest bei Anton Wulff auf der King William Street in San Antonio

1879 Die Zeit des offenen Landes, der *open range*, ist passé. Der Stacheldraht sorgt dafür. Die Siedler umzäunen damit ihre Felder oder pferchen ihre Schafe ein. Die Auseinandersetzungen zwischen Ranchern und Farmern gipfeln im sogenannten *fence cutting war*. Erst zerschneiden die Rinderbarone die Zäune der neuen Siedler, der *homesteaders,* dann tun es ihnen die Rancher nach und umzäunen einfach alles – ihr eigenes Land, öffentliches Land, Wasserlöcher, alles. Dagegen wehren sich wiederum andere und schneiden die Drähte nachts wieder durch. Seit 1884 verbietet ein Gesetz, Zäune zu durchschneiden. In die 80er-Jahre fällt eine kurze Periode der Reformen, die auf Gleichstellung der Schwarzen abzielt, aber schon am Ende des Jahrhunderts will davon keiner mehr etwas wissen: die Rassentrennung ist praktisch installiert.

1883 Die Universität von Texas nimmt ihren Lehrbetrieb auf, und die Eisenbahn beschert wirtschaftliche Fortschritte. Dennoch kehren die alten wilden Zeiten wieder. Banditen, Viehdiebe und Pistoleros machen die Gegend unsicher, und ständig gibt es Ärger an den Grenzen. Die Texas Rangers haben Hochkonjunktur. Das erste Rodeo findet in Pecos statt.

1885 In Waco erfindet ein experimentierfreudiger Drogist die bis heute beliebte süße Dr. Pepper-Limonade. Ab 1923 wird sie bundesweit vertrieben.

1900 In Texas leben jetzt über drei Millionen Menschen, davon 82 Prozent auf dem Lande. Am 8. September fegen ein verheerender Hurrikan und eine Springflut über Galveston, töten 6000 Menschen und verwüsten die Stadt.

1901 Die Spindletop-Quelle in Beaumont beginnt zu sprudeln, ihr Öl prägt die Entwicklung des Landes entscheidend. 1904 folgt der nächste große Ölfund bei Humble, in der Nähe von Houston.

Rinder, Öl und Elektronik: Landeschronik

So sah es am 6. Oktober 1902 auf dem »Spindletop« aus, dem Ölfeld bei Beaumont

1912	Die mexikanische Revolution seit 1910 macht die texanisch-mexikanische Grenze wieder unsicher. 1914 werden US-Truppen in Fort Bliss in El Paso stationiert. 1916 leitet General Pershing eine militärische Strafexpedition gegen die Übergriffe von Pancho Villa.
1915	Einführung der allgemeinen Schulpflicht.
1900–20	Texas mausert sich zu einem modernen Staat, der Industrie, Landwirtschaft (Bewässerungssysteme) und Straßen ausbaut. Der *Cotton Belt*, der vor dem Bürgerkrieg bei San Antonio und Fort Worth endete, dehnt sich nun bis in die südlichen Plains aus. 1914 wird James E. Ferguson Gouverneur, und mit ihm kommt eine Reformpolitik zum Zuge, die von seiner Frau fortgeführt wird. Erfolg: Verdrängung des Ku-Klux-Klan.
1918	Frauen erhalten Wahlrecht, die Prohibition wird verhängt, die Zahl der Städte hat sich seit 1900 fast verdoppelt.
1930	Die Depression trifft auch Texas hart. Dürreperioden und verstärkte Bodenerosionen kommen erschwerend hinzu.
1931	Reiche Ölfunde in Ost-Texas.
1936	Buddy Holly kommt in Lubbock zur Welt. Mit seiner Band (The Crickets) beeinflusst er die Rock'n'Roll-Szene.

Deutsche Schule um 1915 in Castell, Texas

1940	Zu Beginn des Zweiten Weltkriegs wird Texas zu einem großen Truppen-Ausbildungslager. General Eisenhower und der Flottenadmiral und Oberbefehlshaber der Pazifikstreitkräfte Nimitz sind Texaner. Während und nach dem Krieg erlebt Texas einen wirtschaftlichen Aufschwung und einen neuen Konservatismus. Die Reformen aus den *New Deal*-Programmen werden entweder umgangen oder verzögert, und es wird alles unternommen, um den Einfluss der Gewerkschaften klein zu halten. Die Universität von Texas gerät aufgrund ihres Liberalismus unter Beschuss.
1942	Die erste Margarita wird gemixt, in Juárez, gegenüber von El Paso.
1953	Dwight D. Eisenhower wird der erste in Texas (Denison) geborene US-Präsident.
1954	Der Oberste Gerichtshof verbietet die Rassentrennung an öffentlichen Schulen, doch es dauert noch zehn Jahre, bis die Gesetze tatsächlich vorliegen.
1958	Die Elektronikfirma Texas Instruments entwickelt in Dallas den ersten Computer-Chip, der den Beginn des Computerzeitalters einläutet.
1961	Houston wird zum Forschungszentrum der NASA für den bemannten Raumflug.
1963	Am 22. November wird John F. Kennedy in Dallas ermordet. Lyndon B. Johnson, geboren in der Nähe des texanischen Stonewall, rückt als 36. US-Präsident nach.
1965	Edward H. White (1930–67) aus San Antonio ist der erste Texaner im All und zugleich der erste Amerikaner, der im Weltraum spazieren geht.
1973	Der gebürtige Texaner Willie Nelson tritt zum ersten Mal in Austin auf und formt in den folgenden Jahren den Austin Sound.
1978	Nach 100 Jahren wird wieder ein Republikaner Gouverneur: Bill Clements.
1980	Der Film »Urban Cowboy« hat in Houston Weltpremiere und löst in den USA einen modischen Cowboy-Kult aus. Die South Fork Ranch mit Fiesling J.R. Ewing steigt für ein paar Fernsehjahre zum weltweit bekanntesten Fleck von Texas auf.
1988	George Bush sr., Houstonian, wird zum 41. US-Präsidenten gewählt.
1990	Unter den wirtschaftlich erfolgreichen Staaten im *Sun Belt* hat Texas nach wie vor die Nase vorn. Sowohl der Wert der Bodenschätze wie auch der Ausbau der Elektrotechnologie sichern die Fortsetzung dieser Rolle, vorausgesetzt, der Staat löst seine dringenden Probleme. Dazu gehören u.a. die Be-

Zu Beginn des 20. Jahrhunderts: eine amerikanische Gruppe unterwegs mit Wagen voller Wolle

Rinder, Öl und Elektronik: Landeschronik

Blick auf den neuen Arts District von Dallas

	ziehungen der weißen Mehrheit zu den ethnischen Gruppen, die partielle Wasserknappheit und die gravierenden Umweltschutzprobleme.
1998	Nach Südkalifornien (1) und Atlanta (2) wachsen die **Metroplexe** Dallas/Fort Worth (3) und Houston (4) in den USA am schnellsten. Ungewöhnlich hohe Wachstumsraten verzeichnen auch die Städte entlang der *frontera*, der texanisch-mexikanischen Grenze: Laredo, McAllen und Brownsville.
2001	George Bush jr., zuvor Gouverneur von Texas, wird 43. US-Präsident.
2002	Informelle Grenzübertritte nach Mexiko werden vom Heimatschutzministerium (Department of Homeland Security) untersagt.
2005	Im März Explosion der BP-Ölraffinerie Texas City am Golf von Mexiko; mindestens 15 Menschen kommen ums Leben, zahlreiche werden verletzt.
2007	Der 11. September 2001 hat auch die Spannungen zwischen den USA und Mexiko verschärft. Neue Grenzzäune sollen auch in Texas errichtet werden. Der Krieg zwischen kriminellen Organisationen in Mexiko, die um die Kontrolle des Drogenhandels kämpfen, verschärft die Gewalt in der mexikanischen Grenzregion dramatisch.
2010	Der Untergang der Ölplattform »Deepwater Horizon« im April sorgt für die größte Ölkatastrophe aller Zeiten im Golf von Mexiko. Texas bleibt aber weitgehend unbeschadet.
2011	Country-Legende Willie Nelson (77) wird in West-Texas vom zuständigen Bezirksrichter Kit Bramblett (78) wegen des illegalen Konsums von Marihuana statt der üblichen einjährigen Haftstrafe zu einer Gesangseinlage im Gerichtssaal verurteilt: Moderner Strafvollzug in Texas – Live Music statt Knast.

ELF ROUTEN FÜR ZENTRAL-TEXAS UND DIE GOLFKÜSTE

❶ Cowtown: Fort Worth

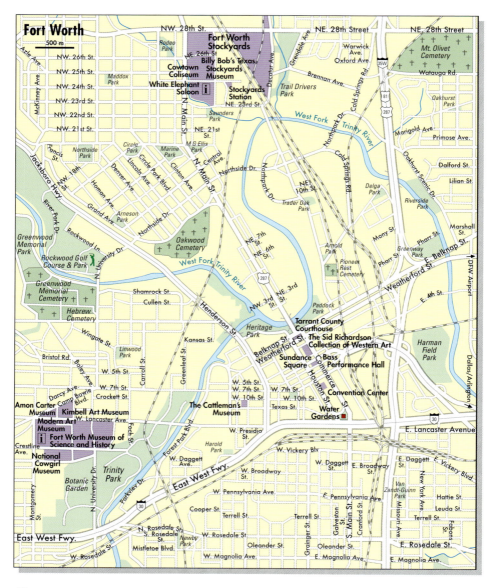

1. Programm: Fort Worth

Vormittag   Spaziergang im **Stockyards Historic District**, später Lunch.
Nachmittag Besuch der Museen im Cultural Arts District, später **Sundance Square**.

Extras: Wer sich ein bisschen mehr Zeit als hier vorgesehen in Ft. Worth nimmt, dem wird vielleicht das **Fort Worth Nature Center and Refuge** am nordwestlichen Ufer von Lake Worth gefallen (s. S. 51). In dem schilfgerahmten See angeln die Leute am Wochenende und verzehren ihren Fang meist gleich an den alten Picknicktischen. Trails führen zur Tiersammlung des Besucherzentrums und außerdem zu Freigehegen mit böse blickenden Büffeln oder ängstlich blinzelnden Erdhörnchen. Bei der Prairie Dog Town ist ein interessanter Lageplan angeschlagen, der zeigt, in welchen Immobilien diese quirligen Burschen leben: Sie hausen überaus gesellig in unterirdischen Suiten mit Toilette, Trockenhaus, zwei Schlafzimmern, einer Vorratskammer, Horchraum (!) und einem Notausgang!

Die Seen rund um Fort Worth locken überall aufs Land. Hinter Lake Worth beispielsweise versucht es der **Eagle Mountain Lake** mit Erfolg bei Anglern, Bootsleuten und – am Twin Points Beach – bei Strandhockern: mit blauem Wasser und Wiesen voller *bluebonnets*. Hier gibt es auch einen guten Campingplatz: AAA Twin Points Resort and Beach, 10200 Ten Mile Bridge Rd., ✆ (817) 237-3141.

Im Südwesten konkurrieren der **Benbrook Lake** und **Lake Granbury** um die besten Plätze am Wasser. Bevor 1960 ein Damm den Brazos River staute, war das stille **Granbury** auf dem absteigenden Ast. Erst der Kunstsee brachte Besucher, neue Einwohner und neues Geld. Klugerweise steckten die Granburianer einen Teil davon in die Pflege ihres Ortsbilds, das heute beispielhaft zeigt, wie eine Kleinstadt in Texas um die Wende zum 20. Jh. ausgesehen hat.

Vorzügliche Unterkunft und Verpflegung: **Historic Nutt House Hotel**, 119 East Bridge (Town Sq.), Granbury, TX 76048, ✆ 1-888-678-0313, www.nutt-hotel.com. Gepflegtes historisches Hotel. Im alten Speisesaal gibt es kräftige Menüs ($$), die denen ähneln, die die texanischen Pionierfrauen einst servierten: Kochen als patriotische Volkskunst. $$$$

Sportmöglichkeiten: Der Trinity Trail (www.trinitytrails.org) ist ingesamt mehr als 60 km lang und verläuft entlang dem Trinity River. **Trinity Park** (2401 University Dr., Fort Worth, TX 76107) bietet nahe an Downtown die Möglichkeit, dem Trinity Trail zu folgen, idealerweise verbunden mit einem Abstecher in den nahe gelegenen **Botanic Garden**.

Fort Worth zum Auftakt für Texas? Ja, dafür spricht eigentlich alles. Mehr als für Dallas. Denn was sind schon TV-Serienbilder von Dallas gegen ewige Cowboy-Träume, von denen Fort Worth von jeher lebt? Da draußen, im Holzgatter der offenen Viehhöfe der Stockyards stehen die Longhorns beieinander und warten auf ihren Auftritt bei der Auktion im **Livestock Exchange Building**, wo die Rancher bieten. Es heißt, hier wären einst mehr Millionäre ein und aus gegangen als in einem anderen Gebäude der Welt. Der lukrative Kuhhandel machte

1 Fort Worth

Es war einmal: Vierherden auf dem Chisholm Trail Richtung Kansas

die Adresse zur *Wall Street of the West*. Wer sich hier heute als Newcomer im falschen Moment an der Backe kratzt, hat schon den Zuschlag für einen Zuchtbullen bekommen und eine Menge Geld verloren.

»Fort Worth – wo der Westen beginnt«: Das passt zum Texas-Image, zu Erdnähe, Staub, Sägemehl und den Spucknäpfen, die in dem einen oder anderen *Western wear shop* herumstehen. Also, warum nicht hier auch die Reise beginnen? Freilich, mit dem Romantischen allein hätten sich Prärie und kultureller Höhenflug, Viehmarkt und Flugzeugindustrie in dieser vielleicht texanischsten Stadt wohl nie so innig gefunden. Es ist gar nicht mal so viel Zeit vergangen, seit die Comanchen sie ins Leben riefen. Die Versuche Sam Houstons, mit ihnen 1841 vertraglich ins Reine zu kommen, gingen schief. Die weißen Rancher respektierten die verabredeten Grenzen nicht; die Indianer wehrten sich prompt mit Überfällen. Ein Militärposten ließ nicht lange auf sich warten, er entstand 1849 am Hang zum Trinity River.

Die Soldaten packten allerdings bald wieder ihre Sachen; die Siedlung lebte als Trading Post weiter, bis neue Kurzbesucher auftauchten, draufgängerische Goldsucher unterwegs nach Kalifornien, gebeutelte Reisende in Kutschen, durstige *cattlemen* und Cowboys. Sie trieben Hunderttausende Rinder über die Trampelpfade, um Fleisch in den Norden zu bringen, dessen Dollars dem bürgerkriegsgeschädigten Texas willkommen waren. Die meisten Langhörner trotteten über den legendären *Chisholm Trail* und genau durch Fort Worth. Eine großdimensionierte Wandmalerei des Trompe-

Fort Worth

d'oeil-Künstlers Richard Haas an der Main Street (Nr. 400) bringt diese Geschichte unübersehbar an die Wand.

Den Namen »Cowtown« aber bekam die Stadt erst angehängt, als kurz nach der Ankunft der Texas und Pacific Railroad 1876 die Viehbörse gegründet wurde, die Livestock Exchange. Jahrzehntelang ging es dort hoch her. Die Eisenbahn beschleunigte nicht nur die Viehtransporte, sondern brachte auch ein buntes Völkchen in die Stadt, vor allem Cowboys, die mal gern einen draufmachen wollten, Träumer auf der Suche nach besseren Welten, Spieler und Krawallmacher. Fort Worth kam als »Höllenacker« in Verruf. Hotels, Saloons und Bordelle sorgten für Publicity, und die meisten der prominenten Wilden des Westens machten hier Station, so auch

Viehauktion im Livestock Exchange Building

Fort Worth: Coliseum, Stockyards

Butch Cassidy und Sundance Kid. Eingebuchtet wurden die Rowdies vom Sheriff aber immer erst, nachdem sie ihr Geld ausgegeben hatten. Fort Worth – eine Stadt mit Vergangenheit, aber, wie man sieht, auch eine mit viel Realismus.

Große Fleischverarbeitungsfabriken entstanden 1902 bei den Stockyards, kurz darauf (1908) gefolgt vom **Coliseum** mit seiner überdachten Rodeo-Anlage. Nicht nur bockende Pferde und wilde Bullen zogen hier ihre Show ab, sondern auch Entertainer wie Enrico Caruso und Elvis Presley. Dieses Viehhandelszentrum der USA blieb bis in die 1950er-Jahre intakt. Dann schrumpfte der Viehmarkt, die Fabriken machten dicht, das Viertel Pause. Erst Mitte der 1970er-Jahre wehte frischer Wind durchs vergammelte Viertel. Seither wissen die Touristen wieder, wo der »Westen« beginnt.

Öl schrieb das zweite entscheidende Wirtschaftskapitel der Stadtgeschichte, genauer gesagt, die beträchtlichen Funde im Gebiet von Wichita County. Auch diesen Segen sieht man der Stadt heute an, denn Fort Worth und seine gut 700 000 Bewohner leben weiß Gott nicht nur von den hölzernen Pferchen der Stockyards, sondern auch von gläsernen Hochhaustürmen und den Geschäften, die sich dort abspielen, und nicht zuletzt von einer international angesehenen Museumskultur und zumindest einem städtebaulich geglückten Vorzeigestück, dem ansehnlichen Sundance Square mit seinen 14 Straßenblocks.

Aber beginnen wir bei den Ställen, den **Stockyards**, jenem leicht zugänglichen Paradies für Western-Nostalgiker, wo der Sheriff noch zu Pferd durch die Straßen und die Cowboys auf dem Rodeo reiten, wo noch die Stiefel auf den Brettern der Gehsteige klappern und die Toilettentüren drastische Schilder tragen, die Bullen von Kühen *(Bulls* von *Heifers)* trennen und nicht, wie sich's eigentlich gehört, *Gentlemen* von *Ladies.* Dort liegt

Stockyards: Heute dienen die Vierherden vor allem der touristischen Unterhaltung

Fort Worth: Billy Bob's Texas, Stockyards Station, Cultural District

Kimbell Art Museum

Billy Bob's Texas, der Super-Saloon, erstanden aus einem ehemaligen Viehstall. Platz gibt's dort im texanischen Übermaß. Die 43 (in Worten: dreiundvierzig) Bars, Tanzflächen und Spielhallen fassen 6000 trinkfeste Cowboys und füllige T-Shirts texanischer Cowgirls auf einmal.

Natürlich ist auch für Souvenirfreunde gesorgt: die **Stockyards Station** zum Beispiel – ein ehemaliger Schweine- und Schafstall, der zum Shopping- und Restaurationskomplex mutiert ist und die Touristenherzen höher schlagen lässt: Indian Shops, Popcorn, Ledermalerei und der *Tarantula Express*, eine alte Eisenbahn, die durch die Halle rauscht und zur Vergnügungsfahrt ins nahe gelegene Grapevine animiert. Wem das alles noch nicht bunt genug zugeht, der kann sich draußen vor der Tür auf einem echten Longhorn ablichten lassen. Eine kleine Herde dieser gehörnten Viecher (Fort Worth Herd) wird täglich zweimal über die Straße getrieben – zur Freude ganzer Schulklassen und Seniorengruppen.

Ein kräftiges Lunch im Umkreis der Vieharena schafft eine solide Grundlage fürs Höhere, die Kunst – kurz: den **Cultural District**. Keine Frage, hier ist nicht gespart worden. Warum auch. Wer, wie Fort Worth, ständig das große »D« von Dallas vor der Nase hat, der muss sich was einfallen lassen. *Metroplex* hin, *Metroplex* her – das reicht den Lokalpatrioten von Fort Worth nicht. Also hat man hier gleich fünf wunderschöne Museen hingepflanzt, in dichtester Nachbarschaft sogar, eins attraktiver als das andere. Das **Kimbell Art Museum** zählt ohne Frage zu den schönsten kleinen Museen in den gesamten USA – die Architektur des Louis Kahn überzeugt durch ihre wohltuende Raumgestaltung und Lichtführung.

Auch das benachbarte **Amon Carter Museum of American Art** hat außer seiner hervorragenden Sammlung von Western Art zusätzliche optische Qualitäten: von der Terrasse des 1961 von Philip Johnson entworfenen Baus hat

Fort Worth: Cultural District, Sundance Square, Water Gardens

man einen freien Blick auf Downtown Fort Worth, weil Ölmogul, Zeitungsverleger und Kunstsammler Carter sich den Platz, wo seine Bilder ausgestellt werden sollten, sorgfältig ausgesucht hat.

Das **Modern Art Museum** ist das zweitgrößte seiner Art in den USA, ein sehenswerter Neubau, der einmal mehr den Ruf von Fort Worth festigt, die »Hauptstadt der Museen« des Südwestens zu sein. Die gelungene Landschaftsarchitektur sorgt dafür, dass sich die Museumsfassade im See spiegelt. Optisches Vergnügen bereitet auch das 2002 eröffnete **National Cowgirl Museum**. Der historische Bau wurde liebevoll restauriert und zum Schaukasten der wilden Damen des Westens ausgebaut. Jüngst hinzukommen ist das im November 2009 eröffnete **Fort Worth Museum of Science and History**. Das auf helle Farben, geometrische Formen und natürliche Lichtspiele setzende 80-Millionen-Projekt vermittelt vor allem Kindern auf anschauliche Art naturwissenschaftliche und technische Phänomene.

Dass in Fort Worth wieder ein urbanes Herz schlägt, verdankt die Stadt dem ansehnlich herausgeputzten und mit Recht preisgekrönten **Sundance Square**, der durch die **Bass Performance Hall**, ein von Millionenhand finanziertes Konzert- und Opernhaus, eine bedeutende Erweiterung erfahren hat. Was die Hunts für Dallas, das sind die Gebrüder Bass für Fort Worth: Leute, die von jeher sehr viel Geld in die Stadt stecken – für Kultur, Hotels, Schulen und eine eigene private Sicherheitstruppe auf gelben Fahrrädern in der Innenstadt. Ganz in der Nähe ist da noch die hübsch terrassierte und rauschende Wasser-Oase der **Water Gardens**, die (wiederum) Philip Johnson gegenüber vom Convention Center in Szene gesetzt hat. Ausgerechnet an einem Ort, der als *Hell's Half Acre* in die Stadt-

Wilder Westen in Öl: Amon Carter Museum

Fort Worth: Sundance Square, Water Gardens

Bass Performance Hall

geschichte eingegangen ist – ein notorischer Bar- und Bordellbezirk, wo sich die Cowboys noch ein paar nette Stunden zu machen pflegten, bevor es über den langen Trail des Jesse Chisholm nach Abilene, Kansas, ging.

In Städten kommt die **Cowboywelt** heute verständlicherweise anders zum Tragen: in erster Linie modisch. Die Auswahl in den einschlägigen Läden für Wildwest-Textilien ist beträchtlich, hier in Fort Worth genauso wie in El Paso oder San Antonio. Beispiel: Cowboystiefel. Es gibt sie aus Rind-, Kamel- und Ziegenleder, aus der Haut von Fröschen, Nashörnern, Haifischen, Straußen, von Alligatoren, Aalen, Echsen, Pythonschlangen, Schildkröten und Antilopen, von Wasserbüffeln, Leguanen, Seehunden und Salm. Ein Paar vom Fell eines Ameisenbärs, handgemacht, kann da locker an die 1000 Dollar herankommen.

Die Preise für diese Nobelgaloschen schwanken zwischen 70 und 1400 Dollar; der Schnitt liegt zurzeit bei etwa 250–400 Dollar. So was reicht natürlich nicht für prächtiges Design am Stiefel, wie es vor allem Rockstars lieben. Schon Cowboy-Idol Tom Mix gab sich nicht mit Dutzendware zufrieden. Ebenso wenig Will Rogers oder Gene Autry, der Autor des legendären Songs über die »Yellow Rose of Texas«.

Hutabteilungen bieten eine ähnliche Palette. Da die Hüte zumeist aus Biberfell bestehen, kommt es weniger auf die Materialien an, dafür umso mehr auf die Machart. Denn abgesehen vom Memorial Day, wenn sich alle US-Männer Strohhüte aufsetzen und Ausflüge machen, brauchen jeder Typ und jede Gelegenheit den passenden Hut. Durch heißen Dampf fix in Form gebracht, kann sich ein New Yorker Geschäftsmann in weni-

Fort Worth: Trinity Park, Botanic Garden

gen Minuten in einen Drugstore-Cowboy verwandeln lassen.

Bei den Stars im Showgeschäft sind verzierte Hüte gefragt, mit Federn oder anderem Schmuck. Auch den einen oder anderen der bunten Hüte gibt es noch, die mit der *Urban Cowboy*-Welle aufkamen. »Die tragen jetzt nur noch junge Leute, die hier nicht wohnen. Winter-Texaner zum Beispiel«, verrät die versierte Kathy hinter dem Ladentisch. Federbänder seien passé, Anstecknadeln erst recht.

Doch der Abbau von Extras wird sicher nicht mehr zu den Grundfunktionen der Hüte zurückführen. Sie wurden ja nicht nur getragen, sie waren Vielzweckwerkzeuge: Fächer, zum Anwedeln des Feuers; Peitschen, um Pferde auf Trab zu bringen; Kopfkissen zum Schlafen; Behälter zum Trinken und Tränken; Signale, um mit ihnen zu winken.

Mehrzwecknutzung ist dagegen beim obligaten Halstuch, der *bandana*, auch heute noch drin. Früher diente das Baumwolltuch als Staubschutz oder Maske, heute kehrt es als Stirntuch oder Serviette wieder, als Flattermann an der Autoantenne oder als Babywindel.

Wen weder Cowtown, Arts Town noch Downtown, weder Kuhduft noch Kulturluft interessieren, der sollte sich in die Büsche schlagen, z. B. in den weitläufigen **Trinity Park** – mit oder ohne Picknick, zum Spazieren, Inlineskating oder Nichtstun. Viel erholsames Grün und der **Botanic Garten** verschönern die Flussufer und den University Drive. Am Überweg für die Enten erkennt man, dass der **Duck Pond** nicht weit sein kann, diese besonders friedliche Idylle mit Wasserschildkröten, hüpfenden Hörnchen und den überall in Texas schnarrenden blauschwarzen *blackbirds*. Nachts punktieren zahllose Lichterketten die Umrisse der Skyline so, als wäre in Cowtown immer Weihnachten.

Golden Moon Bridge im Botanic Garden

❶ Infos: Fort Worth

Fort Worth Convention & Visitors Bureau
415 Throckmorton Ave. & 4th St.
Fort Worth, TX 76102
✆ (817) 336-8791 oder 1-800-433-5747
www.fortworth.com, Mo–Fr 8.30–17 Uhr

Fort Worth »T« Public Transportation
1600 E. Lancaster Ave.
Fort Worth, TX 76102
✆ (817) 215-8600, www.the-t.com
www.mollythetrolley.com
Kostenfreie Pendelbusse (Molly the Trolley) verkehren täglich in drei Linien zwischen Downtown, Stockyards und Sundance District mit diversen Stopps. Aktuellen Fahrplan auf Website erfragen.

Die Auflösung der $-Symbole finden Sie auf S. 275 und in der hinteren Umschlagklappe.

The Ashton Hotel
610 Main & 6th Sts. (Downtown)
Fort Worth, TX 76102
✆ (817) 332-0100 oder 1-866-327-4866
Fax (817) 332-0110
www.theashtonhotel.com
Geschmackvoll eingerichtetes, historisches Boutique-Hotel, der **Grille SIX 10** serviert Frühstück, Lunch und Dinner. $$$$

Courtyard Fort Worth Downtown/Blackstone
601 Main St. (Sundance Sq.)
Fort Worth, TX 76102
✆ (817) 885-8700
Mitten in Downtown in einem alten Artdéco-Gebäude von 1929. $$$–$$$$

Embassy Suites Fort Worth Downtown
600 Commerce St. (Sundance Sq.)
Fort Worth, TX 76102
✆ (817) 332-6900
www.embassysuitesfw.com
Renoviertes Hotel mit großzügigen Räumen. Fitness, Pool, free Wi-Fi. $$$$

Etta's Place
200 W. 3rd & Houston Sts. (Sundance Sq.)
Fort Worth, TX 76102
✆ (817) 255-5760 oder 1-866-355-5760
www.ettas-place.com
Nettes Boutique-Hotel und mittendrin: 10 Zimmer mit Frühstück. Internet und Full Breakfast eingeschlossen. $$$–$$$$

Hyatt Place Ft. Worth Historic Stockyards
132 E. Exchange Ave. (Stockyards)
Fort Worth, TX 76106
✆ (817) 626-6000
www.stockyards.place.hyatt.com
Mitten im Stockyards-Viertel gelegen, im Südwest-Stil eingerichtet. Fitness, Pool, free Wi-Fi. $$$

Omni Fort Worth Hotel
1300 Houston St. (Sundance Sq.)
✆ (817) 535-6664
www.omnifortworthhotel.com
Erstklassiges, 2009 eröffnetes Hotel, ganz authentisch im Texas-Stil eingerichtet. Gegenüber den Water Gardens und fußläufig zum Sundance Square. Sehr gutes Continental Breakfast. $$$–$$$$

Stockyards Hotel
109 E. Exchange Ave. (Stockyards)
Fort Worth, TX 76164
✆ 1-800-423-8471
www.stockyardshotel.com
Old Cowboy Hotel von 1907 mit deftigem Charme und bühnenreifem Dekor – mitten im Entertainment-Komplex der Stockyards. 52 Zimmer und Suiten, Restaurant. $$$–$$$$

The Texas White House Bed and Breakfast
1417 Eighth Ave.
Fort Worth, TX 76104
✆ (817) 923-3597 oder 1-800-279-6491
www.texaswhitehouse.com
Persönlicher Bed & Brekfast, südwestlich der Innenstadt (ca. 10 Min).
$$$–$$$$

❶ Infos: Fort Worth

Fort Worth Midtown RV Park
2906 W. 6th St., Fort Worth, TX 76107
✆ (817) 335-9330
www.ftworthmidtownrvpark.com
Städtischer Standpatz, Nähe Cultural District. *Full hookups.*

Amon Carter Museum of American Arts
3501 Camp Bowie Blvd.
Fort Worth, TX 76107-2695
✆ (817) 738-1933
www.cartermuseum.org, Di–Sa 10–17, Do 10–20, So 12–17 Uhr, Mo geschl.
Eintritt ständige Sammlung kostenlos
Das 1961 eröffnete, führende Museum für American und Western Art in Texas: Tafelbilder und Plastiken von Frederic Remington (z. B. »A Dash for the Timber«), Charles M. Russell, Thomas Moran, George Catlin, Carl Wimar, Albert Bierstadt, George Caleb Bingham, Winslow Homer, Charles Demuth und Georgia O'Keeffe (z. B. eins ihrer bekanntesten: »Ranchos Church, Taos, New Mexico« von 1930).

Kimbell Art Museum
3333 Camp Bowie Blvd.
Fort Worth, TX 76107-2792
✆ (817) 332-8451, www.kimbellart.org
Di–Do, Sa 10–17, Fr 12–20, So 12–17 Uhr, Mo geschl.
Eintritt ständige Sammlung kostenlos
Feine kleine Sammlung des texanischen Industriellen Kay Kimbell in einem von Louis Kahn entworfenen Bau. Hübsche Cafeteria. Das 1972 eröffnete Museum wird bis 2013 durch ein von Renzo Piano entworfenes Gebäude erweitert.

The Modern Art Museum of Fort Worth
3200 Darnell St. (Cultural District)
Fort Worth, TX 76107

✆ (817) 738-9215 oder 1-866-824-5566
www.themodern.org
Di–Sa 10–17, So 11–17 Uhr, Eintritt $ 10/0
Spektakulärer Neubau von Tadao Ando (2002): Zeitgenössische Kunst. u. a. mit Werken von Picasso, Pollock, Kiefer, Richter, Rothko, Diebenkorn, Stella und Warhol. Wunderschönes Restaurant **Café Modern** am spiegelnden See.

National Cowgirl Museum and Hall of Fame
1720 Gendy St., Fort Worth, TX 76107
✆ (817) 336-4475 und 1-800-476-3263
www.cowgirl.net, Di–So 10–17 Uhr
Eintritt $ 10/8
Das schön restaurierte Gebäude mit lichterfüllter Rotunda bildet den Rahmen für die unterhaltsame Dokumentation der Rolle der Frauen im amerikanischen Westen – nicht nur mutige Mädels in Rodeosatteln und Pionierfrauen im Stil von Mutter Courage, sondern auch Geschäftsfrauen, Maler-, Schriftsteller- und Lehrerinnen.

Fort Worth Museum of Science and History
1600 Gendy St., Fort Worth, TX 76107
✆ (817) 255-9300, tägl. 10–17 Uhr
Eintritt $ 14/10
Das im November 2009 eröffnete Museum veranschaulicht diverse naturwissenschafliche bzw. technische Fragestellungen für alle Altersklassen, etwa zu Dinosauriern, zur Energieerzeugung, zur Luftfahrt oder zur Öl-/Gasförderung.

Sid Richardson Museum of Western Art

309 Main St. (Sundance Sq.)
Fort Worth, TX 76102
✆ (817) 332-6554 und 1-888-332-6554
www.sidrichardsonmuseum.org
Mo–Do 9–17, Fr/Sa 9–20, So 12–17 Uhr
Eintritt kostenlos
Die Schätze des Ölmilliardärs – ca. 60 Exponate – werden den Freund der Westernmalerei erfreuen. In Ergänzung zum Amon Carter Museum u. a. weitere Werke von Russell und Remington. Museumsshop.

Bass Performance Hall
4th & Calhoun Sts. (Sundance Sq.)

❶ Infos: Fort Worth

Fort Worth, TX 76102
✆ (817) 212-4325 oder 1-887-212-4280
www.basshall.com
Aufwendiges Konzert-, Ballett- und Opernhaus von konservativer Eleganz und mit mächtigen Posaunenengeln an der Marmorfassade. Führungen auf telefonische Anfrage.

Thistle Hill House Museum
1509 Pennsylvania Ave.
Fort Worth, TX 76104
✆ (817) 332-5875
www.historicfortworth.org
Führungen stündl. Mi–Fr 11, 12, 13, 14, So 13, 14 und 15 Uhr, Führung $ 15/7.50
Gut erhaltene, prächtige Villa im georgianischen Stil von 1903.

Fort Worth Water Gardens
1502 Commerce St. (gegenüber Convention Center), Fort Worth, TX 76102
Von Garten keine Spur, aber eine interessante, von Philip Johnson und John Burgee 1974 entworfene, terrassierte Wasserlandschaft aus 5 Brunnen und einem Pool. Gut gegen Hitze!

Fort Worth Botanic Garden
3320 Botanic Garden Blvd.
Fort Worth, TX 76107
✆ (817) 871-7686, www.fwbg.org
Tägl. ab 8 Uhr
Der älteste botanische Garten in Texas in der Nähe des Trinity River. 23 verschiedene Themengärten (z. B. Rose und Japanese Garden).

Fort Worth Nature Center and Refuge
Vom Hwy. 199 (Confederate Park Rd. Exit)
9601 Fossil Ridge Rd.
Fort Worth, TX 76135
✆ (817) 392-7410
www.fwnaturecenter.org
Park im Sommer Mo–Fr 8–19, Sa/So 7–19, im Winter tägl. 8–17 Uhr
Visitor Center Mo–Sa 9–16.30, So 12–16.30 Uhr, Eintritt $ 5/2
Am nordwestl. Ufer des Lake Worth, mit

Cowboy Boots: ein Muss für jeden echten Texaner

Tierfreigehegen und Besucherzentrum (s. S. 41).

Central Market (Hulen Mall)
4800 S. Hulen St.
Fort Worth, TX 76132
✆ (817) 294-1200, www.hulenmall.com
Mo–Sa 10–21, So 11–20 Uhr
Die Adresse für Selbstversorger: Der Central Market südöstlich von Fort Worth ist kein simpler Supermarkt, sondern ein kulinarisches Schlaraffenland von Ausmaßen, für die Inlineskates gerade recht wären!
Zufahrt: Exit 10 von I-30, Exit 433 von I-20.

Luskey's Western Stores
2601 N. Main St. (Stockyards)
Fort Worth, TX 76164
✆ (817) 625-2391, www.luskeys.com
Alles für Ross und Reiter: Bluejeans, Stiefel, Lassos, Decken, Sporen.

Leddy's Ranch at Sundance
2455 N. Main St., Fort Worth, TX 76164
✆ (817) 624-3149, www.leddys.com
Western-Textilien vom Feinsten: Kleider, Hüte, Sättel.

Maverick Fine Western Wear
100 E. Exchange Ave., Fort Worth, TX 76164
✆ (817) 626-1129 oder 1-800-282-1315
www.maverickwesternwear.com

❶ Infos: Fort Worth

Kleiderladen und Bar, d.h. während die Frauen anprobieren, können die Männer in Ruhe einen trinken.

Angelo's Bar-B-Que
2533 White Settlement Rd. (Cultural District)
Fort Worth, TX 76107
℡ (817) 332-0357
www.angelosbbq.com, So geschl.
Klassisches BBQ-Lokal, eiskalte Biere. Lunch und Dinner. Keine Kreditkarten. $

Cantina Laredo
530 Throckmorton Sq. (Sundance Sq.)
Fort Worth, TX 76102
℡ (817) 810-0773
www.cantinalaredo.com
Gehobene mexikanische Küche. $$

Cooper's BBQ
301 Stockyards Blvd. (Stockyards)
Fort Worth, TX 76164
℡ (817) 626-6464, Mo geschl.
www.coopersbbqfortworth.com
Rustikales BBQ. $$

Del Frisco's Double Eagle Steak House
812 Main St., Fort Worth, TX 76102

℡ (817) 877-3999, www.delfriscos.com
Top-Adresse für Steaks. Cocktail Lounge. Nur Dinner. $$$

Eddie V's Prime Seafood
3100 W. 7th St., Fort Worth, TX 76107
℡ (817) 336-8000, www.eddiev.com
Tägl. ab 16 Uhr
Erstklassige Adresse für Fisch und Meeresfrüchte. $$$

Ellerbe Fine Foods
1501 W. Magnolia Ave.
Fort Worth, TX 76104
℡ (817) 926-3663
www.ellerbefinefoods.com
So/Mo geschl.
In einer ehemaligen Tankstelle wird hervorragende Küche mit Südstaateneinschlag (Louisana) geboten. Patio. $$$

Joe T. Garcia's
2201 N. Commerce & 22nd Sts. (Nähe Stockyards)
Fort Worth, TX 76164
℡ (817) 626-4356, www.joets.com
Seit 1935 heiße Tex-Mex-Gerichte und eisige Margaritas bei Mariachi-Klängen am Brunnen beim Pool. Tipp: *chicken flautas* (gerollte Tortillas mit Huhn). Lunch ($) und Dinner. Keine Kreditkarten! $–$$

The Lonesome Dove Western Bistro
2406 N. Main St. (Stockyards)
Fort Worth, TX 76164
℡ (817) 740-8810, So geschl.
www.lonesomedovebistro.com
Angenehmes kleines Restaurant (und Bar) mit sehr raffinierten Variationen traditioneller mexikanischer und texanischer Gerichte. Die Köche in der offenen Küche tragen Westernhüte! $$$

Lucile's Stateside Bistro
4700 Camp Bowie Blvd.
Fort Worth, TX 76107
℡ (817) 738-4761
Familiäres Bistro mit leckeren Suppen, Burgers und Sandwiches. Spezialität des Hauses: Hummersuppe *(lobster bisque)*. Frühstück, Lunch und Dinner. $–$$

Mi Cocina
509 Main St. (Sundance Sq.)
Fort Worth, TX 76102
℡ (817) 877-3600
Vorzügliche Tex-Mex-Küche. Lunch ($) und Dinner. Auch zum draußen Sitzen. $–$$

Piranha Killer Sushi
335 W. 3rd St. (Downtown)
Fort Worth, TX 76102
℡ (817) 348-0200
www.piranhakillersushi.com
Hochgelobtes, kreatives Sushi-Restaurant (auch) mit leckeren *rolls*. $–$$

Reata
310 Houston St. (Sundance Sq.)
Fort Worth, TX 76102

❶ Infos: Fort Worth

✆ (817) 366-1009, www.reata.net
Anspruchsvolle *Cowboy Cuisine,* delikate Steaks, toller Panoramablick auf die Stadt. Gute *tamales.* Als Delikatesse gilt, wer so was mag: frittierte Stierhoden *(fried balls)*!

Angeblich die größte Tequila- und Margarita-Auswahl in den USA. (Übrigens, da die Flaschen mit den besseren Tequila-Sorten meist oben im Regal der Bars stehen, heißen die guten Margaritas *Top Shelf Ritas.*) $$–$$$

Taverna Pizzeria and Risotteria
450 Throckmorton St. (Downtown)
Fort Worth, TX 76102
✆ (817) 885-7502
www.tavernabylombardi.com
Gutes italienisches Restaurant – besonders für Risotto-Freunde zu empfehlen. $$

H3 Ranch
109 E. Exchange Ave. (im Stockyards Hotel), Fort Worth, TX 76164
✆ (817) 624-1246, www.h3ranch.com
Gute Adresse für Steaks, Rippchen und Forellen. Zünftige Western-Bar. $$$

Star Cafe
111 W. Exchange Ave. (Stockyards)
Fort Worth, TX 76164
✆ (817) 624-8701, So geschl.
Freundliches Lokal und Bar; beliebt sind die saftigen Steaks und Hamburger. Lunch und Dinner. $–$$

White Elephant Saloon
106 E. Exchange Ave. (Stockyards)
Fort Worth, TX 76164
✆ (817) 624-8273
www.whiteelephantsaloon.com
So–Do 12–24, Fr/Sa 12–2 Uhr
Altgediente Wildwest-Bar, oft Livemusik und Tanz. Biergarten und Rippchen.

Billy Bob's Texas
2520 Rodeo Plaza (Stockyards)
Fort Worth, TX 76164
✆ (817) 624-7117

Livemusik bei Billy Bob's Texas

www.billybobstexas.com
Mo–Sa 11–2, So 12–2 Uhr
Der Taj Mahal der Western-Bar-Szene: mehr als 6000 Gäste passen in diesen größten Honky-Tonk der Welt: 40 Bars, 2 Tanzflächen, Bullenreiten, Livemusik (an Wochenenden Rodeo).

Pearl's Dancehall & Saloon
302 W. Exchange Ave. (Stockyards)
Fort Worth, TX 76164
✆ (817) 624-2800
www.pearlsdancehall.com
Liebling der *locals*: Live-Entertainment und Tanz.

Southwestern Exposition and Livestock Show and Rodeo Pioneer Days: Jan./Feb. in den Stockyards, ✆ 817-877-2400, www.prorodeoonline.net.
Main Street Fort Worth Arts Festival: im April, www.mainstreetartsfest.org.
Red Steagall Cowboy Gathering & Western Swing Festival: spätes Oktoberwochenende, Treffen authentischer Cowboys in der Stadt in den Stockyards. Eine Riesensache (30 000–40 000 Besucher) für Cowboy-Fans: Arbeitstechniken, Musik, Cowboy-Küche, Poetry, Rodeo, ✆ 1-888-cowtown, www.redsteagallcowboygathering.com.

❷ The Big D: Dallas

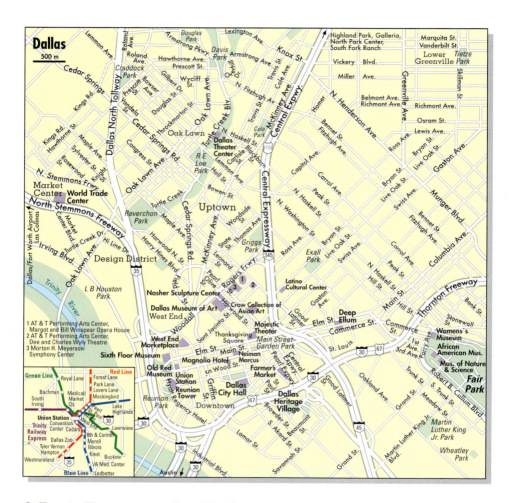

2. Route/Programm: Fort Worth – Dallas (50 km/31 mi)

Zeit	Route/Programm
Vormittag	In **Fort Worth** auf I-30 East über **Arlington** (evtl. Besuch des Themenparks Six Flags Over Texas) nach **Dallas** (Fahrzeit, je nach Verkehrslage, ca. 45 Min.). Lunch (McKinney Ave.). Stadtrundgang: **The Sixth Floor Museum**, **Reunion-Komplex**.

The Big D: Dallas

Nachmittag **Dallas Art Museum, Farmers Market.**
Abend Entweder **West End, Greenville Avenue, Highland Park** oder **Deep Ellum.**

Alternativen & Extras: Southfork Ranch, 3700 Hogge Rd., Parker, TX 75002, ℂ (972) 442-7800, www.southforkranch.com, Führungen tägl. 9–17 Uhr, Eintritt $ 9.50/7. Die legendäre Ranch mit grasenden Longhorn-Rindern war von 1978–90 Kulisse für die TV-Serie »Dallas«. Die Innenräume haben keinerlei Ähnlichkeiten mit denen in der Serie, weil alle Innenaufnahmen in Hollywood-Studios gedreht wurden. Kleines Museum mit TV-Memorabilien; Shop für Western Wear. Von Downtown Dallas ca. 40 Autominuten: US 75, Exit 30, über Parker Rd. nach Osten ca. 6 mi bis Hogge Rd. (= FM 2551), dort nach Süden bis zum Eingangstor.

Von Dallas aus lohnt ein Ausflug in den außerhalb von Messezeiten täglich geöffneten **Fair Park**, 1300 Robert B. Cullum at Grand, ℂ (214) 670-8400, www.fairpark.org, östlich von Downtown, begrenzt von Parry Ave., Cullum Blvd., Fitzhugh & Washington Aves. Ein historisches Messegelände aus den 1930er-Jahren mit gut erhaltener Art-déco-Architektur. Im Oktober überfüllt wegen der State Fair of Texas, ansonsten populärer Stadtpark mit Aquarium, Gewächshaus, **Women's Museum, African American Museum** (s. S. 67), Eisenbahnmuseum, **Museum of Nature & Science**, der Hall of State, Großarenen wie dem Cotton Bowl Stadium (75 000 Plätze), dem State Fair Coliseum (7000 Plätze für Rodeo, Pferde-Shows etc.) und einem Vergnügungspark.

Sportmöglichkeiten: Wer sich in Dallas gerne (sofern es die Temperaturen zulassen) im Freien bewegen möchte, für den ist der **Katy Trail** genau das Richtige: Ein 5,5 km langer Weg, der sich durch die städtischen Parks und Stadtteile entlang der alten Eisenbahnstrecke Missouri–Kansas–Texas (MKT oder Katy abgekürzt) windet. Beliebt bei Jung und Alt, Läufern, Fahrradfahrern und Inlineskatern. Lässt sich gut mit einem Besuch im **Highland Park** verbinden. Günstiger Einstieg: Parkplatz hinter dem Geschäft Lamps Plus, 3319 Knox St., Dallas, TX 75202. Details unter www.katytraildallas.org. Danach bietet sich in unmittelbarer Nähe **La Duni Latin Cafe** (4620 McKinney Ave., ℂ 214-520-7300, www.laduni.com) zum Frühstück oder Lunch an. Weitere Outdoormöglichkeiten/Trails findet man am besten unter www.dallasparks.org.

Morgens, beim Transfer von Fort Worth nach Dallas, liegt der Metroplex (der Großraum Dallas, Gesamteinwohner: Dallas County 2,5 Millionen, davon allein in Dallas: 1,3 Millionen) meist schon unter einer leicht bräunlichen Smogdecke, *L.A. style*. Zwischen den beiden Metropolen stecken die kleineren Städte wie Arlington, Grand Prairie oder Irving nicht nur geographisch in der Klemme. Was nützt ihnen schon die Mitgliedschaft im Metroplex, wenn die beiden großen Brüder ständig alles wegnehmen und für sich beanspruchen?

Arlington: Six Flags Over Texas, **Dallas**

Fun Park: Six Flags Over Texas

So sind die stolzen Bürger von Arlington sofort beleidigt, wenn es heißt, der Vergnügungspark **Six Flags Over Texas** gehöre zu Dallas. Das spielt allerdings spätestens dann keine Rolle mehr, wenn man den Gerätepark aus Achterbahnen und Abschussrampen betritt – ein Cape Canaveral des Nervenkitzels, auf halber Strecke zwischen Fort Worth und Dallas. Hören und Sehen vergehen hier schnell, zum Beispiel auf dem rasanten Teil mit dem besinnlichen Namen *Shock Wave* oder in wüsten Schlauchbooten im *Caddo Lake Barge*. Auch wer den *Dive Bomber* besteigt, ist nervlich nicht aus dem Schneider. Vom *Tower of Power* kann man den freien Fall üben und mit 100 Stundenkilometern raketenähnlich wie Superman durch die Luft zischen.

Unten auf dem Highway wirkt die Welt derweil überschaubarer, auch **Dallas** sieht von vornherein so aus, als hätte es festen Boden unter den Füßen. Banken, Ölfirmen, Versicherungen, hypermoderne Hotelkomplexe, Kongresszentren und Messeanlagen imponieren mit spiegelnden Glasfassaden. Klar, Ehrgeiz und Optimismus, nicht Selbstzweifel und Nachdenklichkeit geben hier den Ton an.

Computerfirmen wie Texas Instruments und Verwaltungsbauten à la Caltex haben Dallas zu einer Hochburg der elektronischen Industrie und der Petrochemie gemacht. Und dabei gibt es weder einen Bohrturm noch eine Raffinerie innerhalb der Stadtgrenzen. Und auch sportlich hat Dallas die Nase vorn, mit den Texas Rangers im Baseball, den Dallas Cowboys im Football oder den Dallas Mavericks im Basketball.

Hinter den Superlativen stehen die Macher, die in dieser Stadt das Sagen ha-

ben. Das sind in erster Linie die einflussreichen Familiendynastien und Clans, die Oligarchie der Mächtigen, in deren Händen sich ein unvorstellbares Kapital zusammenballt. Milliardäre und Geschäftsgiganten wie Stanley Marcus (Gründer des prominenten Kaufhauses Neiman Marcus) und die Gebrüder Hunt (Söhne des Öl-Krösus H. L. Hunt) bilden nur die namhafte Spitze eines konservativen Geldimperiums, von dem so gut wie alles hier abhängt. Natürlich auch der extravagante Lebensstil dieser geschlossenen Gesellschaft, der Aufputz der Goldfische im Pool der Superreichen. Trotz deren Publicity-Scheu lebt die Presse nicht schlecht mit der Hofberichterstattung.

Dollars aus Dallas fließen nicht nur in die nahe liegenden Taschen. Sie reisen auch. Während des Vietnamkriegs wurden mit ihnen ganze Spionageaktionen in Nordvietnam finanziert. Auch Befreiungscoups zur Zeit der Geiselnahme im Iran. Politik auf eigene Faust und Kosten. Ross Perot lässt grüßen!

Vor allem sorgen die scheinbar unerschöpflichen Mittel dafür, das neureiche Dallas als einen international wettbewerbsfähigen Marktplatz zu erhalten und, so ganz nebenbei, dem Konkurrenten Houston ein Schnippchen zu schlagen. Big Business und Stadtverwaltung unterhalten deshalb von jeher eine tatkräftige Allianz. Und wo private und öffentliche Hände einander berühren, springt oft durchaus Brauchbares für die Stadt heraus. Viele öffentliche Aufgaben (Schulen, Parks, Kliniken) sind durch Spenden gelöst worden. Gönner und Geschäftsleute sorgen mit beträchtlichem Aufwand dafür, dass das Schicksal vieler amerikanischer Großstädte nicht auch Dallas ereilt: die Pleite. Kommune (Mayor) und Kommerz arbeiten unter einem (überparteilichen) City Manager Hand in Hand am Image einer kapitalistischen Musterstadt.

Der unbändige Drang nach mehr Wachstum stampft ständig neue Bauprojekte, Shopping Malls und Handelszentren aus dem Steppenboden. Aus dem Terrain, das hier so platt ist wie eine Bratpfanne, wächst ein riesiger Schmuckkasten nach dem anderen empor: aus vergoldetem oder schwarz-mattiertem Glas, blinkendem Stahl, rosarot poliertem Granit und anderen kostbaren Steinen. Die klassischen Materialien sind nicht allein fürs Auge, sie wirken vor al-

Dallas Skyline

Dallas: Magnolia Petrolium Building, Majestic Theater, Adolphus Hotel

lem wertsteigernd. Ganze Satellitenstädte sind mit von der Partie. Beispielfall: Las Colinas. Sie ist eine der ersten, bereits in den 1980er-Jahren privat erschlossenen Städte *(planned community)* am künstlichen Lake Carolyn, durchzogen von Magnetbahnen und mahagonibraunen Wassertaxis.

In Downtown wehrt sich die alte Bausubstanz schon lange nicht mehr gegen Abrissbirnen. Nur Einzelkämpfer haben es geschafft, zum Beispiel das altehrwürdige **Magnolia Petrolium Building** (1401 Commerce & Akard Streets), 1922 gebaut und lange Zeit das höchste Gebäude westlich des Mississippi mit dem Pegasus, dem fliegenden roten Pferd, auf der Spitze und heute ein schönes Boutique-Hotel. Ja, und das prächtige **Majestic Theater**, das ursprünglich als Vaudeville-Palast und seit den 1930er-Jahren fürs Kino genutzt wurde. Dagegen scheinen die Stunden der letzten verbliebenen kleinen Läden, Drugstores, Sandwich-Cafés im Stil der »Sesamstraße« und im Schatten der gläsernen Wolkenkratzer gezählt.

Auch das berühmte **Adolphus Hotel** an der Commerce Street hat Glück gehabt. Der in barockem Eklektizismus errichtete Bau des Bier-Barons Adolphus Busch war lange das einzige Hotel weit und breit, ein gesellschaftliches Zentrum, wo man sich traf. Heute, nach der kostspieligen Renovierung, finden sich hier wieder viele Damen zum Fünf-Uhr-Tee ein, vernaschen ihre Petits Fours und plaudern in der luxuriösen Lobby über Dallas, wie es früher war.

Nostalgie ist hier sonst weniger gefragt. Warum auch, das Durchschnittsalter seiner Bürger liegt schließlich bei 30 Jahren! So was bringt Schwung und beflügelt tagsüber den Ehrgeiz der Yuppies – und nach Büroschluss den der Playboys. Die Scheidungsquote in Dallas liegt in den USA auf einem Spitzenplatz – obwohl die Stadt noch zum *Bible Belt* zählt. Bei aller emsigen Geschäftemacherei bleibt also doch genug Zeit fürs Private. *Swinging Dallas* erkennt man am reichen Angebot von Bars, Nachtclubs, Discos und Wildwest-Schuppen. Man merkt es an exquisiten Restaurants ebenso wie an zünftigen Kneipen mit viel Bier und knackigem Barbecue. Der Bankmanager fährt nur mal schnell nach Hause und vertauscht den Nadelstreifenanzug mit der abgeschabten Jeans – schon passt er ins Gaudi eines der zahllosen Country & Western-Clubs.

Dabei kannte man die Stadt lange überhaupt nicht, und später wollte man sie nicht mehr kennen, denn sie war mit einem Schlag verrufen – an jenem düstersten Tag ihrer Geschichte, am 22. November 1963, als John F. Kennedy hier erschossen wurde. Das brachte über Jahre schlechte Presse. Dallas, die Stadt von Bonnie und Clyde, ja, im übertragenen Sinne ganz Texas, schienen Faustrecht und Gewalt gepachtet zu haben.

Der Schock wirkte bis zum Start der Fernsehserie »Dallas« 1978 nach. »Erst dachten wir, der Bösewicht J. R. würde dem Ruf der Stadt schaden«, erzählt ein Verkäufer in Downtown, »aber dann merkten wir, dass uns gar nichts Besseres hätte passieren können. So beliebt wurde der Mann.« »Dallas« hat Dallas vom Trauma befreit. Aber dennoch waren es in erster Linie handfest-wirtschaftliche Gründe, die das Image aufpolierten. Auf die internationale Ölkrise, die der heimischen Förderung sagenhafte Gewinne einbrachte, folgte der aufwendige Flughafenbau, der Dallas/Fort Worth zum wichtigsten Luftverkehrskreuz zwischen den Küsten machte und seine Handelstradition ausweitete.

Dann setzte die neue Völkerwanderung ein, die zum Sonnengürtel. Der

Sunbelt war plötzlich gefragt wie nie zuvor. Dallas wurde, ähnlich wie Atlanta oder Houston, zum Beschäftigungsmagneten. Das liegt bis heute an der vielseitigen Wirtschaft, an den zukunftsträchtigen »sauberen« Industrien – Hightech (die drittgrößte Konzentration in den USA, der Ausdruck »Silicon Prairie« spielt darauf an), Banken und Versicherungen, Kosmetik, Mode und die sogenannte *hospitality industry*, bei der neben dem Tourismus vor allem *Conventions* eine große Rolle spielen. Schließlich wollen knapp 73 000 Betten im Großraum Dallas während der jährlich 3600 Messen und Kongresse auch belegt sein.

Wirtschaftliche Pluspunkte sammelt die Stadt aber auch durch ihre niedrigen Steuersätze, das Fehlen bürokratischer Auflagen und die dürftige gewerkschaftliche Mitsprache. Damit bleiben die Löhne unter Kontrolle, insbesondere die für die billigen Arbeitskräfte. Das sind in der Mehrzahl African-Americans, gefolgt von den Hispanics. Sie spielen im gesellschaftlichen Leben von Dallas eine vergleichsweise geringe Rolle. Und das, obwohl ihr Bevölkerungsanteil bei 30 Prozent liegt (16 Prozent davon African-Americans) und ständig wächst, wie übrigens in anderen Ballungszentren des Südwestens auch.

Im Gegensatz zu San Antonio scheinen im konservativeren Dallas die Uhren der ethnischen Integration nachzugehen. Zwar gibt es im Vergleich zu anderen US-Großstädten keine regelrechten innerstädtischen Ghettos mit entsprechenden Konflikten, wohl aber Siedlungsmuster, die die Einkommensgruppen – und damit auch die ethnischen Gemeinden – räumlich auf Distanz halten.

Die Top-Reichen haben sich im **Highland Park** eingerichtet, einer Villen-Enklave inmitten von manikürten Rasen, die von W.D. Cook entworfen wurde,

Adolphus Hotel

dem Landschaftsarchitekten, der auch Beverly Hills gestaltet hat. Die Nur-Reichen residieren im Norden. Die neue Heimat der *nouveaux riches* liegt im Osten. Und diejenigen, die immer noch an ihrer ersten Million arbeiten, haben ihr Quartier in den kleinen Gemeinden im Norden bezogen, unter anderem in Plano, Richardson oder Carrollton, also in der *Silicon Prairie*, wo sich die Elektronikbranche etabliert hat. Unberührt von allen diesen Grüppchen blieben die Minderheiten – sie wohnen fast alle im Süden.

Downtown: Viel Schau am Bau und meist luxuriös ausgestattete Binnenwelten. Büros, Restaurants, Geschäfte und Freizeitanlagen vereinen sich unter einem Dach, das Lärm und Hitze fernhält. Gläserne Liftgondeln mit strahlenden Lichterkränzen lassen die Leute wie Weihnachtsengel auf und ab schweben. 24 Stunden kann man hier zubringen,

Dallas: Plaza of the Americas, Main Street Garden Park, Sixth Floor Museum

ohne einen Fuß ins Freie zu setzen. Unterirdische Passagen und Verbindungsbrücken *(skyways)* schaffen ein lückenloses System der Abschottung nach draußen. Säuselnde Brunnen und plätschernde Wasserspiele, grünes Gehänge und dekorativ postierte Palmwedel suggerieren das Gefühl, mitten in der Natur zu sein. Wer die **Plaza of the Americas** besucht, bekommt sogar noch ein Extrabonbon: eine kühle Eislaufbahn! In den Monaten der brütenden Sommerhitze wird man solche Räume, wie überhaupt das gesamte Underground Dallas, zu schätzen wissen!

Und doch gibt's natürlich ein Draußen. An den Bushaltestellen warten fast ausschließlich Schwarze, an die Häuserfronten gelehnt. Statt das gekühlte Fahrzeug aus der Firmentiefgarage zu fahren, sind sie auf das lahme Bussystem angewiesen. Einigermaßen funktionierende öffentliche Verkehrsmittel stecken trotz einer schicken Straßenbahn (DART) immer noch in den Kinderschuhen. Dass viele *Dallasites* gerade auf dieses Bähnchen mächtig stolz sind, ändert nicht viel daran.

Gefälliger wirkt da schon der **Main Street Garden Park**. Eine kleine, grüne Oase mitten im Herzen von Downtown mit Kunst im öffentlichen Raum, Rasenflächen, Café und öffentlichem Wi-Fi. Hier zeigt sich zur Lunchzeit die fleißige Welt der Angestellten. Die Männer adrett mit Anzug und Krawatte, mal mit, mal ohne Westernhut. Die Damen tadellos in Rock und Stöckelschuhen, alle wohl frisiert. Wenn die Pause zu Ende geht (in der Regel gegen 14 Uhr), bekommt das Publikum buntere Tupfer. Dann eilen Schnellköche in Schürzen vorbei, Jogger, schlunzig gekleidete Jungs vom Gas- und Wasserwerk. Die Mehrheit trägt Pappbecher mit sich herum, in denen »Dr. Pepper« schwappt, jene teuflisch süße Brause texanischen Ursprungs, die aus der Soft-Drink-Szene der USA nicht wegzudenken ist.

Aber gehen wir doch der Reihe nach vor. Den Vormittag in Dallas sollte man zum Besuch des **Sixth Floor Museum** im **West End** nutzen, jener Räume im fünften Stock des ehemaligen Lagerhauses für Schulbücher, aus denen am 22. November 1963 auf Kennedy geschossen wurde. Wer auf die Fotos und Videos und nachher durchs Fenster hinunter auf die Straße sieht, der blickt genau aus der Perspektive des Todesschützen. Auch Bob, der die Räumlichkeiten seit ihrer Eröffnung am President's Day 1989 mitgestaltet hat, glaubt übrigens nicht, dass die offizielle Version (Oswald/Ruby) stimmt.

Aber keiner hat bisher etwas anderes vorgelegt. Zukünftig will man die Dokumentation um Artefakte erweitern, um das Geschirr und Besteck, mit dem Kennedy sein letztes Lunch hier in Dallas ge-

Dee and Charles Wyly Theatre

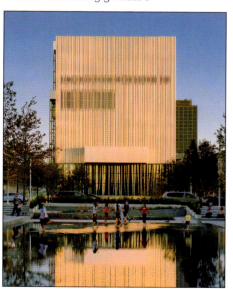

Dallas: Old Red Museum, Arts District

Margot and Bill Winspear Opera House

gessen habe und alle Kameras der Augenzeugen.

Gleich gegenüber liegt das **Old Red Museum**, ein guter Stopp, wenn man die lokale Geschickte von Dallas genauer kennenlernen möchte. Drei Blocks weiter auf South Houston Street liegt isoliert im gleißenden Sonnenlicht der alte Hauptbahnhof, **Union Station**. Lange herrschte hier High-Noon-Stimmung, denn der Zugverkehr lag still. Heute fahren wieder Personenzüge, z. B. nach Chicago oder San Antonio. Von hier ist es dann auch nur einen Katzensprung hinüber zur kaltblauen Science-Fiction-Kulisse des **Reunion-Komplexes**. Kaum hundert Meter weiter und durch einen Tunnel verbunden grüßen der schmucke Aussichtsturm und das Hyatt. Hier tagen, schmausen und jubeln keine Gäste, die vom Bahnhof kommen; der moderne Stadtadel pflegt mit dem Hubschrauber einzuschweben.

Szenenwechsel: zum **Arts District,** wo drei hochkarätige Kunstmuseen, das opulente Center for the Performing Arts und gleich nebenan ein Konzertsaal fußläufig erreichbar sind, um sicht- und hörbar das kulturelle Mitspracherecht der texanischen Metropole zu unterstreichen. Schon die Callas sang in Dallas.

Das im Oktober 2009 eröffnete **AT&T Performing Arts Center** ist ganz auf die Anforderungen von Oper, Theater und Ballett zugeschnitten: Zu dem Ensemble aus insgesamt vier Gebäuden gehört das nach den privaten Mäzenen benannte **Margot and Bill Winspear Opera House**, das von Norman Foster & Partners entworfen wurde. Der spektakuläre rote Zylinderbau wird von einem gläsernen Foyer eingeschlossen.

Von Rem Koolhaas stammt das **Dee and Charles Wyly Theatre**, ein zwölfstöckiger Theaterturm mit einer Aluminium-Wellblech-Fassade, die an einen Theatervorhang erinnert. Und gleich nebenan im **Morton H. Meyerson Symphony Center** hat das Dallas Symphony Orchestra seit 1989 sein Zuhause.

2 Dallas: Museum of Art, Mckinney Avenue, Farmer's Market

Für die Freunde der bildenden Kunst warten in unmittelbarer Nachbarschaft gleich drei hochkarätige Museen. Das heutige **Dallas Museum of Art** hat seine Ursprünge in der 1903 gegründeten Dallas Art Association, einem privaten Kunstverein. Das 1984 bezogene, großzügige Gebäude beherbergt heute ein enzyklopädisches Museum mit Werken aus zahlreichen Epochen, Ländern und Stilrichtungen. Renzo Pianos angrenzendes **Nasher Sculpture Center** ist eines der wenigen Museen, das sich auf moderne und zeitgenössische Skulpturen spezialisiert hat. Draußen laden ein schöner Skulturengarten und ein Museumscafé zum Verweilen ein.

Die **Crow Collection of Asian Art** schließlich zeigt in meditativer Umgebung eine intime Kollektion chinesischer, japanischer, indischer und südostasiatischer Kunstwerke aus dem Bestand der Crow-Familie.

Nach dem ausführlichen Kunstprogramm folgt man am besten **McKinney Avenue** nach Norden in Richtung **Uptown**, einem lebendigen, jungen Stadtteil mit vielen Restaurants, Straßencafés und kleinen Malls (z.B. am nördlichen Ende **West Village**). McKinney präsentiert sich als eine teils backsteingepflasterte Straßenzeile, über die eine nostalgische Straßenbahn *(trolley)* rollt, vorbei an einer ganzen Reihe schicker Patio-Restaurants, chromblitzender Diner, aber auch monströser Stilblüten – wie dem unübersehbaren **The Crescent** zum Beispiel, einem 1986 von der Hunt-Familie hochgezogenen, neo-viktorianischen Hotel- und Bürokomplex. Immerhin zeichnen das prominente Architektenduo Philip Johnson und John Burgee dafür verantwortlich.

Der spätere Nachmittag eignet sich aber auch gut für den Besuch des quirligen **Farmer's Market**. Terry, der Gemü-

Schöner Skulpturengarten: Nasher Sculpture Center

sehändler, pendelt berufsbedingt zwischen Stadt und Land. Jede Woche fährt er mit seiner Tochter im Pick-up in die Innenstadt. Am Stand bietet er sein Obst und Gemüse den eingefleischten Steak-Liebhabern unter den Dallasites als Alternative an. »Es braucht so seine Zeit, bis das die Leute hier begreifen. J.R. war da anders.« – »J.R.?« – »Ja, Larry Hagman war früher häufig hier. Er sah überhaupt nicht gemein aus. Ein netter Mensch. Ja, und Vegetarier!«

Abends, vor Sonnenuntergang, führt die strenge Ost-West-Ausrichtung des Straßenrasters dazu, dass die entsprechenden Achsen (etwa Commerce, Main, Pacific und Ross Street) in gleißendes Licht getaucht sind, wie Glühstäbe, während die Nord-Süd-Achsen im tiefen Schatten liegen. Im weißen Abendhimmel schwirren die Flugzeuge wie die Mücken am See. Die richtige Zeit also, sich im **West End** umzusehen, dem restaurierten Backstein- und Warehouse District, mit dem üblichen Entertainment-Mix, Restaurants und *eateries* zum draußen Sitzen. Oder man nimmt die kleinen Ausflüge nach **Greenville Avenue** oder **Highland Park** auf sich, um den Tag zu beschließen. Oder den nach **Deep Ellum**, zur Elm Street (»Ellum« ist die alte charakteristische Aussprache für *Elm*) ein Stückchen weiter östlich, von Downtown aus gesehen. Dieses erste Schwarzenviertel von Dallas nahe den Eisenbahngleisen, einst Standort zahlreicher Fabriken und Heimat einiger Bluessänger (z.B. Blind Lemon Jefferson), wandelte nach dem Zweiten Weltkrieg sein Outfit. Als die Schwarzen in die (vor allem südlichen) Vororte umzogen, setzte eine Art Soho-Effekt ein: Künstler, Theatergruppen und Galeriebetreiber nutzten die günstigen Mieten und drückten dem ehemaligen Mini-Harlem einen neuen Stempel auf. Nach ei-

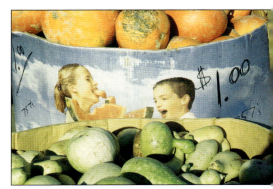

Farmer's Market

nem Niedergang Ende der 1990er-Jahre gelingt es dem Viertel zusehends wieder mit einem frischen Mix aus Musikclubs, Galerien, *Murals* und experimentellen Theatern an alte Zeiten anzuknüpfen.

So oder so, die Dallassche Turmbaukunst aus Protz und Pracht im Glitzer-Look entgeht niemandem. Eine Fata Morgana in der Prärie? Keineswegs. In weniger als hundert Jahren ist aus einer einsamen Blockhütte eine energiegeladene (und -verschwendende) Millionenstadt geworden: das »Big D«. Der Taxifahrer meint abends auf der Heimfahrt: »Dallas hat genug Geld, die Lichter in den Wolkenkratzern nachts brennen zu lassen, obwohl sie leer sind.«

Deep Ellum

❷ Infos: Arlington, Dallas

Achtung: Bei Ortsgesprächen in Dallas muss immer der Area Code mitgewählt werden – also entweder 214 oder 972! Deshalb sind im Folgenden die Vorwahlnummern ausnahmsweise nicht in Klammern gesetzt.

Six Flags Over Texas
2201 Road to Six Flags (I-30 & Hwy. 360)
Arlington, TX 76011
✆ (817) 640-8790
www.sixflags.com/overTexas
Öffnungszeiten saisonal sehr unterschiedlich, vgl. Website
Eintritt $ 55/35
Auf halbem Weg zwischen Fort Worth und Dallas liegt der Themenpark, der den sechs Nationen nachgebildet ist, zu denen Texas gehört hat: Spanien, Frankreich, Mexiko, Republik von Texas, Konföderation, US.

Dallas Tourist Information Center
100 S. Houston St. (Old Red Courthouse)
Dallas, TX 75202
✆ 214-571-1300 und 1-800-232-5427
www.visitdallas.com, tägl. 8–17 Uhr
Im roten Schmuckkasten des ehemaligen Gerichtsgebäudes (1892) kann man sich traditionell oder in der Cyber Lounge online informieren.

Union Station/Amtrak
400 S. Houston St.

Dallas, TX 75202-4801
✆ 214-979-1111 (DART) oder
✆ 1-800-872-7245 (AMTRAK)
www.amtrak.com, www.dart.org
Der 1914 erbauten Bahnhof hat nach langen Jahren des Stillstands wieder Verkehr: die lokalen Busse von DART und AMTRAK-Zugverbindungen, z. B. nach San Antonio und Chicago.

The Adolphus
1321 Commerce & Akard Sts.

Dallas, TX 75202
✆ 214-742-8200 oder 1-800-221-9083
Fax 214-651-3588
www.hoteladolphus.com
Grandhotel alter Klasse (1912), das einzige in Dallas noch erhaltene – mit Antiquitäten, Ölporträts, Wandteppichen, Lüstern und viel Marmor. Exquisites Restaurant **The French Room**. $$$$

Aloft Dallas Downtown
1033 Young St.
Dallas, TX 75202
✆ 214-761-0000
www.starwoodhotels.com/alofthotels
Lifestyle-Hotel mit 193 Zimmern direkt in Downtown. 2009 eröffnet. $$$$

Hotel Palomar
5300 E. Mockingbird Lane
Dallas, TX 75206
✆ 214-520-7969
www.hotelpalomar-dallas.com
Ein Boutique-Hotel der Kimpton-Kette im Norden von Dallas nahe der SMU. $$$$

Rosewood Mansion on Turtle Creek
2821 Turtle Creek Blvd. (Uptown)

Dallas, TX 75219
✆ 214-559-2100 oder 1-888-767-3966
Fax 214-528-4187
www.mansiononturtlecreek.com
Gilt als bestes Hotel in Texas – aber: schon ein mitreisendes Haustierchen kostet $ 50 pro Nacht extra. Pool, Sauna, Fitnessraum, Babysitting, Top-Restaurant (edles Ambiente wie in einer italienischen Villa, $$$). $$$$

The Stoneleigh Hotel
2927 Maple Ave.

Dallas, TX 75201
✆ 214-871-7111 oder 1-800-921-8498

www.stoneleighhotel.com
Wunderschön gelegen (Turtle Creek Area), jüngst renoviert und um Spa erweitert mit kontinentaleuropäisch anmutendem Charme. 153 Zimmer, Fitnesszentrum, Pool, Restaurant und *cigar bar*. $$$$

Indigo Hotel
1933 Main St., Dallas, TX 75201

2 Infos: Dallas

℗ 214-741-7700 und 1-800-181-6068 Fax 214-760-9755, www.hotelindigo.com
Ursprünglich im Auftrag von Conrad Hilton 1925 erbaut, das erste Hotel in den USA, das seinen Namen trug. Sympathisches Haus mit europäischem Flair: 170 Zimmer und Suiten (Möblierung und Farbgestaltung erinnern an ein luftiges Strandhotel), Bistro und Bar. Praktisch: Parkhaus gegenüber. $$$–$$$$

The Magnolia Hotel
1401 S. Commerce St.
Dallas, TX 75201
℗ 214-915-6500, Fax 214-253-0053
www.magnoliahoteldallas.com
Elegantes Design haucht dem historischen Gebäude des **Magnolia Petroleum Building** neues Leben ein. Schon die wunderschöne Lobby lädt zum Verweilen. Einschließlich Frühstück, Happy Hour Drink, Fitnessraum, Dampfbad und Jacuzzi. $$$–$$$$

SpringHill Suites Dallas Downtown/West End
1907 N. Lamar St.
Dallas, TX 75202
℗ 214-999-0500, Fax 214-999-0501
www.marriot.com
Günstige Lage, kleines Frühstück, Fitnessraum und Pool. Preiswertere Wochenendraten. $$$–$$$$

Belmont Hotel Dallas

901 Fort Worth Ave., Dallas, TX 75208

℗ 214-393-2300
www.belmontdallas.com
Auf der anderen Seite des Trinity River gelegenes Design Hotel aus den 1940er-Jahren mit wunderbarem Blick auf Downtown und den Tritinity River von der hoteleigenen Terrasse. Restaurant **Smoke** mit *Southern style cuisine*. $$$

Crowne Plaza Hotel Dallas Downtown

1015 Elm St., Dallas, TX 75202

℗ 214-742-5678, Fax 214-379-3577
www.crowneplazadallas.com
Ordentlich, preisgünstig und zentral. Pool, Fitnesseinrichtungen, kleines Frühstück. $$$

Hotel Lumen

6101 Hillcrest Ave., Dallas, TX 75205
℗ 214-219-2400, www.hotellumen.com
Ein Boutique-Hotel der Kimpton-Kette in der Nähe der **Southern Methodist University (**SMU) im Norden von Dallas. $$$

Quality Inn – Market Center

1955 Market Center Blvd.
Dallas, TX 75207

℗ 214-747-9551, Fax 214-747-0600
Ordentliches Haus mit Restaurant, Pool und Fitnesseinrichtungen. $$$

Days Inn – Dallas Downtown

4500 Harry Hines, Dallas, TX 75219
℗ 214-522-6650, Fax 214-526-0049
Am Rande von Downtown. Einfach, solide, kleines Frühstück. $$

AT&T Performing Arts Center

2100 Ross Ave., Suite 650 (Arts District)

Treppenhaus und Lobby des Winspear Opera House

2 Infos: Dallas

 DART-Station: Pearl Station
Dallas, TX 75201
✆ 214-954-9925, www.attpac.org
Im Oktober 2009 eröffneten im Arts District das **Margot and Bill Winspear Opera House**, das **Dee and Charles Wyly Theatre**, der **Annette Strauss Square** und der **Elaine D. and Charles A. Sammons Park**.

 The Crow Collection of Asian Art
2010 Flora St. (Arts District)
Dallas, TX 75201
✆ 214-979-6430
www.crowcollection.com
Di–Do 10–21, Fr–So 10–18 Uhr
Eintritt kostenlos
Die Kollektion umfasst mehr als 600 Gemälde, Kunstobjekte aus Metall und Stein sowie große architektonische Werke aus China, Japan, Indien und Südostasien.

 Dallas Museum of Art (DMA)
1717 N. Harwood St. (Arts District)
Dallas, TX 75201
✆ 214-922-1200, www.dm-art.org
Di–So 11–17, Do 11–21 Uhr, Mo geschl.
Eintritt $ 10
Dallas' internationale Kunstsammlung (seit 1903) ist in einem großzügigen Museumsbau (1984) untergebracht. Schönes Einzelstück: Max Liebermanns Tafelbild »Im Schwimmbad«. Museumscafé.

 Nasher Sculpure Center
2001 Flora St. (Arts District)
Dallas, TX 75201
✆ 214-242-5100
www.nashersculpturecenter.org
Di–So 10–17 Uhr, Eintritt (einschließlich Audio-Tour) $ 10/5
Eine der weltgrößten privaten Skulpturensammlungen der Moderne, zusammengetragen vom Immobilienmakler und Banker Raymond D. Nasher mit Werken u.a. von Calder, de Kooning, Giacometti, Matisse, Miró, Moore, Rodin, Picasso, Serra, Judd and Oldenburg. Die lichten Pavillons (2003), an die ein schöner formaler Garten anschließt, stammen vom italienischen Stararchitekten Renzo Piano. Shop und sehr angenehmes Café von Wolfang Puck mit kleinen Köstlichkeiten.

 Dee and Charles Wyly Theatre
2400 Flora St. (Arts District)
Dallas, TX 75201
✆ 214-526-8210
www.dallastheatercenter.org
Der von den Architekten REX/OMA, Joshua Prince-Ramus und Rem Koolhaas entworfene, zwölfstöckige Theaterturm hat eine Aluminium-Wellblech-Fassade, die an einen Theatervorhang erinnert. Das 600 Plätze fassende Theater bietet klassische Theateraufführungen ebenso wie experimentelle Inszenierungen.

 Morton H. Meyerson Symphony Center
2301 Flora St. (Arts District)
Dallas, TX 75201
✆ 214-670-3600
www.meyersonsymphonycenter.com
Hinreißender Baukörper von I. M. Pei, sein einziger Konzertsaal übrigens (1989). Stammhaus des Dallas Symphony Orchestra, mit 2000 Sitzen und einer allseits gerühmten Akustik. Besonders be-

Dallas Museum of Art: Max Liebermanns Gemälde »Im Schwimmbad« (1875–78)

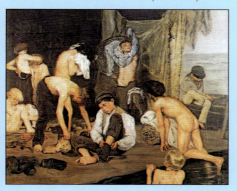

❷ Infos: Dallas

eindruckend ist das Foyer. Ross Perot hat das meiste Geld dafür gespendet.

The Winspear Opera House

2403 Flora St., Suite 500 (Arts District)
Dallas, Texas 75201
✆ 214-443-1000
www.dallasopera.org
Im Zentrum des von Norman Foster & Partners entworfenen, spektakulären Opernhauses steht der rote Zylinderbau, der von einem gläsernen Foyer eingeschlossen wird.

African American Museum
3536 Grand Ave. (Fair Park)
Dallas, TX 75210-1005
✆ 214-565-9026, www.aamdallas.org
Di–Fr 11–17 Uhr, Eintritt frei
Das Museum ist Kunst, Kultur und Geschichte der African-Americans gewidmet und spricht gleichermaßen Erwachsene und Kinder an.

Dallas Heritage Village
1515 S. Harwood St.
Dallas, TX 75215
✆ 214-421-5141
www.dallasheritagevillage.org
Di–Sa 10–16, So 12–16 Uhr
Eintritt $ 7/4
Open-Air-Museum mit rund zwei Dutzend Gebäuden und Objekten, die die Periode von Dallas zwischen 1840 und 1910 erläutern.

Museum of Nature & Science
3535 Grand Ave. (Fair Park)
Dallas, TX 75315
✆ 214-428-5555
www.natureandscience.org
Mo–Sa 10–17, So 12–17 Uhr
Eintritt $ 10/$ 7, Kombi-Ticket inkl. IMAX und Planetarium: $ 21/$ 17
Der Museumskomplex fasst einige ehemals eigenständige Museen zusammen und bietet eine große Themenvielfalt (Geologie, Naturkunde, Weltall, menschlicher Körper etc.).

Old Red Museum of Dallas County History and Culture
100 S. Houston St. (Old Red Courthouse)
Dallay, TX 75202
✆ 214-745-1100, www.oldred.org
Tägl. 9–17 Uhr, Eintritt $ 8/5
Alles über die Geschichte von Dallas und Dallas County – von den Anfängen bis zur Gegenwart.

The Sixth Floor Museum at Dealey Plaza
411 Elm St., Dallas, TX 75202
✆ 214-747-6660, www.jfk.org
Di–So 10–18, Mo 12–18 Uhr
Eintritt $ 13.50/12.50, Parkplatz $ 5 gleich nebenan
Rekonstruierte Räume, aus denen Lee Harvey Oswald auf JFK geschossen haben soll. Seit 1989 authentische Gedenkstätte.

The Women's Museum
3800 Parry Ave. (Fair Park)
Dallas, TX 75226
✆ 214-915-0860
www.thewomensmuseum.org
Di–So 12–17 Uhr, Eintritt $ 5/3
Museum in Zusammenarbeit mit der Smithsonian Institution: Geschichte, Rollen und Leistungen der amerikanischen Frauen von der Kolonialzeit bis heute: unvergessliche Frauen, Ikonen vom Glamour Girl zum Power Girl, Emanzipation, Literatur und Musik, Frauen in Sport, Komik, Medizin und Wissenschaft sowie *Mothers of Invention*. Displays, Multimedia-Shows, digitales Infozentrum *(Cyberspace Connection)*.

Latino Cultural Center
2600 Live Oak & Good Latimer Sts.
Dallas, TX 75204
✆ 214-671-0045, www.dallasculture.org/latinoculturalcenter
Di–Sa 10–17 Uhr, So/Mo geschl.
Kulturzentrum (Theater, Ausstellungen) der rund 800 000 zählenden hispanischen Gemeinde der Region.

Infos: Dallas

Majestic Theater
1925 Elm St., Dallas, TX 75201
℃ 214-880-0137
www.liveatthemajestic.com
In dem in barocker Manier gebauten, 1922 eröffneten und inzwischen renovierten Theater gastieren heute Ballett-, Theater und Musikaufführungen.

Main Street Garden Park
Wurde in 2009 eröffnet und liegt mitten im Main Street District zwischen St. Paul, Main, Harwood und Commerce Streets.
www.mainstreetgarden.org.

Reunion Tower/Hyatt Regency Dallas
300 Reunion Blvd., Dallas, TX 75207
℃ 214-651-1234
www.dallasregency.hyatt.com
50-stöckiger Turm mit Aussichtsplattform. Auf 560 Fuß Höhe (171 m) bietet das sich drehende Restaurant **Five Sixty** von Amerikas Star-Gastronom Wolfgang Puck spektakuläre 360-Grad-Blicke über die Stadt (Lounge und Dinner, www.wolfgangpuck.com, So geschl. $$$).

Dallas Farmer's Market
1010 S. Pearl Expwy. (Downtown)
Dallas, TX 75201
℃ 214-939-2808
www.dallasfarmersmarket.org
Tägl. von Sonnenaufgang bis -untergang Größter texanischer Open-Air-Großmarkt für Gemüse, Obst, Gewürze, Pflanzen und Blumen. Besonders an Wochenenden attraktiv.

Highland Park Village
Mockingbird Lane & Preston Rd.
Dallas, TX 75205
℃ 214-559-2740
www.hpvillage.com
Seit 1931 eine der besten Shopping-Adressen in Dallas. Feine Shopping Mall mit Edel-Boutiquen, eklektischen Restaurants, gefällige Architektur mit spanischen Anklängen – mit DART Light Rail erreichbar.

Neiman Marcus' Original Dallas Store
1618 Main St.
Dallas, TX 75201 (Downtown)
℃ 214-741-6911
www.neimanmarcus.com
Mo–Sa 10–17, Do bis 19 Uhr, So geschl.
Stammsitz des berühmten Kaufhauses (1907 gegründet; dieser Bau stammt von 1914), das Bloomingdale's von Texas. Unter den über die Jahrzehnte via Katalog angepriesenen Geschenken für »Sie« und »Ihn« befanden sich u.a. auch ein Flugzeug, ein Heißluftballon und ein zweisitziges U-Boot, die alle ihre Abnehmer fanden.

NorthPark Center
8687 North Central Expwy.
Dallas, TX 75225
℃ 214-361-6345
www.northparkcenter.com
Mo–Sa 10–19, So 12–18 Uhr
Einkaufszentrum der Extraklasse mit über 230 Spezialgeschäften und Restaurants (10 Min. von Downtown Dallas).

Plaza of the Americas
700 N. Pearl Blvd., Dallas, TX 75201
℃ 214-720-8000
Weitläufiges Atrium mit Shops, Restaurants und Eislaufbahn.

West Village
Zwischen McKinney und Cole Aves. sowie Lemon Ave. East und Blackburn St.
www.westvil.com/shopping
Kleinere Shopping Mall am nördlichen Ende von Uptown in Backsteinkomplex mit Loft-Ambiente.

Whole Foods Market
2218 Greenville Ave.
Dallas, TX 75206
℃ 214-824-1744
www.wholefoodsmarket.com
Tägl. 8–22 Uhr
Reiche Vitaminquelle: Bio-Supermarkt *(natural and organic food)*.

② Infos: Dallas

Café San Miguel

1907 N. Henderson & Mcmillan Aves.
Dallas, TX 75206
✆ 214-370-9815
www.pomerita.com
Authentische mexikanische Küche auf hohem Niveau. Am Tisch frisch zubereitete Guacamole, exzellente Margaritas. Willkommene Abwechslung zur eher simplen Tex-Mex-Alternativen in der Stadt. Lunch (So Brunch) und Dinner. $–$$

Cafe Pacific

24 Highland Park Village (s. S. 68)
Dallas, TX 75205
✆ 214-526-1170, So geschl.
www.cafepacificdallas.com
Ein Hotspot der Restaurantszene von Highland Park. Sehr gute Fischgerichte, Reservierung ratsam. Cocktail Lounge. Lunch ($) und Dinner. $$–$$$

World Piece Cafe

1802 Greenville Ave.
Dallas, TX 75206-7437
✆ 214 720-0323
www.watels.com, Mi–Sa ab 18 Uhr
Bistro, geschmackvolle Kleinigkeiten, leichte Küche mit italienischem Einschlag und französisch angehaucht. Lunch und Dinner. $$

Aw Shucks Oyster Bar

3601 Greenville Ave. & Longview St.
Dallas, TX 75206
✆ 214-821-9449
www.awshucksdallas.com
Simples Lokal, auch zum draußen Sitzen: es gibt Steaks, Gumbo, Shrimps und eine Austernbar. Lunch und Dinner. $–$$

Snuffer's Restaurant & Bar

3526 Greenville Ave., Dallas, TX 75206
✆ 214-826-6850
www.snuffers.com
Nach einhelliger Meinung gibt's hier die besten Hamburger der Stadt, perfekte College-Menüs und gute Margaritas. Cocktail Lounge. Lunch und Dinner. $

Jorge's Dallas

1722 Routh St., Suite 122
In der One Arts Plaza (Arts District)
Dallas, TX 75201
✆ 214-720-2211, http://jorges.com
Solide Tex-Mex-Küche, ideal zum Lunch oder zur Happy Hour mit Patio. $

Avanti

2720 McKinney Ave., Dallas, TX 75204
✆ 214-871-4955
www.avantirestaurants.com
Schickes italienisches Lokal mit Livemusik und Terrasse. Lunch, Dinner und Do–Sa ab Mitternacht: *Moonlight Breakfast*. $$–$$$

Primo's Bar & Grille

3309 McKinney Ave., Dallas, TX 75204
✆ 214-220-0510, www.primosdallas.com
Legeres Tex-Mex-Restaurant mit Patio und beliebten Killer-Margaritas. $–$$

Palm Restaurant

701 Ross Ave. (West End)
Dallas, TX 75202
✆ 214-698-0470
Klassischer amerikanischer Speisezettel, beliebt zum Business-Lunch: frischer Fisch und Meeresfrüchte, Steaks. Lunch und Dinner. $$–$$$

② Infos: Dallas

 Arcodoro & Pomodoro
100 Crescent Court, Suite 140
Dallas, TX 75201
℡ 214-871-1924
www.arcodoro.com/Dallas
Kulinarische Extraklasse: traditionelle sardische Küche auf höchstem Niveau. Lunch und Dinner. Mit Patio. $$–$$$

 Stephan Pyles
1807 Ross Ave. (gegenüber Museum of Art)
Dallas, TX 75201
℡ 214-580-7000, So geschl.
www.stephanpyles.com
Schick und geschickt in den Farben des Sonnenuntergangs und der Wüste ausgeleuchtetes Restaurant und Essbar: High-End-Südwestküche. Chef Pyles gilt als Gründervater dieser Geschmacksrichtung. $$$

 Del Frisco's Double Eagle Steak House
5251 Spring Valley Rd. (nördl. von Downtown, Nähe Galleria)
Dallas, TX 75240
℡ 972-490-9000, www.delfriscos.com
Bekannt und geschätzt für Steaks in texanischer Saloon-Atmosphäre. Reservierung empfohlen. $$–$$$

 Sonny Bryan's Smokehouse
302 N. Market St. (West End)
Dallas, TX 75202
℡ 214-744-1610
www.sonnybryansbbq.com
Exzellente BBQ-Kette: würzige Rippchen und knackige Würste. *Beer only.* $

 La Duni Latin Cafe
4620 McKinney & Knox-Henderson Aves.
℡ 214-520-7300, www.laduni.com
Erstklassige mexikanische Küche, z.B. *Tacos de picanha.* $$–$$$

 Deep Ellum
Elm St. östl. von Downtown
Dallas, TX 75226
Künstlerviertel in ehemaligem Lagerhallenbezirk, das nach einem Niedergang Ende der 1990er-Jahre langsam wieder an alte Zeiten anknüpft. Auch der Anschluss an an das lokale Straßenbahnsystem DART (Green Line) hat dafür gesorgt, dass der Stadtteil besonders an Wochenenden wieder gefragt ist – vor allem für Jazz und Blues, aber auch Alternatives und ein bisschen Avantgarde für anspruchsvollere *locals*.

Einige der traditionellen Clubs haben auch wieder eröffnet: **La Grange** (2704 Elm St., ℡ 214-741-2008, www.lagrangedallas.com), Bar in einer ehemaligen Reparaturwerkstatt, nun einer der Hotspots von Dallas; **Trees** (2709 Elm St., ℡ 214-741-1122, www.treesdallas.com), populärer, Club; **All Good Cafe** (2934 Main St., ℡ 214 742-5362, www.allgoodcafe.com), zünftige Kost (z.B. *chicken-fried steak*) und Livemusik am Wochenende.

Bronco-Reiten in Dallas

③ Die aparte Hauptstadt
Austin

3. Route: Dallas – Austin
(304 km/190 mi)

km/mi	Zeit	Route/Programm
0	9.00 Uhr	In **Dallas** Elm St. gerade zu auf die I-35E nach Süden über
221/138	11.00 Uhr	**Salado** (Shopping/Lunch: ca. 2 Std.) nach
304/190	14.00 Uhr	**Austin**.

Empfehlung: Hier wird ein Nachmittagsprogramm für Austin vorgestellt. Wer aber einen tieferen Eindruck und auch das Besondere der Stadt erleben will, der sollte mindestens zwei, besser drei Tage vor Ort einplanen.

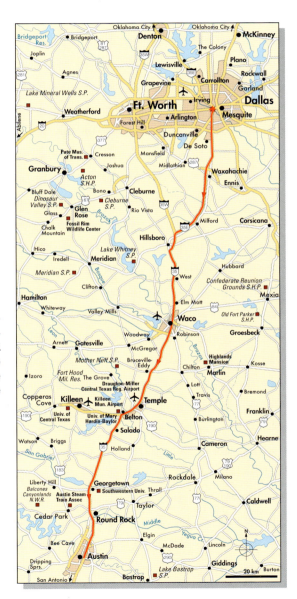

West, Waco, Salado, Texas Hill Country

> **Sportmöglichkeiten in Austin**
> **Laufen: Lady Bird Lake Hike and Bike Trail** ist Austins populärster Laufweg. Der Trail ist ca. 16 km lang; und führt entlang dem gestauten Teil des Colorado River, der Lady Bird Lake (ehemals: Town Lake) genannt wird. Nähere Informationen unter: www.ci.austin.tx.us/parks/trails.htm. Wer Lady Bird Lake gerne auf dem Wasser erkunden möchte, kann am Nordufer des Sees (gegenüber der Austin High School) beim **Texas Rowing Center** (1541 W. Cesar Chavez St., Austin, TX 78703, © (512) 467-7799, www.texasrowingcenter.com) Kajak, Kanu oder Ruderboot mieten.
> **Schwimmen: Barton Springs Pool** (2101 Barton Springs Rd., Austin, TX 78746, © (512) 476-9044, www.ci.austin.tx.us/parks/bartonsprings.htm, tägl. außer Do geöffnet, Zeiten saisonal unterschiedlich, Eintritt $ 3/2) im Zilker Metropolitan Park ist die erste Adresse zum Schwimmen: Sehr beliebtes, seeähnliches Schwimmbad mit quellfrischem Wasser, das ganzjährig auf 20 Grad temperiert ist.
> **Fahrradfahren:** In Lance Armstrongs Heimatstadt gibt es eine Fülle gut ausgebauter Fahrradwege. Fahrräder kann man z.B. bei Mellow Johnny's (www.mellowjohn nys.com) ausleihen. Routenvorschläge unter www.austinbikeroutes.com.

Wer Dallas verlässt, gerät, wie meist in Amerika, innerhalb kürzester Zeit in eine andere Welt. Außerhalb ist es eine Stadt der Baumwolle, der wiehernden Pferde und üppigen Ranches – näher kann das Zubehör des Old West einer modernen Metropole kaum kommen.

Sobald die Skyline im Rückspiegel zur bunten Ansichtskarte zusammenschrumpft, wechseln sich Äcker, welliges Buschland und grüne Weiden ab. Wen der Hunger packt, bekommt bald die Gelegenheit zu einem ethnisch-kulinarischen Schmankerl. In dem kleinen Nest **West**, südlich von Hillsboro, gibt es *Kolaches* [ko'lätschis], eine tschechische Spezialität: Schmackhaft eingepackte Sachen, meist Schinken, Käse oder Erdbeerquark von einem leckeren, allerdings ein wenig fettigen Teigmantel umschlungen.

In **Waco**, jener Stadt, die durch die blutige und folgenschwere Belagerung der Sektenfestung der Davidianer internationale Schlagzeilen machte, kann, wer sich für die Geschichte der Limonade »Dr. Pepper« interessiert, einen Stopp im **Dr. Pepper Museum** einlegen. Anschließend geht es über den Brazos River und wenig später folgt ein *billboard,* das bereits für die ebenso abkühlenden wie nassen Freuden des Wasserparks SCHLITTERBAHN in New Braunfels wirbt.

Salado, die alte Gemeinde am gleichnamigen Creek, die schon Indianer, Spanier und mexikanische Reisende angezogen hat, entpuppt sich als ein hübsches kleines Dorf mit fotogen weißgetünchter Kirche, Antiquitätenläden und schnuckeligen kleinen Hotels. In den Gärten der Restaurants lohnt es allemal, eine Pause einzulegen und es den einstigen Postkutschenreisenden nachzutun, die im Schatten der Eichen und Nussbäume des **Stagecoach Inn** hielten, unter ihnen waren ebenso rühmliche wie unrühmliche Gäste. Das Flüsschen, so sagt man, soll heilende Kräfte freisetzen. Um diesen Zustand zu verlängern, schuf man die Plastik einer weinenden Seejungfrau, deren Tränen den Creek bis in alle Ewigkeit in Fluss halten sollen.

Wenige Zeit später beginnen die lieblichen Züge des **Texas Hill Country** Gestalt anzunehmen, eines hügeligen und wasserreichen Landstrichs, der es schon

Austin

früh den Reisenden angetan hat. So notierte der berühmte Gartenarchitekt Frederick Law Olmsted 1857 in seinen »Wanderungen durch Texas« unter anderem: »Die Umgegend ist wellenförmig und malerisch, und man hat hübsche Aussichten nach entfernten Hügeln und munter glänzenden Bächen, welche von den Abhängen der Prärien sich ergießen.« Auch **Austin** schneidet gut ab. Olmsted: »Austin hat eine recht angenehme Lage am Ufer des Colorado, es war der hübscheste Ort, den wir bis jetzt in Texas gesehen hatten, eine Art Washington im Kleinen und durch ein umgekehrtes Glas betrachtet.

Das war 1857. Zuvor (1839) hatten fünf Reiter vom damaligen Präsidenten der Republik Texas den Auftrag erhalten, einen geeigneten Platz für eine Hauptstadt auszukundschaften. Einen Monat schwärmten die Leute aus, dann kamen sie mit ihrem Tipp zurück. Es gebe da ein hübsches Plätzchen mit ein paar Hütten an einer Krümmung des Colorado River. Der Name: Waterloo.

Ein böses Omen war das nicht. Noch im selben Jahr schüttelten die neuen Stadtväter ihr »Waterloo« ab und eigneten sich den Namen von Stephen F. Austin an, dem allseits verehrten »Gründungsvater« von Texas. Bis heute zeigt das Wirkung. Immer mehr Texaner wollen in Austin wohnen, und zwar am liebsten versteckt unter *Live oak*-Bäumen mit Fernblick. »Wenn Dallas New York ist und Houston Chicago, dann ist Austin San Francisco«, lautet ein Spruch.

Aber, wie meistens, erzeugt ein Run auch Schattenseiten: ein überdurchschnittliches Wachstum – inzwischen gibt es 735 000 *Austinites* (Metro: 1,5 Mill.), davon 50 000 Studenten. Als Regierungs- und Universitätssitz leistet sich

Gastliche Bed & Breakfasts erwarten den Reisenden in Salado

Austin: Sixth Street, Governor's Mansion, Lady Bird Lake

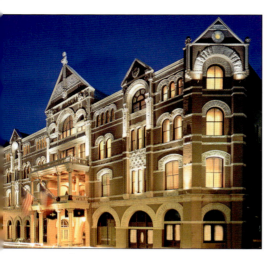

Driskill Hotel

Austin zwar immer noch eine vergleichsweise aparte Lebensqualität, aber die Infrastruktur hat mit der Stadtentwicklung nicht immer Schritt gehalten: bei Straßen nicht und beim eher provinziellen Flughafen erst recht nicht. Da hilft es auch nicht so recht, dass ab 2012 die Formel 1 auf einer eigens dafür gebauten, neuen Rennstrecke ausgetragen wird. Mancher *local* hätte die Steuergelder lieber sinnvoller in den öffentlichen Nahverkehr investiert.

Trotzdem, die Stadt rangiert ganz weit oben auf der Beliebtheitsskala des Landes, wenn es um Lebensart, Jobs, medizinische Versorgung und eine vergleichsweise geringe Kriminalitätsrate geht. Die hohe Zuzugsrate insbesondere von Hightech-Firmen belegt das.

Die Kuppel des State Capitol Building ist zwar noch 4,60 Meter höher als die in Washington, D.C. (das konnte Herr Olmsted bei seinem Vergleich damals nicht wissen, denn die Kuppel war noch im Bau), aber auf Geltungsdrang lässt das nicht schließen. Nein, das öffentliche Leben ist auffällig unamerikanisch, das Bevölkerungsprofil ungewöhnlich. Austin gilt als Stadt der Livemusik, aber auch der Bücherwürmer. Hier werden pro Kopf mehr Bücher verkauft als in den 50 größten US-Städten. Vor allem legt man Wert auf unterschiedliche (Sub-) Kulturen, individuelle Lebensstile, eine intellektuelle Community und gibt sich politisch progressiv. Und so soll es auch bleiben: »Keep Austin Weird« ist das Motto der Stadt.

Manche Texaner blicken deshalb mit großer Skepsis auf ihre Hauptstadt, ihre liberalen Politiker, die Studenten, die vielen Musiker, Denkmalpfleger und Umweltschützer, die Lebenskünstler und die Scharen von Intellektuellen.

Aber auch kulinarisch bietet die Stadt Beneidenswertes: selbst die *New York Times* rühmt die bemerkenswerte Bandbreite ihrer mexikanischen Restaurants: *Mexican, Tex-Mex, nuevo-Tex-Mex, regional-Mex* und *New-Mex-Mex* (aus New Mexico). Sehen wir uns um. Zunächst in Downtown, denn die Einfahrt bildet die quicklebendige **Sixth Street**. Der im Stil einer klassischen Südstaaten-Villa errichtete Prachtbau der **Governor's Mansion**, die alte **French Legation**, das opulente **Driskill Hotel** und natürlich das **Texas State Capitol** mit seiner mächtigen Kuppel gehören zu den ästhetischen Bojen der Innenstadt.

Wer Congress Avenue zum **Lady Bird Lake** (vormals: Town Lake), der seeartigen Erweiterung des Colorado River, hinunter und zur **Congress Avenue Bridge** geht, kann bei Anbruch der Dämmerung Zeuge eines besonderen Naturspektakels werden, wenn Scharen von Fledermäusen (1,5 Millionen!), die hier ihren Sommersitz haben, zwischen Mitte März und Anfang November in den Abendhimmel zum Dinner starten. Am eindrucksvollsten aber ist das *Bat Watching* von einem der kleinen Cruising-Boote.

Austin: South of Congress, University of Texas

Wenn man Downtown weiter stadtauswärts über die Congress Avenue Bridge Richtung Süden verlässt, kommt man nach **South of Congress** (kurz SoCo genannt), den eigentlichen *hip strip* der Stadt. Sobald man kurz nach der Kreuzung Academy Drive am Neonzeichen »So close and yet so far out« des Austin Motel vorbeikommt, taucht man schrittweise in den coolen und funkigen Teil von Austin ein. South Congress war lange die Hauptverkehrsader von South Austin mit einer eklektischen Mischung von ein- und zweistöckigen Gebäuden aus den 1920er- und 1930er-Jahren, kleinen Motels und Cafés. Als dann Anfang der 1960er-Jahre mit der Eröffnung des großen Highways, der heutigen Interstate I-35, die Verkehrsströme umgelenkt wurden, bedeutete dies das Aus für die lokale Infrastruktur.

Lange Zeit war SoCo ein schwieriges Pflaster, das vor allem bei Prostituierten und Drogenhändlern hoch im Kurs stand; bis Anfang der 90er-Jahre Schritt für Schritt lokale Entrepreneurs Häuser aufkauften und auf eigene Faust behutsam sanierten. Langsam kehrte das Leben zurück. Heute ist SoCo eine lebendige Meile aus Restaurants, Musikclubs, Cafés, bunt getünchten *food trailern* und ausgefallenen Boutiquen. Praktisch weitgehend *corporate free*, also keine typischen amerikanischen Restaurant- oder Hotelketten. In SoCo kann man ohne Weiteres einen ganzen Nachmittag nur mit *people watching* verbringen.

Wer sich für die Studentenszene interessiert, sollte sich am besten die einschlägige Zeitung besorgen, den *Daily Texan,* der überall auf dem Campus der **University of Texas** ausliegt und nichts kostet. Das Blatt bewährt sich meist als vorzüglicher Wegweiser durchs Uni-Leben und durch das, was gerade in der Stadt los ist – Kinoprogramme, Vorträge,

Das Capitol von Austin bei Nacht

Austin: Guadalupe Street, Artist's Market, East Side

Konzerte, Kneipen, Dichterlesungen. Auf dem Campus findet sich mit dem **Blanton Museum of Art** zudem die einzige hochkarätige Kunstsammlung im Besitz einer amerikanischen Universität. Und gleich nebenan, ebenfalls auf dem Campus, kann man im **Bob Bullock Museum** die Landesgeschichte von Texas studieren.

Die Universitätsbelegschaft bevölkert außerhalb vom Campus vor allem **Guadalupe Street** zwischen der 21. und 24. Straße samt ihren angrenzenden Parallel- und Seitenstraßen. Die Entfernungen ermuntern auf jeden Fall zum Gebrauch der eigenen Füße. Wer mit dem Auto fährt, flitzt an zu vielen Details vorbei und verschwendet auch noch viel Energie durch die ständige Parkplatzsuche.

In den Cafés und kleinen Restaurants (die leckeres Zaziki anbieten), den Buchläden, Verkaufsständen, Läden (Klamotten, Musikkonserven, Friseure) und auf den Straßen geht es locker und lässig zu. Besonders am **Artist's Market** (23rd St.) unterhalb des altgedienten Wandbilds von Stephen Austin. Und ist die Sonne so richtig warm und die Luft trocken genug, dann scheint es sogar manchmal, als wehte ein Hauch des kalifornischen Berkeley durch Austin.

Östlich von Downtown hat sich die **East Side** in einem sozialen Umstrukturierungsprozess zu einem beliebten, ethnisch bunt gemischten Szeneviertel entwickelt mit jüngerem Publikum, vielen Künstlern und mit vielen Bars und Restaurants.

Ähnlich wie das Studentenmilieu zieht die sportliche Park- und Badekultur von Austin und Umgebung gesellige Kreise. Ob im nahen Hill Country mit dem Colorado River, der die zahlreichen Highland Lakes wie ein blaues Perlenband durch die grünen Hügel zieht, oder gleich vor der Haustür, auf dem Joggingpfad am Lady Bird Lake, den bequemen Radwegen in der Stadt, in den Parks und Grün-

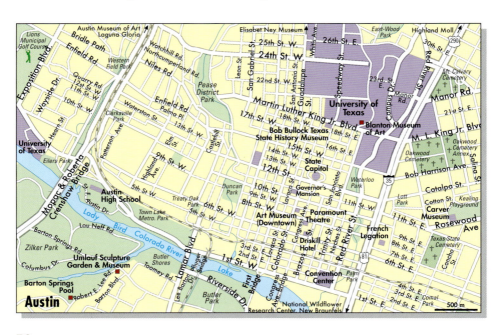

Austin: Zilker Park, Lake Travis, »Live Music Capital of the World«

anlagen: Überall bilden sich besonders an Wochenenden bunte Freizeitnester und Grüppchen an exzellenten Picknick- und Schwimmplätzen.

Eine Gebrauchsanweisung fürs Grün: **Zilker Park** mit dem populären **Barton Springs Pool**. So ganz nebenbei lernt man hier auch eine ganze Menge über die Art und Weise, wie Amerikaner mit ihren Parks umgehen, Beispiele für den *American way of living in the park* – rund um die obligate Kühlbox. Wer sich für moderne Skulpturen interessiert, kann gleich neben dem Zilker Park das **Umlauf Sculpture Garden & Museum** besuchen und die Werke von Charles Umlauf und seinen Schüler bewundern.

Exklusivere Berührungen mit der Natur – im kleinen Kreis oder ganz allein – gewähren die gepflegten Sport- und Freizeitanlagen am **Lake Travis**. Weniger als eine halbe Autostunde von Austin entfernt, zählt dieses Segel-, Golf- und Tennisparadies zu den schönsten seiner Art in Texas. Die Reitwege durch die bewachsenen Hügel und duftenden Büsche eignen sich für jede Schrittart. Westernsattel sind üblich. Wer aber möchte, darf sich in einen englischen schwingen. Je nach Geschmack, aber dennoch fest im Sattel – so ist das nun mal in Austin.

Die texanischen Regierungsbeamten und Jungakademiker teilen sich offenbar ihre Zeit gut ein, denn sonst hätte die Stadt kein so weitverzweigtes Kulturleben, also Theater und Kinos, Kunstausstellungen, Bibliotheken und Biergärten, Musikkneipen – und *Microbreweries*, von denen es besonders viele gibt. Ohne sein breites, musikbessenes und aufgeschlossenes Publikum wäre Austin auch nie die *Live Music Capital of the World* geworden, wie es sich gern selber nennt.

Wie ein Schwamm saugt die Stadt seit vielen Jahren Musiker und Bands diverser Musikgattungen in sich auf. Vor allem texanische Musiker, Interpreten, die ihre anfängliche Begeisterung für die US-Hochburgen des Musikgeschäfts – Los Angeles, Nashville, Branson und New York – überwunden hatten und merkten, dass unter dem Druck der Plattenfirmen die eigene Kreativität auf Dauer den Kürzeren zog.

Früher war das mal anders. In den 1960er-Jahren nämlich, als die neue Rockmusik im stockkonservativen Texas nur Ärger brachte, wanderten viele Musiker nach Kalifornien ab, vor allem nach San Francisco, wie Janis Joplin und Steve Miller, um nur zwei zu nennen. Noch heute packt den einen oder anderen gelegentlich das Heimweh – Nanci Griffith zum Beispiel, die vom *Lone Star State of Mind* singt, der sie überkommt, wenn sie in Denver hockt, kalifornischen Wein trinkt, aber wehmütig an Corpus Christi denkt.

Austin gilt als Mischpult des »Austin Sound«, des progressiven Country Rock. »Progressiv« deswegen, weil diese Musik deutlich auf Elementen texanischer Volksmusik gründet und ausgeleierte Versatzstücke ebenso meidet wie parfümierte Klangvorhänge aus Streichern und süßlichen Hallchören. Das meiste davon ist live überall in der Stadt zu hören – in Dutzenden von kleinen oder großen Clubs, Country Discos und Konzertsälen. Im Verein mit CD-Läden und lokalen Radiosendern gelten die dort produzierten Klänge als Alternative zum glatten US-Show-Biz.

Ganz entscheidend ist auch die Kultfigur der texanischen Country Music, Willie Nelson, am musikalischen Ruhm von Austin beteiligt, er, der wie kein anderer Musiker das Idol des poetischen Nonkonformisten verkörpert. Nelson kam aus Nashville nach Texas zurück und finanzierte in Austin verschiedene Konzerträume und Musiklokale. Bei dieser

Austin: »Live Music Capital of the World«, Dance Hall

Gelegenheit sei daran erinnert, dass sich Texas überhaupt als Geburtsland vieler prominenter Musiker sehen lassen kann. Neben Buddy Holly gehören unter anderem Gene Autry, Freddy Fender, Larry Gatlin, Waylon Jennings, Kris Kristofferson, Trini Lopez, Kenny Rogers, Doug Sahm, Ernest Tubb und Tanya Tucker sowie Bob Wills dazu – eine stattliche Liste!

Die spezifische Variante der Musikkneipe ist die **Dance Hall**, von denen es gerade in Austin entlang South Lamar eine ganze Reihe gibt. Diese Etablissements wurden einst ins Leben gerufen, um die guten und die bösen Buben, die Gesellschaft der Saloons und die der Kirchen auf eine möglichst vergnügliche Art miteinander bekannt zu machen. Der Tanz auf den polternden Bretterdielen leistete also von Anfang an einen Beitrag zur Zivilisation des Wilden Westens. In fast einem Dutzend solcher Tanzpaläste lebt die Tradition in Austin heute weiter. Auch sonst herrscht in Texas an ihnen kein Mangel, und am Wochenende sind sie alle brechend voll. Schon die draußen geparkten Autos verraten die integrierende Funktion, die ein Tänzchen dieser Art offenbar hat. Und tatsächlich enthüllt die Tanzfläche, wie divers die texanische Männerwelt eigentlich ist – Versicherungsmanager, Trucker, College-Professoren usw. Vom Spektrum der Damenwelt ganz zu schweigen.

Wer an der Bar sitzt und nur zuschaut, kann beim nächsten Mal schon mitmachen, denn in der Stadt werden Kurse für Westerntanz angeboten. Da kann man sie denn alle lernen – den *Texas two-step, Southwest two-step, Texas waltz* und Polka, *Square Dance* und den *Cotton-Eyed Joe*. Keine Frage, diese regionale Tanzkultur ist populär. *Break dancing* aus New York will dagegen in Texas keiner nachmachen. Was nicht heißt, dass nun alle geschlossen zur Country-Szene stehen. Manche Jugendliche rümpfen sogar die Nase darüber, bezeichnen ihr musikalisches Erbe als *tractor music* und setzen auf New Wave, Hip-Hop, Techno, Indie Rock etc. Kostproben der lokalen Musikszene sind allabendlich mühelos und zu Hauf in den mehr als 200 Musikclubs zu finden – entweder im Sixth Street District, gleich in der Nähe, im sogenannten Warehouse District (2rd & 4th Sts. westlich von Congress), in So-Co bzw. entlang South Lamar Street oder in East Austin.

Austin Skyline

③ Infos: West, Waco, Salado, Austin

The Village Bakery
113 E. Oak St., West, TX 76691
✆ (254) 826-5151
Kleiner Familienbetrieb mitten in West, der seit 1952 auf die Zubereitung von *Kolaches*, spezialisiert ist. Neben den traditionellen Kolaches, gibt es mittlerweile auch ausgefallenere Rezepte, z.B. mit *jalapeño peppers*.

West Czech Stop
105 N. College St. (an I-35, Exit 353)
West, TX 76691
✆ (254) 826-4161, www.czechstop.net
Die etwas ruppigere Variante für einen Kolaches-Stopp gleich an der I-35 mit angeschlossener Tankstelle.

Dr Pepper Museum and Free Enterprise Institute
300 S. 5th St.
Waco, TX 76701
✆ (254) 757-1025
www.drpeppermuseum.com
Mo–Sa 10–16.15, So 12–16.15 Uhr
Museum zur Geschichte des Softdrinks »Dr. Pepper« – von den Anfängen, als Pharmazeut Charles Alderton 1880 in Waco die Limonade erfand, bis zur Gegenwart.

Salado Chamber of Commerce
601 N. Main St., Salado, TX 76571
✆ (254) 947-5040, Fax (254) 947-3126
www.salado.com

The Inn at Salado
307 N. Main St. & Pace Park Dr.
Salado, TX 76571
✆ (254) 947-0027 und 1-800-724-0027
Fax (254) 947-3144
www.inn-at-salado.com
Angenehm und ruhig um einen schönen Garten gruppierte Gästehäuser. 8 Zimmer, einige mit Kamin. Großes Frühstück. $$–$$$

Stagecoach Inn
401 Stagecoach Rd. & Main St.
Salado, TX 76571
www.staystagecoach.com
✆ (254) 947-5111
Seit 1835. Zuerst bekannt als Salado Hotel, später wegen der Stagecoach umbenannt. Heute Hotel mit Pool, Tennisplätzen und altmodischem Restaurant – Lunch und Dinner *family style*. $$

Browning's Courtyard Café
4 Salado Sq., Main St.
Salado, TX 76571
✆ (254) 947-8666
Netter kleiner Lunchplatz, spezialisiert auf Sandwiches.

Austin:

Hinweis: Austin gilt als *wireless city* schlechthin. Praktisch im gesamten Bereich von Downtown gibt es ein kostenloses **Free Public Wi-Fi**. Details unter www.austinwirelesscity.org.

Austin Visitors Center
209 E. Sixth St.
Austin, TX 78701
✆ (512) 478-0098 und 1-866-GO-AUSTIN
www.austintexas.org
Tägl. 9–17, Sa/So 9.30–17.30 Uhr
Auf der Website findet man viele Anregungen für die Reiseplanung.

Driskill Hotel
604 Brazos & 6th Sts. (Downtown)
Austin, TX 78701
✆ (512) 474-5911 und 1-800-252-9367

www.driskillhotel.com
Feines, altehrwürdiges Haus eines Viehbarons von 1886 in der Stadtmitte, das der Abrissbirne gerade noch entkommen konnte. 189 Zimmer und Suiten, Pool, Fitnessstudio. Außerdem das wohl beste Restaurant in Austin: **Driskill Grill**, ✆ 512-391-7162, www.driskillgrill.com, $$$; das Café und beliebter Treffpunkt: **1886 Café & Bakery**, ✆ 512-391-7121, www.1886cafeandbakery.com. $$–$$$

3 Infos: Austin

InterContinental Stephen F. Austin
701 Congress Ave. (Downtown)
Austin, TX 78701
℗ (512) 457-8800
www.austin.intercontinental.com
Erstklassig, zentrale Lage. Bar und Restaurant, u.a. texanische Brasserie **Roaring Fork**, www.roaringfork.com, $$–$$$. Pool und Fitnesscenter. Von der Terrasse von **Stephen F's Bar** im 1. Stock hat man einen wunderbaren Blick auf das State Capitol und kann dem bunten Treiben in Downtown zuschauen. $$$$

Mitten in South of Congress: Patio des Hotels Kimber Modern

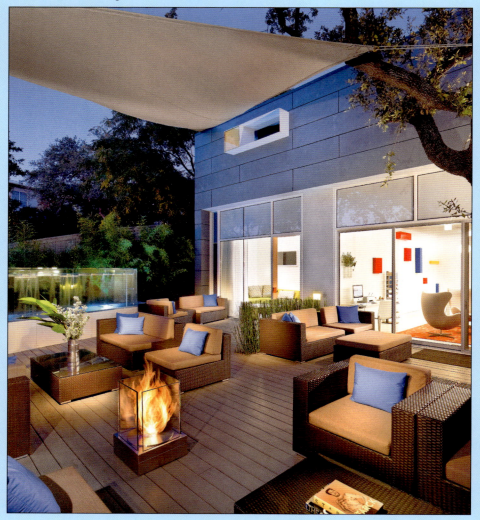

❸ Infos: Austin

Radisson Hotel & Suites Austin-Town Lake
111 Cesar Chavez St. & Congress Ave. (Downtown)
Austin, TX 78701
℃ (512) 478-9611 und 1-800-395-7046
www.radisson.com
Gut geführtes Hotel in Downtown, direkt am See. $$$$

Kimber Modern
110 The Circle Austin (SoCo)
Austin, TX 78704
℃ (512) 912-1046
www.kimbermodern.com
Ein Juwel eines kleinen Design-Hotels (6 Zimmer). Trotz der unmittelbaren Nähe zu SoCo eine Oase der Ruhe. In den Hang gebaut um einen alten Baumbestand herum. Ein Muss für Design-Fans. $$$$

Hotel San José
1316 S. Congress Ave. (SoCo)
Austin, TX 78704
℃ (512) 444-7322
www.sanjosehotel.com
Ehemaliger Motor Court mit minimalistischem Design, stilsicher renoviert und mitten in der Szene von SoCo gelegen. Sehr beliebt bei Musikern. 40 Zimmer. $$–$$$$

Austin Motel
1220 S. Congress Ave. (SoCo)
Austin, TX 78704
 ℃ (512) 441-1157, www.austinmotel.com
Motel mit 41 teils schlicht, teils schrill dekorierten Zimmern, Pool. Gute Lage in SoCo. $–$$$

Holiday Inn Austin Town Lake
20 N. I-35 North (Exit 233) (Lady Bird Lake)
 Austin, TX 78701
 ℃ (512) 472-8211, www.holidayinn.com
Zentral, am See gelegener Rundbau im typischen Holiday-Inn-Design, Restaurant, Fitnessraum, Sauna, Pool.
 $$$–$$$$

Hostelling International HI Austin
2200 S. Lakeshore Blvd. (Lady Bird Lake)
Austin, TX 78741
℃ (512) 444-2294
www.hiaustin.org
Ordentlich geführte Jugendherberge am Lady Bird Lake, ca. 4 km bis Downtown. $

Austin Folk House Bed and Breakfast
506 W. 22nd St. (University District)
Austin, TX 78705
℃ (512) 472-6700
www.austinfolkhouse.com
Kleiner B&B in der Nähe des Campus. Full Breakfast. $$–$$$$

Lakeway Resort & Spa
101 Lakeway Dr. (Lake Travis)
 Austin, TX 78734
℃ 1-800-525-3929
 www.lakewayresortandspa.com
Luxus-Sporthotel ca. 30 km bzw. außerhalb von Austin am Lake Travis. Wellnessprogramme, Restaurant, Golf, Wander- und Joggingpfade. Man kann auch Segeln und Angeln. $$$$

Austin Lone Star RV Resort
7009 I-35 South, Exit 227
Austin, TX 78744
℃ (512) 444-6322
www.austinlonestar.com
Hookups, Zeltplätze und Hütten, gut ausgestattet. Ganzjährig.

McKinney Falls State Park
5808 McKinney Falls Pkwy.
 Austin, TX 78744
℃ (512) 243-1643, www.tpwd.state.tx.us
Voll ausgestatteter Campingplatz für Camper und Zelte. Keine Reservierung möglich. Anfahrt: von Austin US 183 South, an McKinney Falls Pkwy. rechts, Onion Creek.

Texas State Capitol
1100 Congress Ave., Austin, TX 78701
℃ (512) 463-5495

③ Infos: Austin

www.tspb.state.tx.us/SPB/Plan/Tours.htm
Das Texas State Capitol wurde 1888 fertiggestellt und ist ein Beispiel für die Architektur des Renaissance-Revival/der Neo-Renaissance. Die mächtige Kuppel überragt selbst ihr Pendant in Washington. Obenauf steht eine Freiheitsstatue, die einen Texas-Stern gen Himmel streckt.

Nähere Informationen erhält man im **Capitol Complex Visitors Center** (112 E. 11th St., ✆ 512-305-8400).

Texas Governor's Mansion
1010 Colorado St.
Austin, TX 78701
✆ (512) 305-8400, www.txfgm.org
Sitz der Gouverneure von Texas seit 1856. Wurde im Juni 2008 von einem Feuer schwer zerstört und ist daher voraussichtlich bis April 2012 für die Öffentlichkeit geschlossen.

French Legation Museum
802 San Marcos St. (1 Block östl. der I-35)
Austin, TX 78702
✆ (512) 472-8180
www.frenchlegationmuseum.org
Di–So 13–17 Uhr, Eintritt $ 5
Makellos restauriertes kreolisches Landhaus mit zeitgenössischer Einrichtung von 1840, das einzige Gebäude in Texas, das von einer fremden Regierung errichtet wurde. Schöner Blick auf Downtown. Das Historic House kann man nur mit einer geführten Tour besuchen. Die letzte startet 16 Uhr.

Blanton Museum of Art
University of Texas
200 E. Martin Luther King Jr. Blvd.
Austin, TX 78701
✆ (512) 471-7324
www.blantonmuseum.org
Di–Fr 10–17, Sa 12–17, So 13–17 Uhr
Eintritt $ 9/5
Die einzige hochkarätige Kunstsammlung im Besitz einer Universität. Um das einheitliche Erscheinungsbild des Campus zu wahren, wurde auf den – ursprünglich geplanten – spektakulären Museumsbau verzichtet. Vor allem die zeitgenössische Kunst aus Lateinamerika genießt ein hohes Ansehen.

Bob Bullock Texas State History Museum
1800 N. Congress Ave., Austin, TX 78701
✆ (512) 936-8746 und 1-866-369-7108
www.thestoryoftexas.com
Mo–Sa 9–18, So 12–18 Uhr, Eintritt $ 7/4
Imposantes Gebäude, reicher Inhalt, spannend inszeniert – Dokumente, Nachbildungen und eine Multimediashow zur Landesgeschichte. IMAX-Filmtheater ebenfalls aus dem Campusgelände der University of Texas.

Umlauf Sculpture Garden & Museum
605 Robert E. Lee Rd.
Austin, TX 78704
✆ (512) 445-5282
www.umlaufsculpture.org
Mi–Fr 10–16.30, Sa/So 13–16.30 Uhr, Mo/Di geschl., Eintritt $ 3.50/1
Das Umlauf Sculpture Garden & Museum liegt neben dem Zilker Park und zeigt Skulpturen des 20. Jh., vor allem des amerikanischen Bildhauers Charles Umlauf und seiner Studenten an der University of Texas.

Paramount Theatre
713 Congress Ave.

Austin, TX 78701
✆ (512) 472-5470
www.austintheatre.org
Der opulente Theaterraum bildet seit über 100 Jahren den festlichen Rahmen für Broadway-Shows, klassische Filme und Konzertaufführungen. Tagsüber Führungen nach Voranmeldung.

Austin Museum of Art (AMOA Downtown)

823 Congress Ave. & 9th St.
Austin, TX 78701
✆ (512) 495-9224, www.amoa.org

③ Infos: Austin

Di/Mi, Fr 10–17, Do 10–20, Sa 10–18, So 12–17 Uhr
Eintritt $ 5
Kleines Museum in Downtown. Wanderausstellungen. Museumsshop.

 Austin Museum of Art (AMOA Laguna Gloria)
 3809 W. 35th St.
Austin, TX 78703
℃ (512) 458-8191, www.amoa.org
Villa Di/Mi 12–16, Do–So 10–16 Uhr, Mo geschl.
Park Mo–Sa 9–17, So 10–17 Uhr
Mediterran anmutende ehemalige Privatvilla, schön gelegen. Wanderausstellungen mit Gegenwartskunst.

 Bat Watching Cruise/Capital Cruises
Capital Cruises nutzt das Boat Deck beim Hyatt Regency Hotel. Um an den Anleger zu gelangen, muss man die Einfahrt zum Hyatt Parking Lot wählen.
208 Barton Springs Rd.
Austin, TX 78704
℃ (512) 480-9264
www.capitalcruises.com
Reservierung telefonisch oder online empfohlen
Fahrtkosten $ 10/5
Täglich ca. 30 Min. vor Sonnenuntergang verlässt Capital Cruise den Anleger. Die Tour dauert ca. 1 Stunde, je nachdem, wie früh die Fledermäuse Ihre Unterkunft verlassen. Mit kalten Getränken wird man an Bord versorgt. Außerdem gibt es Sa/So jeweils 13 Uhr Sightseeing-Touren.

 Die wichtigsten Shopping-Gegenden sind:

– South Congress Ave.
Zwischen Academy und Oltorf Sts.
www.firstthursday.info
Alternatives und Schrilles. Am ersten Do im Monat haben alle Geschäfte bis mindestens 22 Uhr geöffnet und es herrscht Straßenfeststimmung.

– 2nd Street District
2nd bis 4th Sts., zwischen Colorado und Guadalupe Sts.
www.2ndstreetdistrict.com
Vor allem individuell geführte Spezialgeschäfte.

– The Domain
11410 Century Oaks Terrace
Austin, TX 78758
℃ (512) 795-4230
www.simon.com/mall/landing/1207
Mall nördlich von Downtown, Luxusadresse zum Shopping.

 Whole Foods Market
 525 N. Lamar Blvd. & Sixth Sts. (North Lamar)
Austin, TX 78703
℃ (512) 542-2209
www.wholefoodsmarket.com
Flagship Store der Lebensmittelkette: Kulinarisches Paradies auf Erden. Fabrikhallen voller Köstlichkeiten mit Öko-Touch. Verlockende Imbiss-Theken. Café, Kochschule, Amphitheater.

 Waterloo Records & Video
600A. N. Lamar Blvd. (North Lamar)
Austin, TX 78703
℃ (512) 474-2500
www.waterloorecords.com
Mo–Sa 10–23, So 11–23 Uhr
Vermutlich der beste Musikladen in Austin: CDs und Vinyl. Ideal zur Recherche lokaler Musik. Ganz in der Nähe von Whole Foods.

 Uncommon Objects
1512 S. Congress Ave. (SoCo)
Austin, TX 78704
℃ (512) 442-4000, tägl. ab 11 Uhr
www.uncommonobjects.com
Der Name ist Programm. Hier gibt es alles erdenklich Unkonventionelle, Seltenheiten etc. Entsprechend abwechslungsreich ist das Publikum.

 Allen Boots
1522 S. Congress Ave. (SoCo)

3 Infos: Austin

Shopping in South of Congress

Austin, TX 78704
✆ (512) 447-1413, www.allensboots.com
Stiefel jeder Machart und Preisklasse.

 Roaring Fork
701 Congress Ave., im Hotel InterContinental Stephen F. Austin (Downtown)
Austin, TX 78701
✆ (512) 583-0000
www.roaringfork.com
Western-Bistro: Küche auf hohem Geschmacksniveau, beliebte Adresse für die Happy Hour. $$–$$$

 Shoreline Grill
98 San Jacinto Blvd. & 1st St. (Downtown)
Austin, TX 78701
✆ (512) 477-3300
www.shorelinegrill.com
Lunch und Dinner (auch *al fresco*) mit feiner Küche (Fisch!) und herrlichen Aussichten auf den Lady Bird Lake und die abends startenden Fledermäuse, die von der Congress Avenue Bridge zu ihrem Nachtmahl aufbrechen. $$$

 Sullivan's Steakhouse
300 Colorado St. (Downtown)
 Austin, TX 78701
✆ (512) 495-6504
www.sullivansteakhouse.com
Steakhouse-Kette *Chicago Style*: beliebt

❸ Infos: Austin

und voll im Trend. Plus Jazz. Cocktail Lounge. Nur Dinner. $$$

Parkside
301 E. 6th St. (Downtown)
Austin, TX 78701
✆ (512) 474-9898
www.parkside-austin.com
Raw bar, *oyster bar* und viele andere Delikatessen. $$$

Carmelo's
504 E. 5th St. (Downtown)
Austin, TX 78701
✆ (512) 477-7497
www.carmelosrestaurant.com
Italienische Küche alter Schule. Mit Innenhof. Reservierung empfohlen. Lunch und Dinner. $$–$$$

La Condesa
400A W. 2nd St. (Downtown)
Austin, TX 78701
✆ (512) 499-0300
www.lacondesaaustin.com
Mexikanische Küche High-End. Geschmackvolles Ambiente. Lunch und Dinner. $$–$$$

Stubb's
801 Red River St. (Downtown)
Austin, TX 78701

✆ (512) 480-8341, www.stubbsaustin.com
Di–So ab 11 Uhr, Mo geschl.
BBQ, Tex-Mex und Livemusik. So Brunch. $

Vespaio und **Enoteca Vespaio**
1610 S. Congress Ave. (SoCo)
Austin, TX 78704
✆ (512) 441-6100 (Vespaio)
✆ (512) 441-7672 (Enoteca Vespaio)
Vespaio: Sehr gutes italienisches Restaurant – alles wird frisch gemacht. Oft Warteschlangen. Bar. Nur Dinner. $$–$$$ Alternativ kann man in der benachbarten, dazugehörigen **Enoteca Vespaio** Pizza, Pasta, Salate oder Sandwiches essen. Frühstück, Lunch und Dinner. $–$$

South Congress Café
1600 South Congress Ave. (SoCo)
Austin, TX 78704
✆ (512) 447-3905
www.southcongresscafe.com
Sehr angenehmes Lokal. Gute Appetizer. Geschmackvolle Hauptgerichte. Tägl. Brunch und Dinner. $$–$$$

Guero's Taco Bar South
1412 South Congress Ave. (SoCo)
Austin, TX 78704
✆ (512) 447-7688
www.guerostacobar.com
Frische Tex-Mex-Küche. Beliebte Spezialität: *Tacos al Pastor*. Tägl. Lunch und Dinner. $

Jo's
1300 South Congress Ave. (direkt am Hotel San José)
Austin, TX 78704
www.joscoffee.com
✆ (512) 444-3800
Tägl. ab 7 Uhr diverse Kaffeespezialitäten auf dem Patio.

Außerdem gibt es auf South Congress Avenue (vor allem im Hausnummernblock 1600) jede Menge kleine, hübsch aufgemachte **Food Trailer**, wo es Tacos, Pizza, Crêpes und andere Kleinigkeiten gibt.

Taco Bar in South of Congress

Infos: Austin

🍴 **Uchi**
801 S. Lamar Blvd. (South Lamar)
Austin, TX 78704
✆ (512) 916-4808
www.uchiaustin.com
Mo geschl.
Kreative japanische Küche und High-End-Sushi zum kulinarischen und ästhetischen Vergnügen. $$$

🍴 **Taco Xpress**
2529 S. Lamar Blvd. (South Lamar)
Austin, TX 78704
✆ (512) 444-0261
www.tacoxpress.com
Einfaches, alternatives mexikanisches Lokal im Süden von Austin.
   Hauptattraktion ist der von der Eigentümerin Maria Corbalan fast jeden Sonntagmorgen (12–14 Uhr) veranstaltete Gospel-Brunch, bei Locals als »Hippie Church« bekannt. Dann wird es eng auf dem Patio. Und zu Gospel-Songs, Rock'n'Roll oder Reggae kann man Marias leckere Tacos und Austins *weirdness* genießen. $

 Threadgill's
6416 N. Lamar Blvd. (North Lamar)
Austin, TX 78752
✆ (512) 451-5440
www.threadgills.com
Musikclub und Restaurant nach der Devise *Sittin' Singin' and Supper* mit langer Tradition. Schon Janis Joplin spielte hier in ihren Anfängen.
   Empfehlenswert: Sunday Brunch mit Gospel Music. $–$$

 Jeffrey's
1204 W. Lynn & 12th Sts. (West Austin)
Austin, TX 78703
✆ (512) 477-5584
www.jeffreysofaustin.com
Exzellentes kleines Restaurant mit variabler Geschmackspalette: asiatisch, *Southwest* und französisch. Umsichtiger Service. $$$

 Z Tejas Grill
1110 W. 6th St. (West Austin)
Austin, TX 78703
✆ (512) 478-5355, www.ztejas.com
Raffinierte Südwestküche, *z.B. Navajo taco*, in attraktivem Speiseraum. Sehr beliebt! $$

 Austin Land & Cattle Co.
1205 N. Lamar Blvd. (East Austin)
Austin, TX 78703
✆ (512) 472-1813, tägl. ab 5.30 Uhr
www.austinlandandcattlecompany.com
Spezialisiert auf Steaks. $$$

In Austin gibt es mehr als 200 Clubs mit Livemusik. Die musikalische Bandbreite ist riesig: Indie Rock, Jazz-Funk, Techno, Old Country Music, Jazz, Latin Sambas etc.

Food Trailer in South of Congress

Infos: Austin

 The Continental Club
1315 South Congress Ave. (SoCo)
Austin, TX 78701
✆ (512) 441-2444
www.continentalclub.com
Tägl. geöffnet, Eintritt *(cover charge)* je nach Aufführung
Seit den 1950er-Jahren eine Institution *(Granddaddy of the Austin music venues)* und über Austin hinaus bekannt. Livemusik aller Musikrichtungen.

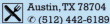 **Broken Spoke**
3201 S. Lamar Blvd. (South Lamar)
Austin, TX 78704
✆ (512) 442-6189
www.brokenspokeaustintx.com
Altmodischer Honky-Tonk mit Country Music und Country Swing zum Tanzen. Seit 1964 betreibt James White diese Institution in Austin.

Wer *Texas Two-step* lernen will, kann bei seiner Tochter Terry Unterricht nehmen. Für Hungrige: Hamburger, Tex-Mex Steaks, BBQ.

 Saxon Pub
1320 S. Lamar Blvd. (South Lamar)
Austin, TX 78704
✆ (512) 448-2552
www.thesaxonpub.com
Tägl. geöffnet
Gilt als einer der coolsten Clubs von Austin.

 Antone's Nightclub
213 West 5th St. (Downtown)
Austin, TX 78701
✆ (512) 320-8424
www.antones.net
Legendärer Club. Gilt als *Home of the Blues.*

 Speakeasy
412 Congress Ave. (Downtown)
Austin, TX 78701
✆ (512) 476-8017
So geschl.
www.speakeasyaustin.com

Sunday Brunch im La Zona Rosa

Jazzclub (Live-Swing, Jazz) und Cocktail Lounge. Schöner Blick auf die Stadt.

 La Zona Rosa
612 W. 4th St. (Downtown)
Austin, TX 78701-3817
✆ (512) 472-2293, www.lazonarosa.com
Night spot für Blues, Soul, Rock, Country & Folk.

 219 West
219 W. 4th St. (Downtown)
 Austin, TX 78701
✆ (512) 474-2194, www.219west.com
Viele Kleinigkeiten zum Essen und entsprechend abwechslungsreiche Getränkevariationen.

 Star of Texas Fair & Rodeo (www.starof texas.org) und das von der Musikindustrie geförderte **South by Southwest Music, Film & Interactive Festival** (www.sxsw.com): März

Austin City Limits Music Festival: Sept./Okt., das volkstümliches Fest im Zilker Park (www.aclfestival.com).

❹ *Gone With The Wurst*
New Braunfels

4. Route: Austin – New Braunfels (99 km/59 mi)

km/mi	Zeit	Route/Programm
0	Vormittag	Von **Austin** verlässt man die Stadt über den TX-1 Loop South in südwestlicher Richtung zum
20/12	Vormittag	Besuch des **Lady Bird Johnson Wildflower Center**. Anschließend I-35 South bis Exit 187 dort dann Richtung FM 725 (Lake McQueeney/Seguin Ave.) (ca. 1 Std. Fahrt) nach
94/59	Nachmittag	**New Braunfels** (Plaza). Stadtrundgang und Ausflug ins benachbarte **Gruene**. Dazu ein Stück I-35 nach Norden, Abfahrt Canyon Lake (FM 306), diese nach Westen, an der 1. Kreuzung links noch knapp 1 km; oder erholsamer Nachmittag im **Landa Park**.

Austin: Lady Bird Johnson Wildflower Center

Alternativroute: Man kann auch direkt von Austin nach Fredericksburg fahren und den Tag auf den Spuren von Präsident Lyndon B. Johnson (kurz: LBJ) bzw. seiner Familie wandeln. Vom **Lady Bird Johnson Wildflower Center** (vgl. Infos S. 95) fährt man dann auf der US 290 Richtung Westen bis zum Headquarter des **Lyndon B. Johnson National Historical Park** (www.nps.gov/lyjo, Visitors Center tägl. 8.45–17 Uhr, ✆ 830-868-7128, Eintritt frei) in **Johnson City**. An dieser ersten Station kann man das Haus besichtigen, in dem LBJ seine Kindheit verbracht hat *(boyhood home)*.

Reizvoller ist aber der Stopp 14 mi (ca. 20 Min.) weiter westwärts bei der in der Nähe von **Stonewall** gelegenen **LBJ Ranch**, dem Wohnhaus der Johnsons, zugleich *working ranch* mit Büffeln und Longhorns und ehemals Zentrum von LBJs politischer Wirkungsstätte, daher auch *Texas White House* genannt. Nach dem Tod von Lady Bird im Jahre 2008 sind auch geführte Touren durch das Wohnhaus des Präsidentenpaars möglich (tägl. 10–16.30 Uhr, Eintritt $ 2/0). Vgl. auch S. 102.

Drei Meilen westlich von Stonewall kann man dann noch lokale Weine testen, bei einem der renommiertesten Weingüter von Texas: **Becker Vineyards** (464 Becker Farms Rd., Stonewall, TX 78671, www.beckervineyards.com, Mo–Do 10–15, Fr/Sa 10–18, So 12–18, ✆ 830-644 2681, Zufahrt von der US 290, Exit Jenschke Lane, und dann nach ca. 5 mi rechts auf die Becker Farms Rd.). Von dort geht es dann wieder zurück auf die US 290 West bis **Fredericksburg**. Route insgesamt mit allen Stationen: ca. 147 km/92 mi.

Vor dem Abschied von Austin sollte man sich die texanischen Wildblumen aus der Nähe ansehen – im **Lady Bird Johnson Wildflower Center**, einem didaktischen botanischen Garten von besonderem Reiz und voller Leben. Lady Bird, schon während der Präsidentschaft ihres Mannes als Naturschützerin aktiv, hat vor allem in ihren späteren Jahren sehr viel für den Schutz und Erhalt der Natur in Austin geleistet. Ihre wichtigsten Projekte waren die Verschönerung des Town Lake und die Gründung des Wildflower Research Center im Jahre 1993.

Thema sind die heimischen Bäume, Gräser, Sträucher und Wildblumen. Vom *Texas red oak* über das robuste *buffalo grass* bis zur zarten g*ay feather*. Im Kids' House lernen die Kleinen, wie man *wildflowers* in *eco pots* anbaut – in mit Zeitungspapier zusammengehaltenen Erdbällchen (statt Plastik), die sie zu Hause einpflanzen können. Der Herbst ist schließlich Pflanzzeit für die *bluebonnets*, die im April vor allem das Texas Hill Country zum Leuchten bringen. Es wird

Zum Wurstfest gehört die passende Garderobe

Austin: Wildflower Center; **New Braunfels:** Prince Solms Inn, Friesenhaus

gemalt und gebastelt. Die Visitors Gallery ist freundlich und hell. Es gibt viel zu sehen – und auch zu hören, zum Beispiel Ralph, den sprechenden Rasenmäher, der über sein Los jammert und gern in Rente gehen möchte (*grow don't mow*, heißt die Devise).

Mustergärten bilden die typisch texanischen Vorgärten *(front yard)* nach: 1. ein zusammengekauftes Sammelsurium von Zierpflanzen und falschem Rasen (aus Neuseeland); 2. ein formaler Garten nur mit texanischen Pflanzen, Sträuchern und Blumen; 3. ein wild wachsender texanischer Garten, der bei Schmetterlingen ebenso wie bei Hummeln den größten Anklang findet.

Durchgängig ansprechende Architektur mit Frank-Lloyd-Wright- und anthroposophischen Anklängen. Der Aussichtsturm sieht aus wie eine Mischung aus Chaco Canyon und Rheinburg. Die Baumaterialien stammen ebenso wie die Flora aus Texas, vor allem der *limestone*, der in solider deutscher Bauweise in großen Quadern vermauert ist. Das Regenwasser wird von Dächern in eine Zisterne geleitet, die damit für beträchtliche Wasservorräte sorgt.

Auf dem Highway nach Süden flitzt das Ausfahrtsschild NIEDERWALD vorbei. Niederwald? Das macht hellhörig. Und richtig, noch bevor New Braunfels auftaucht, passiert fast ein deutsches Wörterbuch Revue: KOHLENBERG ROAD, OMA'S HAUS und (erneut!) die HOTTEST COOLEST SCHLITTERBAHN.

Ein Blick auf die Landkarte bestätigt es, im Hill Country ringsum lassen sich auf Anhieb viele deutsche Namen sammeln – Luckenbach, Weimar, Blumenthal, Rheingold oder Schulenburg. Ihre Zahl liegt über hundert. Keine Frage, wir sind im *German Belt*, in der Region zwischen San Antonio und Austin, wo vor nunmehr mehr als 160 Jahren die ersten deutschen Siedler auftauchten, meist geführt und beschützt von sogenannten Adelsvereinen.

So brachte auch Prinz Carl zu Solms-Braunfels 1845 eine Gruppe von Landsleuten nach **New Braunfels**, gute Kolonisten, die auch sofort Hand an die texanische Wildnis legten, um den fruchtbaren Böden Essbares abzugewinnen. Dass dabei über die Jahre etwas herausgekommen ist, verkünden unter anderem Autoaufkleber: IN NEW BRAUNFELS IST DAS LEBEN SCHÖN. Eine lokale Tageszeitung heißt heute immer noch »Herald-Zeitung«, und nach wie vor treffen sich muntere deutsche Skat- und Kegelbrüder.

Die Kleinstadt am idyllischen Comal und Guadalupe River mit rund 56 000 Einwohnern, die zweitälteste von Texas und schon vorhanden, als der Staat noch gar nicht existierte, weist wegen ihres hohen Alters ausnahmsweise einmal kein typisch amerikanisches Schachbrett-Muster *(grid system)* auf, sondern ist eher wie ein Wagenrad angelegt. Sie bietet ein gepflegtes Stadtbild mit alten Fachwerkhäusern aus Holzbalken und Sandsteinquadern, die an die solide Baukunst der frühen deutschen Pioniere erinnern und besonders von Amerikanern bewundert werden. Viele Texanerinnen zeigen sich außerdem noch davon beeindruckt, dass die deutschen Siedler unter anderem die Kettensäge erfunden haben. So was imponiert.

Unter den historischen Hotels steht der **Prince Solms Inn** mit an erster Stelle, seine feudale Einrichtung ist besonders bei Hochzeitspärchen beliebt. Und zum schönen Leben in New Braunfels gehört selbstverständlich auch die teutonische Kochkunst. Das von Elmshornern betriebene **Friesenhaus** liefert dafür schmackhafte Beweise. Gemütlichkeit *German style* ist in der Stadt Trumpf. Das lokale

New Braunfels: Wurstfest, Main Plaza

Anzeigenblättchen trägt den viel versprechenden Titel »Prosit!«.

Zum Thema für ganz Texas wird alljährlich das zehntägige New Braunfelser »**Wurstfest**« Anfang November mit viel Akkordeonmusik, Jodlern und anderem Gaudi. Das Programm listet ein beträchtliches Aufgebot an *German Entertainment* – die Blaskapelle der *Fichtelgebirgsmusikanten,* das Melodram *»Gone With The Wurst«, Oma & the Oompahs,* das *Alpen Blech Ensemble, The Hermann Sons Polkateers, Loreley und Schatzi, The Mitternaechters, The Sauerkrauts, The Deutsche Volkstanzverein of San Antonio, The Alpenmusikanten, The Jubilee Polka Band, The TubaMeisters.* Das Gaudi in nackten Zahlen: 160 000 Besucher, 42 000 Reibekuchen, 25 Tonnen Würste. Die Statistik schweigt sich über die Biermenge aus. Als Höhepunkt der Feier gilt die Wahl der schönsten »Hummel«-Figur – einer lebendigen natürlich.

Die meisten Neuansiedler kennen die ethnische Vorgeschichte von New Braunfels nicht oder wenn, dann nur schemenhaft. Deshalb, meint Judy von der Handelskammer, müssen die Oldtimers die Newcomers immer wieder mit der deutschen Ur- und Frühgeschichte vertraut machen: »We reteach the new folks«, sagt sie.

Vielleicht sollte man sich nach der Ankunft erst einmal zu Fuß im Zentrum der Stadt umsehen, in alle vier Himmelsrichtungen von der **Main Plaza** aus. Ganz in der Nähe stehen die solide **First Protestant Church** von 1845 (296 S. Seguin St.), das Gründerfamilienhaus von **Walter Faust** im ornamentfreudigen Queen-Anne-Stil und das **Faust Hotel**, das seit den 1920er-Jahren unverändert Dienst am Gast tut. Auf der Querachse, der San Antonio Street, sind unter anderem das verspielte **John Faust House** (361 W. San Antonio St.) und der elegante **Prince Solms Inn** (295 E. San Antonio St.) zu sehen. Ein Stückchen weiter, 491 Comal Avenue, findet sich das berühmte **Lindheimer Home** von 1852, die ehemalige

Beim alljährlichen Wurstfest in New Braunfels bleibt kein Bett frei …

New Braunfels: Landa Park, Schlitterbahn, Gruene, Canyon Lake

Wohnung des angesehenen Botanikers, gebaut in deutscher Fachwerkmanier mit texanischem Zedernholz und Adobelehm.

Zu einem schönen Tag in New Braunfels gehört mindestens ein Bummel durch den **Landa Park**, am besten verbunden mit einer kleinen Bootstour (Glas- oder Paddelboot) auf dem glasklaren **Comal River** [gesprochen: ko'mäl]. Der schattige und wasserreiche Park, der an einer Erdfalte *(escarpment)* liegt, teilt die Stadt in eine höhere und niedrigere Ebene. Das Wasser kommt buchstäblich aus der Erde, aus dem *Ogallala aquifir*, einem unterirdischen und durch ein Erdbeben entstandenen See, der das größte Trinkwasserreservoir von Texas bildet. Wenn es voll ist, dringt Wasser durch das Kalkgestein nach oben und ergießt sich in den Fluss.

Da es sich unterwegs mit Sauerstoff anreichert, bildet es beim Austreten Blasen – zur Freude der Fische, die sich wie in einem riesigen gut belüfteten Aquarium vorkommen. Auch anderes Getier und üppige Flora (z.B. die fleischig-großblättrigen Elefantenohren) schätzen das ungewöhnlich klare Wasser: Gänse, Schildkröten und Kormorane, die auf die frisch ausgesetzten Fische lauern.

Spaß mit Wasser wird an anderer Stelle in New Braunfels großgeschrieben – auf der **Schlitterbahn**. Sie ist nicht nur einer der größten Wasser-Fun-Parks in den USA, sondern auch der wichtigste Arbeitgeber der Stadt. Schon von Weitem erkennt man das nasse Imperium an seinen monströsen Aqua-Röhren, die in den heißen Sommern den ersehnten kühlen Schwung bringen. Das Familienunternehmen expandiert kräftig (auch außerhalb der USA) und baut nicht nur spritzige Pisten, sondern auch die dazugehörige Infrastruktur, Motels zum Beispiel.

Gleich nebenan und noch innerhalb der Stadtgrenzen, erweist sich **Gruene** [gesprochen: grien] als ein New Braunfels im Westentaschenformat, denn alles liegt hier in Rufnähe beieinander: schnuckelige Hotels, summende Biergärten am Fluss, auf dessen reges Schlauchboottreiben man hinuntergucken kann, Antiquitätenläden, der sehenswerte **General Store**, ja, und die **Gruene Hall**, die wohl bekannteste unter den altmodischen Dance Halls in Texas. Gründervater Ernst Grüne zog 1845 mit seiner Braut Antoinette an diesen Fleck und erkannte richtig und rechtzeitig den Wert der Baumwolle. Also erhielt der Ort nicht nur seinen Namen, sondern entwickelte sich für eine Weile (bis 1925) zu einer wohlhabenden Baumwollgemeinde. Dann war alles zu Ende und Gruene eine Ghost Town.

Erst mit Pat Molak, einem Ex-Börsenmakler aus San Antonio, kam Mitte der 1970er-Jahre der Wandel. Durch seine denkmalpflegerischen Bemühungen um die deutschen und viktorianischen Häuser des 19. Jahrhunderts ging es in Gruene wieder bergauf.

Zurück in New Braunfels kann man noch einen Schlenker zur **Conservation Plaza** einlegen, wo eine Art Freilichtmuseum zusammengestellt ist, das die lokale Baugeschichte (u.a. das älteste Schulgebäude von Texas) illustriert. Unweit liegt auch das **Museum of Texas Handmade Furniture**, das einen detaillierten Einblick in die Handwerkskunst der frühen deutschen Zimmerleute bietet.

In New Braunfels führt die szenische **River Road** aus der Stadt an (und oft über) den Guadalupe River mit dichtem Buschwerk, Kakteen und Bluebonnets bestandenen Ufern – ein Dorado für Wildwasserfans. Schlauchboote, Flöße und Kajaks kann man überall mieten. Weiter flussaufwärts lockt der gestaute **Canyon Lake** zum Baden – sicher einer der reizvollsten Seen in Texas überhaupt.

④ Infos: Austin, New Braunfels

Lady Bird Johnson Wildflower Center

4801 La Crosse Ave.
Austin, TX 78739-1702
✆ (512) 232-0100
www.wildflower.org
Di–Sa 9–17.30, So 12–17.30 Uhr, Mo geschl.
Eintritt $ 8/3
Ökologisch orientierter botanischer Garten, Museum und Forschungsinstitut rund um die einheimischen Pflanzen des Texas Hill Country: Wildblumen, Gräser, Reben und Bäume. Café, Bibliothek, hübsches Auditorium.

New Braunfels Convention & Visitors Bureau
390 S. Seguin St.
New Braunfels, TX 78130
✆ (830) 625-2385 oder 1-800-572-2626
www.nbcham.org

Gute Informationen über Gruene:
www.gruenetexas.com.

Prince Solms Inn
295 E. San Antonio St. (Nähe Plaza)

New Braunfels, TX 78130

✆ (830) 625-9169
www.princesolmsinn.com
Was deutsche Handwerker 1898 in viktorianischem Stil erbaut haben, steht heute als B&B den Gästen offen. Schattiger Garten. Mit kleinem Frühstück. Mit dazu gehört die romantische **Uptown Piano Bar & Lounge** im Keller (✆ 830-708-5411). $$$

The Other Place
385 Other Place Dr. (Nähe Schlitterbahn)
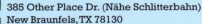
New Braunfels, TX 78130
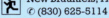
✆ (830) 625-5114
www.theotherplaceresort.com
Direkt über dem Comal River gelegen: familienfreundliche Fachwerkhäuser und -hütten mit Küche im Grünen. Picknickwiese. Man kann schwimmen, angeln und sich in Gummireifen übers Wasser treiben lassen. Free Wi-Fi. An Wochenenden zwei Nächte Minimum. $$$–$$$$

Gruene Mansion Inn
1275 Gruene Rd.

New Braunfels, TX 78130
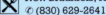
✆ (830) 629-2641
www.gruenemansioninn.com
Viktorianisches Gästehaus über dem Guadalupe River (vgl. Abb. unten) – mit

Gruene Mansion Inn in New Braunfels

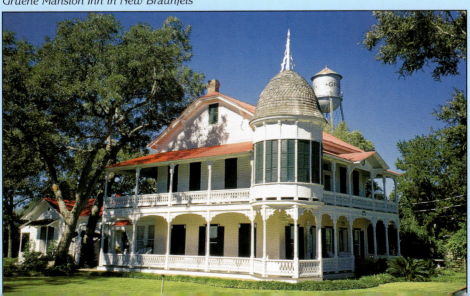

Infos: New Braunfels

30 Zimmern, gutem Restaurant, ausgezeichneten Weinen und schönen Sonnenuntergängen. Gutes Frühstück. $$$–$$$$

Gruene Homestead Inn
832 Gruene Rd.
New Braunfels, TX 78130
✆ (830) 606-0216 oder 1-800-238-5534
www.gruenehomesteadinn.com
Komfortables Landhaus mit 23 Zimmern, schön ruhig gelegen, ein paar Minuten außerhalb von New Braunfels. Pool, Jaccuzi. Mit Frühstück. $$$–$$$$

Hill Country RV Resort
131 Ruekle Rd. (I-35, Exit 184, auf Ruekle Rd. East), New Braunfels, TX 78130
✆ (830) 625-1919
www.hillcountryrvresortnb.com
Privater Stellplatz.

Lindheimer Home
491 Comal Ave.
New Braunfels, TX 78130
✆ (830) 608-1512
www.nbconservation.org/lindheimer.htm
Im Sommer Mo/Di und Do–So 14–17 Uhr, Mi geschl., Eintritt $ 1
1852 aus Holz und Adobelehm erbaut. Ferdinand Lindheimer kam 1836 aus Frankfurt/M. nach Texas und gilt als Vater der texanischen Botanik. Neben anderen sehenswerten Architekturzeugnissen in New Braunfels liegt das Lindheimer-Haus auf der *Walking Tour of Historic New Braunfels*, die man bequem zu Fuß machen kann. Hinter dem Haus fließt der glasklare Comal River.

Sophienburg Museum & Archives
401 W. Coll St.
New Braunfels, TX 78130
✆ (830) 629-1572
www.sophienburg.com
Di–Sa 10–16 Uhr, So/Mo geschl.
Eintritt $ 5/1
Die Ausstellung in diesem Hauptquartier des Adelsvereins im 19. Jh. macht die Besiedlungsgeschichte unter Prinz Carl von Solms-Braunfels anschaulich. U.a. gibt es da eine Nachbildung seiner Burg an der Lahn. Dem Museum zugeordnet: die Sophienburg Archives.

Museum of Texas Handmade Furniture
1370 Church Hill Dr.
New Braunfels, TX 78130
✆ (830) 629-6504
www.nbheritagevillage.com
Feb.–Nov. Di–So 13–16 Uhr, Mo. geschl.
Eintritt $ 5/1
Kleines Open-Air-Museum mit Möbeln, Einrichtungsgegenständen und Originalwerkzeugen aus der Frühzeit der deutschen Einwanderer ab 1845.

Conservation Plaza
1300 Church Hill Dr.
New Braunfels, TX 78130
✆ (830) 629-2943
www.nbconservation.org
Di–Fr 10–14.30, Sa/So 14–17 Uhr, Mo geschl.
Ensemble restaurierter, regionaler Bauten.

Schlitterbahn Waterpark Resort
305 W. Austin St.

New Braunfels, TX 78130
✆ (830) 625-2351, www.schlitterbahn.com
Ende April–Anfang Sept., aktuelle Öffnungszeiten online erfragen, i. d. R. tägl. 10–20 Uhr, Tickets $ 51/43
Riesiger Wasser-Fun-Park mit »Surfenburg« und »Blastenhoff«, vielen Rutschen und Röhren.

Landa Park
164 Landa Park Dr.

New Braunfels, TX 78130
✆ (830) 221-4350
www.ci.new-braunfels.tx.us
Reizvoller Park im Nordwesten der Stadt mit (für diesen Teil von Texas) ungewöhnlicher Vegetation tropischen Grüns. Glasboden- und Paddelboote, Gummireifen *(tubing)* auf dem Landa-See und dem Co-

4 Infos: New Braunfels

mal River. Pools, Golfplatz, Angeln, Picknick.

 River Road (Guadalupe River Scenic Area)
New Braunfels
Rund 25 km lange, flussnahe Erholungsstrecke (Guadalupe River) mit schattigen Picknick- und Campingplätzen, die zum (künstlichen) **Canyon Lake** führt.

 Huisache Grill & Wine Bar
303 W. San Antonio St.
New Braunfels, TX 78130
℃ (830) 620-9001
www.huisache.com
Gute Südwestküche, vernünftige Preise. Lunch und Dinner. $–$$

 Myron's Steak House
136 N. Castell Ave.
New Braunfels, TX 78130
℃ (830) 624-1024
www.myronsprimesteakhouse.com
Fine dining in einem ehemaligen Kino: Steaks und Meeresfrüchte, gute Weinauswahl. Hoher Speiseraum, hohe Preise. $$$

 Friesenhaus Restaurant & Bakery
148 S. Castell Ave.
New Braunfels, TX 78130
℃ (830) 625-1040
www.friesenhausnb.com
Unter friesischer Leitung: deutsche Kost, Bäckerei und Biergarten. $–$$

 Liberty Bistro
200 N. Seguin Ave.
New Braunfels, TX 78130
℃ (830) 624-7876
www.mylibertybistro.com
Solides Bistro für Lunch und Dinner. $$

 Gristmill River Restaurant & Bar
1287 Gruene Rd. (Downtown)
New Braunfels, TX 78130
℃ (830) 625-0684
www.gristmillrestaurant.com
Heiterer Biergarten am Abhang des rau-

»O Tannenbaum« in Texas: Das Wandbild in New Braunfels erinnert an die Landung der deutschen Siedler in der Neuen Welt

schenden Bachs, wo einst das Mühlrad klapperte: einfach und urig für jedermann. Von simplen Kombos wie *Texas Torpedoes (fried jalapeños)* und Longneck-Bier zu Forellenfilets und texanischem Chenin Blanc aus der Llano Estacado Winery in Lubbock. $–$$

 Gruene Hall
1281 Gruene Rd.
New Braunfels, TX 78130
℃ (830) 606-1281
www.gruenehall.com
Honky-Tonk-Milieu seit 1878: Pooltische, Biergarten, Bar und riesige Tanzfläche. An Wochenenden, im Sommer täglich Live-Entertainment (Country, Cajun oder Folk-Rock).

 Folkfest: Wochenende im Mai.
Wurstfest: Ende Okt./Anfang Nov. (Beginn jeweils freitags vor dem ersten Montag im Nov.), das Nonplusultra der Events in New Braunfels in den Bierzelten und Wursthallen im Landa Park nach dem Motto: WHERE THE BEST TIMES ARE THE WURST TIMES. www.wurstfest.com.
Gruene Music & Wine Fest: Anfang Okt., www.gruenemusicandwinefest.org.

⑤ Kaffeeklatsch im Wilden Westen
Fredericksburg

Hin nach Texas,
wo der Stern im blauen Felde
eine neue Welt verkündet,
jedes Recht für Recht und Freiheit
und für Wahrheit froh entzündet –
dahin sehnt mein Herz sich ganz.

Hoffmann von Fallersleben

5. Route: New Braunfels – Boerne – Sisterdale – Luckenbach – Fredericksburg (130 km/81 mi)

km/mi	Zeit	Route/Programm	Route siehe Karte S. 90.
0	10.00 Uhr	Abfahrt von **New Braunfels** über die Plaza und dort S 46 stadtauswärts, dem Schild 46 West über **Bergheim** nach BOERNE folgen.	
70/43	11.00 Uhr	**Boerne** (1 Std. Pause für die *Hauptstrasse* und Plaza). An der *Hauptstrasse* rechts, nach der 3. Ampel rechts in die Farmroad **FM 1376** (unbedingt diese Route wählen, auch wenn das Navigationsgerät andere Routen vorschlägt!). Über **Sisterdale** nach	
114/71	13.00 Uhr	Downtown **Luckenbach**. (Aufpassen: Ein Ortsschild gibt es möglicherweise nicht, deshalb auf den **South Grape Creek** achten und sofort danach links einbiegen.) 1 Std. Rast im Schatten. Weiterfahrt und dann links auf US 290 West nach	
130/81	14.30 Uhr	**Fredericksburg.**	

Alternativen und Extras: Cascade Caverns, 226 Cascade Caverns Rd. (I-10, Exit 543), Boerne, TX 78015, ℃ (830) 755-8080, www.cascadecaverns.com, im Sommer Mo–Fr 10–17, Sa/So 9–18 Uhr, Frühjahr und Herbst abweichend, Eintritt für ca. einstündige Tour: $ 11/7. Effektvoll ausgeleuchtete Höhlen (50 m tief, 50 m lang) 3 mi südlich von Boerne mit einem hohen unterirdischen Wasserfall. Picknick und Camping.
LBJ Ranch: zu Details vgl. Alternativvorschlag der 4. Route, Kasten auf. S. 91.

Enchanted Rock State Natural Area, 16710 Ranch Rd. 965, Llano, TX 78643 (ca. 18 mi nördl. von Fredericksburg), ℃ (830) 685-3636, www.tpwd.state.tx.us/parks, Eintritt $ 6/0. Pinkfarbener Granitfelsen (»Inselberg«), der sich domartig über die Landschaft erhebt: ideal zum Wandern, Klettern, Picknicken und Camping. Bei Vollmond leuchtet der Steindom in magischem Licht.

Wanderung: Der **Loop Trail** (gut 6 km) führt als Wanderung rund um die wichtigsten Gipfel der Granitformation. Der kurze **Summit Trail** (1 km) weist den direkten, steilen Aufstieg (ca. 140 m) auf die Spitze des Dome. Von dort hat man einen wunderschönen 360-Grad-Ausblick auf das Hill Country.

Man kann beide Trails gut kombinieren. Entweder indem man am Parkplatz rechts zunächst den Summit Trail zur Spitze wählt und dann im Anschluss den Sandy Creek überquert und dem Loop Trail rund um die Granitformation folgt. Alternativ kann man vom Parkplatz aus auch links dem Loop Trail folgen und dann auf der Hälfte des Weges eine Abkürzung über eine Schlucht (Echo Canyon) wählen, um Anschluss an den Summit Trail zu bekommen.

Im Sommer sollte man die Tour früh starten, vor allem an Wochenenden, weil der Parkplatz nach 10 Uhr in der Regel überfüllt und dann kein Zugang zum Park mehr möglich ist.

Länge: 7–8 km (je nach Variante), Dauer: 2,5–3 Stunden, mittelschwer.

Kaum, dass New Braunfels aus den Augen gerät, nimmt das malerische **Hill Country** den Blick wieder gefangen. Seine Entstehung beruht, wie meist, auf trockenen geologischen Tatsachen. Dicke Kalksteinschichten, Ablagerungen auf einem uralten Meeresgrund, wurden im Laufe der Zeit nach oben und über die **Coastal Plains** hinaus gedrückt und bildeten das heute sogenannte **Edwards Plateau**. Flüsse ritzten dann Täler in die Gesteinsmasse, und was stehen blieb, sind die Hügel, die wir heute wahrnehmen. Der »Blumenmeister« und »Schwamkrug's Steakhouse« liegen am Weg, zwei Tennis-Ranches huschen vorbei, aber auch richtige, also Working Ranches. Dann und wann fahren ein paar borstige *Prickly pear*-Kakteen ihre Stacheln aus, doch Eichen, Mesquite- und Juniperbäume überwiegen.

Dann naht **Boerne**, ein reizend am Fluss gelegenes und mit beschatteten Villen besetztes Städtchen mit gerade mal knapp über 10 000 Einwohnern. Ein Verehrer des jüdischen Dichters und Publizisten der Jungdeutschen Ludwig Börne hat den Ort nach ihm benannt. Hier sagt der Tankwart, nachdem er sein Geld bekommen hat, in akzentfreiem Deutsch »Danke schön«. Die Dichter des Vormärzes – unter anderem Georg Büchner, Heinrich Heine und Ludwig Börne – lie-

Klettern am Enchanted Rock

Boerne, Sisterdale, Luckenbach

ßen sich durch Bekanntschaften mit deutschen Auswanderern um die Mitte des 19. Jahrhunderts wahre Begeisterungshymnen über Texas entlocken. Vor allem Hoffmann von Fallersleben. Ausgerechnet Texas erschien ihm als der Ort in der Neuen Welt,

> *wo der Fluch der Überlieferung*
> *und der alte Köhlerglaube*
> *vor der reinen Menschenliebe*
> *endlich wird zu Asch' und Staub.*

Am Fluss wird geangelt und gefuttert, auf der grünen Plaza spielen die Kinder, es ist Sonntag. Boerne bietet ein paar *Historical Walking Tours* zur Auswahl, gute Gelegenheiten, sich über die Geschichte des Ortes schlau zu machen. Sie fällt sofort ins Auge: die alten Steinbauten mit den kleinen Fenstern, die steilen Giebel und Gärten. Mitglieder der idealistischen deutschen *Kolonie von Bettina*, die auch an anderen Stellen in Texas sogenannte »lateinische Siedlungen« gegründet hatten, fassten hier zuerst 1849 Fuß. Ihr Bauernhof war dem Landsitz Ciceros nachgebildet und hieß dementsprechend Tusculum.

Am Ende der *Hauptstrasse* führt eine wunderschöne Farmroad (FM 1376) auf und ab über Land, an Schweinefarmen und Ranches, Vieh und Windrädern vorbei, nach **Sisterdale**, einer weiteren ursprünglich deutschen Ortschaft. Kurze Zeit später folgt **Luckenbach**, ein Wallfahrtsort für Country&Western-Fans. Als der Countrysänger Waylon Jennings »Luckenbach, Texas« sang, brachte er den Ort auf die Landkarte. Seither kommen jährlich Tausende in dieses gottverlassene Nest, das im Wesentlichen nur aus einem General Store, einer Dance Hall und einem Postamt besteht. Einwohnerzahl: drei. Ansonsten steht in Luckenbach die Pionierzeit still. Es sei denn, es sind gerade die *Harvest Classics* und eine Horde Motorradfahrer campt in und um Luckenbach.

Minna Engel eröffnete 1849 den Laden, um mit den Indianern Waren zu tauschen. Ein Jahr später baute sie eine Poststation und eine Bar an. Ben Engel wurde Postmeister. Jahrzehnte später

Gesamtkunstwerk: der General Store von Luckenbach

Luckenbach, Fredericksburg

machte noch eine Schmiede nebenan auf. Das war's dann. Erst 1970 verkauften die Nachfahren der Engels die ganze »Stadt« an Hondo Crouch, Kathy Morgan und Guich Koock. Hondo, eine Art texanischer Willy Millowitsch, wurde Bürgermeister, was der Popularität Luckenbachs enormen Auftrieb gab. Bis 1976, dann starb er. Luckenbach dagegen blieb: Nicht nur in den Songs von Jennings, Willie Nelson und Jerry Jeff Walker. Immer noch gibt es jeden Abend Livemusik und viele Mitglieder der Country-Music-Gemeinde kommen hierher, um von jenem einfachen Leben zu träumen, das Waylon Jennings besungen hat. Und auch den einen oder anderen Touristen verschlägt es hierher, um im General Store zu kramen oder sich mit einem Bier unter den schattigen Eichen zu erfrischen. Immer vorausgesetzt, man findet Luckenbach. Ein bisschen Glück braucht man schon dazu, denn zu viele Souvenirjäger sind hinter den Ortsschildern her. Das Texas Highway Department gibt aber nicht auf, neue Schilder aufzustellen.

Nirgendwo findet man deutsche Siedlungsgeschichte eindrucksvoller vorgeführt als in der heimlichen Hauptstadt des *German Belt*, in **Fredericksburg**. Mit seinen 20 Kirchen, restaurierten Steinhäusern und Biergärten präsentiert der 11 000-Seelen-Ort deutsche Kulturgeschichte im Einweckglas, aber doch auch zum Anfassen und Mitmachen.

Dr. Charles Schmidt, angesehener Zahnarzt am Ort, holt die zweibändige Ahnengeschichte aus dem Bücherregal. Er buchstabiert die Orte, aus denen seine Großeltern ursprünglich kamen: Düren, Aachen, Köln. Ja, nach Deutschland möchte er gern mal. Am liebsten den Rhein hinunter, um die richtigen deutschen Städte zu sehen: Heidelberg, Michelstadt, Nördlingen. Sein Deutsch be-

Cowboy-Sänger in Luckenbach

steht aus insularen Brocken, die ziemlich verloren im englischen Sprachmeer herumschwimmen.

Aber er gibt sein Bestes und steht voll zu seiner Herkunft. Nebenberuflich und mit viel Engagement arbeitet er in der Historischen Gesellschaft des Bezirks mit, die sich für die Erhaltung der *heritage* in Gestalt der alten Architektur einsetzt. Das Geld für die Verschönerungsarbeiten wird meist durch Spenden aufgetrieben. Mit noch mehr Hingabe als ihr Ehemann pflegt Loretta das deutsche Erbe. Am liebsten in der Küche. Ihre Waffeltörtchen, Gugelhupfs und Pfeffernüsse werden nicht nur von ihren beiden Kindern geschätzt, sie stehen bei der ganzen Familie und in der Bekanntschaft hoch im Kurs – besonders beim Kaffeeklatsch, der sonntags dem Kirchgang und dem Mittagsbraten folgt. Besuch aus der alten Heimat, dem *Old Country*, ist dabei (und überhaupt) stets willkommen. Dann können die paar rostigen Vokabeln wieder aufpoliert werden.

Jim, Nachbar der Schmidts, muss auch zu Gedrucktem greifen, um seine Herkunft einzukreisen. Als Kind in der Schule konnte er noch kein Wort Englisch. Schließlich war hier Deutsch bis

Pfirsichernte im Hill Country

Fredericksburg: LBJ-Ranch

1940 Muttersprache an den Schulen. Heute verhält es sich eher umgekehrt. Sein Englisch ist perfekt, doch sein Deutsch klingt seltsam. Er spricht – so wie viele hier in der Gegend – eine Art tiefgefrorenes Deutsch. Es stammt eben aus dem 19. Jahrhundert und bildet heute ein Gemisch aus veralteten Ausdrücken, unterschiedlichen Dialekten und übersetztem Englisch. Verständlich, denn die ehemalige Muttersprache hat sich seit der Ankunft der ersten Siedler nicht mehr weiterentwickelt.

Jim merkte das, als er später auf der Universität deutsche Sprachkurse belegte: »Die Lehrer hatten nur ein Ziel: mir mein Fredericksburg-Deutsch auszutreiben.« Das wird heute gerade mal noch von den 70–80-Jährigen gesprochen, auf der Straße, am Telefon, in den Geschäften. Bald wird es auch damit zu Ende sein.

Betty Klein ist in diesem Alter. Sie arbeitet ein paar Mal in der Woche auf der **LBJ-Ranch**, dem Anwesen des früheren Präsidenten Lyndon B. Johnson, das nur einige Autominuten von Fredericksburg entfernt liegt. Unter den Sehenswürdigkeiten der Ranch befindet sich auch ein deutscher Bauernhof, die Sauer-Beckmann-Farm, der noch so funktioniert wie damals: mit prall gefüllter Räucherkammer *(Schmokhaus)*, Gemüsegarten, Viehhaltung und eigener Marmeladen-, Wurst- und Seifenherstellung. Je nach Bedarf erläutert Betty den Besuchern diese Errungenschaften entweder auf Deutsch oder auf Englisch. Dabei erklärt sie die Funktion der guten Stube ebenso wie die Bedeutung des deutschen Ofens. Die Deutschen hielten nämlich in den USA an ihren gusseisernen Öfen fest, während die angelsächsischen Kollegen auf ihren offenen Kaminen beharrten.

Beim Rundgang kommt Betty auch auf eine deutsche Erfindung zu sprechen, als sie eine Art Fleischwolf für Maiskolben vorführt, ein praktisches Gerät, mit dem man die Körner verblüffend schnell vom Kolben lösen kann. Und während draußen prompt der Hahn kräht, schwärmt sie von den Leistungen der Männer der ersten Stunde: »Die ham 'ne Masse prachtvoller Dinge gedan hier, die deutsche Leut', die erschte, wo von Deutschland riberkam. Die konnten 'ne Masse mehr fertigbringen als andere Leut'. Die waren 'ne Masse klüger gewesen.«

Dieses gute Image hat immerhin zwei Weltkriege überstanden und sich bis heute in der amerikanischen Provinz gehalten. Deutsche gelten in Texas allgemein als zuverlässig, sauber, sparsam und vor allem fleißig. »Wenn jemand in Houston einen Job sucht und sagt, er komme aus Fredericksburg, dann wird er gleich höher eingestuft«, erzählt Loretta. Und was sagen die *Hispanics* dazu? In New Braunfels war noch von einer hispanischen Gemeinde die Rede. Aber Minderheiten in Fredericksburg? »Ja«, meint Daryl vom Convention & Visitor Bureau verlegen, »ja, da gibt es hier welche. Aber ein *barrio*? Nein, das nicht. Wenn Erntehilfen für die Pfirsiche gebraucht werden, dann fragt man sie. Und das heißt dann elegant *southern help*.«

Anders als in vielen Teilen des Wilden Westens ist man in Fredericksburg stolz auf das gute Verhältnis zu den Indianern. Nach kriegerischen Auseinandersetzungen schlossen die Comanchen und die deutschen Siedler 1847 den Meusebach-Comanche-Friedensvertrag. Der einzige Vertrag, der zwischen Siedlern und Indianern geschlossen und auch tatsächlich gehalten wurde.

Eins ist auch klar: Niemand in Fredericksburg, New Braunfels oder Boerne fühlt sich als Deutscher. Sie verstehen sich selbstverständlich als Texaner, als Texaner deutscher Abstammung. Ja, das macht sie erst recht zu guten Texanern. Herkunft als patriotischer Verstärker. Von innerem Zwiespalt, Identitätskrise oder gar (historisch begründeten) Anfechtungen keine Spur. Vielleicht liegt das auch an einigen Wesensverwandtschaften, die zwischen Deutschen und Texanern bestehen.

Jedenfalls, auf den vielen Wurst-, Schützen-, Sänger-, Volks- und Oktoberfesten kommen deutsch-bayerische Folklore und texanische Geselligkeit gut miteinander zurecht. Dann sind Blasmusik und Country&Western Music, deutsche Bierkrüge und texanisches Barbecue zwei Seiten derselben Medaille. Sonst hat in den USA meist die italienische oder (wenn's teuer wird) die französische Küche die Nase vorn – mit Importweinen, mit für englische Zungen schwer auszusprechenden Käsesorten und einer Restaurantkultur de luxe. Die simple deutsche Hausmannskost kann da nicht mithalten. Sie gilt als absolutes Schlusslicht in der internationalen Rangliste der Gaumen-Apostel. Die Texaner halten den Deutschen in diesen Geschmackssachen schon eher die Stange. In ihrer Mehrzahl geben sie nicht viel auf spärlich bemessene Portionen, garniert mit viel Gourmet-Getue.

Das Markenzeichen der Stadt ist natürlich die stattliche **Vereins Kirche** im Zentrum. Früher diente sie als Kirche, Schule, Versammlungshaus und Wehrburg zugleich. Jetzt sind eine Bücherei und ein Museum in den achteckigen Bau gezogen, wegen seiner Form im Volksmund auch »Kaffeemühle« genannt.

Texanische Wildblumen im Hill Counrty

Fredericksburg: Sunday Houses

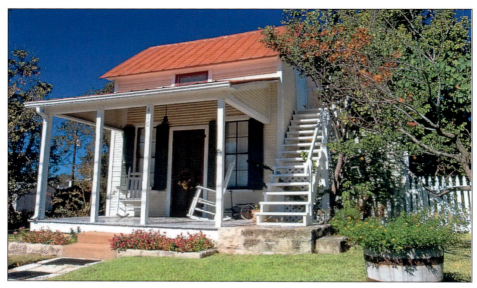

Adrett: Sunday House in Fredericksburg

Als Paradestücke – weil einmalig in den USA – gelten die **Sunday Houses**, kleine »Sonntagshäuser«, die einst die deutschen Farmer bauten, um am Sonntag für Kirchgang, Geselligkeit und Besorgungen in der Stadt ein Standquartier zu haben. Diese putzigen »Wochenendhäuschen« im Hänsel-und-Gretel-Format hatten meist nur einen Raum, eine kleine Veranda und eine Küche. Hier pflegte man bequem die deutsche Kaffee-und-Kuchen-Tradition, und abends fuhr die Familie wieder aufs Land zurück. Inzwischen sind die Mini-Häuser, die in der Mehrzahl zwischen 1890 und 1920 entstanden, meist durch An- und Umbauten erweitert worden. Oft wohnen dort aber noch die Nachfahren der einstigen Bauherren.

Seit einiger Zeit regt diese Architektur auch die Fantasie der Zweithaussucher an. Immobilienfirmen kehren neuerdings die ursprüngliche Funktion dieses Haustyps um und werben heftig für Repliken von Sunday Houses als putzige Ferienhäuschen und Schlupfwinkel abseits der großen texanischen Metropolen. Besonders für diese Klientel versucht sich Fredericksburg in jüngster Zeit jenseits vom deutschen Erbe als kulinarische Destination zu profilieren – unterstützt von einer Reihe einladender Weingüter in der Nachbarschaft, insbesondere entlang dem Highway US 290, der *wine road* von Texas.

Lange Zeit wurde der Weinanbau in Texas trotz seiner 400-jährigen Tradition belächelt. Inzwischen aber hat Texas auch bei Weinkennern jenseits der texanischen Grenzen an Reputation gewonnen. Immerhin ist der Staat Texas zur Nummer 5 im amerikanischen Wine-Business aufgestiegen und das Hill Country die am zweitschnellsten wachsende Destination des amerikanischen Weintourismus, weshalb man sich hier gerne als das Napa Valley von Texas versteht.

5 Infos: Boerne, Luckenbach, Fredericksburg

Boerne Convention & Visitors Bureau
1407 S. Main St., Boerne, TX 78006
℡ (830) 249-7277 und 1-888-842-8080
www.visitboerne.org
Mo–Fr 9–17, Sa 10–14 Uhr

Bear Moon Bakery & Cafe
401 S. Main St. (Historic Downtown)
Boerne, TX 78006
℡ (803) 816-2327
Di–Sa 6–17, So 8–16 Uhr
Richtig guter Cappuccino und erstklassige Sandwiches für den Lunch-Stopp in Boerne. $

Luckenbach Dance Hall, General Store
412 Luckenbach Town Loop (off FM 1376)
Fredericksburg, TX 78624
℡ (830) 977-3224, tägl. ab 9 Uhr
www.luckenbachtexas.com
Täglich Livemusik, Bier und gute Stimmung.

Fredericksburg:

Fredericksburg Convention & Visitor Bureau
302 E. Austin St.
Fredericksburg, TX 78624
℡ (830) 997-6523 und 1-888-997-3600
Fax (830) 997-8588
www.fredericksburg-texas.com

Mehr als 370 liebevoll dekorierte **Bed & Breakfast Inns** erwarten die Gäste in Fredericksburg, meist mit verlockender Namensgebung, z.B. **Abendlied, Haussegen, Oma Rosa's Haus, Heimplatz am Fluss, Jagerhaus**. Bei der Auswahl berät:

Gästehaus Schmidt (Fredericksburg Lodging Company)
231 W. Main St.
Fredericksburg, TX 78624
℡ (830) 997-5612 und 1-866-427-8374
www.fbglodging.com
Agentur zur Vermittlung von mehr als 300 Bed & Breakfasts, mit denen das Städtchen gesegnet ist.

Camp David Bed & Breakfast
708 W. Main St.
Fredericksburg, TX 78624
℡ (830) 997-7797 und 1-866-427-8374
www.campdavidbb.com
Sehr nette Cottages nach hinten raus gelegen, Schaukelstühle im Schatten der Nussbäume. Gut geführt. Leckeres Frühstück. $$–$$$

Das Gartenhaus
604 S. Washington St.
Fredericksburg, TX 78624
℡ (830) 990-8408 und 1-800-416-4287
www.fbglodging.com
Schöner traditioneller B&B, Full Breakfast. Wi-Fi. $$$–$$$$

Schildknecht-Weidenfeller House
231 W. Main St.
Fredericksburg, TX 78624
℡ (830) 997-5612
Deutsches Kalksteinhaus von 1870. Zimmer mit Küche, Veranda und Kamin. $$$–$$$$

A Place in Time
614 S. Washington St.
Fredericksburg, TX 78624
℡ (830) 997-5110
Traditioneller B&B von 1914 nur ein paar Blocks von Main Street entfernt. Internet. Full Breakfast. $$$

The Cameron Inn
Buchung nur über **Main Street Reservation Service**, 337 E. Main St., Fredericksburg, TX 78624, ℡ (830) 997-0153 und ℡ 1-888-559-8555
www.travelmainstreet.com
Schöner B&B, Pool, Full Breakfast. $$–$$$

Inn on Barons Creek
308 S. Washington St.
Fredericksburg, TX 78624
℡ (830) 990-9202

5 Infos: Fredericksburg

www.innonbaronscreek.com
89 Räume, am Barons Creek gelegen, Salzwasser-Schwimmbad, Spa. $$–$$$

Lady Bird Johnson Park
432 Lady Bird Dr.
Fredericksburg, TX 78624
3 mi südl. von Downtown auf Hwy. 16 Richtung Kerrville im Lady Bird Johnson Municipal Park
✆ (830) 997-4202
www.fbgtx.org/other/rvpark.htm
Schön gelegener RV Park, 113 Stellplätze mit *full hookups*, 50 für Zelte, Wi-Fi, Golfplatz.

Fredericksburg RV Park
305 E. Highway St.
Fredericksburg, TX 78624
✆ (830) 990-9582 und 1-866-324-7275
www.fredericksburgtexasrvpark.com
Still gelegen. *Full hookups.* Nur 8 Blocks von Historic Main Street entfernt.

Vereins Kirche
100 W. Main St. (am »Marktplatz«)
Fredericksburg, TX 78624
✆ (830) 997-7832, Di–Sa, 10–16.30 Uhr, So/Mo geschl., Eintritt $ 2
Das erste öffentliche Gebäude in Fredericksburg, 1847 gleich nach der Ankunft der ersten deutschen Siedler erbaut. Der von den Siedlern auch als »Kaffeemühle« bezeichnete Oktagonalbau, diente als Rathaus und Kirche. 1896 wurde das Gebäude abgerissen. Die 1934 gegründete Gillespie County Historical Society, sorgte dann als erstes dafür, dass 1936 ein Replikat der Vereinskirche erbaut wurde. Heute ist der Bau eine Außenstelle des Pionier Museum (s.u.).

Pioneer Museum
325 W. Main St.
Fredericksburg, TX 78624
✆ (830) 990-8441
www.pioneermuseum.net
Di–Sa 10–17 Uhr, So/Mo geschl.
Kombiticket mit Vereins Kirche $ 5/3
Man kann verschiedene historische Gebäude besichtigen und nacherleben, wie die ersten Pioniere die Stadt erbaut und wie sie gelebt haben.

National Museum of the Pacific War
340 E. Main St.
Fredericksburg, TX 78624
✆ (830) 997-8600
www.pacificwarmuseum.org
Tägl. 9–17 Uhr, Eintritt $ 12/6
Militaria-Museum: Artefakte und Dokumente der Pazifikschlachten während des Zweiten Weltkriegs unter dem Oberkommando von Admiral Nimitz, der in Fredericksburg aufgewachsen ist. Im Jahr 2000 wurde das ehemalige Admiral Nimitz Museum in National Museum of the Pacific War umbenannt. Neueste Errungenschaft seit Dezember 2009 ist die George Bush Gallery.

Old St. Mary's Church
306 W. San Antonio St.
Fredericksburg, TX 78624
www.stmarys1846.com
Die Old St. Mary's Catholic Church (Marienkiche) wurde 1863 von einer Handvoll deutscher Immigranten errichtet und ist in jedem Fall einen Besuch wert. Die goti-

Vereins Kirche in Fredericksburg

Infos: Fredericksburg

sche New St. Mary's Catholic Church gleich nebenan, wurde 1908 fertigstellt.

Fredericksburg Wine Road
Entlang der US 290 haben sich 10 renommierte texanische Weingüter aus Fredericksburg bzw. dem umgebenden Hill Country zusammengetan: Becker Vineyards, Chisholm Trail Winery, Fredericksburg Winery, Cape Creek Vineyards, Pedernales Cellars, Rancho Ponte Vineyards, Texas Hills Vine Vineyard, Torre di Pietra Vineyards, William Chris Vineyards und Woodrose Winery.

Praktisch alle Weingüter bieten Weinverkostungen an. Details siehe unter www.wineroad290.com. Einen guten Überblick über alle Weingüter im Hill Country gibt es unter: ww.texaswinetrail.com.

Klar Schiff: National Museum of the Pacific War

Old German Bakery
225 W. Main St.
Fredericksburg, TX 78624
 ✆ (830) 997-9084, tägl. 7–15 Uhr
Bäckerei, Café und Restaurant: Frühstück, Lunch, Kaffee und Kuchen.

August E's
203 E. San Antonio St.
Fredericksburg, TX 78624
✆ (830) 997-1585, www.august-es.com
Eklektische Küche mit *asian fusion*. Sicherlich das beste Restaurant in Fredericksburg, allerdings teuer. Außerdem Sushi-Karte und Di *Thai Tuesday*. Lunch und Dinner, Mo geschl. $$$

Bejas Grill
209 E. Main St. (Downtown)
Fredericksburg, TX 78624
✆ (830) 997-5226, www.bejasgrill.com
Gute mexikanische Küche, keine Tex-Mex! Angenehmer Essraum und schöner Patio. Lunch und Dinner, So nur Lunch. $–$$

Navajo Grill
803 E. Main St.
Fredericksburg, TX 78624
✆ (830) 990-8289, www.navajogrill.com
Küche des Südwestens mit mexikanischen, karibischen und kreolischen Einflüssen. In einem alten Cottage. Mit nettem Patio. Tägl. Dinner. $$$

Altdorf Biergarten
301 W. Main St.
Fredericksburg, TX 78624
 ✆ (830) 997-7865, Di geschl.
www.altdorfbiergarten-fbg.com
Im schattigen Biergarten serviert man eher rustikale amerikanische, Tex-Mex und deutsche Gerichte. $

Hondo's on Main Street
312 W. Main St.

Fredericksburg, TX 78624
✆ (830) 997-1633
www.hondosonmain.com
Vor allem Livemusik, aber auch Burgers, Southern Food. Patio. $

Fredericksburg Food & Wine Fest: Oktober in Downtown auf dem Marktplatz. www.fbgfoodandwinefest.com.
Oktoberfest: Ende Sept./Anfang Okt. – Feiern im Zeichen des Biers, dazu deutsche Musik und zünftiges deutsches Essen. www.oktoberfestinfbg.com.

🔴 Texas Hill Country
Von Fredericksburg nach San Antonio

6. Route: Fredericksburg – Kerrville – Bandera – San Antonio (159 km/99 mi)

km/mi	Zeit	Route/Programm	Route siehe Karte S. 90.
	Vormittag	In **Fredericksburg** Rundgang: Vereins Kirche, Pioneer Museum, National Museum of the Pacific War (vgl. Infos S. 106).	
	Mittag	Lunch (z. B. German Bakery).	
0	12.30 Uhr	In Fredericksburg beim County Court House, dort wo Adams St. die *Hauptstrasse* kreuzt, Texas 16 South nach	
38/24		**Kerrville**.	
42/26	13.00 Uhr	Nach ein paar Meilen am Schild links zum **Museum of Western Art** (Stopp und Rundgang ca. 1 Std.). Anschließend Texas 16 weiter nach Süden über Medina und	
80/50	14.30 Uhr	**Bandera**. Hier knickt der Hwy. 16 links ab. Kurz hinter dem Ort **Helotes** links auf den Hwy. 1604 abbiegen, der auf die I-10 East führt. Diese Richtung San Antonio bis Exit DOWNTOWN bzw. DURANGO ST. in	
158/99	15.30 Uhr	**San Antonio**.	

Alternativen und Extras

Kerrville und Bandera sind von **Ferienranches** umzingelt:
Y. O. Ranch, 1736 Y. O. Ranch Rd. N.W., Mountain Home, TX 78058 (ca. 30 mi nordwestlich von Kerrville, Nähe Hwy. 41), ✆ (830) 640-3222 und 1-800-967-2624, www.yoranch.com. Eine Working Ranch mit Gästeanschluss. Größte Longhornherde in Texas und schöner Pool. Buffet-Bewirtung. Man kann reiten, schwimmen und auf Fotosafari gehen. Außer dem Ranchbetrieb lebt auf dieser Game Ranch die deutschtexanischen Familie Schreiner auch afrikanisches Großwild: Zebras, Giraffen, Antilopen, Löwen. Tour und Übernachtung vorher reservieren. $$$$
Mayan Ranch, 350 Mayan Ranch Rd., Bandera, TX 78003, ✆ (830) 796-3312, www.mayanranch.com. Dude Ranch (Familienbetrieb seit drei Generationen) mit 68 Zimmern in Cottages oder Lodges; Reiten, Schwimmen, Tennis, Angeln, C&W-Tanzstunden und herzhaftes Cowboy-Frühstück am Ufer des Medina River. Vollpension.

Fredericksburg: Vereins Kirche, National Museum of the Pacific War

Voranmeldung empfohlen. $$$$
Flying L Guest Ranch, 566 Flying L Dr. (1 mi südl. von Bandera via S 173), Bandera, TX 78003, ✆ (830) 460-3001 und 1-800-292-5134, www.flyingl.com. Guest Ranch mit 44 Zimmern, Restaurant, Pferden, Pool, Tennis- und Golfplatz, Frühstück und Dinner. $$$–$$$$
Hyatt Regency Hill Country Resort, 9800 Hyatt Resort Dr., San Antonio, TX 78251, ✆ (210) 647-1234, Fax (210) 681-9681, www.hill country.hyatt.com. Wer die Hill-Country-Szene gepflegt genießen möchte, der ist hier an der richtigen Adresse. 20 Autominuten von Downtown San Antonio entfernt, bietet die konservative Eleganz des Resorts inmitten lieblicher Hügel und immergrüner Eichen alle nur denkbaren kulinarischen und sportlichen Freuden in der nahen und näheren Umgebung (Tennis-, Golfplätze, Jogging, Rad fahren, Fitnessclub, Pools) sowie Terrains für Kletterer, Reiter, Kanuten, Wasserskier und Angler. $$$$

Beginnen wir mit einem Blick auf und in das Wahrzeichen der Stadt, in die **Vereins-Kirche** am Marktplatz, eine Rekonstruktion der ursprünglichen Siedlungskirche von 1847 in oktogonaler Form, die *Kaffeemühle*, wie sie im Volksmund heißt. Detailliertere Einsichten in die deutsche Siedlungsgeschichte eröffnet der Baukomplex des **Pioneer Museum** mit zahlreichen original eingerichteten Räumen einschließlich Weinkeller.

Als Nummer eins unter den Sehenswürdigkeiten der Stadt gilt das in Form eines Schiffes gebaute **National Museum of the Pacific War**, das die Kriegsgeschichte rund um die Biographie des Marine-Helden Admiral Nimitz erzählt. Der Sohn des Bremers Karl Nimitz heiratete 1848 in Fredericksburg und brachte es bis zum US-Flottenchef im Pazifik. Im Hinterhof hat man als Geste der Versöhnung zwar einen **Japanischen Friedensgarten** angelegt, aber gleichzeitig auch jede Menge Flugzeuge und Kanonen aufgestellt, die in dem zierlichen Holzbau an der Hauptstraße unmöglich Platz finden konnten.

Das Arsenal wurde 2000 zum Nationalmuseum für den Krieg im Pazifik erweitert: inmitten eines simulierten Südsee-Schlachtfelds mit Panzern, Bombern und U-Booten – ähnlich einem Kriegserlebnispark.

Beim Verlassen der Stadt fällt der Blick noch einmal auf die eigenwillig geformte

Finger Gottes: alte und neue Marienkirche in Fredericksburg

Kerrville: Olde Town, Museum of Western Art

Erweiterungsbau des National Museum of the Pacific War

Turmspitze der **Marienkirche**. Dann zieht die Straße gefällig durch *shrubs* und Hügelland, und gleich zeigt sich, wie bedeutend Ackerbau und Viehzucht für diesen Landstrich immer noch sind. Erst nach Pfirsichen, Lavendel, Heu und Getreide folgt die Tourismusindustrie, und natürlich der Wein!

Kerrville wirkt, wie die meisten Kleinstädte dieser Gegend, äußerst gut in Form. Ursprünglich von deutschen Emigranten gegründet, die von der fehlgeschlagenen Revolution 1848 enttäuscht waren, hat der Ort insbesondere seine **Olde Town** adrett aufgeräumt und mit zahlreichen Antiquitätenläden und Kunstgalerien bestückt (z.B. Water, Sidney Baker und Earl Garrett Streets). Hier steht auch die viktorianische Villa des Pioniers Charles Schreiner von 1879, dem in Frankreich geborenen Texas Ranger und Viehbaron, der Kerrville zur Hauptstadt der Angora-Ziegen machte, indem er den Mohairhandel ausbaute.

Über den alten Bekannten, den Guadalupe River, hinweg geht es zum **Museum of Western Art**, das ein bisschen außerhalb liegt, eben dort, wo Cowboys normalerweise auch hingehören. Das Institut, ein Architekturmix aus Fort und Hacienda, wartet mit einer eindrucksvollen Dokumentation der Geschichte des Ranching und Cowboylebens im Texas Hill Country auf, während Tafelbilder und Plastiken von zeitgenössischen Künstlern in der Nachfolge der Western-Art-Maler Remington und Russell die raue Vergangenheit verklären.

Danach geht es weiter auf dem Highway 16 nach Süden auch wenn die meisten Navigationsgeräte eine andere Route empfehlen. Denn die Landstraße wird ländlicher und idyllischer, vor allem

Medina River, Medina, Bandera

an jenen Abschnitten, die noch nicht verbreitert wurden. Richtig hügelig wird's, und die Haarnadelkurven deuten auf Mittelgebirge. Wir überqueren den **Medina River**, der hier ebenso wie anderswo romantisch und fotogen anzusehen ist. Die aktiven Sportler lieben den Fluss erst recht, denn hier können sie nach Herzenslust paddeln oder in aufgeblasenen Gummireifen entlang treiben. Es folgen Ranches wie die 5-O-Ranch, wo man seinen Camper abstellen kann, dann das kleine **Medina** selbst, das sich ohne große Mühe an die schöne Country Road schmiegt. Und nach ein paar Meilen mehr an gepflegtem Farmland wie aus dem Bilderbuch vorbei folgt **Bandera**, überragt von einem mächtigen Court House, das seinerseits von einer silbernen Dachspitze bekrönt ist. Aber das ist Show, denn die alltägliche Gangart von Bandera bestimmen die schräg geparkten Pickups an der Hauptstraße.

Unangefochten gilt das Städtchen als *Dude Ranch Capital of the World*, denn ringsum haben sich viele von ihnen

Freuden der Ferienranch: Ausritt am Medina River

Bandera: Mayan Dude Ranch

Bandera: Mayan Dude Ranch

Mariachi »al fresco«

breitgemacht. Die meisten sind längst keine »richtigen« Working Ranches mehr, sondern, wie das Wort *dude* (= auftakeln) schon sagt, professionell geführte Freizeitunternehmen, die das Cowboy-Leben als Rollenspiel anbieten – auf einer Ranch im Stil einer Ranch, die dem Geschmack von Freiheit und Abenteuer mit Pauschalpreisen rustikal in Einklang bringt.

So auch die **Mayan Dude Ranch**, eine von vielen in dieser Gegend, nur ein paar Minuten außerhalb von Bandera am Medina River, in pastoraler Umgebung mit duftenden Juniperbäumen, viel Grün und Vieh. Im Hauptgebäude werden weniger Vieh- und Landwirtschaft als Gäste verwaltet – mit burschikosem Schulterklopfen, das dem Neuling auf Anhieb das Gefühl vermittelt,

◁ *Allseits beliebt: eine Bootsfahrt auf dem San Antonio River*

Bandera: Mayan Dude Ranch; **San Antonio:** Riverwalk

schon langjähriger Mitarbeiter auf der Ranch zu sein. Auch die Haus- und Freizeitordnung trägt Spuren des mühevollen Cowboy-Lebens. Bereits um 8 Uhr morgens klopft es deftig an der schweren Holztür der mit Schindeln verkleideten Schlafräume. Eine heiße Tasse Kaffee lockt den Schläfer aus seinem klobigen Westernbett zu den bereits im *corral* wartenden Pferden.

Erst nach dem Ritt zum Fluss hat man sich ein zünftiges Frühstück verdient: *Cowboy cookout*. Wer die Wildwest-Programme mit Ausritten oder Ausfahrten im *Hayride*-Wagen nicht mitmachen will, kann auch in den Pool springen, eine Runde Tennis spielen oder einfach am Fluss entlang laufen.

Ein bisschen ist es mit **San Antonio** und Texas so, wie mit New Orleans und den Südstaaten: Sie ist sein liebstes Kind, seine heimliche Hauptstadt. Während Houston, Dallas, Fort Worth oder Austin auf je verschiedene Weise für Texas stehen, spricht San Antonio zunächst einmal für sich selbst. Das spürt man gleich am **Riverwalk**, dem städtebaulich gelungenen Kunstgriff und dem Parcours für Flaneure, die sich hier ohne Straßenlärm und Autoverkehr nach Herzenslust ergehen können. Seine Entstehung verdankt der Paseo del Rio der Depression, den Arbeitsbeschaffungsmaßnahmen der 1930er-Jahre, als man die Stützwände, Fußgängerbrücken und Uferwege anlegte und sie mit Zypres-

F.I.S.H. Installation von Donald Lipski im neuen Museum Reach

San Antonio: Museum Reach, Hemisfair Plaza, Alamodome

sen, Blumen und subtropischem Gewächs garnierte. Seither bewährt sich diese touristische Schlagader der Stadt. Und sie hat verschiedene Gesichter: ruhige, parkähnliche Abschnitte und solche voller überquellender Lebenslust mit Restaurants, Bars, Cafés, Galerien und Hotels. Hier sitzen die Menschen im Schatten bei Tacos, Tecate und Tequila oder gleiten in Booten über den Fluss. Vor allem am Wochenende wird es in diesem Teil des Riverwalk leider oft unangenehm voll.

Seit 1998 plante die Stadt den weiteren Ausbau des Riverwalk. Im Mai 2009 war es dann soweit, ein erstes neues Teilstück wurde eröffnet: Der **Museum Reach** verbindet nun Downtown mit dem **Art District** und dem ebenfalls neu erschlossen **Pearl Brewery Complex**. Ansprechende Landschaftsgestaltung und öffentliche Kunstinstallationen (z. B. F.I.S.H. von Donald Lipski vgl. Bild S. 114) säumen den Weg nach Norden. Der weitere Ausbau bis 2014 soll dann vor allem die elf Meilen lange Anbindung an die vier Missionskirchen im Süden ermöglichen (**Mission Reach**).

Ganz so pittoresk ist es in San Antonio allerdings nicht immer zugegangen, was nicht wundert, denn die Stadt ist älter als die meisten im Land. Schon 100 Jahre bevor Houston oder Dallas auf der Landkarte erschienen, gründeten die Spanier das Fort San Antonio (1718) als Hauptsitz der Provinz Texas. Nach dem Bürgerkrieg und erst recht durch die Eisenbahn (1877) wandelte sich die Siedlung zur *cattle capital*, zu einer Metropole des Viehhandels.

Den Rindern auf den Trails nach Kansas oder Montana zum Beispiel folgten die Abenteurer und Glücksritter, die San Antonio mit Spielhallen und Saloons bediente. Später erweiterten Zementfabriken, Brauereien und Ölfunde die wirtschaftliche Basis. Als jedoch am Anfang des 20. Jahrhunderts die Ölfelder im östlichen Texas sprudelten, bekamen Dallas und Houston Auftrieb und San Antonio geriet mehr und mehr aus dem Rennen. Was blieb (bis heute), waren die Vorteile, die die Stadt als wichtiger Militärstützpunkt genoss.

Herzstück von Texas: The Alamo

Doch erst die Weltausstellung auf der **Hemisfair Plaza** Ende der 1960er-Jahre brachte frischen Wind, und seither hat sich die 1,4-Millionen-Metropole mit ihrem beträchtlichen Anteil an Amerikanern spanischer Abstammung (62 Prozent, die Anglos halten gerade mal 29 Prozent) rasant entwickelt. Dabei kann sich die Stadt auf eine gesunde Mischung von Dienstleistungssektor, Biomedizin und -technologie sowie Industrieunternehmen verlassen. Und der Tourismus hat sich zu einem wichtigen Standbein entwickelt: Alamo, Flusspromenade, restaurierte Wohnviertel, prächtige Missionskirchen, Fun Parks (**Sea World, Morgan's Wonderland, Fiesta Texas**) und die Mega-Arena des **Alamodome** sichern dem Stadtsäckel einen permanenten Geldsegen.

6 Infos: Kerrville, Bandera

Alle Informationen zu Fredericksburg finden Sie S. 105 ff. (5. Route).

Kerrville Convention & Visitors Bureau
2108 Sidney Baker St.
Kerrville, TX 78028
✆ (830) 792-3535 und 1-800-221-7958
www.kerrvilletexascvb.com
Mo–Fr 8.30–17, Sa 9–15, So 10–15 Uhr

Schreiner Mansion (früher Hill Country Museum)
226 Earl Garrett St.
Kerrville, TX 78028
Die viktorianische Villa aus dem Jahre 1878 ist der frühere Wohnsitz des Pioniers Charles M. Schreiner. Das Gebäude wurde von seinen Nachfahren 2009 der Schreiner University vermacht und als Museum genutzt. Nach einer gründlichen Renovierung soll es der Öffentlichkeit wieder zugänglich gemacht werden.

Museum of Western Art
1550 Bandera Hwy., Kerrville, TX 78028
✆ (830) 896-2553
www.museumofwesternart.com
Di–Sa 10–16 Uhr, So/Mo geschl.
Eintritt $ 7/5
Eindrucksvolle Dokumentation der Geschichte des Ranching und des Cowboy-Lebens im Texas Hill Country; die Kunstsammlung verklärt es in Tafelbildern und Plastiken in der Nachfolge der Western-Art-Maler Remington und Russell.

Francisco's Restaurant
201 Earl Garrett St., Kerrville, TX 78028
✆ (830) 257-2995
www.franciscos-restaurant.com
Mo–Sa Lunch, Do–Sa Dinner
Netter Platz zum Lunch, v.a. Sandwiches und Salat. $–$$

Bandera County Convention & Visitors Bureau
606 SR 16S, Bandera, TX 78003
✆ 1-800-364-3833
www.banderacowboycapital.com
Mo–Fr 9–17, Sa 10–15 Uhr

Alle Informationen zu San Antonio finden Sie S. 125 ff. (7. Route).

Alljährlich verwandeln die Bluebonnets weite Flächen von Texas in ein blaues Blütenmeer

7 ¿Hi Baby, Que Pasa?
San Antonio

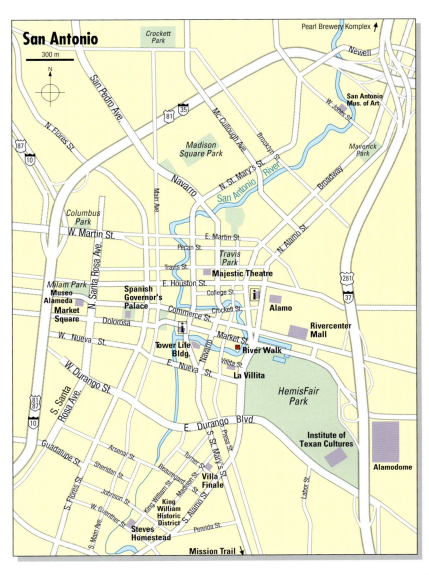

7. Programm: San Antonio

Vormittag	**Rundgang:** Alamo, Spanish Governor's Palace, El Mercado, Museo Alameda, Institute of Texan Cultures, King William District.
Mittags/früher Nachmittag:	San Antonio Museum of Art, Pearl Brewery Complex, McNay Art Museum.
Später Nachmittag	Mission Trail.

> **Sportmöglichkeiten:** In dem neu ausgebauten Teil des Riverwalk **Museum Reach** kann man vor allem morgens früh gut laufen. Am besten startet man nördlich des kommerziellen Teils vom Riverwalk, z.B. an der Lexington Avenue Bridge, und läuft dann in Richtung San Antonio Museum of Art bzw. weiter bis zum Pearl-Brewery-Komplex. Hin und zurück gut 4 km.
> Weiter nördlich gibt es auch im **Brackenridge Park** (3910 N. St. Mary's St., San Antonio, TX 78212, www.brackenridgepark.org) einige Trails. Empfehlenswert ist z.B. der blau markierte **Waterworks Trail**, der teilweise entlang dem San Antonio River verläuft (Rundweg ca. 2,5 km lang). Weitere Outdoor-Empfehlungen unter www.visit sanantonio.com.

Längst gilt die **Alamo**, die ehemalige Kirche der Mission San Antonio de Valero, als steinerne Legende etabliert, als die Wiege von Texas. Sie ist Pilgerstätte für Patrioten (texanische und mexikanische), Endstation für High-School-Kids- und Seniorenbusse zugleich. Schweigend, ehrfürchtig und von Rangers streng beäugt, wandeln die Besucher durch die hehre Feste, verweilen vor den Bronzetafeln und buchstabieren die dort verewigten Namen der 189 Tapferen, die bis zuletzt die texanische Fahne gegen die 4000 übermächtigen Mexikaner unter General Santa Ana hochhielten.

»Remember the Alamo!«, dieser letzte überlieferte Schrei der Unterlegenen, rief nicht nur zur Rache, die dann auch wenig später unter General Sam Houston bei San Jacinto (Houston) an der mexikanischen Armee blutig geübt wurde. Der Ruf ergeht auch an all jene, die übers Jahr herbeiströmen und hier lustwandeln, sei es in den heiligen Hallen, sei es in den schönen Parkanlagen ringsum.

Wer nach der patriotischen Vergangenheit die gegenwärtig ethnische Vielfalt mit allen Sinnen erleben möchte, der sollte zum **El Mercado** gehen, dem größten mexikanischen Marktplatz außerhalb Mexikos, der neben mexikanischer Volkskunst und Tex-Mex-Küche auch durchaus nützliche Dinge zu bieten hat, Tortillapressen eingeschlossen. Auf dem angegliederten **Farmers Market** findet man alles, was später in den (mexikanischen) Kochtopf wandert, vor allem also

Buntes Chile-Angebot im Farmers Market

San Antonio: Spanish Governor's Palace, Institute of Texan Cultures

Villa Finale im King William Historic District bei Nacht

Chile, Paprika und Knoblauch, der in mannshohen Girlandenzöpfen steckt. Gleich nebenan im pinkfarbenen **Museo Alameda** kann man dann Geschichte und Gegenwart der Latinos in den USA in Bild und Kunst nachverfolgen.

Auf dem Weg zum El Mercado kommt man am **Spanish Governor's Palace** vorbei, den Simone de Beauvoir in ihrem Reisetagebuch von 1947 anschaulich beschrieben hat. »Wenn man durch das Tor getreten ist, fühlt man sich in ein spanisches Interieur des 16. Jahrhunderts versetzt. Die Zimmer und die Salons ... sind asketisch wie Klosterräume. Die Möbel sind kostbar, aber kunstlos; die Fenster gehen nicht nach der Straße, sondern auf einen von hohen Mauern umgebenen Garten hinaus, in dem Steinbänke unter blühenden Bäumen zu sehen sind, ein Brunnen und auf einer Seite ein Kloster. Das Palais ist von kastilischer Nüchternheit, aber die violetten und roten Büsche, die matten Kletterpflanzen und die duftenden Bäume erinnern an Andalusien. Amerika ist weit fort.«

Das völkerkundliche **Institute of Texan Cultures** gehört zweifellos zu den Highlights der lokalen Museumsszene, denn es ist ein Lehrstück über die verschiedenen ethnischen Gruppen, die den texanischen *melting pot* geschmiedet haben. Die Inszenierung der Beiträge spielt eine ebenso wichtige Rolle wie die Exponate selbst – ein Musterbeispiel für Museumspädagogen.

Den deutschen Anteil an den *Texan cultures* führt außerdem ein restauriertes vornehmes Stadtviertel südlich von Downtown vor Augen, das einst von wohlhabenden Kaufleuten zur Ehre König Wilhelms I. von Preußen gebaut und bevölkert wurde, der **King William Historic District**. Gegen Ende des 19. Jahrhunderts hatte die Ecke schnell ihren

San Antonio: King William Historic District, Museum of Art

Namen weg: *Sauerkraut Bend*. Heute lädt die stille Gegend zu einem beschaulichen Rundgang ein, auf dem man die Formen viktorianischer Phantasie bis in die Details der gedrechselten Holzverzierungen an den Veranden und Eingängen bestaunen kann – reinster *Gingerbread-* (Pfefferkuchen-) Stil. Zwei besonders prächtige Exemplare, **Steves Homestead** und **Villa Finale**, sind der Öffentlichkeit zugänglich.

San Antonio hat sich in den letzten Jahren kulturpolitisch ziemlich ins Zeug gelegt, um fernab der großen Kunstmetropolen New York, Washington oder Los Angeles die amerikanische Museumslandschaft zu bereichern. Die Stadt erfreut sich zwar seit 1926 bereits einer beträchtlichen Kunstsammlung, aber erst die architektonisch reizvolle Unterbringung des **Museum of Art** in einer ehemaligen Brauerei machte von sich re-

Mariachi-Musiker

Spezialisiert auf Longhorn-Hörner: Shop in San Antonio

San Antonio: Pearl Brewery Complex, McNay Art Museum, Mission Trail

den. Von hier aus kann man dann gleich zu Fuß am Riverwalk zum **Pearl Brewery Complex** gehen, ebenfalls einem ehemaligen Brauereikomplex, der behutsam saniert und nun ein Mekka für Feinschmecker und Hobby-Köche ist.

Bereichert wird die Museumsszene schließlich etwas außerhalb im Norden der Stadt zudem durch das herrlich gelegene **McNay Art Museum** mit seiner eindrucksvollen Palette französischer Impressionisten.

Auf jeden Fall aber sollte man den **Mission Trail** entlangfahren, zu den übrigen spanischen Kirchen, die das einstige Herrschaftsgebiet der *conquistadores* nördlich des heutigen Mexiko und des Rio Grande nach Norden befestigen sollten. Legenden von enormen Reichtümern hatten sie angelockt, aber auch die Begegnung mit den Tejas-Indianern, nach denen Texas später benannt wurde, beflügelte die Kolonialisierungswünsche der Spanier, umso mehr, als sich herausstellte, dass nicht alles Gold war, was glänzte. Die in den 1720er- und 1730er-Jahren gegründeten Missions der Franziskanermönche leisteten die geistlich-katholische Begleitmusik der militärischen Befestigungen, der Presidios, die entweder Teil der Anlage oder in der Nähe waren. Die Ordensbrüder sollten die verstreuten Stämme der Coahuiltecans, nomadischer Jäger und Sammler, zu christlichen Gemeinden zusammenschließen.

Die gut ausgeschilderte Exkursion in die spanische Kolonialgeschichte folgt dem meist geruhsamen Lauf des **San Antonio River** und, je nach Wasserstand, an den *low water crossings* auch schon mal durch ihn hindurch. Kirche folgt auf Kirche, immerhin vier auf einen Streich, eine Dichte also, wie sie nicht einmal in

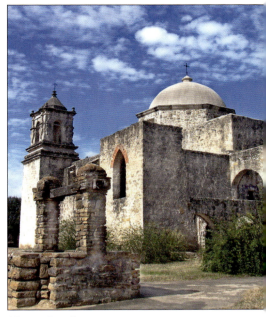

Mission San José

Kalifornien oder sonst im Südwesten der USA vorkommt. Alle befinden sich in hervorragend restauriertem Zustand. Auch im Südosten von Texas gab es einst spanische Missionen, aber keine von ihnen überlebte. Mal rafften Malaria und Trockenperioden die Menschen dahin, mal fielen die Anlagen französischen Attacken zum Opfer.

Als erste veranschaulicht die wuchtige **Mission Concepción** die spanische Bauweise, die maurische Einflüsse ebenso wie barocke Ornamente einschließt. Sie wurde 1716 in Ost-Texas erbaut und dann 1731 nach San Antonio verlagert. Im Inneren sind noch Reste der ursprünglichen Freskenmalerei erhalten. Die Anlage der **Mission San José** ist besonders aufschlussreich, weil bei ihr neben der Kirche auch die sie umgebenden Gebäude und Befestigungen erhalten sind. So bekommt man einen Eindruck

San Antonio: Mission San Juan Capistrano und Espada

von der einstigen Größe dieser Wirtschaftseinheiten, in denen die getauften Missions-Indianer, die sogenannten Neophyten, die spanischen Kulturtechniken erlernen sollten.

Es folgen **San Juan Capistrano** und die **Mission Espada** mit ihrer reizvollen, weil ungewöhnlich umrahmten Eingangstür. In ihrer Nähe befindet sich noch eine der ältesten spanischen Wasserleitungen (1740) in den USA, ein Aquädukt, der zur Bewässerung der Felder entlang dem Fluss diente und heute noch in Gebrauch ist.

Die Blütezeit der Missionskirchen lag in der zweiten Hälfte des 18. Jahrhunderts, danach bekamen sie es mit den streitbaren Comanchen und Apachen zu tun, 1824 wurden sie säkularisiert. In jedem Frühjahr, wenn hier die orangefarbenen Baumblüten duften, traben besonders viele Jogger vorbei, und am Fluss hocken noch mehr Picknickgruppen als sonst. Auf der Deichstraße stehen die Autos mit aufgeklappten Kühlerhauben und ab und zu schießt ein röhrendes Motocross-Rad den Deich herauf: *Hispanic culture.*

Auf die Dauer hat die Nachbarschaft von Texas und Mexiko eine Mischkultur hervorgebracht, ein breites Spektrum wechselseitiger Abhängigkeiten und Anpassungen, die allgemein unter dem Kürzel »Tex-Mex« firmiert und vor allem das tägliche Leben in den grenznahen Gebieten prägt.

Die Einwandererströme aus dem Süden versorgen die texanischen Felder und Ranches mit billigen, ungelernten Arbeitern, die Restaurants, Hotels und

San Antonio River Walk

Privathaushalte mit Personal. Mexiko, auf der anderen Seite, freut sich über die Entlastung seines Arbeitsmarktes. Doch so symbiotisch das Ganze klingt, so trostlos sind mitunter die sozialen Härten an der Grenze. Doch beim gemeinsamen Feiern scheinen die Konflikte vom Tisch. Die *fiestas* oder *luminarias* und das Diez-y-Seis-Fest in San Antonio und anderswo bilden nur einige Highlights der texanisch-mexikanischen Lustbarkeit. Eintracht herrscht allenthalben, wenn es um die modischen und kunsthandwerklichen Produktionen des südlichen Nachbarn geht. Der Señora bieten die weiten Röcke oder die handbestickten Blusen, dem Señor die schwarzen Jeans, das weiße Baumwollhemd und der Vaquero-Hut aus Stroh folkloristische Alternativen zum heimischen Designer-Cowboy- beziehungsweise Cowgirl-Outfit, den richtigen Tex-Mex-Look für die Party im Patio, das Theater oder Gala-Dinner.

Der Klang von Cross-over Tex-Mex-Musik ist inzwischen exportfähig geworden: Los Lobos oder Texas Tornados, aber auch Songs von Willie Nelson oder Linda Ronstadt mit ihren »Canciones de mi Padre« stammen aus dem Umfeld dieser grenzüberschreitenden Harmonien und haben deren Auftritt in der internationalen Szene gefördert.

»¿Hi, baby, que pasa?« – zwei Sprachen, eine Frage. *Spanglish* heißt dieser linguistische Cocktail aus Spanisch und Englisch, der den Sprachpuristen zwar Ohrengrausen bereitet, der aber vor allem den jüngeren Hispanics hilft, beide Lebenswelten zu vermitteln. In San Antonio ist es nicht viel anders als in anderen grenznahen Städten: Die meisten Bürger sprechen Spanisch, für viele ist es überhaupt die einzige Sprache. Dazwischen fragt man sich, »¿Cómo se dice ›Big Mac‹ en Español?«

Auf der Zunge zergeht Völkerverstän-

»Farolitos« beleuchten den Riverwalk zur Weihnachtszeit

digung bekanntlich am besten, auch beim Essen. Ohne Tortillas, Guacamole, Chili oder Tacos mit *salsa cruda* bräche die texanische Gastronomie zusammen. Erst recht die Bars ohne mexikanisches Bier, Tequila oder die süffigen Margaritas, jene populären Drinks aus Tequila, Limettensaft, Sekt und Salz.

Abends, wenn das illuminierte **Tower Life Building** über der Stadt strahlt, gehen am **Riverwalk** die Lichter an, die das fein gemachte Flussbett zum Funkeln bringen. Gedeckte Tische schweben dann auf Booten über den Wassern dahin: schmausende Tafelrunden bei Kerzenschein und Mariachi-Klang – bunte Bühnenbilder einer Tex-Mex-Operette.

⑦ Infos: San Antonio

Visitor Information Center
203 S. St. Mary's St., Suite 200
San Antonio, TX 78205
✆ (210) 207-6808 und 1-800-447-3372
Fax (210) 207-6782
www.sanantoniovisit.com

Hotel Contessa
306 W. Market St.
San Antonio, TX 78205
✆ (210) 229-9222
www.TheHotelContessa.com
Abseits vom Trubel im ruhigeren Teil direkt am Riverwalk gelegen. Konsequent und stilsicher im Texas Style eingerichtet. $$$–$$$$

Hotel Havana
1015 Navarro St., San Antonio, TX 78205
✆ (210) 222-2008
www.havanasanantonio.com
Historisches Hotel direkt am Riverwalk, erstmals eröffnet in 1914. Nach wechselhafter Geschichte 2010 wiedereröffnet als ausgefallenes Boutique-Hotel. 27 Zimmer. $$$–$$$$

Omni La Mansión del Rio
112 College St., San Antonio, TX 78205
✆ (210) 518-1000 und 1-888-444-6664
www.omnilamansion.com
Einst katholische Knabenschule, heute eins der schönsten Hotels in Texas – in spanischem Dekor, mit malerischem Innenhof und hauseigenem Zugang zum Riverwalk. Pool, Fitnessstudio, vorzügliches Restaurant **Las Canarias**. Es gibt Orte, wo sich das Thema einer ganzen Region konzentriert. Im La Mansión ist das der Fall – beim Übernachten, Essen, Sitzen und Entspannen im stillen und schattigen Innenhof. $$$$

Menger Historic Hotel

204 Alamo Plaza, San Antonio, TX 78205
✆ (210) 223-4361 und 1-800-345-9285
www.mengerhotel.com
Stattlicher alter Bau (1859) mit 316 Zimmern und Suiten in sehr guter Lage, geräumiger Lobby, Restaurant und berühmter **Bar**, in der einst Jesse James verkehrt haben soll. Schöner Innenhof. Großer Pool, Fitnessraum, Wellnessprogramme. $$$$

Marriott Plaza San Antonio
555 S. Alamo St., San Antonio, TX 78205
✆ (210) 229-1000 und 1-800-421-1172
Fax (210) 229-1418
www.plazasa.com
Gutes Hotel mit 252 Zimmern und ordentlichem Restaurant **The Anaqua Room** (Lunch $, Dinner $$–$$$). Zentral, von schönem Garten umgeben, auf dem Grundstück der ehemaligen deutschen Schule. Fitnesseinrichtung, Pool, Sauna, Tennisplätze und Fahrradverleih. $$$–$$$$

Brackenridge House
230 Madison St.
San Antonio, TX 78204
✆ (210) 271-3442 und 1-877-271-344
www.brackenridgehouse.com
Schöner, traditioneller B&B im King William District. Pool. Full Breakfast. $$$–$$$$

1908 Ayres Inn Bed & Breakfast
124 W. Woodlawn Ave.
San Antonio, TX 78212
✆ (210) 736-4232
www.1908ayresinn.com
Geschmackvoll eingerichteter B&B mit 5 Zimmern, 1908 erbaut. Ca. 2 Meilen südlich von Downtown im angesehenen Wohnviertel Monte Vista. Full Breakfast. $$–$$$

The St. Anthony – A Wyndham Historic Hotel

300 E. Travis St., San Antonio, TX 78205
✆ (210) 227-4392
www.wyndham.com
Das Waldorf Astoria der Prärie: zentrale Lage, 352 Zimmer und Suiten, opulente Lobby, Dach-Pool, Restaurants, Fitness. $$$–$$$$

❼ Infos: San Antonio

Drury Plaza San Antonio Riverwalk
105 S. St. Mary's St.
San Antonio, TX 78205
✆ (210) 270-7799 und 1-800-431-1351
www.druryhotels.com
Hotel in einem historischen Bankgebäude mit pompöser Lobby und geräumigen Zimmern. Zentrale Lage. $$$–$$$$

Holiday Inn Antonio Riverwalk
217 N. St. Mary's St.
San Antonio, TX 78205
www.holidayinn.com
✆ (210) 2242500 und 1-800 181 6068
Ein typisches Holiday Inn in sehr guter Lage direkt am Riverwalk. $$$

Comfort Suites Alamo/Riverwalk
505 Live Oak St., San Antonio, TX 78202
✆ (210) 227-5200, www.hamptoninn.com
Gut geführtes Hotel, fußläufig zum Riverwalk. $$–$$$

Hampton Inn Downtown
414 Bowie St., San Antonio, TX 78205
 ✆ (210) 225-8500
Solide Adresse Nähe Riverwalk mit 169 Zimmern, Pool, Waschsalon und kleinem Frühstück. $$–$$$$

Alamo KOA Campground
602 Gembler Rd.
San Antonio, TX 78219
 ✆ (210) 224-9296 und 1-800-562-7783
www.koa.com
Schattig, an kleinem See; 350 Stellplätze, 8 Cabins, Bus zur Stadt (ca. 10 Min.), Pool, Shop, Wäscherei, Spielplatz.

The Alamo
300 Alamo Plaza
San Antonio, TX 78205
✆ (210) 225-1391, www.thealamo.org
Mo–Sa 9–17.30, So 10–17.30 Uhr
Eintritt kostenlos
Reste der ehemaligen spanischen Mission San Antonio de Valero aus dem Jahre 1724 und des späteren Forts, wo 189 Tapfere am 6. März 1836 13 Tage gegen 4000 Soldaten der mexikanischen Armee unter General Santa Ana aushielten, eine Art texanisches Nationalheiligtum oder »Wiege der texanischen Freiheit«. Gegenüber liegt das »Remember the Alamo«-Museum, das mit einer Diashow texanische Geschichte vermittelt.

McNay Art Museum
6000 N. New Braunfels Ave.
San Antonio, TX 78209
✆ (210) 824-5368
www.mcnayart.org
Di/Mi, Fr 10–16, Do 10–21, Sa 10–17, So 12–17 Uhr, Eintritt $ 8
Ca. 10 Min. stadtauswärts nach Norden (Alamo Heights). In der mediterranen Villa samt schöner Parkanlage einer Ölerbin aus Kansas sind Indianerkunst aus New Mexico, Arbeiten von Winslow Homer, Georgia O'Keeffe und Diego Rivera, Werke von El Greco, Gauguin, Dufy, van Gogh, Picasso, Cézanne und Toulouse-Lautrec zu sehen.

Institute of Texan Cultures
801 E. Durango Blvd. (HemisFair Park)
San Antonio, TX 78205
✆ (210) 458-2300
www.texancultures.utsa.edu
Mo–Sa 9–17, So 12–17 Uhr
Eintritt $ 8/6
Top-Völkerkundemuseum mit Dokumenten und inszenierten Darstellungen der für Texas relevanten Siedler, u.a. niederländische Bauern, chinesische Reispflanzer und deutsche Schützen- und Turnvereine.

Museo Alameda
101 S. Santa Rosa Ave.
San Antonio, TX 78207
✆ (210) 299-4300, www.thealameda.org
Als erste Außenstelle des berühmten Smithsonian Institute außerhalb von Washington, D.C., zeigt das Museum Alameda Geschichte und Gegenwart der Latinos in den USA. Mitten im historischen Viertel um El Mercado (Market Sq.) gelegen.

⑦ Infos: San Antonio

San Antonio Museum of Art
200 W. Jones Ave. (zwischen Broadway & St. Mary's St.) – zu Fuß auch von Downtown entlang dem Riverwalk zu erreichen (ca. 20–30 Min.)
San Antonio, TX 78215
℃ (210) 978-8100, www.samuseum.org
Mi–Sa 10–17, Di bis 21, So 12–18 Uhr
Eintritt $ 8/3
Antikensammlung, mexikanische Volkskunst und amerikanischer Malerei des 19. Jh. im ehemaligen Fabrikgebäude der Lone-Star-Brauerei. Neueren Datums: **The Nelson A. Rockefeller Center for Latin American Art** und der **Asian Art Wing**. Sehr angenehmes Museumscafé **Café des Artistes** (Di–Sa 10–15, So 12–15 Uhr) mit schöner Terrasse und Blick auf den Riverwalk.

Spanish Governor's Palace
105 Military Plaza
San Antonio, TX 78205
℃ (210) 244-0601, www.sanantonio.gov
Di–Sa 9–17, So 10–17 Uhr, Eintritt $ 4/2
Mit dicken Adobewänden als Residenz für den spanischen Gouverneur von Texas 1749 erbaut und 1931 restauriert. Im Innenhof beim Brunnen im Schatten der Orangenbäume vergisst man leicht, mitten in der Stadt und im 21. Jh. zu sein. Besonders beeindruckt der Speiseraum mit alten spanischen Möbeln und hohem Kamin. Nach einer umfangreichen Renovierung im April 2010 wiedereröffnet.

Steves Homestead
509 King William St.
San Antonio, TX 78204
℃ (210) 225-5924
www.saconservation.org/tours/steves.htm
Tägl. 10–16.15 Uhr, die letzte Führung beginnt um 15 Uhr, Eintritt $ 6
Eleganter Vertreter der viktorianischen Villen (1876) vom deutschen Immigranten Edward Steves im gepflegten King-William-Viertel erbaut. Das erste Haus in San Antonio, das elektrisch beleuchtet war.

Villa Finale
122 Madison St.
San Antonio, TX 78204
℃ (210) 223-9800
www.villafinale.org
Ganz in der Nähe von Steves Homestead im King-William-Viertel liegt die seit Oktober 2010 der Öffentlichkeit zugängliche Villa Finale des ehemaligen Investment-Bankers Walter Mathis. Ein architektonisches Meisterstück aus dem Jahre 1876 mit wunderschönen Möbelstücken und Kunstwerken. Siehe Abb. S. 119.

Majestic Theatre
224 E. Houston St.
San Antonio, TX 78205
℃ (210) 226-5700
www.majesticempire.com
Märchenhafter Kinopalast von 1929. Heute Schauplatz für Broadway-Shows, Konzerte und Ballettaufführungen.

Mission Nuestra Senora de la Purísima Concepción de Acuna
807 Mission Rd. (Mitchell St.)
San Antonio, TX 78210
℃ (210) 534-1540, www.nps.gov/saan
Tägl. 9–17 Uhr, Eintritt kostenlos
Die wohl am besten proportionierte Kirche (1731) im Kranz der texanischen Missionen mit einigen noch erhaltenen Originalfresken. Sie wurde ursrpünglich 1716 in Ost-Texas erbaut und dann 1731 nach San Antonio verlagert.

Mission San José y San Miguel de Aguayo
6701 San Jose Dr.
San Antonio, TX 78214
℃ (210) 932-1001, www.nps.gov/saan
Wegen Renovierungsarbeiten voraussichtlich bis Herbst 2011 geschl., sonst tägl. 9–17 Uhr, Eintritt kostenlos
Die weitläufigste Anlage (1720) unter den texanischen Missionen (Indianerunterkünfte, Kornkammern, Öfen, Brunnen). Leckerbissen spanischer Kolonialarchitektur: das barocke Rosettenfenster (Ro-

❼ Infos: San Antonio

sa's Window) an der südlichen Außenwand. So Mariachi-Messe.

Mission San Juan Capistrano
9101 Graff Rd. (Nähe Ashley)
San Antonio, TX 78214
✆ (210) 534-0749, www.nps.gov/saan
Tägl. 9–17 Uhr, Eintritt kostenlos
Im Grundriss ähnlich wie die Alamo vor der Schlacht: große Plaza, umgeben von Steinmauern, und eine kleine Kirche (ca. 1731–56; 1909 saniert) mit offenem Glockenturm. Wie die Mission Concepción wurde San Juan 1716 in Ost-Texas erbaut und erst 1731 nach San Antonio verlagert.

Mission San Francisco de la Espada
10040 Espada Rd. (am Ende der Straße)
San Antonio, TX 78214
✆ (210) 627-2021, www.nps.gov/saan
Tägl. 9–17 Uhr, Eintritt kostenlos
Die authentischste Anlage von allen Missionen ringsum. Sie wurde bereits 1690 in Ost-Texas errichtet und dann transloziert. In der Nähe auch der spanische Aquädukt, die wohl älteste Wasserleitung in den USA, um 1730 zur Bewässerung der Felder außerhalb der Missionskirche gebaut. Die Kirche wird noch heute zu Gottesdiensten genutzt.

Rio San Antonio Cruises
205 N. Presa Building B. Suite 201
San Antonio, TX 78205
✆ (210) 244-5700 und 1-800-417-4139
www.riosanantonio.com
$ 8.25/2, Dauer ca. 35–40 Min.
Cruises, ca. 2,5 Meilen entlang dem San Antonio Riverwalk (Ticketkauf am besten online).
Oder man nutzt den Taxi-Service, der an 39 verschiedenen Stopps entlang dem Fluss hält; Tickets können auch an Bord gekauft werden.

SeaWorld San Antonio
10500 SeaWorld Dr. (16 mi westl. der Stadt)
San Antonio, TX 78251
✆ 1-800-700-7786
www.seaworld.com
Öffnungszeiten saisonal unterschiedlich
Eintritt $ 60/50
Killerwal und anderes Seegetier (Walrosse, Seelöwen, Haie, Pinguine, Delphine) tummeln sich mit menschlichen Wasserakrobaten in einem der größten Aquaparks der Welt zum Riesenspaß für die ganze Familie.

Morgan's Wonderland
5223 David Edwards Dr.
San Antonio, TX 78233
✆ (210) 495-5888 und 1-877-495-5888
www.morganswonderland.com
Mo–Sa ab 10, So ab 12 Uhr, Schließzeiten saisonal unterschiedlich, Für Menschen mit Einschränkungen *(people with special needs)* Eintritt frei, Begleitpersonen: $ 10, ansonsten $ 15. Es wird empfohlen, vorab telefonisch oder online zu reservieren.
Der erste Fun-Park, der ganz auf die Bedürfnisse von Menschen mit Behinderungen und ihre Familien bzw. Betreuer zugeschnitten ist. Morgan's Wonderland wurde im April 2010 eröffnet und liegt im Nordosten von San Antonio.

El Mercado/Market Square
514 W. Commerce St. (Dolorosa & Santa Rosa Sts.)
San Antonio, TX 78207
✆ (210) 207-8600
www.marketsquaresa.com
Juni–Aug. tägl. 10–20, sonst 10–18 Uhr
Lebendiger Markt, seit 1840 an dieser Stelle und der größte mexikanische Markt nördlich des Rio Grande; Lebensmittel und mexikanisches Kunsthandwerk wie Papierblumen, Keramik etc.

La Villita Historic District
S. Alamo, Nueva, S. Presa Sts. & San Antonio River
San Antonio, TX 78205
✆ (210) 207-8610
www.lavillita.com
Tägl. 10–18 Uhr

7 Infos: San Antonio

La Villita (The Little Village) ist eine der ersten Siedlungen von San Antonio und Zentrum der revolutionären Aktivitäten 1835 und 1836: Heute ein restauriertes Stadtviertel für bequeme Einkaufsbummel; vor allem Kunsthandwerk und Schmuck.

Rivercenter Mall
849 E. Commerce St. (Crockett & Bowie Sts.), San Antonio, TX 78205
✆ (210) 225-0000
www.shoprivercenter.com
Einkaufszentrum beim Riverwalk: kommerzielle Ästhetik mit Shops, Restaurants und Wasserspielen.

Alamo Quarry Market
255 E. Basse Rd., Suite 400
San Antonio, TX 78209
✆ (210) 824-8885
www.quarrymarket.com
Mo–Sa 10–21, So 12–18 Uhr
Große Mall auf dem Gelände einer früheren Zementfabrik unter freiem Himmel (u.a. Gap, Banana Republic, Borders, Whole Foods). Ca. 6 Meilen nördlich von Downtown. Fülle an Restaurants, z.B. Piatti Italian Ristorante, ✆ (210) 832-0300, www.piatti.com, leichte italienische Küche $–$$.

Pearl Brewery Complex
200 E. Grayson St., San Antonio, TX 78215
✆ (210) 212-7260, www.atpearl.com
Die 125 Jahre alte Brauerei wurde behutsam in ein neues städtisches Viertel am Ufer des San Antonio River umgewandelt und ist vor allem ein Mekka für Gourmets: Restaurants (vgl. z.B. Osteria Il Sogno), Kochgeschäfte, lokaler Farmer's Market (Sa 9–13 Uhr, www.pearlfarmersmarket.com) und das renommierte Culinary Institute of America, eine Art Edel-Kochschule. Über den neu ausgebauten Teil des Riverwalk (Museum Reach) braucht man von Downtown aus eine gute ¾ Stunde zu Fuß bis zur Pearl Brewery.

Las Canarias Restaurant
112 College St. (Riverwalk, im Omni La Mansión Hotel)
San Antonio, TX 78205
✆ (210) 518-1000
www.omnilamansion.com
Tägl. Frühstück, Lunch und Dinner
Romantisch-elegante Atmosphäre am Fluss (mit kleinen, hübschen Terrassen). Verfeinerte Südwestküche bei dezentem Piano- oder Flamenco-Sound. Hervorragender Service. $$$

Biga On The Banks
203 S. St. Mary's St. (Riverwalk)
Im International Center, Street Level
San Antonio, TX 78205
✆ (210) 225-0722, www.biga.com
Schickes Design oberhalb des Riverwalk: neuamerikanische Küche mit Einflüssen aus Mexiko und Asien. Wild und Fisch aus Texas, gute Auswahl offener Weine. Lunch und Dinner. Teuer. $$$

Boudro's – A Texas Bistro
421 E. Commerce St. (Riverwalk)
San Antonio, TX 78205
✆ (210) 224-8484, www.boudros.com
Die meisten Locals meiden die touristi-

Pearl Brewery Complex in San Antonio

⑦ Infos: San Antonio

Innenansicht: MiTierra Cafe y Panaderia

schen Restaurants am Riverwalk. Das gilt aber nicht für Boudro's. Ein guter Platz für Liebhaber der Südwestküche. Eine Delikatesse ist die hausgemachte Guacamole und deren Zubereitung am Tisch! Lunch und Dinner. $$–$$$

 Zuni Grill
223 Losoya St. (Riverwalk)
San Antonio, TX 78205
✆ (210) 227-0864
www.zunigrill.com
Mittendrin, direkt am Riverwalk. Gemütlich für Nachos, Cocktails und *people watching* – am San Antonio River. $–$$

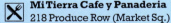 **Mi Tierra Cafe y Panaderia**
218 Produce Row (Market Sq.)
San Antonio, TX 78207
✆ (210) 225-1262, www.mitierracafe.com
Seit 1941 Tag und Nacht ununterbrochen geöffnet: Bar, Bäckerei und Restaurant. Tausende von bunten Deko-Lämpchen glühen an Decke und Wänden, Weihnachtsbäume eingeschlossen. Frühstück (tolle *huevos rancheros*), Lunch ($) und Dinner. Manchmal mit Mariachi-Musik. $–$$

 La Margarita Restaurant & Oyster Bar
120 Produce Row (Market Sq.)
San Antonio, TX 78207
✆ (210) 227-7140
www.lamargarita.com
Frutti di mare, besonders beliebt *fajitas* und *chicken enchiladas.* Lunch und Dinner. $–$$

 Azúca Nuevo Latino
713 S. Alamo St., San Antonio, TX 78205
✆ (210) 225-5550, www.azuca.net
Beliebt und gut: lateinamerikanische Küche, am Wochenende Livemusik, Salsa und Merengue. $$

 Schilo's Deli
424 E. Commerce St. (bei Losoya St.)
San Antonio, TX 78205

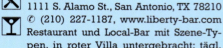 Infos: San Antonio

✆ (210) 223-6692, So geschl.
Solides Deli-Restaurant mit herzhaftem Sauerkraut und Würstchen. Eine Institution in Downtown. Frühstück, Lunch und Dinner. $

 Liberty Bar
1111 S. Alamo St., San Antonio, TX 78210
✆ (210) 227-1187, www.liberty-bar.com
Restaurant und Local-Bar mit Szene-Typen, in roter Villa untergebracht; tägl. Dinner und Lunch (American & Southern Food). $$

 The Cove
606 W. Cypress St. (Five Points)
 ✆ (210) 227-2683, www.thecove.us
Lunch und Dinner, Mo geschl.
Restaurant, Biergarten, Livemusik, zugleich aber auch car wash und Waschsalon, ca. 1,5 Meilen nordwestlich von Downtown. Großer Esssaal, gilt als bester Burger Spot der Stadt, aber auch Tacos und Salate. Und man legt Wert darauf, nur ökologische Nahrungsmittel zu verwenden (SOL: sustainable, organic, local). $

 Osteria Il Sogno
200 E. Grayson St., #100 (Pearl Brewery Complex)
San Antonio, TX 78215
Di–So Lunch und Dinner, Di–Sa auch Frühstück
✆ (210) 223-3900, www.atpearl.com

Sehr gute italienische Küche im Pearl-Brewery-Komplex streng nach italienischem Vorbild. Luftiger Raum. Dining al fresca auf nettem Patio. Pizza, große Antipasti-Bar etc. $$–$$$

 San Antone Cafe & Concerts
1150 S. Alamo St., San Antonio, TX 78210
✆ (210) 271-7791, www.casbeers.com
Di–Sa 11–23, So 12–24 Uhr
In den Räumen einer ehemaligen, im Mission-Stil erbauten Methodistenkirche am Rande des King William Historic District. Im Untergeschoss gibt es zünftiges Essen (Burger und Tex-Mex) $. Im Kirchenraum wird den Zuhörern auf Kirchenbänken, ein bunter Musikmix geboten (Rock, Blues, Country, Folk). Für Musikaufführungen wird i. d. R. Eintritt verlangt (cover charge). Außerdem einmal im Monat So vormittags Gospel-Brunch. Reservierung empfohlen, Termine siehe Website.

 Wichtige Feste
Der Jahresfestkalender von San Antonio sieht so aus, als käme die Stadt aus dem Feiern gar nicht mehr heraus. Hier eine kleine Auswahl.
San Antonio Stock Show and Rodeo: Jan./Feb., Rodeo mit viel Musik, www.sarodeo.com.
Fiesta San Antonio: April, Prozession auf dem Fluss und 11 Tage Tex-Mex-Karneval, www.fiesta-sa.org.
Cinco de Mayo: Anfang Mai, Feier zur mexikanischen Unabhängigkeit von Frankreich, www.marketsquaresa.com.
Texas Folklife Festival: Juni, veranstaltet vom Institute of Texan Cultures, www.texasfolklifefestival.org.
Fiesta de las Luminarias: Weihnachten feiert man unter freiem Himmel. An den Dezemberwochenenden säumen Zehntausende von Kerzen in braunen, mit Sand gefüllten Papiertüten (luminarias) den Weg zur Heiligen Familie, die, begleitet von den Heiligen Drei Königen und vielen jubilierenden Chorkehlen, über den San Antonio River rauscht. ✦

⑧ Koloss am Bayou
Houston

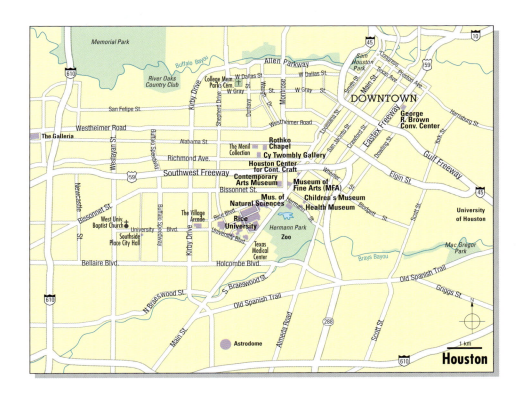

8. Route/Programm: San Antonio – Houston (320 km/200 mi)

km/mi	Zeit	Route/Programm	Route siehe Karte vordere Umschlagklappe.
0	10.00 Uhr	In **San Antonio** zur I-10 East	
195/122	12.00 Uhr	Lunchmöglichkeit: Exit 696 (Columbus), dann links und sofort danach rechts auf das Schild SCHOBEL'S achten (ca. 1 Std.). Danach weiter auf I-10 East	
320/200	14.30 Uhr	**Houston**. Erkundung von **Downtown** oder **Museumsbesuch**.	

Houston

Houston Downtown Skyline

Was gibt's unterwegs – zwischen San Antonio und Houston? Die Standardauskunft der freundlichen Damen im San Antonio Tourist Office lautet: »Not much, read your travel book!« Der Lunchtipp passt dazu: »Schobel's«. Das Lokal zählt in Texas zu den Institutionen für *All American food*. Also auch: Standard.

Je länger die Fahrt nach Osten dauert, umso flacher und mückenhaltiger wird es, was man am Zuwachs der gescheiterten Insekten an der Windschutzscheibe erkennen kann. Sobald sich die Skyline von **Houston** abzuzeichnen beginnt, wird klar, dass aus einem schlammigen, mückenverseuchten Stück Land an einem kleinen Bayou ein Koloss geworden sein muss.

Unterwegs hat Houston von den Baumwollballen bis zur NASA-Technologie alles Profitable an sich gerafft, sich explosiv bevölkert und mir nichts, dir nichts eingemeindet, was ihr im Weg lag.

Mit 2,3 Millionen Einwohnern im engeren Stadtgebiet und 5,9 Millionen in der Greater Houston Area ist die Stadt zur goldenen Gürtelschnalle des Sunbelt aufgestiegen. Dallas, trotz traditionell guter finanzieller Ausstattung, erscheint weit abgeschlagen.

Aber das Klima! Gewöhnlich ist es subtropisch heiß und feucht. Der Sommer ist schlicht unerträglich. Und noch eine Woche vor Weihnachten sind 25 Grad Celsius keine Seltenheit. Dagegen hat man erfolgreich angebaut. Wahrscheinlich zählt Houston deshalb zu den bestklimatisierten Städten der Welt. Nicht nur die Gebäude haben Airconditioning, ganze Stadtteile bilden praktisch eine Klimaanlage. Atemnot, strähnige oder krusselige Haare sind passé, denn mit der realen Außenwelt kommen die *Houstonians* höchst selten in Kontakt. In kühler, trockener Annehmlichkeit wohnen sie, arbeiten, fahren, kaufen ein, schwimmen, spielen Tennis, überqueren

Straßen oder jubeln ihrem Baseball-Team, den »Astros«, zu.

Unter den Stahl- und Glastempeln wuselt es in der Unterwelt, in einem labyrinthischen Tunnelsystem. Ein Drittel der Fläche von Downtown ist unterkellert, auf insgesamt rund zwölf Kilometern Länge. Eine eigene Stadt mit Restaurants, Geschäften und Dienstleistern als geschlossenes klimatisches System – inwendig betrachtet. Von außen dagegen setzt sich Houston Straßenblock um Straßenblock wie ein modernes San Gimignano in Szene. Da wetteifern monolithische Büroriesen um Spitzenränge und Prestige. Pyramidale, zylindrische oder fünfeckige Baumassen verraten die Handschriften der prominentesten und teuersten Baumeister der USA – der Philip Johnsons, César Pellis, Ieoh Ming Peis und wie auch immer sie heißen. Jedes dieser Center vereint Hotels, Garagen, Läden und Büros. Oben schwebt, wie auf den Plattformen von Bohrinseln, das höhere Management per Helikopter ein.

Diese Resultate liquider Petrodollars sind das Ergebnis eines wirtschaftlichen Bilderbuchaufstiegs, den anfangs niemand ahnte. Denn als die Brüder Allen aus New York einer Witwe hier am Buffalo Bayou ein Stück Land abkauften, war das versumpfte Gelände des ehemaligen indianischen Trading Post so gut wie nichts wert. Das änderte sich durch die Ölvorkommen im nahen Spindletop und den Bau des Schiffskanals (1914), des Houston Ship Channel, der mit über 80 Kilometern Länge zwischen Bayou und der Galveston Bay selbst für Ozeanriesen passt. Was den Umschlag an Tonnage angeht, so hat der Hafen in Houston inzwischen New York und New Orleans überholt.

»Urbane Cowboys«: die jährliche Livestock Show & Rodeo

8 Houston: River Oaks, Montrose, Heights, Downtown, Magnolia

Vom Absturz des Ölbooms in den 1980er-Jahren hat sich die *Energy Capital of the World* inzwischen gut erholt; auch von dem spektakulären Niedergang des Energiekonzerns Enron im Jahre 2001. Zwar wächst die Wirtschaft langsamer als in den goldenen Zeiten, aber eine gesunde Diversifikation der ansässigen Industrien hat die Abhängigkeit vom schwankenden Ölpreis gemildert. Öl und Gas stehen heute noch für 50 Prozent der heimischen Wirtschaft. Inzwischen nimmt Houston aber auch bei den erneuerbaren Energien eine führende Rolle ein. Die Nähe zu den Küstenprärien sichert der Stadt nach wie vor ihre zentrale Stellung im Agribusiness. Und auch die NASA und das international bedeutende Texas Medical Center befinden sich auf Expansionskurs.

Dass sich der Dollarsegen nach dem Gießkannenprinzip auf alle Houstonians verteilt, wird niemand ernsthaft erwarten. Houston, viertgrößte Stadt der USA, hat immer noch besonders scharfe Ecken und Kanten, steckt voller Verwerfungen zwischen klassizistischer Säulenkultur und verrottenden Schuppen, plattem Grün und kalter Stahl-und-Glas-Ästhetik.

Einige Wohnviertel sind schön anzusehen: Das luxuriöse **River Oaks** in Downtown-Nähe zum Beispiel – das Villenviertel par excellence, so ganz im Geschmack der herrschaftlich-feudalen Südstaaten; **Montrose**, das eher liberale Greenwich Village von Houston mit einem eklektischen Mix an Kulturen und einer starken Gay Comunity; schließlich das hübsche Wohnquartier von **Heights** mit seinen viktorianischen Villen, Art-déco- und Bed-&-Breakfast-Häusern. Sogar **Downtown** mausert sich inzwischen zum bevorzugten Wohnviertel. Hier entstehen immer mehr Condos. Und es werden auch kräftig öffentliche Gelder investiert, etwa in den 2008 eröffneten Park **Discovery Green** mitten in Downtown. Schließlich etwas weiter westlich das Viertel um **Rice University**, das außer bei Studenten auch bei Familien aus dem akademischen Umfeld und *young professionals* beliebt ist.

Dagegen sind **South Park**, früher jüdisch und heute Heimat der schwarzen Mittelklasse, sowie **Magnolia**, das älteste mexiko-amerikanische Barrio, nicht ganz so einladend. In den Slums sieht es dann ganz düster aus: etwa in Sunnyside, Third Ward oder Acres Home mit ihren typischen Shotgun-Häusern und armseligen Holzhütten, wie sie in den Armenvierteln der Südstaaten reichlich zu finden sind.

Trotzdem hält man Houston in Texas für liberaler und weniger provinziell als Dallas und *more sophisticated*, als es auf den ersten Blick vielleicht erscheint oder man es nach der Lektüre der beiden Tageszeitungen vermuten würde. Zugegeben, insbesondere die Minderheiten hatten es in dieser Stadt immer schwer und bis 1978 praktisch nichts zu sagen. Doch seit Anfang der 1980er-Jahre werden soziale Reformen angestrebt, die den Minderheiten zugute kommen sollen – den African-Americans, die rund 18 Prozent der Bevölkerung ausmachen, den Hispanics (33 Prozent), den Asiaten (7 Prozent) und nicht zuletzt der Viertelmillion Gays, die in der Stadt einen für Texas beträchtlichen Anteil erreichen und zugleich die bestorganisierte Minderheit darstellen.

Liberal ist man vor allem bei der städtischen Flächennutzung. Houston ist die einzige große Stadt in den USA, die ohne jeden Flächennutzungsplan *(no zoning)* auskommt. Jeder kann bauen, was und wo er will. Einziges Regulativ ist der Markt. Und auf diesen *Can-do Spirit* ist man hier mächtig stolz.

Houston: Downtown, Sam Houston Park

Noch in den 1980er-Jahren platzte Houston aufgrund seiner sprunghaften Entwicklung aus allen Nähten und galt als die US-Stadt mit den meisten Staus. In der Not machte man häufig aus zwei Fahrspuren drei, was den Verkehrsfluss beschleunigte, aber auch den Puls der Fahrer. Doch auch hier deuten sich Fortschritte an. Die Verkehrslage hat sich verbessert. Heute steht Houston erst an 8. Stelle der US-Städte mit den schlimmsten Verkehrsverhältnissen – also hinter Dallas, Miami, Atlanta oder Detroit. Aber immer noch vor Los Angeles!

Um aus dem Rahmen des texanischen Konservativismus herauszufallen, wirbt Houston auch gern mit einem offenen, lässigen und progressiven Image als Stadt für Schwule und Coole, in der vor allem die schönen Künste den Ton angeben. Ob Ballett oder Oper, Symphonisches oder Malerisches, Kunst am Bau oder Baukunst – mehr als 30 Museen, über 70 Galerien und Hunderte von aktiven Künstlergruppen – das ist, zusammengenommen, kein Pappenstiel und stellt den Hang zum Höheren, auch über die USA hinaus, unter Beweis.

Am Nachmittag bleibt noch Zeit, um sich in **Downtown** umzusehen. Einen ersten Eindruck gewinnt man am besten an der Stelle, wo sich die junge Stadt wenigstens einen Anflug von historischem Gewissen leistet: im kleinen **Sam Houston Park** (McKinney & Bagby Sts.). Vor der auftrumpfenden Skyscrapers-Kulisse stehen einzelne historische Gebäude etwas verloren auf der grünen Wiese beisammen, und sogar eine frühe deutsche Kolonialkirche von 1891 ist mit von der Partie.

Das Straßenraster der Innenstadt trägt mit wenigen Ausnahmen die Namen der Helden aus der Schlacht von San Jacin-

Sam Houston Park

Houston: Downtown, Tranquility Park, Pennzoil Palace, Wortham Center, Bayou Place

Cello solo: Lyric Center, Downtown

to, die von jenem General gewonnen wurde, nach dem die Stadt benannt ist: Sam Houston. Die breiteste Straße heißt natürlich Texas Street, und sie ist genau so breit, dass die Hörnerpaare von 18 Longhorn-Rindern nebeneinander passen – Ausmaße, die auf die Tradition des Viehauftriebs zurückgehen. Doch die Zeit der Horizontalen ist vorbei, die langen Hörner sind durch die hohen Häuser abgelöst worden. Deren Firmenlogos geben zu verstehen, wer dort das Sagen hat: ConocoPhillips, ExxonMobil, Shell Oil, Chevron, Halliburton, Sysco, Waste Management und so weiter.

Zu ihren Füßen dient ergeben die Kunst in Form öffentlicher Plastiken, die farbige und verspielte Akzente ins Stadtbild setzen. Prominente Bildhauer wie Miró, Hepworth, Dubuffet, Oldenburg und Moore haben sie modelliert: *corporate art*. Die Mediceer des 20. Jahrhunderts liebten es, sich wechselseitig im Kunst-Sponsoring zu übertreffen.

Einen Ruhepunkt in der Höhle der Baulöwen bildet der **Tranquility Park** (Rusk St. zwischen Bagby und Smith Sts.), den edle Goldsäulen als Brunnenskulpturen zieren. Ihre Wasser rauschen vor dem mächtigen Pennzoil-Bau von Stararchitekt Philip Johnson, dessen trapezförmige Zwillingstürme 1976 entstanden und damit **Pennzoil Place** zum ersten asymmetrischen Büropalast machten. Nur ganze drei Meter trennen die schwarzen Baukörper voneinander. Nicht weit von hier steht das aus texanischen Ziegeln und rotem Granit gewirkte **Wortham Center**, die repräsentative Heimat von Oper und Ballett, mit zwei Theaterräumen, deren versenkbare Orchestergräben dem Vorbild Bayreuths folgen.

Nebenan, man höre und staune, ragt das **Lyric Center** auf, ein vielstöckiger Riese mit einer verspielten Cello-Plastik vor der Tür. Ein ganzes Hochhaus voller Poeten oder Verse? Nein, so weit geht die Liebe zur Literatur selbst in Houston nicht. Als man den Bau 1983 hochzog, so ist zu erfahren, habe man sich bei der Namensgebung durch den angrenzenden Theaterdistrikt inspirieren lassen. Ein Hauch von Poesie weht dennoch durch die Hallen: Zur Lunchzeit sorgt ein Pianist für bekömmliche Töne im Hintergrund. Praktisch um die Ecke: **Bayou Place**, ein aufwendiger Komplex, den Theater, Bars und Restaurants teilen. Ringsum setzt sich diese Entertainment-Welle fort, so dass nun auch nach Büroschluss Downtown lebendiger wirkt als je zuvor.

Abends verwandeln sich die Hotel- und Bürotürme mehr und mehr in futuristische Lichtspiele. Die spiegelnden Fassaden fangen die Orange- und Rottöne der untergehenden Sonne ein, die die Härte der Konturen mildert. Und wo sich die letzten Strahlen bündeln, scheint es so, als würde der Bau in Flammen aufgehen. Houston pflegt nur friedlich seine *outer space connections*.

8 Infos: Columbus, Houston

Schobel's
2020 Milam St.
Columbus, TX 78934
✆ (979) 732-2385
www.schobelsrestaurant.com
Täglich Frühstück, Lunch und Dinner
All American Food seit 1979. $–$$

Greater Houston Convention & Visitors Bureau
901 Bagby St., Suite 100, im Rathaus (2012 erfolgt der Umzug an einen neuen Standort)
Houston, TX 77002
✆ (713) 437-5200 und 1-800-4-HOUSTON
www.visithoustontexas.com
Mo–Sa 9–16 Uhr
Infozentrum, **CityPass** erhältlich (50 % Ermäßigung bei den Hauptattraktionen der Stadt).

Hotel ICON
220 Main St., Houston, TX 77002
✆ (832) 667-4470, www.hotelicon.com
Das Boutique-Hotel mit 135 Zimmern liegt ideal mittendrin. Hoher Hotelstandard in einem Bankgebäude von 1911. Restaurant, Fitness und Spa. $$$$

Embassy Suites Downtown
1515 Dallas St., Houston, TX 77010

✆ (713) 739-9100
2011 eröffnetes Hotel mit 262 Zimmern in der Nähe von Discovery Green. Restaurant, Bar, Pool, Spa & Fitness. $$$$

Modern Bed & Breakfast
4003 Hazard St. (Montrose)
Houston, TX 77098

✆ (832) 279-6367, www.modernbb.com
Zwei moderne, architektonisch reizvolle Townhäuser wurden von der Eigentümerin Lisa Collins in ein unkonventionelles B&B umgewandelt. Obwohl in einer ruhigen Seitenstraße von Montrose gelegen, sind Restaurants aber auch Menil Collection und Museumsviertel gut zu Fuß erreichbar. Ein schöner, großzügiger Wohnraum und auch die Küche sind für alle Gäste nutzbar. Mit Frühstück. $$$–$$$$

Lovett Inn
501 Lovett Blvd. (Montrose)
Houston, TX 77006
✆ (713) 522-5224, www.lovettinn.com
B&B in großzügiger Kolonialstil-Villa von 1923. Frühstück, Pool. Preis variiert je nach Zimmer. $$$–$$$$

Alden – Houston
1117 Prairie St., Houston, TX 77002

✆ (832) 200-8800, www.aldenhotels.com
Design-Hotel mitten in Downtown. 97 Zimmer. Restaurant, Fitness und Spa. $$$$

Four Seasons Hotel Houston
1300 Lamar St. (Downtown)
Houston, TX 77010-3017

✆ (713) 650-1300

www.fourseasons.com/houston
Erstklassig und zentral in Downtown gelegen. 404 Zimmer und Suiten, Restaurant, Bar, Entertainment, Pool, Saunas, Whirlpool, Fitnessraum. Nach Wochenendangeboten fragen. $$$$

Houston Magnolia Hotel
1100 Texas Ave., Houston, TX 77002

✆ (713) 221-0011 und 1-888-915-1110

Design-Hotel in Downtown in der Nähe des Minute Maid Park. Gute Bar, Fitness. $$$–$$$$

Zaza Hotel
5701 Main St. (Museum District)
Houston, TX 77005
✆ (713) 526-1991
www.hotelzazahouston.com
Direkt an Hermann Park gelegenes Luxushotel mit 315 Zimmern bzw. Suiten. $$$$

Best Western Inn & Suites
915 W Dallas St.
Houston, TX 777019

✆ (713) 571-7733

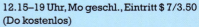

www.bestwesterntexas.com
Solides Best Western in Downtown. Pool, Spa, Fitness. $$$

 Holiday Inn Express Hotel & Suites Houston Downtown Convention Center
1810 Bell St., Houston TX 77003
✆ 1-800-249-8093, www.hiexpress.com
Solides Holiday Inn. $$$

 Hotel DEREK
2525 W. Loop South & Westheimer Rd. (in der Nähe der Galleria)
Houston, TX 77027
✆ (713) 961-3000, www.hotelderek.com
Schickes Designerhotel: 314 gestylte Zimmer und Suiten, Restaurant, Fitnesscenter, Pool und Sonnenterrasse. Nur ein Katzensprung zur Galleria. $$$$

 Hampton Inn – Galleria Area
4500 Post Oak Pkwy. (in der Nähe der Galleria)
Houston, TX 77027
✆ (713) 871-9911, www.hamptoninn.com
Ordentlicher Standard gleich beim Shopping Center. An Wochenenden deutlich preiswerter. $$–$$$

 South Main RV Park
10100 S. Main St. (Kreuzung Hwy 90-A und I-610)
Houston, TX 77025
✆ (713) 667-0120, www.smrvpark.com
Großzügiger RV Park, *full hookups*.

 Lake View RV Resort
11991 S. Main St.
Houston, TX 77035
✆ (713) 723-0973
www.lakeviewrvresort.com
Campingplatz in der Nähe des Texas Medical Center.

The Museum of Fine Arts
Museum District, Houston, TX 77005
✆ (713) 639-7300, www.mfah.org
Di/Mi 10–17, Do 10–21, Fr/Sa 10–19, So 12.15–19 Uhr, Mo geschl., Eintritt $ 7/3.50 (Do kostenlos)
Das Museum besteht heute aus zwei Gebäudekomplexen, die durch einen unterirdischen Tunnel mit bemerkenswerter Lichtinstallation (James Turrell »The Light Inside«) verbunden sind, und dem Cullen Sculpture Garden:

– **Audrey Jones Beck Building**
5601 Main & Binz Sts.
Der beeindruckend großzügige und von dezenter Lichtführung geprägte Neubau des spanischen Architekten Rafael Moneo, im März 2000 eröffnet, verdoppelt die Ausstellungsfläche des Kunstmuseums. Im Erdgeschoss gibt es amerikanische Malerei zu sehen (u.a. Werke von Warhol, O'Keeffe, Johns), im oberen Stockwerk eine ansehnliche Bilderfolge europäischer Tafelmalerei: u.a. frühe italienische Malerei, viele niederländische Stillleben und ansonsten von jedem etwas: van Gogh, Degas, Cézanne, Matisse, Miró, Picasso. Im **Cafe Express** kann man sich stärken, im Museumsshop informieren (Kunstbuchhandlung und Designerkleinteile).

– **Caroline Wiess Law Building**
1001 Bissonnet St.
Kunst aus Alt-Amerika, Ozeanien, Afrika und Asien. Außerdem eine Sammlung von Goldarbeiten aus Afrika.

– **Cullen Sculpture Garden**
1000 Bissonnet St.
www.mfah.org/visit/cullen-sculpture-garden, tägl. 9–22 Uhr
Der Lillie and Hugh Roy Cullen Sculpture Garden ist eine kleine städtische Oase, entworfen von Isamu Noguchi. Gezeigt werden moderne und zeitgenössische Skulpturen von Matisse, Giacometti, Miró, Kelly und vielen anderen Künstlern.

 Contemporary Arts Museum
5216 Montrose Blvd. & Bissonnet St.
Houston, TX 77006

Infos: Houston

Licht und leicht: Menil Collection von Renzo Piano

✆ (713) 284-8250, www.camh.org
Mi und Fr 11–17, Do 11–21, Sa/So 11–18 Uhr, Mo/Di geschl., Eintritt frei
Wechselnde Ausstellungen zeitgenössischer Kunst im schimmernden Gehäuse aus rostfreiem Edelstahl.

 The Menil Collection
1515 Sul Ross St., Houston, TX 77006
✆ (713) 525-9400, www.menil.org
Mi–So 11–19 Uhr, Mo/Di geschl., Eintritt frei
Im eindrucksvoll schlichten Bau von Renzo Piano sorgt das raffinierte Lichtfiltersystem durch Brechung von Helligkeit und Hitze für eine optimale Ausleuchtung. Zu sehen sind Werke aus der Sammlung von Dominique und John de Menil. Vorzüglich: die Abteilung der Surrealisten mit Werken von de Chirico, Brauner, Magritte und vor allem Max Ernst.

Neueren Datums ist der ebenfalls von Renzo Piano erstellte Bau der **Cy Twombly Gallery** schräg gegenüber der Rückseite des Haupthauses (1501 Branard St., www.menil.org/twombly.html, Mi–So 11–19 Uhr), die etwa 30 Werke des Künstlers (Tafelbilder, Plastiken und Arbeiten auf Papier), entstanden zwischen 1954 und 1994, zeigt.

 Byzantine Fresco Chapel Museum
4011 Yupon & Branard Sts.
Houston, TX 77006
✆ (713) 521-3990, www.menil.org
Mi–So 11–18 Uhr, Eintritt frei
Die ebenfalls zur Menil Collection gehörende Kapelle zeigt u.a. zwei Fresken aus dem 13. Jh.

 Rothko Chapel
1409 Sul Ross St. (Nähe Montrose Blvd.)

8 Infos: Houston

Houston, TX 77006
✆ (713) 524-9839
www.rothkochapel.org
Tägl. 10–18 Uhr, Eintritt frei
Ebenfalls Teil der Menil Collection. Von Philip Johnson gemeinsam mit Mark Rothko (1903–70) entworfene Kapelle, später (1971), nach Rothkos Tod, ausgeführt von Howard Barnstone und Eugène Aubry. Im schlichten Backstein-Oktogon hängen 14 Tafeln aus Rothkos später Schaffensperiode. Vor dem Eingang steht der **Broken Obelisk**, die Martin Luther King gewidmete Stahlskulptur von Barnett Newman, einem Freund Rothkos.

 The Health Museum
1515 Hermann Dr., Houston, TX 77004
✆ (713) 521-1515
www.mhms.org
Di–Sa 9–17, So 12–17, Juni–Aug. auch Mo 9–17 Uhr, Eintritt $ 8/6
Lehrgang durch den menschlichen Körper – *Texas size*. Rein geht's durch Mund und Rachen, vorbei an Superherzen, Mega-Augen, durch Riesenohren, vorbei an aufgeklappten Gehirnhälften, vollen Mägen und dicken Rippen. Und raus geht's schließlich zum – Gift Shop! Unterhaltsam und lehrreich in allem, was unter die Haut geht. Mit vielen guten Tipps für die Gesundheit.

Auf den Zahn gefühlt: im Health Museum

 The Houston Museum of Natural Science
5555 Hermann Park Dr.
Houston, TX 77030
✆ (713) 639-4629, www.hmns.org
Tägl. 9–17, Di bis 20 Uhr (permanente Ausstellung), Eintritt $ 15/10
Naturkundliches und familienfreundliches Museum mit hochkarätiger Edelstein- und Mineralienkollektion (Riesen-Topaz und phantasieanregende Malachite) – dem Smithsonian Museum of Natural History in Washington durchaus ebenbürtig. Die Wissenschaftler hinter den Kulissen unterhalten rege Kontakte zu Idar-Oberstein.
Sonstige Highlights (jeweils zusätzlicher Eintritt): **Burke Baker Planetarium** (Eintritt eventabhängig), **Wortham IMAX** (Mo–Fr 10–16, Sa/So 10–17 Uhr, i.d.R. zu jeder vollen Stunde auf einer Superleinwand naturkundliche Filme, Eintritt eventabhängig), **Theatre** und **Cockrell Butterfly Center** (Tägl. 9–17 Uhr, Eintritt $ 7/8) mit mehr als 2000 lebenden Schmetterlingen. Hier kann man durch ein tropisches Ambiente wandern – ein wenig Regenwald, ein wenig forstbotanischer Garten. Man sollte sich selbst möglichst auch etwas wie ein Schmetterling kleiden, denn das lockt die Flieger an. Oft spektakuläre Sonderausstellungen.

 The Children's Museum of Houston
1500 Binz St., Houston, TX 77004
 ✆ (713) 522-1138, www.cmhouston.org
Im Sommer Di–Sa 10–18, Do bis 20 (17–20 Eintritt frei), So 12–18 Uhr, Mo geschl., Eintritt $ 8
Hinter dem munteren Eingang verbirgt sich eine Menge Spaß, Handgreifliches und Lehrreiches aus Technik und Naturwissenschaft, Kunst und Umwelt. Zielgruppe sind 2–12-jährige Kinder.

 Houston Center for Contemporary Craft
4848 Main St., Houston, TX 77002
✆ (713) 529-4848, www.crafthouston.org
Di–Sa 10–17, So 12–17 Uhr, vom 4. Juli bis Labour Day (1. So im Sept.), So geschl., Eintritt frei
Eines der ganz wenigen Museen, das ausschließlich dem Kunsthandwerk gewidmet ist.

 George Ranch Historical Park
10215 FM 762, Richmond, TX 77469

⑧ Infos: Houston

✆ (281) 343-0218, www.georgeranch.org
Di–Sa 9–17 Uhr, So/Mo geschl.
Eintritt $ 9/5
Seit 1824 spiegelt die Ranch ca. 48 km südlich von Houston texanische Geschichte: von der Zeit der Viehbarone, über die Baumwollwirtschaft bis zum Öl, von der texanischen Revolution bis zum Zweiten Weltkrieg – eine Familiengeschichte über mehrere Generationen. Das Leben der frühen Siedler wird anschaulich dargestellt. Als Höhepunkt gilt allgemein die Demonstration des Pferdetrainings in der Rodeo-Arena. Snackbar, manchmal Cowboy-Lunch.
Anfahrt von Houston: US 59 South, Exit Grand Pkwy./Hwy. 99, dann an der Ampel links abbiegen auf die Crabb River Road (FM 2759) und dieser ca. 6 mi folgen.

Space Center Houston

1601 NASA Pkwy. (Exit von I-45)
Houston, TX 77058

✆ (281) 244-2100, www.spacecenter.org
Juni tägl. 10–19, Juli tägl. 9–19, Aug. Mo–Fr 10–17, Sa/So 10–19, im Winter Mo–Fr 10–17, Sa/So 10–18 Uhr, Eintritt $ 21/17
Von Walt Disney konzipierter Raumfahrt-Fun-Park im Zentrum des bemannten Raumfahrtprogramms der USA. Originale Weltraum-Vehikel: Mercury, Gemini und Apollo; Spacelab-Trainer, Simulationen, Video, IMAX-Filme, Touren zum Mission Control Center und Raketenpark. Im **Zero G Diner** kann man sich stärken. Picknick, Camping.

Beer Can House

222 Malone St. (zwischen Memorial Dr. und Washington Ave.)
Houston, TX 77007
✆ (713) 926-6368
www.beercanhouse.org
Sa/So 12–17 Uhr, Eintritt $ 2, Touren $ 5
Weil er einfach nichts wegwerfen konnte, sammelte John Milkovisch, ein pensionierter Eisenbahner, über Jahre leere Bierdosen. Irgendwann begann er diese für die Außenverkleidung seines Hauses zu nutzen. Wände wurden mit Dosenkörpern dekoriert, Böden von Aluminiumbüchsen für Türen genutzt etc. Eine frühe Form der Recyclingarchitektur.

ArtCar Museum

140 Heights Blvd., Houston, TX 77007
✆ (713) 861-5526
www.artcarmuseum.com
Mi–So 11–18 Uhr, Eintritt frei
Autokultur pur: Autos die zu Kunstobjekten wurden. Ein Käfer aus Drahtgeflecht, ein rollender roter Damenschuh oder ein Longhorn-Kopf auf der Kühlerhaube. Viele verrückte Kreationen auf Rädern. Wegen des indisch inspirierten Museumsgebäudes auch *Garage Mahal* genannt.
Einmal jährlich im Mai findet die *Art Car Parade* statt, eine Art Gegenentwurf zum Mardi Gras (www.orangeshow.org).

Hermann Park

6201 A Golf Course Dr.
Houston, TX 77030

✆ (713) 524-5876
www.hermannpark.org

Hermann Park liegt in der Nähe des Museum District, der Rice University bzw. des Texas Medical Center. Der Park bietet eine Fülle an Attraktionen: einen See, ein Freilufttheater, Joggingpfade, einen wunderschönen Rosengarten und sogar einen Zoo und ein Museum (Houston Museum of Natural Science, s. S. 140).

Memorial Park

6501 Memorial Dr., Houston, TX 7707
✆ (713)-863-8403
www.memorialparkconservancy.org
Tägl. 6–23 Uhr
Einer der größten städtischen Parks in den USA. Idealer Platz zum Golfspielen, Laufen, Spazierengehen, Tennis, Schwimmen etc.

Discovery Green

1500 McKinney St.
Houston, TX 77010

⑧ Infos: Houston

www.discoverygreen.com, tägl. 6–23 Uhr
Im April 2008 eröffneter kleiner Park mitten in Downtown mit eigens angelegtem See, Spielplatz, Kunst im öffentlichen Raum und Restaurants (v.a. **The Grove** direkt am Park).

RDG + Bar Annie
1800 Post Oak Blvd., Houston, TX 77056
 ✆ (713) 840-1111
www.rdgbarannie.com
Moderne, anspruchsvolle Southwest-Küche. Im Parterre kann man Cocktails und Vorspeisen in der **BLVD Lounge** genießen. Dann gibt es zwei Restaurantalternativen: Bar Annie (eher leger, $$–$$$) und den RDG Grill Room (vornehm und teuer, $$$).

Arcodoro
5000 Westheimer Rd., Suite 100
Houston, TX 77056
✆ (713) 621-6888
www.arcodoro.com/Houston
Wie das Pendant in Dallas gilt auch hier: traditionelle sardische Küche auf höchstem Niveau. Lunch und Dinner. Mit Patio. $$–$$$

t'afia
3701 Travis St. (südl. von Downtown)
Houston, TX 77002
✆ (713) 524-6922, www.tafia.com
So/Mo geschl.
Dezent beleuchtete ehemalige Lagerhalle aus Ziegeln und Glas, locker, laut und meistens voll. Regionale Gerichte (und Nahrungsmittel) mit mediterranem Einschlag. Viele offene Weine. Auch zum draußen Sitzen. $$

Damian's Cucina Italiana
3011 Smith St. (südl. von Downtown)
Houston, TX 77006
✆ (713) 522-0439
www.damians.com
Solider Italiener – besonders schmackhafte Fischgerichte. Cocktail Lounge. Lunch und Dinner. So geschl. $$–$$$

Mark's American Cuisine
1658 Westheimer Rd. (Dunlavy St.)
Houston, TX 77006
✆ (713) 523-3800, www.marks1658.com
Romantisch inszeniert in einer ehemaligen Kirche: neuamerikanische Küche auf hohem Niveau. Teuer. $$$

Churrascos River Oaks
2055 Westheimer Rd., Suite 180
Houston, TX 77098
✆ (713) 527-8300
www.cordua.com/churrascos
Tägl. Lunch und Dinner
Latino-Kochkunst und gute Steaks – viele sagen, die besten in Houston. $$–$$$

Américas River Oaks
2040 West Gray St., Suite 200 (River Oaks Shopping Center)
Houston, TX 77019
✆ (832) 200-1492
www.cordua.com/americas
Im New Age-Design wird köstliche *Latin American*-Küche geboten. Vor allem die verschiedenen Appetizer sind reizvoll (z.B. marinierte Fisch-Appetizer sog. *Ceviches*). $$–$$$

Hugo's
1600 Westheimer Rd. (Nähe Dunlavy)
Houston, TX 77006
✆ (713) 524-7744
www.hugosrestaurant.net
Anspruchsvolle mexikanische Gerichte statt Standard-Tex-Mex, hervorragende Salsa und Margaritas. $$

Tony's
3755 Richmond Ave., Houston, TX 77046
✆ (713) 622-6778
www.tonyshouston.com
Chi-Chi-Adresse für verwöhnte Gaumen. Internationale Küche mit italienischem Einschlag. So geschl. $$$

Caffe Bello
322 Westheimer Rd.
Houston, Texas 77006

Infos: Houston

✆ (713) 520-5599, www.caffebello.com
Mo–Fr Lunch und Dinner, Sa nur Dinner, So nur Lunch
Pizza, Pasta (frisch gekocht und al dente!) und traditionelle Secondi. $–$$

 Ruggles Green
2311 W. Alabama St., Suite C (Montrose) Houston, TX 77098
✆ (713) 533-0777
www.RugglesGreen.com
Nur lokale, ökologische Produkte werden verwendet um einfache Salate, Burger, Pizza, Panini und tagesaktuelle Fischgerichte anzubieten. Bestellt wird an der Theke. Kleiner Patio. $–$$

 Sambuca Jazz Café
909 Texas Ave. (Downtown)
Houston, TX 77002
✆ 713-224-5299, So geschl.
www.sambucarestaurant.com
Abends Live-Jazz, gutes Restaurant. $$

 The Galleria
5085 Westheimer Rd. &. Post Oak Blvd., Suite 4850, Houston, TX 77056
 ✆ (713) 966-3500, www.simon.com
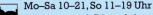 Mo–Sa 10–21, So 11–19 Uhr
Konsum- und Dienstleistungstempel für gehobene Ansprüche mit über 375 Geschäften, zwei Hotels, Warenhäusern, Kinos, zahlreichen Restaurants und einer Eisbahn. Wer nicht so viel Zeit mitbringt, sollte vielleicht eher eine der kleineren Malls aufsuchen.

 River Oaks Shopping Center
1964 West Gray St.
Houston, TX 77019
www.riveroaksshoppingcenter.com
Feine Mall, 1927 im Art-déco-Stil erbaut und 2007 renoviert.

 Central Market
3815 Westheimer Rd. (Wesleyan)
Houston, TX 77027
✆ (713) 386-1700
www.centralmarket.com

Täglich 8–22 Uhr
Überwältigendes Schlemmer-Angebot an frischen Lebensmitteln.

 Houston Livestock Show and Rodeo:
März, Erstklassiges für Rodeo-Fans im Astrodome, ✆ (832) 667-1000, hält die Stadt drei Wochen in Atem, www.rodeohouston.com.

Houston International Festival: Im April, internationale Kunst, jedes Jahr wird außerdem ein anderes Land thematisiert, ✆ (713) 654-8808, www.ifest.org.

The Galleria

⑨ Ab auf die Insel
Nach Galveston

9. Route: Houston – Space Center Houston – Galveston (96 km/60 mi)

km/mi	Zeit	Route/Programm Route
Morgen		**Houston: Museen** und/oder **Post Oak Galleria** (alle Infos zu Houston vgl. 8. Route, S. 137 ff.).
0	13.00 Uhr	Abfahrt nach Galveston: I-45 South, Exit 25, d.h. NASA Rd. 1 und dem Schild SPACE CENTER folgen
46/29	13.30 Uhr	**Space Center Houston** (ca. 2 Std.). Zurück zur I-45 nach Süden bis
96/60	16.15 Uhr	**Galveston**. Strand und/oder Besichtigung des historischen Galveston: Villen und **The Strand**.

Sportmöglichkeiten in Houston: Grundsätzlich sollte man im Sommer schon sehr früh aufstehen, wenn man sich draußen sportlich betätigen möchte. Schon am Morgen ist die schwüle Hitze oft unerträglich.

Memorial Park (Adresse vgl. Infos S. 141): Der populärste Treff für Läufer. Besonders beliebt ist der Seymour Lieberman Exercise Trail, ein knapp 5 km langer Trail mit verschiedenen Freiluft-Fitnesseinrichtungen entlang dem Weg.

Hermann Park (Adresse vgl. Infos S. 141): Der Marvin Taylor Exercise Trail ist gut 3 km lang und verläuft um den Hermann Park Golf Course. Durch den hohen Bestand an alten *live oaks* rechts und links des Wegs, ist der Trail überwiegend schattig. Am besten man parkt sein Auto beim Houston Zoo.

Houston: Museum of Fine Arts, Cullen Sculpture Garden

Houston und die schönen Künste – das wäre ein Kapitel für sich. Doch die Zeit sollte wenigstens für einige Kostproben reichen, denn nicht zuletzt durch die hochkarätigen Sammlungen und die Ausstellungsarchitektur von Houston hat sich Texas einen Namen gemacht und sich nach New York, Los Angeles und Chicago zum wichtigsten Kunstzentrum der USA entwickelt. Das ist immer noch erstaunlich für einen Bundesstaat, mit dem selbst viele Amerikaner nur Rinder und Cowboys, Öltürme, Steaks und Männer mit breitkrempigen Hüten assoziieren.

Im Stadtviertel um den Montrose Boulevard liegen mit 18 Museen bzw. kulturellen Einrichtungen viele ästhetische Highlights in enger Nachbarschaft. Das größte unter ihnen ist das **Museum of Fine Arts**, mit dem im Jahre 2000 eröffneten noblen Erweiterungsbau des **Audrey Jones Beck Building**, das seinem älteren Pendant **Caroline Wiess Law Building** gegenüber liegt, jenem seltsam janusköpfigen Bau, der verwirren kann, je nachdem, von welcher Seite man sich ihm nähert. Auf der einen präsentiert er eine bieder klassizistische Front aus der Gründerzeit, auf der anderen den Haupteingang, einen gefällig abgerundeten Glasbau von Mies van der Rohe. Sehenswert ist vor allem der unterirdische Tunnel, der beide Gebäudekomplexe durch eine Installation des Lichtkünstlers James Turrell verbindet (vgl. Abb. S. 147).

Auf der anderen Straßenseite lädt der von Isamu Noguchi entworfene **Cullen Sculpture Garden** zur näheren Betrach-

Optisches »Om«: Rothko Chapel, Houston

Houston: Contemporary Arts Museum, Menil Collection, Rothko Chapel

tung von Reliefs und Plastiken unter anderem von Rodin, Matisse, Maillol und Stella ein; die **Glassell School of Art** zu kreativen Malklassen, in eine Art Volkshochschule der Künste; und schließlich das in eine silbrige Außenhaut gehüllte **Contemporary Arts Museum** zu zeitgenössischen Wechselausstellungen.

Den Löwenanteil am Umfang und Niveau der Sammlungen haben zwei örtliche Mäzene, Dominique und John de Menil. Dominique de Menil (1908–97), geborene Schlumberger, war elsässischer Herkunft und wurde durch Ölbohrmaschinen reich. Geldquellen, die sie der lokalen Kunstszene zugutekommen ließ. So setzte sie nach dem Tod ihres Mannes (1904–73) die gemeinsame Idee eines Museums, der **Menil Collection**, um.

Schon die Lage dieses Museums, 1987 von Renzo Piano erstellt, könnte man sich kaum schöner denken. Der schlichte Bau ist Teil eines parkähnlichen Wohngebiets, dessen Bungalows ringsum ebenfalls der Familie Menil gehören. Hier und da sieht man Skulpturen in den Vorgärten oder öffentlichen Anlagen, die von den Kindern mitunter als Turngeräte genutzt werden. Drinnen strömt das Tageslicht durch die Lamellendecke und erhellt Skulpturen, Objekte und gewächshausartige Innenhöfe gleichermaßen. In dunklen Räumen und künstlich beleuchtet hängen dagegen Bilder der Surrealisten, was ihre Wirkung noch steigert.

Ganz in der Nähe steht die **Rothko Chapel**, deren Interieurgestaltung ebenfalls im Auftrag der Menils erfolgte. Der abstrakte Expressionist Mark Rothko (1903–70) hat hier mit einem Bilderzyklus einen religiös-meditativen Raum geschaffen, dessen Wirkung schon beim Betreten der Kirche überwältigt. An den Wandflächen des Oktogons hängen 14 dunkle Tafelbilder Rothkos – seine letzten übrigens, er nahm sich 1970 das Leben.

Erst nach einer Weile geraten die düsteren Farben in Bewegung, so dass sich ihre Monochromie aufzulösen scheint. Farbnuancen zwischen dunklem Lila und Schwarz deuten sich an, begünstigt zuweilen durch den Wechsel des Tages-

Museum of Fine Arts, Audrey Jones Beck Building

Houston: Rothko Chapel, Hermann Park, River Oaks, Uptown District

Lichtinstallation »The Light Inside« von James Turrell

lichts, das indirekt durch die Deckenöffnung fällt. Rothko Chapel – eine Art optisches *Om*. So ungewöhnlich wie der Bau ist auch seine Nutzung. Von katholischen und protestantischen Priestern, Rabbis und moslemischen Scheichs wurde die Kapelle eingeweiht, und seither finden hier ökumenische Gottesdienste und Hochzeiten ebenso statt wie Menschenrechtstreffen; Knabenchöre und gregorianische Messen sind erklungen und sogar der Dalai Lama war hier.

Wer nach so viel Kunst etwas Bewegung sucht, ist gleich nebenan im **Hermann Park** gerade richtig aufgehoben. Für naturwissenschaftlich Interessierte finden sich im Park auch der **Houston Zoo** und das **Houston Museum of Natural Science**. Alternativ kann man noch einen Abstecher in Houstons Folk Art unternehmen: Im **ArtCar Museum** gibt es schrille Kunstkreationen auf Rädern zu bewundern, das **Beer Can House** ist ein verrücktes Beispiel, wie man ein Haus mit recycelten Bierdosen neu einkleiden kann.

Der Weg von den Kunstinstituten zu den Shopping-Tempeln führt zwangsläufig über die **Westheimer Road**, ein regelrechter Reißverschluss, der von Downtown bis weit über den Post-Oak-Bezirk hinaus einen abwechslungsreichen Flickenteppich aus Stadtansichten und Milieus knüpft.

Auf der Nordseite von Westheimer liegt **River Oaks**, das Luxusviertel für Erwählte. Hier darf noch längst nicht jeder wohnen. Selbst der nicht, der es sich leisten könnte, ein Antebellum-Haus, ein französisches Château oder ein englisches Schloss zu beziehen. So sehr nämlich die Anlieger mit diesen prächtigen Stilblüten dem Wirtschaftsliberalismus frönen, so wenig mögen sie eben diese Freiheit gelten lassen, wenn es um die Frage geht, wer der neue Nachbar sein soll.

Der **Uptown District** hat sich längst zu einem zweiten Houston ausgewachsen. Luxushotels, ehrgeizige Büroriesen und die renommierte **Galleria** machen Uptown zu einer Pionierstadt des 21. Jahrhunderts. Freie Bahn also für die einhei-

Houston: Galleria; **Space Center Houston**

mischen *clotheholics,* jene Klamottenfreaks der Glamourszene, deren Kleider- und Schuhschränke die Größenordnung kompletter Wohnungen, ja ganzer Häuser erreicht haben.

Aber auch ohne solchen Stauraum lohnt ein Rundgang durch die Galleria, diese Mega-Shopping-Mall, die mehrfach erweitert wurde und in der heute mehr als 375 Läden Unterschlupf gefunden haben. Durchweg sind hier Kunden mit gehobenen Ansprüchen und entsprechendem Budget König, auffällig viele davon aus Mexiko. Viele der Imbissrestaurants halten da qualitativ mit, die umgebenden Top-Restaurants und Top-Hotels selbstverständlich auch. Die eingebaute Eislaufbahn gerät zum Augenschmaus, wenn ältere Fred-Astaire-Pärchen Arm in Arm ihre Runden drehen. Oben auf dem Dach verläuft ein Trimmpfad. Wer durch das Glasdach blickt, sieht dort die Jogger in brütender Hitze wetzen und schwitzen.

Von Houston ist es nur ein Sprung bis Galveston, erst recht dann, wenn man es schafft, den Sog und Sound des Großstadtverkehrs schnell hinter sich zu bringen. Meist reicht eine halbe Stunde für den Weg bis zum **Space Center Houston**. Auf der Zufahrtsstraße, der NASA Road 1, weisen NASA Café, NASA Liquor oder NASA Jewelry unmissverständlich den Weg zur terrestrischen Bodenstation, zum *closest thing to space on earth,* wie der Veranstalter, eine Stiftung für die Didaktik der bemannten Raumfahrt, behauptet. Und weiter heißt es, dass vier Stunden gerade ausreichen, um alles mitzukriegen, was sich die »Imagenieure« von Walt Disney ausgedacht haben, um hier auf dem Gelände das Thema Raumfahrt in einen spannenden und zugleich lehrreichen Vergnügungspark umzusetzen.

Außerirdisches, von Natur aus schwer greifbar, gibt es in der Raumschiff-Gale-

Astronaut im Space Center Houston

Space Center Houston

Seawall im Jahr 1911 vor dem Galvez Hotel

rie zum Anfassen, Brocken vom Mond ebenso wie einschlägige Hardware: die Mercury-9-Kapsel, Gemini 5, die Kommandozentrale von Apollo 17 und so weiter. An Computern kann der Besucher Satelliten starten und Raumfähren landen lassen oder per Video den Trainingsprogrammen der Astronauten und dem Betrieb im berühmten **Mission Control Center** zusehen. Ingenieure, Wissenschaftler und sogar echte Astronauten stehen Rede und Antwort, während sich die Accessoires der Weltraummode – Helme und Handschuhe zum Beispiel – zur Anprobe und Tuchfühlung anbieten. Wer möchte damit nicht mal nach den Sternen greifen?

Konzept und Design der Disney-Leute übertreffen bei Weitem die Präsentationskünste, die viele amerikanische Museen ohnehin auszeichnen und durch die sie sich von den meisten ihrer europäischen Kollegen unterscheiden: das bewundernswerte Geschick nämlich, Entertainment und Erziehung, Spaß und Lernen unter einen Hut zu bekommen. Zugegeben, nationalpathetische Töne bleiben nicht gerade außen vor (vor allem nicht bei den Super-Film-Programmen oder auf der NASA Tram Tour zum Kontrollzentrum und zu den Raketen-Rentnern im Rocket Park), aber im Ganzen gesehen ist das Space Center Houston ein spektakuläres technisches Museum, dessen Animationskraft jene im National Air & Space Museum in Washington weit übertrifft.

Die Mittel für dieses nur von Sponsoren und aus Privatspenden finanzierte Unternehmen flossen reichlich. Auch außergewöhnliche Mühen wurden nicht gescheut. Die komplette Spacelab-Trainingsstation musste zum Ausstellungsort transportiert werden, bevor dessen bauliche Umhüllung überhaupt in Angriff genommen wurde. Kein Tor wäre groß genug gewesen, die Laboreinheit hereinzuschaffen und innen zu installieren.

Vom Raumkontakt zurück auf den Asphalt, zum Golf. Dazu hebt sich bald

Galveston

eine lange Brücke über die **Galveston Bay**, von der aus man deutlich die Pyramiden von **Moody Gardens** erkennen kann, einem Touristenmagneten aus Spaßbad (mit künstlichem Strand), Aquarium, tropischem Regenwald und Resort-Hotel.

Das Inselstädtchen **Galveston** (rund 56 000 Einwohner) hat tapfer durchgehalten, trotz stürmischer Geschichte und der Nähe zu Houston. Doch die 70 Kilometer zwischen der Großstadt und der Insel reichen, um sich praktisch ein Jahrhundert im Zeitgeschmack zurückzuversetzen. Gefällig verstecken sich die hübschen Holzvillen in tropischen Gärten, deren schwerer Geruch in der Luft liegt. Eine seltsam poröse und pockennarbige Oberfläche überzieht viele viktorianische Überbleibsel, hervorgerufen durch Salzluft, Sonne und eine Gelassenheit, der es nicht darauf anzukommen scheint, das Erbe perfekt zu sanieren.

1817 fand der Pirat Jean Lafitte hier Unterschlupf, wenn er sich nicht gerade über spanische Handelsschiffe hermachte. Als die provisorische texanische Regierung vor der mexikanischen Armee auf die Insel flüchtete, wurde 1836 die Stadt als solche gegründet und war kurze Zeit auch Hauptstadt der Republik. Gegen Ende des Jahrhunderts besaß Galveston bereits den drittgrößten Tiefseehafen der Nation. Viele der frühen Bewohner waren Flüchtlinge mit sehr unterschiedlichen Motiven. Die meisten kamen zwischen 1840 und 1870, immerhin mehr als 250 000 Einwanderer, was Galveston den Ruf des *Ellis Island of the West* einbrachte.

Schmuckstück: Opernhaus in Galveston

The Bishops Palace

Und das Finanzviertel, **The Strand District** (die Straßenblöcke zwischen Strand und Postoffice St. bzw. 20th und 25th Sts.), galt entsprechend als Wall Street des Westens. Gehandelt wurde vor allem mit Baumwolle und Sklaven. Die kulturbewussten Händler, hauptsächlich deutsche Juden, deren Nachfahren noch heute hier leben, formten aus Galveston ein urbanes Schmuckstück. Während im übrigen Texas noch Colt und Faustrecht regierten, buchten die Bürger der Hafenstadt bereits Opernpremieren und schickten ihre Kinder auf die Medizinische Hochschule am Ort.

Wegen seiner Nähe zu den Öl- und Gasfeldern des östlichen Texas, seines natürlichen Hafens und seiner cleveren Geschäftsleute hätte Galveston eigentlich das New York des Westens werden müssen. Aber im September 1900 jagte ein Hurrikan heran, trieb eine mehr als sechs Meter hohe Flutwelle vor sich her, tötete Tausende von Menschen und verwandelte fast die gesamte Stadt in meterhohe Schuttberge. Zwar baute man da-

9 Galveston: Seawall, Ashton Villa

Fischen am Galveston Strand

Sculpture Art in Galveston

nach eine hohe Ufermauer, den **Seawall**, aber so richtig hat sich die Stadt von diesem Schlag nie wieder erholt. Als 1917 auch noch der Houston Ship Channel gebaut wurde, war das wirtschaftliche Schicksal von Galveston endgültig besiegelt.

Erst Anfang der 1960er-Jahre regte sich neues Leben auf der Insel. **Ashton Villa** am Broadway, ein wahres Prachtgebäude, sollte einer Tankstelle weichen. Die Galveston Historical Foundation kaufte das Haus, renovierte es und setzte damit ein Zeichen für neuen Bürger- und Zukunftssinn, der trotz der schweren Schläge in der Vergangenheit eigentlich nie wirklich verloren gegangen war. Eine alte Dame und gebürtige Galvestonierin kann sich daran erinnern. Eigentlich, meint sie, sei es nur der Dickköpfigkeit, Sturheit und dem Durchhaltewillen der deutschen Siedler zu verdanken gewesen, dass aus Galveston je etwas geworden sei. Schon lange vor dem Hurrikan, denn die natürlichen Siedlungsbedingungen seien einfach schrecklich gewesen. »Da war die Hitze, die hohe Luftfeuchtigkeit, die Gelbfieber-Epidemien und die ständigen Stürme. Außerdem gab es kein Wasser.« Noch heute übrigens bezieht Galveston sein Trinkwasser vom Festland. Auch zum Bauen gab es nichts Rechtes. »Die Leute hatten weder Steine noch Holz. Sie mussten Treibholz vom Strand aufsammeln und Muscheln zerkleinern, um den Häusern wenigstens den Anschein zu geben, sie seien solide aus Stein gebaut.«

Der östliche Teil des **Broadway** ist heute sicher immer noch die schönste Straße, auch wenn viele der Oleander, Palmen und immergrünen Eichen entlang dem Boulevard dem verheerenden Sturm »Ike« zum Opfer gefallen sind. Mit fast 200 Stundenkilometern und meterhohen Wellen traf der Hurrikan am 13. September 2008 in Galveston auf Land. Weite Teile der Insel wurden überflutet und stark beschädigt. 40 000 Bäume fielen dem Sturm zum Opfer. Vor allem für die wunderschönen, alten Virginia-Eichen *(live oaks)* bedeuteten die großen Mengen Salzwasser das Aus. Aber schon einige Monate nach dem Wirbelsturm begannen die ersten *sculpture artists* den Überresten der *live oaks* ein zweites Leben einzuhauchen. Aus den Baumstammresten wurden skurrile Skulpturen geformt, die nun viele Vorgärten im historischen Viertel zieren (vgl. S. 152).

Geblieben sind die sehenswerten Baudenkmäler: **Bishop's Palace** zählt ebenso dazu wie die filigrane Ashton Villa und die herrschaftliche **Moody Mansion**. Den historischen Stadtkern von Galveston kann man gut zu Fuß erkunden, vor allem den **Strand District**, das mit viel Kleinarbeit restaurierte Stadtzentrum. Besonders **Postoffice Street** lohnt einen Abstecher, denn hier versammeln sich die meisten Antiquitätenläden, Galerien, Bars und Restaurants.

Und die Strände? Die Strände entlang dem Seawall erfüllen sicher nicht jeden Badetraum, aber in östlicher Richtung bieten z.B. **Steward Beach** und **East Beach** und am Westende der Stadt **Galveston Island State Park** Alternativen – zum Baden, Laufen, zur Vogelbeobachtung oder zum Reiten. RENT A HORSE ON THE BEACH! Wo keine Kühe auf den Weiden an der Wattseite grasen, reihen sich munter bunte Stelzenhäuser für die Stadtmüden aus Houston. Mit der Eröffnung der »Schlitterbahn« im Jahre 2005 hat sich Galveston zunehmend zur Familiendestination entwickelt. Und schließlich erfreut sich der Hafen bei Kreuzfahrtschiffen wachsender Beliebtheit. Doch wie der Hurrikan »Ike« gezeigt hat, bleiben in Galveston alle Pläne immer nur auf Wasser gebaut.

9 Infos: Kemah, Galveston

Café im The Tremont House in Galveston

Kemah Boardwalk
215 Kipp Ave., Kemah, TX 77565
✆ (281) 334-9880 und 1-887-285-3624
www.kemahboardwalk.com
Shops, Restaurants und ein Riesenrad am Wasser sorgen für Unterhaltung der ganzen Familie. Anreise: I-45 zwischen Houston und Galveston, Exit NASA Parkway, 1 East, Hwy. 146 South. In Kemah: 6th St., links an Bradford Ave.

Galveston Island Visitors Center
2328 Broadway (Ashton Villa)
Galveston, TX 77550
✆ (409) 797-5144 und 1-888-425-4753
www.galveston.com, tägl. 10–17 Uhr

Entlang dem **Seawall Boulevard** sind praktisch alle bekannten Hotelketten vertreten. Allerdings empfiehlt es sich, möglichst ein Hotel in der historischen Stadtmitte zu wählen. Seawall Boulevard ist eine stark befahrene, laute Straße, die durch »Ike« leider viel von ihrem früheren Charme eingebüßt hat.

The Tremont House
2300 Ship's Mechanic Row (23rd & 24th Sts., Historic Downtown)
Galveston, TX 77550
✆ (409) 763-0300
www.wyndhamtremonthouse.com
1839 erbautes, elegantes und sehr stilsicher saniertes Boutique-Hotel. Sehr ansprechende Lobby, eigenes Café, historische Bar und 119 angenehme Zimmer mit hohen Decken. Fitnessraum. Zusätzlich Freiluft-Bar auf der Dachterrasse mit wunderbarem Blick über Galveston. Außerdem können Pooleinrichtungen des Hotel

Infos: Galveston

Galvez mitgenutzt werden. Zentrale Lage im Stadtviertel Strand. $$$–$$$$

 Hotel Galvez
2024 Seawall Blvd., Galveston, TX 77550
✆ (409) 765-7721
www.wyndhamhotelgalvez.com
Traditionelles Hotel von 1911 mit gediegenem Charme am Golf (226 Zimmer). Sauna, Fitnessraum, Pool, Whirlpool. Das Restaurant **Bernardo's** ($$– $$$) genießt einen guten Ruf, besonders für Fischgerichte. $$$–$$$$

 Grace Manor B&B
1702 Postoffice St. (Historic Downtown)
Galveston, TX 77550
✆ (409) 621-1662
www.gracemanor-galveston.com
Eleganter B&B aus dem Jahre 1905. Full Breakfast. $$$

 Harbor House
Pier 21 (Historic Downtown)
Galveston, Texas 77550
✆ (409) 763-3321
www.harborhousepier21.com
42 Zimmer bzw. Suiten im nautischen Stil eingerichtet und direkt am Hafen gelegen. $$–$$$

 Holiday Inn Express & Suites
8628 Seawall Blvd., Galveston, TX 77554
✆ (409) 740-7900, www.hiexpress.com
Typisches Holiday Inn, in 2010 eröffnet. Pool, Fitness. $$–$$$

 Baymont Inn & Suites Galveston
2826 63rd St., Galveston, TX 77551
✆ (409) 744-3000, www.baymontinns.com
Einfaches Hotel, gutes Preis-Leistungs-Verhältnis. Gym/Fitnesscenter. $–$$

 Bayou Shores RV Resort
6310 Heards Ln., Galveston, TX 77551
✆ (409) 774-2837
RV Park (kein Camping) am Strand mit *full hookups*, Duschen, Waschsalon, Restaurant und Bar.

 Ashton Villa
2328 Broadway & 23th St.
Galveston, TX 77550
www.galveston.com/ashtonvilla
Die erste der großen Villen (1859) von Galveston am Broadway: viktorianisch verspielter Antebellum-Charme und eine Augenweide für Antiquitätenfreunde. Wegen Renovierungsarbeiten zzt. keine Innenbesichtigung und keine Touren möglich.

 The Bishop's Palace
1402 Broadway & 14th St.
Galveston, TX 77550
✆ (409) 762-2475
www.galveston.com/bishopspalace
Tägl. außer Mi 11–17 Uhr
Führungen stündlich (letzte Tour 16 Uhr), Eintritt $ 10/7
1886 als Offiziersvilla gebaut, ab 1923 im Besitz der Diözese von Galveston und katholischer Bischofssitz bis 1950. Heute öffentlich zugänglich. Sehenswertes Holztreppenhaus.

 Moody Mansion Museum
2618 Broadway & 26th St.
Galveston, TX 77550
✆ (409) 762-7668
www.moodymansion.org
Führungen täglich 11–15 Uhr
Eintritt $ 7/3.50
Der Kontrast von Kalkstein und Ziegel bestimmt die Außenwirkung dieser herrschaftlichen Villa von 1895 mit sehenswertem Interieur.

 Ocean Star Offshore Drilling Rig Museum and Education Center
Pier 19 (Harborside Dr. & 20th St.)
Galveston, TX 77554
✆ (409) 766-7827
www.oceanstaroec.com
Tägl. 10–17, im Sommer 10–18 Uhr
Eintritt $ 8/5
Die pensionierte Bohrinsel gewährt Einblick in die Erdöl- und Erdgasgewinnung auf See. Videos, Geräte, interaktive Aus-

⑨ Infos: Galveston

Im Aquarium von Moody Gardens

stellung. Führungen schließen einen 12-minütigen Film ein.

The Grand 1894 Opera House
2020 Postoffice St. (Nähe 21st St.)
Galveston, TX 77550
✆ (409) 765-1894 oder 1-800-821-1894
www.thegrand.com, Mo–Sa 9–17 Uhr
Selbstgeführte Rundgänge $ 2
Vorbildlich restaurierter Prachtbau nach viktorianischer Manier mit ganzjährig gemischtem Programm – von Gladys Knight über »La Bohème« zu den Wiener Sängerknaben.

Lone Star Flight Museum
2002 Terminal Dr., Galveston, TX 77552
(In unmittelbarer Nachbarschaft von Moody Gardens bzw. des Schlitterbahn Waterpark)
✆ (409) 740-7722, www.lsfm.org
Täglich 9–17 Uhr, Eintritt $ 8/5
Eine der größten Sammlungen historischer Flugzeuge, insbesondere Jagd-, Bomben- und Transportflugzeuge aus dem Zweiten Weltkrieg, die zum großen Teil immer noch flugfähig sind.

Nach vorheriger Terminabsprache (möglichst ein paar Tage vorher telefonisch oder per Mail: flight@lonestarflight.org) kann man auch Flüge in den sog. *War Birds* buchen.

Moody Gardens
 1 Hope Blvd., Galveston, TX 77554
✆ 1-800-582-4673
 www.moodygardens.com
 Tägl. 10–18, im Hochsommer bis 20 Uhr
Eintritt $ 40 (Tageskarte für alle Attraktionen), er werden aber auch Einzeltickets für die drei Pyramiden verkauft.
Drei Pyramiden (Discovery, Rainforest und Aquarium), drei Themen: Technologie, Regenwald (wegen der exotischen Vögel, Fische und Pflanzen besonders bei Kindern beliebt) und Aquarium. IMAX-3D-Theater.
Gärten, Pools und Strände (Palm Beach), Schaufelraddampfer und ein Hotel (Moodys Gardens Hotel & Spa, 7 Hope Blvd., ✆ 409-741-8484, www.moodygardenshotel.com, $$$–$$$$) sorgen für Entspannung gestresster Erdenbürger aller Altersklassen. Die Anlage auf der Bayseite wurde 1982 von der philantropischen Moody Foundation ins Leben gerufen.

Schlitterbahn Galveston Island Waterpark
 2026 Lockheed St. (in unmittelbarer Nachbarschaft von Moody Gardens)
Galveston, TX 77554
www.schlitterbahn.com/gal
Eintritt je nach Paket und Saison: Tagesticket $ 28/23, Nachmittagskarte $ 19/15
Riesiger Wasser-Fun-Park: Viele Wasserrutschen und -röhren, ähnlich wie in New Braunfels mit den Attraktionen »Surfenburg« und »Blastenhoff«. Allerdings hier auch im Winter geöffnet (Indoor-Bereich »Wasserfest«).

Pier 21 Theater
Pier 21, Galveston, TX 77550
✆ (409) 763-8808
www.galveston.com/pier21theatre
Tägl. außer Di im Sommer 11–18, im Winter 11–17 Uhr
Filmische Dokumentation des »Great

Infos: Galveston

Storm« von 1900 (Eintritt $ 5/4, Beginn immer zur vollen Stunde) und der Legende des Piraten Jean Lafitte (Eintritt $4/3, Beginn immer zur halben Stunde).

East Beach/Apffel Beach Park

1923 Boddeker Dr. (Seawall)
Galveston, TX 77550
℃ (409) 762-3278
www.galveston.com/eastbeach
Juni–Sept. 9–18, März–Mai 9–17 Uhr, am Wochenende länger
Eintritt/Parken $ 8 pro Auto
Dieser Strand am äußersten östlichen Ende der Insel eignet sich zum Baden. Ein guter Platz für Muschelsucher, die hier u.a. Engelsflügel und Seesterne *(sand dollars)* finden können. Im **Big Reef Nature Park** kann man die Vogelwelt studieren.

Galveston Island State Park
14901 FM 3005, Galveston, TX 77554
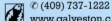
℃ (409) 737-1222
www.galveston.com/galvestonislandstatepark, Eintritt $ 5
Galveston Island State Park liegt am westlichen Ende der Insel. Der Strandbereich ist leider durch Hurrikan »Ike« schwer beschädigt worden. Allerdings lohnt ein Ausflug zu den auf der anderen Straßenseite zugänglichen Bayous. Hier finden sich eine Reihe von Trails mit guten Beobachtungspunkten für Ibisse, Enten, Kormorane, Reiher etc. Aber man kann auch auf Waschbären, Armadillos oder Marschkaninchen treffen. Karte mit Trails beim Visitors Center erhältlich.

Stewart Beach Park
Seawall Blvd. & 6th St.

Galveston, TX 77550
℃ (409) 765-5023
www.galveston.com/stewartbeach
Mo–Fr 9–17, Sa/So 8–18 Uhr, im Sommer länger, Eintritt $ 8 pro Auto
Schöner familienfreundlicher Strand, Snackbar. Kinderspielplatz, Volleyballplätze, Sonnenschirme und Liegestühle leihweise.

Katie's Seafood Market
1902 Wharf Rd. (Pier 19)
Galveston, TX 77550
℃ (409) 763-8160
www.katiesseafoodmarket.com
Fresh seafood to-go: Fangfrisches aus dem Golf – zum Mitnehmen.

Rudy & Paco
2028 Postoffice St. (neben dem Opernhaus)
Galveston, TX 77550
℃ (409) 762-3696
Südamerikanisch beeinflusste Küche. Sehr beliebt. Ein Gedicht z.B. die *Tortilla Soup*. Lunch & Dinner. So geschl. $$–$$$

Luigi's
2328 The Strand
Galveston, TX 77550
℃ (409) 763-6500
www.luigisrestaurantgalveston.com
Ansprechender Raum, schmackhafte toskanische Küche, viele offene Weine. Mo–Sa Lunch und Dinner. So nur Lunch. $$–$$$

Saltwater Grill
2017 Postoffice St. (gegenüber dem Opernhaus)
Galveston, TX 77550
℃ (409) 762-3474
Vor allem Fisch und Meeresfrüchte im Angebot. $$–$$$

Twenty-One
2102 Postoffice St. (neben dem Opernhaus)
Galveston, TX 77550
℃ (409) 762-2101
www.galveston.com/21
So geschl.
Martini-Bar für die späteren Stunden.

Dickens on The Strand: 1. Dezemberwoche, das vorweihnachtliche Fest, ℃ (409) 765-7834.
Mardi Gras: Feb./März, 12 Tage und 11 Nächte wird gefeiert, www.mardigrasgalveston.com.

🔟 Texas Riviera
Von Galveston nach Port Aransas oder Corpus Christi

10. Route: Galveston – Port Aransas (365 km/228 mi) – Corpus Christi (384 km/240 mi)

km/mi	Zeit	Route
0	9.00 Uhr	**Galveston Seawall** nach Südwesten, d.h. auf County Road 257 nach Westen über **Surfside** und in **Freeport** dem Hinweis zum Hwy. 36 nach Norden folgen Richtung Brazoria. In **West Columbia** auf Hwy. 35 nach Süden abbiegen über **Bay City** (Lunchstopp) nach
203/127	12.30 Uhr	**Palacios**. Weiter über Lavaca Bay und **Fulton**. Dort, dem Schild folgend links zur

Texas Riviera

330/206 14.00 Uhr **Fulton Mansion** (Möglichkeit zur Besichtigung). Zurück zum Hwy. 35 und in **Aransas Pass** S 361 nach links und mit der kostenlosen Fähre nach (Überfahrt ca. 5 Min.)

365/228 15.30 Uhr **Port Aransas** auf **Mustang Island**. Im Port Aransas gibt es ein paar kleine preiswerte Motels.

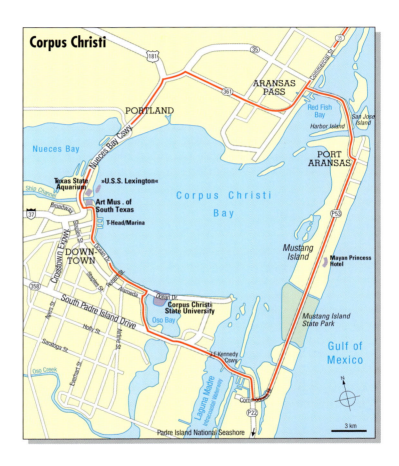

Empfehlung: Wer nach den vielen großen Städten auf der Route einfach etwas entspannen möchte, sollte am besten den Aufenthalt in **Port Aransas** etwas verlängern. Die schönen Strände, insbesondere in Padre Island, laden dazu einfach ein. Wer außerhalb der Hauptsaison kommt (vor allem im April und Oktober), muss den Strand nur mit den Vögeln teilen.

> **Alternativen:** Statt gleich an den Inselstrand, kann man auch erst einmal nach **Corpus Christi** fahren, d.h. in Aransas Pass auf Hwy. 35 bleiben, der ab Gregory Portland mit dem US Hwy. 181 bis Corpus Christi identisch ist. Ankunft in Downtown Corpus Christi etwa gegen 15.30 Uhr.

Südlich von Galveston lassen sich Vergleiche mit der deutschen Nordseeküste immer schwerer halten, es sei denn, man ließe die kleinen Kakteen *(prickly pear)*, die hier in den Dünen wachsen, als texanische Stranddisteln durchgehen.

Den Willkommensgruß auf dem Ortsschild von **Surfside** mag man ja noch hinnehmen, aber die nachfolgende Petrochemie-Szene von **Freeport** serviert schwer verdauliches Augenfutter. Von der Brücke über den Intracoastal Waterway überblickt man das Areal der Firma Dow Chemical, eine richtige Dow-Landschaft. Keine Frage, Freeport ist *oilport*. Doch schon auf der gegenüberliegenden Straßenseite breiten sich schöne, von mäandernden Wasserläufen durchzogene Wattwiesen aus. Und während in der Folge Spanisches Moos und weißgetupfte Baumwollfelder idyllische Bilder schaffen, steht dann doch ab und zu eine Ölpumpe dazwischen.

Je weiter der Highway 35 hinter **Palacios** südwestlich vordringt, umso mehr entfaltet der von unzähligen Buchten ausgespülte Küstenstreifen seine Wasserfülle. **Lavaca Bay**, **Tivoli** oder **Copano Bay**: Kanäle und Seen, Bays und Bayous verschönern diese »Marsch«-Route. Eine mit ungewöhnlichem Vogelreichtum übrigens; die Abzweigung zum **Aransas Wildlife Refuge** deutet es an. Sein »Star« ist der *whooping crane*, der Schreikranich, ein ebenso schöner und großer wie seltener Vogel, für den dieses Schutzgebiet eine Bleibe schaffen möchte – trotz naher Ölpumpen und dem heftig befahrenen **Intracoastal Waterway**, der sich an der texanischen Küste von Galveston bis South Padre Island zwischen dem offenen Meer und den Marschen diesseits der Barrier Islands hinzieht.

Überhaupt ist das Gebiet um Corpus Christi eine wahre Fundgrube für Vogelfreunde. Unter den annähernd 400 Arten fleucht, stelzt und flattert so mancher gefiederter Geselle – von braunen und weißen Pelikanen und Kormoranen über Austernfischer und Scherenschnäbel, Falken, Eulen und Spechte, Wachteln und wilde Truthähne bis zum Kolibri und dem exotischen Rosalöffler. Zu jeder Jahreszeit gesellen sich zu den einheimischen Arten Fluggäste aus Zentral- und Südamerika (im Sommer) und aus dem hohen arktischen Norden (im Winter).

Im Badekurort **Fulton** steht die elegante **Fulton Mansion**, es fällt leicht, nachzu-

Stolz auf Stelzen: Kranich in Fulton

Fulton, Rockport, Aransas Bay, Aransas Pass, Port Aransas

vollziehen, warum hier früher sogar amerikanische Präsidenten ihre Sommerfrische verbracht haben. Ringsum stehen kleine grüne Eichen *(live oaks)*, die der Wind aerodynamisch gestylt hat. Sie bezeichnen neben den Kiefern eine Vegetationsgrenze, denn der südlichste Ausläufer des osttexanischen Waldlandes reicht bis Fulton.

Was die Rute für die Angler, das ist der Pinsel für die Maler – ein Mittel nämlich, um Früchte und Licht des Meeres einzufangen. **Rockport**, das Mekka der Sportfischer, ist denn auch eine Künstlerkolonie. Viele Galerien, Antiquitäten- und Kunstgewerbeläden zeugen davon; auf ihre Art auch die offenbar beliebte Volkskunst mit Muscheln in den *shell shops*.

Mehr und mehr *condos* – sprich Eigentumswohnungen – flankieren die **Aransas Bay**. Oft sind es Zweitwohnsitze. Wochenendtrips aus den Städten oder von den Ranches erledigen viele Texaner mit dem Flugzeug. Deshalb liegt auch der kleine Flughafen so nah. Etwa fünf Minuten, so hat man errechnet, braucht der Hobbyflieger vom Flugzeug bis zum Wasser, wo er die Angel auswerfen kann. Dort behalten dann die Möwen und Seeschwalben, die Pelikane, Reiher *(white egrets)* und große Kraniche *(blue herons)* ihrerseits die Fische im Auge.

Die kleinen Restaurants servieren delikate Fischgerichte und an jeder Ecke gibt es, oft nur für ein paar Dollar, Krabben pfundweise; oder Austern direkt von den Fischern auf den Fangbooten zwischen Rockport und Fulton – in der Regel große Oschis, texanische Austern eben, die in der Bay und nicht draußen im Golf gefangen werden.

Auch **Aransas Pass** lebt vom Krabbenfang. Über 500 Boote sind hier dafür im Einsatz, außerdem für Golf-Forellen, *redfish*, Makrelen und Flundern. Kein anderer Bundesstaat verfügt über eine größere Shrimp-Boot-Flotte als Texas. Schließlich zählt der Golf von Mexiko zu den fruchtbarsten Meeren der Welt. Doch auch hier wächst die Belastung der Fisch- und Austernbestände durch Ölkatastrophen und Industrieabwässer stetig.

Wer dem nautischen Trend folgen möchte, der sollte von Aransas Pass die Fähre nach **Mustang Island** nehmen, zu jener Insel, die ihren Namen den Wildpferden verdankt, die sich hier einst auf dem Gras tummelten.

Port Aransas, klein und quicklebendig, mit schönen Stränden und noch weitgehend verschont von amerikanischer Ketten-Kultur. Stattdessen zahllose *bait and tackle shops* mit allem, was der Angler so braucht, hübsche hölzerne Motels und haufenweise junge Leute, die mit ihrer guten Laune nicht hinterm Berg halten. Schon gar nicht an Samstagnachmittagen, wenn es Zeit zum *hanging out* ist – auf den Geländewagen, gut eingedeckt mit »Corona«, »Lone Star« oder »Schlitz«. An solchen Tagen legt die Einwohnerzahl des Örtchens im Sommer um 100 000 zu, für 48 Stunden Wonne in der Sonne.

An den Stränden in Ortsnähe kommt dann der Auftrieb der motorisierten Jugend in die Gänge – mit Strandflitzern, bulligen Buggies, Motorrädern und flinken Pick-ups. Viele johlende Teens und Twens sind sichtlich angeheitert, andere fangen es eher heimlich an und genießen den Sichtschutz der Dünen. *Having a good time* nennt sich dieser Zeitvertreib, bei dem jeder jedem zu imponieren sucht. Keine Angst, es riecht immer noch mehr nach Meer als nach Budweiser, und der Sheriff passt auf, dass niemand wirklich durchdreht. An Wochentagen und vor allem außerhalb der Hauptsaison ist es hier dann aber sehr beschaulich, bisweilen sind Vögel die einzigen Strandgäste, die einem begegnen.

161

Mustang Island, Corpus Christi

Texas Surf Museum in Corpus Christi

Ein paar Meilen weiter südlich geht es auf **Mustang Island** deutlich ruhiger zu. Die jeweils markierten *Beach Access Roads* zweigen von der Hauptstraße zu den inzwischen vertrauten Küsten- und Dünenlandschaften ab. Dort hocken die Leute, futtern, lesen, spazieren, liegen einfach auf dem Bauch oder lassen die Seeschwalben über sich hinwegfliegen. Alles völlig normal, keine modische Schickeria, eher ein Wochenende für die ganze Familie, Meeresfrüchte eingerechnet, denn hin und wieder ziehen die Angler einen kapitalen Burschen aus der Brandung.

Fast 20 Meilen lang erstreckt sich die Straße auf der schmalen Insel. Auf der Golfseite sieht man ab und zu neue Apartment- und Eigentumswohnblöcke und Schilder wie LAND FOR SALE. Schon möglich, dass sie einmal jenen Ruf ruinieren werden, den Texas für seine Küste reklamiert, nämlich die *Third Coast* zu sein, die dritte neben denen des Atlantiks und Pazifiks, vor allem die geruhsamere und preiswertere Alternative zu Florida.

Doch zurück nach Aransas Pass, zu jenen, die erst einmal nach **Corpus Christi** fahren möchten. Corpus Christi, Fronleichnam, – was für ein Name für eine Stadt! Die Taufe war ein Dankeschön, denn genau an diesem Tag fanden einst spanische Seefahrer in der ruhigen Bucht Schutz vor dem stürmischen Golf. In Texas hält man Corpus Christi für gemächlicher als Houston oder Dallas, obwohl die Stadt mit ihren gegenwärtig fast 290 000 Seelen weiter wächst – die Mehrheit von ihnen mexikanisch und alles andere als betucht. Neben Öl, Erdgas und Petrochemie lebt sie vom Hafen, vom Tourismus und vom Militär.

Im hohen Bogen kommt man über die Harbor Bridge in die Stadt. Unter ihr gleiten Supertanker und bepackte Cargo-

Corpus Christi: Heritage Park, Water Street Market

Riesen, die außer Öl und chemischen Produkten vor allem Getreide und Baumwolle verfrachten. Zweimal im Jahr wird ringsum Baumwolle geerntet. Seit 1880 ist Texas größter Baumwollproduzent; etwa 35 Prozent des gesamten US-Aufkommens stammen von hier.

Kurz hinter der Brücke und vor dem ersten städtischen Badestrand hat die »U.S.S.Lexington« festgemacht, ein Flugzeugträger a.D., der als Frührentner nur noch friedliche Zwecke verfolgt, indem er staunende Touristen über sich ergehen und Geschäftsleute in seinen Kabinen tagen lässt. Auch in anderen Hafenstädten des Golfs feiern solche Kriegsgeräte ihr Comeback als Entertainment.

Mit ein paar zusätzlichen Hochhäusern in der Skyline wirkt Corpus Christi aus der Ferne fast wie eine richtige Großstadt, aber je näher man kommt, umso mehr gewinnt man den Eindruck, dass das Ganze trotz städtebaulicher Anstrengungen nicht so recht zusammenwachsen will.

Die herumstehenden Hochhausschachteln verbreiten in erster Linie Langeweile. Seit Jahren gilt das Zentrum praktisch als tot, aber es gehe langsam bergauf, heißt es immer wieder. Im nördlichsten Winkel der Stadt, gleich unterhalb der Harbor Bridge, erkennt man erste Ergebnisse des *urban renewal*, der Altstadtsanierung. Hier liegt der **Heritage Park** (1601 N. Chaparral St.), ein kleines Ensemble viktorianischer Villen, die an diese Stelle transloziert wurden, um sie vor dem drohenden Abriss zu retten. Und auch **Water Street Market** zeugt von dem Bemühen, die Innenstadt durch ein Viertel mit Restaurants und Entertainment-Angeboten wiederzubeleben. All dies kann aber nicht davon ablenken, dass

Mustang Island: lässiges Strandleben

163

Corpus Christi: Art Museum; **Padre Island National Shore:** South Padre Island

Downtown selbst nach wie vor Probleme hat.

Immerhin die Uferpartie präsentiert sich akzeptabel: **Ocean Drive**, der reizvolle Boulevard an der Bay entlang, die kleinen Picknick-Parks, Jogger und Nobelvillen. Die **Marina** mit dem schaukelnden Mastengewimmel der Jachten und Jollen in der tiefblauen Corpus Christi Bay. An den nach ihrer T- bzw. L-Form benannten **T-** und **L-Heads** kann man herumspazieren und angenehm sitzen, besonders vorne am Wasser bei den Booten, wo es auch den Pelikanen, Kormoranen und Strandläufern gut gefällt. Und schließlich das markante **Art Museum** von Philip Johnson.

Und zum Glück sorgt der Wind für ein natürliches Airconditioning, weil er die Düfte von petrochemischen Betrieben außer Riechweite bläst. Und nicht nur das. »Der heftige Wind rettet uns das Leben – bei dieser Hitze im Sommer«, erzählt eine Hotelbesitzerin. »Mehr Wind als in Chicago«, meinen viele Ortskundige.

Von Downtown aus gelangt man über den J.F. Kennedy Causeway zum Südzipfel von Mustang Island. Im Schiffskanal, dem Intracoastal Waterway, sind häufig Tanker in Sicht, die Kurs auf den Hafen nehmen. Nicht weit von ihnen springen muntere Delphine durchs Wasser, hier und da ein bisschen Industrie, ein paar Gas- und Öltanks, Off-Shore-Bohrinseln und wieder Angler.

Südlich von Mustang Island schließt sich Padre Island an, eine Insel mit extrem ruhiger Gangart, denn die **Padre Island National Seashore** hält ihre schützende Hand über Strandhafer und Priele. Keine Zäune, keine Häuser, kaum Autos. Im Besucherzentrum des Nationalparks kann man duschen, ein paar Dinge kaufen und notfalls auch etwas essen. Am besten aber bringt man ein Picknick mit. Dahinter öffnet sich die weitläufige Dünenlandschaft mit breiten, weißen Stränden. Gelb und lila blüht es zwischen den Kakteen, unter denen die spitzblättrigen Spanischen Dolche, die *Spanish daggers*, besonders auffallen. In gebührender Entfernung von ihnen beziehen gewöhnlich vereinzelte Camper mit Zelt und Boot Quartier. Außerdem stehen reguläre Campingplätze zur Verfügung, zum Beispiel auf dem Malaquite Beach Campground. Knapp eine Meile nach Malaquite Beach endet der Highway 22. Ab hier hilft nur noch der Vierradantrieb für die Weiterfahrt auf der Inselbarriere. Bis **South Padre Island**, dem *southern tip of Texas*, das heißt bis hinunter zur mexikanischen Grenze bei Brownsville und Matamoros sind es dann noch rund weitere 110 Meilen. Die beiden Inseln sind allerdings durch den Mansfield Channel in der Höhe von Port Mansfield getrennt.

Als National Seashore ist die paradiesische Sandwildnis von Padre Island also von der Zivilisation abgeschnitten und ökologisch noch weitestgehend intakt. Die lichte Höhe ihrer Dünen verführte einst Beobachter zu dem Schluss, dass es sich bei Padre um mehrere Inseln handeln müsse. *Las Islas Blancas* nannte man sie deshalb. Aber erstaunlicherweise blieb die Insel bis Mitte des 19. Jahrhunderts hinein in der Hand ihrer ursprünglichen Siedler, der Karankawa-Indianer.

Abgesehen von ein paar umherziehenden Missionaren bildete sie einen weißen Fleck auf der spanischen Kolonialkarte. So war es auch kein spanischer, sondern ein portugiesischer Priester, Padre Nicholas Balli, der im 19. Jahrhundert eine Ranch mit Vieh und Pferden auf der Insel betrieb und der ihr auch den Namen gab. Ansonsten machte Padre Island allenfalls als Friedhof für gestrandete Schiffe von sich reden.

South Padre Island: Laguna Madre

Sportfreundlich und erholsam ist auch die Wattseite an der **Laguna Madre** – mit Windsurfern, Katamaranseglern und Wasserskiläufern. In stilleren Regionen kann man hier Lerchen und Falken sehen oder die farbigen Stelzvögel beobachten, ab und zu auch eine Eule. Im Winter wird es sogar richtig voll, dann bevölkern Enten und Gänse scharenweise die Lagune und genießen ihre subtropisch milden Temperaturen.

Auf der Rückfahrt nach Corpus Christi, besonders an den Spätnachmittagen am Wochenende, ist es dann mit der Ruhe vorbei, denn jeder will zur gleichen Zeit zu Hause sein. Dabei kommt man im wachsenden Gedrängel der Autos seinen mitrollenden Weggenossen so richtig nah: dicken Männern, die in offenen Cabrios schlafen, schwatzenden Chicanos, Hunden auf den Ladeflächen der Pick-ups, langen Mädchenbeinen, die von irgendwoher schräg aus dem Seitenfenster ragen, Nasenbohrern, Lachhälsen und Grimassenschneidern. Und die Kakophonie der Autoradios bildet die Tonspur für diesen Freizeitfilm.

Nebenan und ungerührt stehen Kraniche und menschliche Einzelgänger im Wasser. Sie sind hinter den Fischen her. Die einen mit, die anderen ohne Gummihosen.

Vernetzt: Fangflotte in Corpus Christi

Infos: Bay City, Rockport, Port Aransas

 Health Food Cottage
1840 7th St., Bay City, TX 77414
✆ (979) 245-3833, www.hfcottage.com
Mo–Fr 9.30–18, Sa 9.30–17 Uhr
Der Deli bietet sich für einen kurzen Lunchstopp an. Gesunde Burger, Wraps und Sandwiches zum Mitnehmen. $

 Fulton Mansion State Historic Site
317 Fulton Beach Rd. (Henderson Dr.)
Rockport, TX 78382
✆ (361) 729-0386
www.visitfultonmansion.com
Führungen Di–Sa 10–15, So 13–15 Uhr (Touren starten immer zur vollen Stunde)
Eintritt $ 6/4
Bemerkenswerte Villa eines Viehbarons von 1876 mit erlesenem Interieur aus Walnuss- und Ebenholz, Marmor und Jade.

 Aransas National Wildlife Refuge
FM 2040, Austwell, TX 77950
 ✆ (361) 286-3559, www.fws.gov
Tägl. von Sonnenauf- bis -untergang, Besucherzentrum 8.30–16.30 Uhr
Eintritt $ 3 pro Auto (eine Person) bzw. $ 5 pro Auto (zwei und mehr Personen)
Wer etwas länger in der Gegend bleibt, sollte das Naturschutzgebiet besuchen. In dem seit den 1930er-Jahren eingerichteten Biotop, fühlen sich nicht weniger als 390 verschiedene Vogelarten heimisch – trotz naher Ölpumpen und des heftig befahrenen Intracoastal Waterway.

Allen voran der mit seiner Höhe von anderthalb Metern stattliche *whooping crane*, der Schreikranich, der zwar schon seit 1916 unter Naturschutz steht, aber immer noch nicht als gerettet bezeichnet werden kann.

Anreise: In der Höhe von Tivoli vom Hwy. 35 auf den Hwy. 239 abbiegen und dann über FM 2040 zum Parkeingang fahren.

Port Aransas:

 Port Aransas Mustang Island Chamber of Commerce and Tourist Bureau
403 W. Cotter St.
Port Aransas, TX 78373
✆ (361) 749-5919 und 1-800-452-6278
www.portaransas.org
Mo–Fr 9–17, Sa 9–15 Uhr

 Seashell Village Resort
502 E. Ave. G, Port Aransas, TX 78373
✆ (361) 749-4294
www.seashellvillage.com
Hübsche, sehr gepflegte Motelanlage mit kleinem Pool, free Wi-Fi, Kitchenette. Zwei Straßenblöcke vom Strand entfernt. Sehr flexible Raten je nach Wochentag und Saison. $–$$$

 Harbor Inn
105 N. Alister St.
Port Aransas, TX 78373
✆ (361) 749-5572
www.portaharborinn.com
Einfache, aber gepflegte Motelanlage mit kleinem Pool, free Wi-Fi und Continental Breakfast. $–$$$

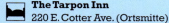 **The Tarpon Inn**
220 E. Cotter Ave. (Ortsmitte)
Port Aransas, TX 78373
✆ (361) 749-5555 und 1-800-365-6784
www.thetarponinn.com
Hübscher, historischer, aber leider etwas in die Jahre gekommener Inn mit Karibik-Touch, 24 einfache Zimmer, schattige Veranden und Schaukelstühle. Kein TV und Telefon, Wi-Fi kostenpflichtig. $$–$$$

 Sea and Sand Cottages
Ave. E & 10th St.
Port Aransas, TX 78373
✆ (361) 749-5191 und 1-800-620-8879
www.seaandsandcottages.com
Kleine, bunt getünchte Cottages aus den 1950er-Jahren, i.d.R. mit 2 Schlafzimmern, Küche und eigener Veranda. $$$

 IB Magee Beach Park
Beach St., Port Aransas, TX 78373
✆ (361) 749-6117
www.nuecesbeachparks.com
Breiter Strand, Fischen, Camping. 75 Plät-

10 Infos: Port Aransas, Corpus Christi

ze mit Strom- und Wasseranschluss. Zufahrt: Cotter St. bis zum Strand, dort rechts.

Mustang Island State Park

16901 Hwy. 361
Port Aransas, TX 78373
℡ (361) 749-5246 und 1-800-792-1112
www.tpwd.state.tx.us, Eintritt $ 4
Baden, Beach-Camping (48 Stellplätze), Picknicken, Fischen. Knapp 14 mi südlich von Port Aransas auf Hwy. 361, dann über Park Rd. 53.

Bundys
112 E. White Ave.
Port Aransas, TX 78373
℡ (361) 749-4286
www.bundysporta.com
Mi–Sa 7–14, So 7–13 Uhr, Mo/Di geschl. Frühstück und Lunch, Espresso und Cappuccino. Mit Terrasse.

Shell's Pasta & Seafood
522 E. Ave. G
Port Aransas, TX 78373
℡ (361) 749-7621, www.eatatshells.com
Tägl. Lunch und Dinner, Di geschl. Während die Einrichtung des kleinen Restaurants ziemlich schlicht wirkt, ist das Essen erstklassig. Überraschende kulinarische Bandbreite von Sashimi bis zu Pasta. $–$$

Marcel's Restaurant
905 S. Alister St. (Hwy. 361)
Port Aransas, TX 78411
℡ (361) 749-5777
www.facebook.com/Marcels.Restaurant
Di/Mi geschl., nur Dinner
Gemütliches Restaurant (auch zum draußen Sitzen): Seafood & Steaks sowie Jägerschnitzel und *German Gulasch*. $$

Venetian Hot Plate
232 Beach Ave., Port Aransas, TX 78373
℡ (361) 749-7617
www.venetianhotplate.com
So/Mo geschl., nur Dinner
Hausgemachte Pasta und andere italienische Gerichte, Meeresfrüchte, Steaks. Wein mit Kellertemperatur. $$

Trout Street Bar & Grill
104 W. Cotter St.
Port Aransas, TX 78373
℡ (361) 749-7800, www.tsbag.com
Ein Hauch von Key West: Basic Seafood, Steaks. Blick auf Marina und Wasser. Man kann auch draußen sitzen. Lunch und Dinner. $$

Family Center IGA
418 S. Alister St.
Port Aransas, Texas 78373
℡ (361) 749-6233
So–Do 6–22, Fr/Sa 6–24 Uhr
www.familycenteriga.com
Der einzige große Supermarkt in Port Aransas; hier bekommt man alles, was man für einen Strandaufenthalt und für ein Picknick benötigt.

Corpus Christi:

Corpus Christi Visitors Center
1823 N. Chaparral St.
Corpus Christi, TX 78401
℡ 1-800-766-2322
www.corpuschristicvb.com
Tägl. 9–17 Uhr

Padre Island National Seashore
20420 Park Rd. 22 (Ende der Straße)
Corpus Christi, TX 78418

℡ (361) 949-8068
www.nps.gov/pais
Malaquite Visitors Center tägl. 9–17, der Park selbst ist durchgängig geöffnet
Eintritt: $ 10 pro Auto
Der fast 100 km lange Badestrand dieses von Präsident J. F. Kennedy 1962 initiierten Naturschutzgebiets zählt zu den längsten der Welt (Schildkrötenschutzgebiet). **Malaquite Visitors Center**, Duschen und Toiletten, Picknick, Shop und Camping auf dem **Malaquite Beach Campground**: 40 Stellplätze, ganzjährig

🔟 Infos: Corpus Christi

auf *first-come, first-served*-Basis (keine *hookups*).
Wanderwege, Boot fahren, Angeln. Wer möchte, kann auch kurz vor der Entrance Station zum Nationalpark den kostenfreien **North Beach Access** wählen. Dort gibt es allerdings keine Toiletten/Duschen am Strand.

Omni Bayfront Hotel
900 N. Shoreline Blvd.

Corpus Christi, TX 78401
© (361) 887-1600 und 1-888-444-6664
www.omnihotels.com
Komfortables Hotel in sehr guter Lage, Restaurants, u. a. **Republic of Texas Bar & Grill** im 20. Stock mit Panoramablick auf die Bay, Saunas, *health club*, Pool. Man solte nach renovierten Zimmern fragen. $$$–$$$$

Omni Marina Hotel
707 N. Shoreline Blvd.

Corpus Christi, TX 78401
© (361) 887-1600 und 1-888-444-6664

www.omnihotels.com
346 Zimmer und Suiten, Restaurant, Cocktail Lounge, Pool, Sauna, Whirlpool, Fitnessräume. $$$–$$$$

V Boutique Hotel
701 N. Water St., 2nd Floor
Corpus Christi, TX 78401
© (361) 883-9200
www.vhotelcc.com
Acht unterschiedliche, geschmackvoll ausgestattete Zimmer. Free Wi-Fi. Frühstück. Liegt direkt über dem Restaurant Vietnam. $$$

George Blucher House
211 N. Carrizo St.
Corpus Christi, TX 78401
© (361) 884-4884
www.georgeblucherhouse.com
Klassischer B&B mit Frühstück. $$$

Knights Inn
4343 Ocean Dr.

Corpus Christi, TX 78412
© (361) 225-3946, Fax (361) 225-4154
www.knightsinn.com
Einfache Zimmer mit Mikroherd und Kühlschrank, Pool, free Wi-Fi, Continental Breakfast. $–$$

Art Museum of South Texas
1902 N. Shoreline Blvd.

Corpus Christi, TX 78401
© (361) 825-3500
www.artmuseumofsouthtexas.org
Di–Sa 10–17, So 13–17 Uhr, Mo geschl.
Eintritt $ 6/2
Der markante und helle Philip-Johnson-Bau aus dem Jahre 1972 hat große Fenster zur blauen Corpus Christi Bay. Im Oktober 2006 wurde die Ausstellungsfläche durch einen Neubau von Victor and Ricardo Legorreta erweitert, der die Fläche des Museums verdoppelt hat. Die ständige Sammlung ist vor allem auf Malerei und Skulpturen aus Texas, dem Südwesten und Mexiko spezialisiert. Angenehme Cafeteria.

South Texas Botanical Gardens & Nature Center
8545 S. Staples St.

Corpus Christi, TX 78413

© (361) 852-2100
www.stxbot.org
Tägl. 8–18, im Sommer bis 19 Uhr
Eintritt $ 6/3
Eine üppige Oase von exotischen Pflanzen, Vögeln, Reptilien etc. in verschiedensten Themengärten (z. B. Rosen-, Orchideen- und Hibiskusgärten) und Gewächshäusern. Viele schöne Trails, z. B. der schattige Bird & Butterfly Trail, der Wetland Awareness Boardwalk oder der Oso Creek Loop Trail.

Texas State Aquarium
2710 N. Shoreline Blvd.
Corpus Christi, TX 78402
© (361) 881-1200
www.texasstateaquarium.org
Tägl. 9–17, im Sommer bis 18 Uhr

Infos: Corpus Christi

Eintritt $ 16/11
Die Lebewesen des Golfs von Mexiko werden genau unter die Lupe genommen: Alligatoren, Haie, Stachelrochen, Delphine etc.

Texas Surf Museum
309 N. Water St. (Water Street Market)
Corpus Christi, TX 78382
✆ (361) 888-7873
www.texassurfmuseum.com
Mo–Do 10–19, Fr/Sa 10–22, So 11–17 Uhr
Eintritt frei
Surfen in Kalifornien? Klar. Aber in Texas? Ja doch, seit 1920 datiert die regionale Surfgeschichte, die das kleine Museum nachzeichnet. Viele alte Filmplakate, Bretter-Kollektion, Filme, Surf-CDs (www.surfclubrecords.com).

The Yardarm Restaurant
4310 Ocean Dr. (Robert St.)
Corpus Christi, TX 78412
✆ (361) 885-8157
So/Mo geschl.
www.restauranteur.com/yardarm
Gemütliche Holzhütte mit delikaten Fischgerichten gleich am Wasser. Nur Dinner. Reservierung empfohlen. Man kann auch an simplen Holzbänken und -tischen einfach draußen sitzen, einen Drink nehmen und beim Essen das Abendlicht genießen. $$–$$$

Mamma Mia's
128 N. Mesquite St. (Downtown)
Corpus Christi, TX 78401
✆ (361) 883-3773
www.mammamias-tx.com
Italienische Küche für gehobene Ansprüche. Keine Kreditkarten. $$

Vietnam Restaurant
701 N. Water St. (Downtown)
Corpus Christi, TX 78401-2329
✆ (361) 853-2682
www.vietnam-restaurant.com
Hier kan man gehobene vietnamesische Küche genießen. $$

Water Street Seafood Co.
309 N. Water St.
Corpus Christi, TX 78382
✆ (361) 882-8683
www.waterstreetrestaurants.com
Tägl. Lunch und Dinner
Alles aus dem Meer, zubereitet nach mexikanischer, Cajun oder Southern Art. $$
Alternativ: **Water Street Oyster Bar**, gleiche Adresse, etwas gehobeneres Ambiente, aber praktisch dieselben Gerichte (✆ 361-881-9448).

Taqueria Garibaldi
200 N. Staples St.
Corpus Christi, TX 78401
✆ (361) 884-5456
Tägl. Frühstück, Lunch und Dinner.
Ein simpler *hole-in-the-wall* Tex-Mex-Platz. Bei Locals beliebt. $

Crab Shack Corpus-Lighthouse
444 N. Shoreline Blvd. (T-Head)
Corpus Christi, TX 78401
✆ (361) 904-0227, tägl. ab 11 Uhr
Unverwüstliches, aber beliebtes Ketten-Restaurant: Frisches aus dem Wasser ringsum, guter Aussichtsplatz – drinnen und draußen. $

La Palmera
5488 S. Padre Island Dr.
Corpus Christi, TX 78411
✆ (361) 991-3755
www.lapalmera.com
Mo–Sa 10–21, So 11–19 Uhr
Shopping Mall mit über 100 Geschäften und diversen Restaurants.

Buccaneer Days: Ende April/Anfang Mai, 10 Tage Gaudi, Märkte und Rodeo, www.bucdays.com.
Bayfest: Ende Sept., Musik, Gaukler, Feuerwerk, www.bayfesttexas.com.

⑪ Ranchin'
Die King Ranch und die *Tip o' Texas*

Zusatzroute

11. Route: Corpus Christi – King Ranch – South Padre Island (283 km/ 177 mi)

km/mi	Zeit	Route/Programm
0	Vormittag	In **Corpus Christi** S 44 (Agnes St.) in Richtung US 77, diese nach Süden; in Höhe der S 141 abbiegen zur
65/41		**King Ranch** (Zeichen folgen); anschließend zurück zur US 77 und **Kingsville**. Ein Stück südöstlich von Harlingen über SR 100 nach
275/172		**Port Isabel** und über den Queen Isabella Cswy. nach
283/177	Nachmittag	**South Padre Island** (SPI).

Empfehlung: Wer sich für Ranchin' Texas Style interessiert, sollte sich die King Ranch nicht entgehen lassen. Von South Padre Island kann man dann von Brownsville/South Padre Island International Airport (ca. 22 mi von SPI entfernt) z.B. mit Continental oder American Airlines nach Houston oder Dallas/Fort Worth fliegen.

Alternativ kommt Valley International Airport in Harlingen in Frage (ca. 40 mi von South Padre Island entfernt), z.B. mit Flugverbindungen von Southwest Airlines nach Houston oder San Antonio.

Brush Country, King Ranch

Wenn von Ranchland die Rede ist, beginnen die Augen der meisten Texaner zu leuchten. Erst recht im eigentlichen Geburtsland der Viehzucht, im **Vaquero** oder **Brush Country**. Alles, was hier wächst, das piekst, klebt oder stinkt. Und es ist wirklich kein Vergnügen, in einem *Prickly pear*-Kaktus festzusitzen. Mesquite- und andere Büsche sind nicht weniger schmerzhaft, und seit den Pioniertagen sind sie auch noch im Vormarsch. Das Buschland dehnte sich immer weiter aus, weil die Herden auf den Trails das Gras niedertrampelten oder es abgrasten. So hat sich die Beschaffenheit des riesigen Weidelands im Lauf der Zeit stetig verändert. Die Kargheit der Vegetation steht von jeher dem Reichtum an Pferden und Rindern gegenüber. Sie gingen häufig durch oder wurden von Indianern auseinandergetrieben. Verwundete oder ausgemergelte Tiere blieben am Trail zurück, wo sie oft den Kern einer neuen, verwilderten Herde bildeten.

Mustangs und wilde Longhorns fand man Ende des 19. Jahrhunderts zu Tausenden im Nueces Valley. Deshalb hieß das Gebiet südlich von Corpus Christi auch *Wild Horse Desert*. Um diese Tiere und deren Fänger und Dompteure ranken sich die Legenden und Mythen. Vor ihnen gab es den *vaquero*, den »auf dem Pferd geborenen« Spanier oder Mestizen, der die Herden auf spanischen oder mexikanischen Ranches hütete. Vom Vaquero übernahm sein amerikanischer Kollege nahezu alles: die Technik, das Pferdegeschirr, die Ausrüstung, den Wortschatz, das klassische Bohnen- und BBQ-Gericht, das Rodeo.

Als im 19. Jahrhundert Texas 58 Millionen Hektar Land an Siedler vergab, entstanden die größten und ältesten Ranches. Wer schlau war, nahm so viel Land in Besitz wie möglich, entdeckte darauf auch noch Öl und vergrößerte seine Familie, anstatt sie durch Fehden zu schwächen. Nach diesem Muster wuchs jedenfalls das patriarchalische Imperium der **King Ranch**, der absolut größten in Texas und mit 350 000 Hektar fast ein Staat im Staat. Auf ihre vier Abteilungen (Laureles, Santa Gertrudis, Norias, Encino) verteilen sich 60 000 Rinder, etwa 2730 Öl-

Cattle auf der King Ranch

11 King Ranch, Kingsville

Port Isabel Lighthouse

und Gasquellen und 14 960 Hektar Baumwolle. Außerdem züchtet man seit den 1940er-Jahren auch Rennpferde, die bei zahlreichen Ausscheidungen erfolgreich waren.

Der Gründer, Richard King, begann als Dampfschiffskapitän auf dem Mississippi und kaufte 1853 einen Batzen der *Wild Horse Desert* in der Coastal Plain. Einige der ursprünglichen Eigner hatten die Lust auf dieses Land verloren, wo es nur viele Indianer und wenig Wasser gab.

Nach Kings Tod 1885 übernahm sein deutschstämmiger Schwiegersohn Robert Kleberg die Ranch, die noch heute im Besitz der Kleberg-Familie ist. Das laufende »W« ist ihr Brandzeichen. Manche sagen, es stehe für den sich windenden Santa Gertrudis Creek, andere, es symbolisiere eine Klapperschlange, von denen es sehr viele gebe und die den Rindern arg zusetzten. Wie dem auch sei, das attraktive Firmenlogo ziert längst auch Koffer, Gürtel und Kappen.

Auf der Ranch entstand die neue Züchtung von Santa-Gertrudis-Rindern: eine Kreuzung von *Brahmans* (die mit den Hängeohren, Hörnern und viel loser Haut, grau oder rot) und S*horthorns* (kompakte Burschen mit kurzen, nach unten gebogenen Hörnern, die erste europäische Zucht, die in die USA importiert wurde). Trotz der großen Hitze bringen die Tiere noch viel zartes Fleisch auf die Steak-Grills des Landes.

Nach dem Ranchbesuch geht es nach **Kingsville**, das als Ort lange nur ein Anhängsel der King Ranch war, heute aber ein bisschen erwachsener geworden ist. Südlich davon sieht man gemütliche Angler am Los Olmos Creek, bunte Blumenflors aus *Texas wild flowers*, Kühe im Gras und Kühe im Kaktus, manchmal parkähnliches Ranchland mit viel Vieh und Teichen. Die Kennedy, Armstrong und die Norias Ranch (die zum King-Imperium gehört) liegen am Wegesrand.

Weiterhin setzen Trecker und Äcker die landwirtschaftlichen Akzente in der Coastal Plain, zusammen mit den mexikanischen *farm hands*, die forsch mit ihren Jagdflinten im Pick-up herumkutschieren. Ananas, Krabben und Tortillas werden dem eiligen Autofahrer zur Stärkung angeboten, und je näher die Küste kommt, umso saftiger werden die Büsche und Weiden.

Gleich hinter Harlingen naht das südliche Pendant zu Corpus Christi und Mustang Island, freilich eine Nummer kleiner, dafür noch eine Spur subtropischer: Port Isabel und South Padre Island. Dieser Südzipfel, der *Tip o' Texas*, liegt auf demselben Breitengrad wie Miami Beach.

South Padre Island

In **Port Isabel** sollte man einen Stopp an der Waterfront einlegen. In dem kleinen Städtchen, das wegen seines Leuchttürmchens von 1852 gerne als *The Lighthouse City* apostrophiert wird, sorgen die Trailer Parks auch für die weniger Betuchten. An den Nummernschildern kann man gut erkennen, in welchen US-Staaten und kanadischen Provinzen es zurzeit kalt und ungemütlich ist. Die vielen Reklametafeln machen klar, wer in dieser Gegend sonst noch reich werden möchte. Eigentumswohnungen werden angepriesen, Restaurants, Jachtklubs und immer wieder Maklernamen, die gute Deals versprechen. Auch deutsches Kapital, so ist zu hören, hat die texanische Sonneninsel erreicht.

Der **Queen Isabella Causeway** spannt seinen eleganten Bogen vom Hafen hinüber nach **South Padre Island**. Deren breit gestaffelte Sandhügel sind willkommene Pisten für die dickreifigen Buggies, die es am Nordende der äußerst schmalen Insel zu mieten gibt. Die Strände gehören den Pelikanen, Lachmöwen und Badegästen, die Gewässer den Fischern, die auf Makrelen, *red snapper* und Thunfische im Golf hoffen. *Redfish*, Flunder und Seeforelle bevölkern in unglaublichen Stückzahlen dagegen die andere Seite, also die Laguna Madre Bay, die die Insel vom Festland trennt.

Die alten Holzhäuschen haben hier auf Dauer wohl kaum Chancen. Im Unterschied zur nördlicher gelegenen, unberührten Padre Island National Seashore ist das rund 54 Kilometer lange South Padre Island privat, also unbegrenzt vermarktbar. Zwar bemühen sich die Touristenbüros, ihre Insel als ein Naturparadies inmitten eines Nationalparks darzustellen, aber tatsächlich gibt es eine ganze Menge touristische Auswüchse. Mit keinem Sandkorn berührt das muntere South Padre Island das Naturschutzge-

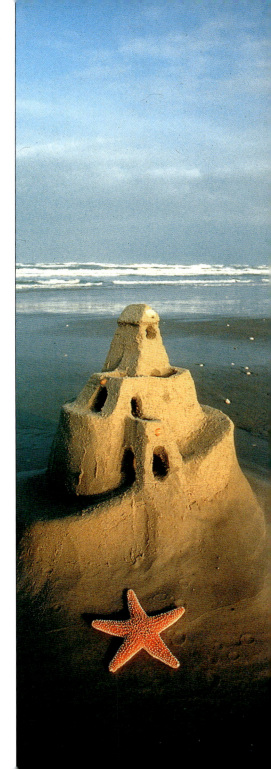

Sandcastle in South Padre Island ▷

South Padre Island

biet seines nördlichen Nachbarn, denn zwischen beiden verläuft der Schiffskanal vor Port Mansfield, der 1962 errichtet wurde, um einen direkten Schiffszugang zum Golf zu schaffen. Entsprechend breit können sich die riesigen Resorts und *condominiums* machen, die Wochenendadressen vieler wohlhabender Familien aus dem nördlichen Mexiko ebenso wie Winterdomizile der *snowbirds* aus dem kalten Michigan oder Minnesota.

Ein paar Kuriosa im leicht hektischen Betrieb von South Padre gibt es auch. Zur Schulferienzeit im Frühjahr, wenn während der *Spring Break* in den letzten drei März-Wochen Horden von High School- und College-Schülern über die Insel herfallen, geht es hier so hoch her wie in Daytona Beach. Hotels führen Extra-Kategorien: solche, die *Spring Break*-Publikum akzeptieren (acht Personen in einem Zimmer und so weiter) und solche, die das aus Rücksicht auf die übrigen zahlenden Gäste nicht tun. Außer Rummel mit Beach Boys und quietschenden Girls hat sich South Padre aber auch einen Namen durch Burgenbauwettbewerbe gemacht, die hier unter kreativer Anleitung einiger Lehrmeister erstaunlich filigrane Resultate in den Sand setzen. Es heißt zwar, manchmal sei auch Pfusch mit im Spiel (Klebstoffspray), aber was soll's, die Sandskulpturen sind allfrühjährlich ein Augenschmaus.

Ja, und dann lebte hier Ila Fox Loetscher (1905–2000), die berühmte alte Dame, die Schildkröten-Lady der Insel. Zusammen mit Gesinnungsfreunden hat sie sich über Jahrzehnte erfolgreich für ihre Schützlinge, die bedrohten Meeresschildkröten, eingesetzt. Auch nach ihrem Tod kämpft die von ihr gegründete *Sea turtle*-Organisation weiter beherzt für die Rechte der *sea turtles*. Diese Burschen bringen es übrigens zu ansehnlicher Größe: Schildkröten – *Texas style* eben.

Am frühen Morgen, wenn die Sonne über dem Golf aufgeht, passt endlich der Werbespruch ins Bild: South Padre Island, die *Gold Coast*.

Blick auf South Padre Island

🔟 **Infos:** Kingsville, Port Isabel, South Padre Island

King Ranch Visitors Center
Hwy. 141 West (von Kingsville 4 km via S 141 nach Westen)
Kingsville, TX 78364-1090
✆ (361) 592-8055
www.king-ranch.com
Mo–Sa 9–16, So 12–17 Uhr
Touren Mo–Sa 10, 12, 14, So 13 und 15 Uhr, Tourenangebote saisonal unterschiedlich
Eintritt $ 8/4
Während der 1,5-stündigen und ca. 10 mi langen Bustour über das Ranchgelände (3370 km²) lernt man das kleine Einmaleins der Rancherwelt. Die landschaftlichen Reize liegen nicht nur in den meilenlangen Eichenwäldern, sondern auch in der unendlichen Weite des dürren Buschlandes, das den Großteil des Gebiets bedeckt.

Harlingen Area Chamber of Commerce
311 E. Tyler St.
Harlingen, TX 78550
✆ (956) 423-5440
www.harlingen.com

Port Isabel Lighthouse State Historic Site
421 E. Queen Isabella Blvd. (an der Brückenauffahrt)
Port Isabel, TX 78578
✆ (956) 943-2262
www.portisabellighthouse.com
Tägl. 9–17, im Sommer Mo–Do bis 18, Fr/Sa bis 19 Uhr
Eintritt $ 3/1
Der älteste texanische Leuchtturm (1852–1905) kann bestiegen werden; die 70 Stufen nach oben werden mit einem schönen Blick auf die Küste belohnt.

Joe's Oyster Bar Restaurant
207 Maxan St.
Port Isabel, TX 78578
✆ (956) 943-4501
Frische Meeresfrüchte direkt aus dem Wasser. $–$$

Roß und Reiter auf der King Ranch

South Padre Island:

South Padre Island Convention & Visitors Bureau
600 Padre Blvd.
South Padre Island, TX 78597
✆ (956) 761-3005
www.sopadre.com
Mo–Fr 8–18, Sa/So 8–17 Uhr

Brandzeichen der King Ranch

⓫ Infos: South Padre Island

Bei Sea Turtle Inc. geht es den Meeresschildkröten sichtlich gut

 Holiday Inn Express Hotel & Suites
6502 Padre Blvd.
 South Padre Island, TX 78597
✆ (956) 761-8844
www.southpadreexpress.com
Hotel in zentraler Lage, nur wenige Schritte vom Strand. In der Nähe des Golfplatzes. $$–$$$

 Sheraton South Padre Island Beach Hotel
310 Padre Blvd.
South Padre Island, TX 78597
 ✆ (956) 761-6551
 www.starwoodhotels.com
Golfseite: schöner Strand, Pools, Fitnessräume, Tennisplätze, Restaurant. $$$–$$$$

 Days Inn South Padre Island
3913 Padre Blvd.
South Padre Island, TX 78597
✆ (956) 761-7831, www.daysinn.com
Die meisten Zimmer mit kleiner Küche. Pool. $$

 The Palms Resort
3616 Gulf Blvd.
South Padre Island, TX 78597
 ✆ 1-800-466-1316
www.palmsresortcafe.com
Kleineres, 2-stöckiges Motel mit Pool und Restaurant **The Café on the Beach**. $$$

 Red Fish Inn
207 W. Aries Dr., South Padre Island
✆ (956) 761-2722
www.redfishinn.com
In einem ruhigen, kleinen Hotel: 7 individuell hergerichtete Zimmer mit eigenem Balkon. $$$

 Isla Blanca County Park
100 Park Rd.
 South Padre Island, TX 78597
✆ (956) 761-5494
Campground mit Badestrand, Waschsalon, Bootsrampe, Möglichkeit zum Angeln.
Anfahrt: von der Brückenabfahrt auf der Insel die Park Rd. ca. 1,5 km nach Süden – auf der Golfseite.

 Strände
Es gibt zahlreiche Strandzugänge, z. B. den beliebten und in der Regel sehr belebten **Isla Blanca Park** am Südende von South Padre Island oder, wer es lieber ruhiger mag, **North End** am nördlichen Ende der Insel.

 Sea Turtle Inc.
6617 Padre Blvd.
South Padre Island, TX 78597
✆ (956) 761-4511
www.seaturtleinc.com
Di–So 10–16 Uhr, Eintritt $ 3/1
Das 1977 von der »Turtle Lady« Ila Loetscher gegründete Non-Profit-Unternehmen setzt sich für die Erforschung und den Schutz der bedrohten Meeresschildkröten ein. Demonstrationen für Gäste täglich außer Mo ab 10 Uhr unter dem Motto »Meet the Turtles«.

11 Infos: South Padre Island

 South Padre Island Birding & Nature Center
6801 Padre Blvd.
South Padre Island, TX 78597
✆ (956) 243-8179
www.spibirding.com
Eintritt $ 5/4
Visitors Center tägl. 9–17 Uhr, Boardwalks von Sonnenaufgang bis Sonnenuntergang
Schöne Boardwalks durch die Dünen, diverse Aussichtsplätze zum Beobachten von Vögeln und Schmetterlingen.

 Island Equestrian Center
8805 Padre Blvd. (4 mi nördl. des Zentrums)
South Padre Island, TX 78597
✆ (956) 761-4677 (vorab telefonisch reservieren!)
www.horsesonthebeach.com
Pferde und Ponys für den Ritt am Strand.

 Scampi's Restaurant
206 W. Aries St.
South Padre Island, TX 78597
✆ (956) 761-1755, Mo geschl.
Alles gut: Fisch, Wein und Aussicht (auf die Bay). Cocktail Lounge. Reservierung empfehlenswert. Nur Dinner. $$–$$$

 Gabriella's Italian Grill and Pizzeria
700 Padre Blvd.
South Padre Island, TX 78597
So geschl.
Gute Pizza und Pasta. $$

 Blackbeard's Restaurant
103 E. Saturn Lane
South Padre Island, TX 78597
✆ (956) 761-2962
www.blackbeardsspi.com
Tägl., im Winter nur So–Do
Meeresfrüchte, Sandwiches, Hamburger und Steaks. $$

 Café Kranzler
2412 Padre Blvd.
South Padre Island, TX 78597
✆ (956) 772-1840
www.cafekranzler.com
Mi–So Frühstück und Dinner, Mo/Di geschl.
Cafe Kranzler bietet New American Cuisine. Patio. $$–$$$

 Zeste Cafe & Gourmet Market
3508 S. Padre Blvd.
✆ (956) 761-5555
South Padre Island, TX 78597
Tägl. i.d.R. 11–21 Uhr
Deli und idealer Platz, um Leckereien für das Picknick am Strand einzukaufen. $–$$

 Spring Break: März, Bier-Bacchanal und Partyrummel mit Strandkonzerten und Sportveranstaltungen (Beach Volleyball, Jet Skiing, Basketball, Tennis), www.springbreaksopadre.com.
Sand Castle Days: Oktober, dreitägiger Sandburgenwettbewerb um den m*aster of sand* im Isla Blanca Park, www.sandcastledays.com.

Fischen gehört zu den stillen Vergnügen in SPI

ZWEI ROUTEN DURCH OST-TEXAS

① Chili und Öl
Von Galveston nach Beaumont

1. Route: Galveston – Crystal Beach – Beaumont (118 km/74 mi)

km/mi	Zeit	Route
0	10.00 Uhr	In **Galveston** nach Nordosten dem FERRY-Zeichen folgen; mit der Fähre nach Port Bolivar und S 87 nach

Bolivar, Crystal Beach, Beaumont

24/15	11.00 Uhr	**Crystal Beach** (Pause: Strand, Baden, Lunch – ca. 2 Std.). Weiter auf S 87
53/33		bis **High Island**, dort S 124 nach Norden bis zur I-10, diese nach
118/74	14.30 Uhr	**Beaumont**, Besuch von **Gladys City**.

Am Seawall, dort wo die Mauer an der Straße endet, wird es stiller. Nur hungrige Möwen begleiten die Fähre auf ihrer kurzen Fahrt über den **Houston Ship Channel** zur Halbinsel **Bolivar**. Seit 1936 in Betrieb, ist dies die älteste Autofähre der Golfregion.

Die schmale Landzunge gibt sich sehr ländlich mit Holzhäusern auf Stelzen, Kühen und zahllosen weißen und lila Disteln am Straßenrand. Viel Schutz vor dem Wasser haben die langbeinigen Hütten dennoch nicht, denn die Dünen sind allenfalls 30 Zentimeter hoch, und der Strand ist eher schmal, aber ruhig. Die Leute, meist Anwohner, angeln hier oder sind mit ihren Kindern auf Muschelsuche. Andere führen ihre Hunde aus oder machen eine Spritztour am Wasser entlang.

Typisch für diese Gegend: **Crystal Beach**, ein Ort mit 900 Einwohnern, Motels, Restaurants und vielen Strandhäusern. An der nördlichen Seite der Halbinsel führt der Intracoastal Waterway vorbei. Wenn man von Weitem hinüberblickt, sieht man riesige Containerschiffe gespenstig durchs Marschland gleiten.

Wohnen in **Beaumont**, auf dem »schönen Berg«, das erfüllte seinen Bewohnern immer schon ihren Lieblingstraum. Aber lange Zeit haperte es mit den Vergnügungen, mit den Düften der großen Welt. Also machten sich die Beaumonter regelmäßig auf zu den nächsten Großstädten, nach Houston oder New Orleans. Heute können sie getrost zu Hause bleiben, denn alle 112 000 Seelen kommen hier auf ihre Kosten: bei Jazz, Country Music und sinfonischer Klassik.

Museen, Ausstellungen, Sportveranstaltungen sorgen für zusätzliche Abwechslung. Was fehlte, wurde hergeholt – aus Louisiana z.B. *Cajun Music* und *crawfish étouffée*. Schließlich ist Beaumont auch die Heimat der texanischen *Cajuns*.

Die Stadt schoss mit dem Öl aus dem Boden. Anfangs (1824) ein verschlafenes Nest mit 100 Einwohnern, die von Rindern, Sägewerken und Reis lebten, gab 1901 der erste große Ölfund das Signal zum Ansturm auf Beaumont. Das schwarze Gold quoll aus dem »Spindletop«. Geprägt wurde der Name für den

Ölbohrturm auf dem Spindletop

Beaumont

stark bewaldeten Hügel schon vor dem Bürgerkrieg. Hitzewellen ließen die Bäume wie Spindeln *(spinning top)* erscheinen. Gruselgeschichten umgarnten diesen Hügel, wo im Mondschein spukige Lichter gesichtet wurden.

Als dort Öl vermutet wurde, entwarf man auf dem Reißbrett eine Industriestadt für den Hügel, »Gladys City«, mit Industrieanlagen, Kirche, Parks, Krankenhaus, College und Hotels. Als dann am 10. Januar 1901 um 10.30 Uhr morgens Öl zu sprudeln begann, stand man vor der größten Quelle, die jemals gesehen wurde. Das 320 Meter tiefe Bohrloch hatte einen Salzdom getroffen, wo das Öl so unter Druck stand, dass die Fontäne meterhoch aus dem Turm schoss, alles ringsum in Schwarz tauchte und die unglaubliche Menge von 25 000–100 000 Barrel Öl pro Tag hergab, was anfangs technisch gar nicht zu handhaben war.

Tausende strömten herbei, um vom plötzlichen Reichtum zu profitieren. Die geplante Industriestadt war vergessen, und den Namen »Gladys City« machten sich die hastig zusammengeschusterten Baracken und Buden zu eigen, die um den Ölturm-Wald gezimmert wurden. 1902 saßen bereits 285 Türme auf dem Spindletop-Hügel.

Unabhängige Ölunternehmer, sogenannte *wildcatter*, hatten ihre Hände ebenso im Spiel wie mehr als 600 Ölgesellschaften, von denen einige später zu Industriegiganten wurden, wie Texas Co., Gulf Oil und Mobil. Der Boom war kurzlebig. Überproduktion erschöpfte und ruinierte die Quellen. Zwischen 1913 und 1926 verwahrloste das Gebiet zum Geisterort.

McFaddin-Ward House: ein Leckerbissen verspielter klassizistischer Architektur

Beaumont: County Fair Grounds

Erst bessere Technologie machte bis in die 1950er-Jahre die Ölgewinnung wieder rentabler. Dann wurden die Pumpen abgedreht und Gladys City wurde an anderer Stelle in Beaumont nachgebaut, um eine nostalgische Kulisse für Touristen zu schaffen. Wer sich in die glorreiche Zeit zurückversetzen möchte, für den lohnt sich ein Besuch im **Spindletop & Gladys City Boomtown Museum**.

Wenn auch in Pennsylvania schon früher kommerziell nach Öl gebohrt wurde, so ermöglichten doch erst die riesigen Mengen aus dem Spindletop, Öl billig auf den Markt und so das 20. Jahrhundert auf Touren zu bringen. Die großen Ölgesellschaften, die in ihren prächtigen Glaspalästen in Dallas und Houston thronen, sorgen mit den petrochemischen Raffinerien in Beaumont für genügend Arbeitsplätze. Kein Wunder, dass sich das Dreieck der Städte Beaumont – Port Arthur – Orange in besseren Zeiten einmal den Namen *The Golden Triangle* verdiente. Diese Zeiten sind vorbei.

Die gigantischen Raffinerien, Papierfabriken und Werften auf dem »schönen Hügel« versuchen sich in die liebliche Umgebung von Nadelwäldern und Swamps einzuschmiegen. Während der prächtigen Azaleen-Saison im alten viktorianischen Zentrum vergisst man dann beinahe die öligen Schattenseiten des 21. Jahrhunderts.

Das passiert natürlich erst recht, wenn in den Hallen auf den **County Fair Grounds** zum *chili cookoff* geblasen wird. Überall in Texas sind die Parties rund um den scharfen Extrakt der Chile-Schote äußerst beliebt. Also auch in Beaumont. Schon um 9 Uhr morgens herrscht bei solchen Festen reges Getümmel. An allen Kochplätzen wird geschnipselt und gehackt, gewiegt und gebraten. Es gelten strenge Regeln, nur Fleisch und Chile sind erlaubt, aber kein

Dicker Fang: Big Red Snapper

Wild, vor allem keine Bohnen. *No beans!* Aber wer weiß schon, was alles in den Töpfen verschwindet – ob *armadillo* (Gürteltier), Erdhörnchen oder Krokodil.

Jeder schwört auf sein Geheimrezept. Er muss es tun, denn die Konkurrenz der Kochkünstler ist groß. »Manche schmuggeln da Tomaten, Kartoffeln und sogar Bier rein«, meint Joe, der Indianer aus El Paso, der als Jurymitglied eingeflogen ist. Je nach Schärfe gibt es Abstufungen: *one alarm chili*, *two alarm* und *three alarm chili,* der einem die Kehle verbrennt. Dann gibt's noch den *false alarm chili* – da passiert gar nichts, da ist was schiefgelaufen.

Allmählich füllen sich die Hallen. Die meisten Köche haben sich inzwischen verkleidet und ihre Stände drapiert, denn für die Jury zählt nicht nur, was im Topf ist, sondern auch Standdekor und Kostümierung. Ein Koch-Team firmiert als »Electro Chili« mit weißen Kitteln und wissenschaftlichem Touch.

Beaumont: County Fair Grounds, Chili Cookoff

Kein texanisches Festival taugt was ohne C&W Music

Draußen, bei den Flohmarktständen, wo die Tankwagen die Bierdepots füllen und die C&W-Band Stimmung macht, gibt sich auch die Highsociety die Ehre. Nur die Insider erkennen sie auf Anhieb: am Brandzeichen des Gestüts, das sie auf der Gürtelschnalle tragen. Reichtum sieht man diesen Familien-Clans nicht an, sie tragen karierte Hemden, Jeans und Stiefel – wie alle anderen auch. »Denen hat mal die ganze Stadt gehört«, raunt ein Kellner.

Um 12 Uhr ist es dann so weit. *High noon.* Die Köche lassen die Löffel fallen, füllen Pröbchen ab und tragen sie zum Richtertisch, zu den 20 Chili-Juristen – 17 weiße Männer, der Indianer Joe und zwei Frauen. Für Joyce, die Anwältin, erfüllt sich damit ein Traum. Endlich hat man sie einmal zum Richter gewählt! – Nach langem Probieren und Tuscheln steht das Ergebnis schließlich fest. Den Siegern ist sicher, was für die meisten emsigen Köche im Land oft lebenslang in weiter Ferne bleiben wird: die Teilnahme an der Champions League der Chili-Köche in Terlingua. Wer sich einmal den Weg dorthin erkocht hat, gilt als internationaler Spitzenkoch und Glückspilz.

Aber so weit ist es noch nicht. Gegessen wird erst einmal, was hier in Beaumont auf den Tisch kommt. Das meiste davon sind, zugegebenermaßen, kulinarische Horrortrips. Die armen Richter! Da hilft nur Bier.

Riverfront Beaumont

Infos: Beaumont

 Beaumont Convention & Visitors Bureau
505 Willow St., Beaumont, TX 77701
✆ (409) 880-3749 und 1-800-392-4401
Fax (409) 880-3750
www.beaumontcvb.com

MCM Elegante
2355 I-10 South (Exit Washington Blvd.)
Beaumont, TX 77705
✆ (409) 842-3600 und 1-877-842-3606
www.mcmelegantebeaumont.com
Ordentlich, mit Restaurant, Bar, Pool und Fitnessraum. $$$

Holiday Inn Hotel & Suites Beaumont Plaza
3950 I-10 South & Walden Rd.
Beaumont, TX 77705
✆ (409) 842-5995 und 1-888-465-4329
Fax (409) 842-7878, www.holidayinn.com
Solide, mit Pool, Fitnessraum, Restaurant und Lounge. $$–$$$

 East Lucas RV Park
2590 E. Lucas Dr., Beaumont, TX 77703
✆ 1-800-280-2579
www.eastlucasrvpark.com
Privater Campground, seit 1958 in Familienbesitz, schattig und ruhig. *Full hookups.* Auch Zelte. Gut 2 km von US 69/96/287 (Eastex Fwy.).

Spindletop & Gladys City Boomtown Museum
Hwy. 69 & University Dr.
Beaumont, TX 77710
✆ (409) 835-0823
www.spindletop.org
Di–So 13–17 Uhr, Eintritt $ 3/1
3 km westlich von Beaumont auf I-10 zur US 69/96/287, 5 km nach Süden zum University Dr.: Reaktivierte Öl-Boomtown mit Gebäuden und Geräten aus den wilden Öljahren.

McFaddin-Ward House
1906 Calder Ave.
Beaumont, TX 77701

Armadillos fühlen sich im Osten von Texas wohl

✆ (409) 832-2134
www.mcFaddin-ward.org
Di–Sa 10–16, So 13–16 Uhr (nur geführte Touren von max. 8 Personen, daher Reservierung empfohlen), Eintritt $ 3
Ein Leckerbissen für Liebhaber verspielter klassizistischer Architektur (1906). Ein betuchter Geschäftsmann leistete sich diesen eleganten Südstaatenpalast. Führungen beginnen am McFaddin-Ward House Visitor Center.

Texas Energy Museum
600 Main St., Beaumont, TX 77701
✆ (409) 833-5100
www.texasenergymuseum.org
Di–Sa 9–17, So 13–17 Uhr
Eintritt $ 2/1
Rund ums texanische Öl: anschauliche Präsentation der Petroleumwirtschaft seit 1901.

Gator Country Adventure Park
21559 FM 365, Beaumont, TX 77705
✆ (409) 794-9453, www.gatorrescue.com
Juni–Aug. tägl. 10–20 Uhr (Öffnungszeiten im Frühjahr und Winter erfragen)
Eintritt $ 12/9
Der älteste Alligator-Schutzpark in Texas.

Shangri La Botanical Gardens and Nature Center

① Infos: Beaumont

Kräftige Portionen gibt es bei Willy Ray's Bar-B-Q

2111 W. Park Ave., Orange, TX 77630
© (409) 670-9113

www.shangrilagardens.org
Di–Fr 9–19, im Winter und So 9–17 Uhr
Eintritt $ 6/4
Eine grüne Oase zum Wandern, Vögel beobachten oder für eine Swamp-Bootstour.

 Suga's Deep South Cuisine & Jazz Bar
461 Bowie St., Beaumont, TX 77701
 © (409) 813-1808
www.sugasdeepsouth.com

Innovative *Southern Cuisine* in eleganter Atmosphäre: kühler Jazz und heiße Küche. $$$

 Sartin's Seafood
1990 I-10 South, Beaumont, TX 77707
© (409) 861-3474
www.sartinsseafood.com
Mo–Fr Lunch und Dinner, Sa nur Dinner, So Brunch
Frische Fische aus dem Golf. Das Restaurant ist bekannt für seine BBQ-Krebse! $$

 Vautrot's Cajun Cuisine
13350 Hwy. 105 Lot 3
Beaumont, TX 77713
© (409) 753-2015
www.vautrots.com
Lunch und Dinner, So/Mo geschl.
Die Vautrot-Familie kocht kräftige Cajun-Gerichte. $–$$

 Willy Ray's Bar-B-Q Co.
145 I-10 North, Beaumont, TX 17707
© (409) 832-7770
www.willyraysbbq.com
Beliebter Barbeque-Stopp. $–$$

Krokodil Kyle im Gator Country Park

❷ Evergreen Country
Streifzüge durch das östliche Texas

2. Route: Beaumont – Big Thicket National Preserve – Woodville – Livingston – The Woodlands (265 km/166 mi)

km/mi	Zeit	Route	Route siehe Karte S. 178.
0	9.00 Uhr	In **Beaumont:** US 69/287 nach Norden, nördlich von Kountze FM 420 nach Osten zum	
51/32	Mittag	Besucherzentrum des **Big Thicket National Preserve** (Wanderung). Weiterfahrt auf US 69/287 nach	
88/55	Nachmittag	**Woodville** (Lunch), dort US 190 nach Westen und Stopp bei der **Alabama-Coushatta Indian Reservation**. Weiterfahrt auf der US 190 über Livingston, **Lake Livingston**, Oakhurst. In **Phelps** FM 2296 und danach S 75 und I-45 nach Süden und	
265/166		**The Woodlands**.	

Von den Woodlands kann man am nächsten Morgen die Heimreise nach Deutschland antreten. Zum internationalen Flughafen von Houston (IAH) fährt man über die I-45 South rund eine halbe Stunde (43 km/27 mi). Oder man man folgt ab Houston der Route durch Zentral-Texas.

Dass der immens grüne Osten von Texas seine flächendeckende Bezeichnung *Piney Woods* nach wie vor zu Recht trägt, beweist der Highway 69 schon morgens: eine Kiefernschneise von begrenztem Unterhaltungswert, die von Beaumont zielstrebig nach Norden führt. Solche Straßen gibt es hier in rauen Mengen. Ihr Saum aus Baum an Baum tarnt das Land dahinter, nur ab und zu wagt sich eine einsame Bar oder eine Tankstelle vor den immergrünen Vorhang. So monoton die Strecke, so wenig eignet sie sich zum Dösen, denn die *lumber trucks*, Holzlaster auf dem Weg zur nächsten Säge, heizen hier ohne viel Federlesens durch, so dass die Borkenfetzen fliegen.

Andere Gesetze, vor allem Ruhe, herrschen im »Großen Dickicht«, im **Big Thicket National Preserve**, einem subtropisch-wilden Urwald, wie er sich einst über die gesamte Fläche des östlichen Texas erstreckte und der lange als undurchdringlich galt. Im Laufe der Zeit freilich sind hier Land- und Forstwirtschaft heftig dazwischengegangen, so dass nur noch ein kleines Patchwork zusammenhängender Waldflächen übrig geblieben ist, das dem ursprünglichen Zustand ähnelt.

Vor allem der Bau der Eisenbahn brachte den Wäldern starke Einbußen, denn große Teile endeten in den Sägewerken. Die ursprünglich 1,4 Millionen Hektar schrumpften auf 120 000. Heute

Big Thicket National Preserve

> **Wandern im Big Thicket National Preserve**
> Big Thicket bietet 8 Wanderwege zwischen einem und 29 km Länge. Die Wahl der Wanderungen ist abhängig von den individuellen Präferenzen und der Jahreszeit.
> **Wichtig:** Wegen der hohen Temperaturen und Luftfeuchtigkeit im Sommer sollte man Wanderungen nur am frühen Morgen oder späten Nachmittag unternehmen. Unbedingt reichlich Wasser (Faustregel: mindestens 4 Liter pro Person am Tag) mitnehmen sowie Sonnenschutz und Insektenschutzmittel *(insect repellent).*
> **Kirby Nature Trail:** Der Weg beginnt am Big Thicket Visitor Center und bildet einen knapp 7 km langen Rundweg durch die verschiedenen Ökosysteme des Parks. Man wandert durch Laub-, Pinien- und Zypressenwälder, Sumpf- und Auengebiete. Eine Wanderkarte gibt es am Anfang des Trails.
> Länge: 5 km, Dauer: 1,5 Std., einfach.
> **Pitcher Plant Trail:** Um den Trail zu erreichen, fährt man ca. 4,3 mi östlich von Warren auf der FM 1943 bis zur Pin Oak Road (FM 4850), dort Richtung Süden für weitere 1,9 mi. Dieser kurze, aber attraktive Rundweg führt durch einen abwechslungsreichen Pinienwald an den Rand einer Savanne. Von einem Boardwalk kann man *pitcher plants* (eine Art fleischfressende Pflanzen) und Sonnentau bewundern.
> Länge: 1 km, Dauer: 0,5 Std., einfach.
> **Turkey Creek Trail:** Für den ambitionierteren Wanderer empfiehlt sich der rund 24 km lange Trail, der in Nord-Süd-Richtung praktisch entlang dem Turkey Creek mäandert. Zugang zum Trail bekommt man von fünf verschiedenen Trailheads. Der nördlich gelegene Hauptzugang liegt ca. 3,5 mi östlich von Warren an der FM 1943. Oder man wählt den südlichen Zugang östlich des Visitors Center an der FM 420. Für eine genaue Planung empfiehlt es sich zunächst das Visitors Center aufzusuchen.
> Länge: 24 km, Dauer: in der Regel 2 Tage (Camping Übernachtung muss zuvor beim Visitor Center angemeldet werden, sog. *camping permit*), mittelschwer.

gehören davon 34 000 Hektar aus Kiefern, Unterholz und Marschland zum Naturschutzgebiet. Das Gesamtgebiet des Big Thicket reicht vom Trinity River im Westen zum Neches River im Osten, von der I-10 im Süden bis nach Norden zur Achse Huntsville, Livingston und Steinhagen.

Schon die Caddo-Indianer im Norden und die Attacapas im Süden kannten dieses Gebiet. Sie nannten es die »großen Wälder«. Die Alabama- und Coushatta-Indianer, seit 1800 aus Louisiana nach Westen vertrieben, suchten hier Zuflucht, bevor ihnen ihr Reservat zugewiesen wurde. Dagegen mieden die spanischen Siedler ebenso wie die Anglos den dichten Wald und siedelten vorsichtshalber an seinen Rändern. Erst später diente das Dickicht als beliebter Schlupfwinkel – im Bürgerkrieg den Kriegsdienstverweigerern unter den Konföderierten, später den illegalen Whiskeybrennern, den *moonshiners*, heute allenfalls noch jenen, die unbemerkt ihre Marihuana-Pflanzen anbauen wollen.

Im Besucherzentrum des Naturschutzgebiets erklärt der rührige Ranger alles, was man wissen will, und verteilt Broschüren, Trinkwasser und vor allem Tipps für die zahlreichen Trails, die mit der Natur vertrauter machen als die Highways. Um die Landschaft kennenzulernen, meint er, müsse man sich schon auf den Boden begeben. »Sie

Big Thicket National Preserve

müssen sich wirklich hinknien«, rät er den lauschenden Wandersleuten. »Die interessanten Dinge hier sind alle klein. Sehr klein.« Das klingt einleuchtend und fast ein wenig nach Adalbert Stifter, also überhaupt nicht nach texanischer Großspurigkeit und Übertreibungssucht.

Aber trotz methodischer Einweisung kann man Pech haben und in einer Wanderstunde durch das stille Refugium aus Nadelgehölz, Swamps und Bayous außer Bäumen und vielen gelb-schwarzen Schmetterlingen, Vogelgezwitscher und einem hurtig springenden Frosch nichts entdecken – auch, weil sich natürlich kaum einer wirklich hinkniet. Ab und zu bekommt man einen der hier ansässigen Armadillos zu Gesicht, jene ebenso komisch wie urzeitlich anmutenden Gürteltiere, die bei den Texanern hoch im Kurs stehen. Ausgestopfte Armadillos sind die texanischen Teddybären.

Lebend gelten die »kleinen Gepanzerten« *(armadillo)* als freundlich, aber etwas dumm, jedenfalls sind sie sehr scheu und meist nur nachts unterwegs, es sei denn, sie nehmen bei den entsprechenden Volksfesten an einem Wettbewerb teil und müssen Rennen austragen. Die Gesellen, die ursprünglich aus Mexiko einwanderten, haben sich in den letzten Jahren immer weiter nach Osten bewegt, bis weit über den Mississippi hinaus sogar fast bis zur Atlantikküste.

Im Big Thicket treffen die großen biologischen Regionen Nordamerikas aufeinander: die Swamps, die Ausläufer der Appalachen, die östlichen Wälder, die zentralen Plains und die Wüsten des Südwestens. Diese natürliche Versammlung bringt faszinierende Kontraste zustande, beispielsweise Moore neben trockenen Sandhügeln mit Kakteen und

Spukige Sümpfe lauern im »Großen Dickicht« von Ost-Texas

Big Thicket National Preserve, Woodville, Alabama-Coushatta Indian Reservation

Yuccas. Besonders die Blumenfülle ist bemerkenswert, fast tausend Arten hat man registriert, darunter wilde Orchideen und zahlreiche Insekten fressende Pflanzen. Ebenso unerwartet leben hier auch Tierarten zusammen, die sonst für ganz unterschiedliche Gebiete charakteristisch sind. Mitverantwortlich für diese seltenen Rendezvous ist die Eiszeit, die viele Tiere mehr und mehr nach Süden drängte, wo sie dann später blieben.

Weiter nach **Woodville**: Ein Mekka für Barsch-Angler, weil sich diese Fischsorte en masse im nahe gelegenen Lake Sam Rayburn tummelt. Kaum ein Coffee Shop, in dem nicht über den letzten Fang diskutiert würde. Überhaupt wimmelt es im seenreichen Ost-Texas von Angelclubs. Es gibt jede Menge Wettbewerbe und natürlich auch ein einschlägiges Magazin mit guten Ratschlägen und Geheimtipps.

Von Woodville aus gelangt man über den Highway 190 zur **Alabama-Coushatta Indian Reservation**. Diese beiden Stämme lebten immer schon eng beisammen und heirateten untereinander. Sie galten stets als ausgesprochen friedlich. Als der Staat auf Betreiben von Sam Houston 1854 den Alabama-Indianern das Reservat zuwies, zogen die Coushattas denn auch schnell nach. Doch das Reservat schützte die Indianer lange nicht vor Betrügereien und Übergriffen durch Weiße, erst in den 1920er- und 1930er-Jahren griff die Regierung zu ihren Gunsten ein. Seit etwa 1960 leben die heutigen Bewohner vor allem vom Tourismus. Wer will, kann hier auch bleiben und sein Zelt aufschlagen, Boot fahren, angeln oder in einem kleinen See schwimmen.

Weiter auf der US 190 – Wälder links und rechts bis zum Lake Livingston! Es ist gerade Samstag, und an der Straße stehen immer wieder Autos, die *tool sale* betreiben, den Verkauf von Werkzeugen. Überall sieht man Hinweisschilder auf die beliebten *yard sales*, Entrümpelungsverkäufe im Vorgarten. Besonders einladend wirken die groß aufgebauten Obst- und Flohmärkte an beiden Straßenseiten. Was der Staudamm des Trinity River an See zustandebringt, ist

Golf – »Texas style«

Bocksprung mit Folgen: Auch im Osten von Texas zählen Rodeos zu den beliebtesten Sportarten

schon beachtlich. **Lake Livingston** sieht nämlich ganz so aus wie ein natürlicher See, und seine dicht bewaldeten Ufer verstärken diesen Eindruck noch. Man kann sich Hausboote leihen, auf dem riesigen Gewässer umhertuckern, in einem der vielen Seitenarme ankern – und nachher froh sein, dass man wieder zum Startplatz zurückgefunden hat. Hier ein paar stille Angler, dort ein paar preschende Wasserskifans – Platz ist für alle genug da.

Vom See nach Süden geht es durch den **Sam Houston National Forest**, ein erholsames Waldgebiet mit lieblichen Hügeln, blühenden Blumen und grasenden Pferden. Etwa auf halber Strecke zwischen Huntsville und Houston bietet die (am Reißbrett geplante) Gemeinde **The Woodlands** viel Komfort im Grünen, einwandfreien Golfrasen, gepflegte Natur, einen Country Club und zahlreiche Hotels. Wer partout kein Golf-Fan ist, kann am Pool liegen und schwimmen. Oder einfach um den See spazieren, was ihn freilich sofort als Europäer ausweist. Amerikaner joggen oder radeln. Niemand in einer solchen Umgebung käme auf die Idee, zu Fuß zu gehen.

Der Öl-Milliardär George Mitchell gründete die ungewöhnliche Reißbrettanlage Anfang der 1970er-Jahre als eine Art utopische Gemeinde mit dem Ziel, in diesem riesigen Waldgelände die Bereiche Arbeit, Wohnen und Erholung räumlich zu integrieren. Inzwischen haben viele Unternehmen ihren Hauptsitz in die Gegend verlegt. Offenbar funktioniert die Vision, ungefähr 100 000 Leute leben und arbeiten hier, gehen im Supermarkt einkaufen oder auf der überdachten Eisbahn Schlittschuh laufen.

❷ Infos: Big Thicket, Livingston, Woodlands

Big Thicket National Preserve
6044 FM 420, Kountze, TX 77625

© (409) 951-6700, www.nps.gov/bith

Tägl. 9–17 Uhr, Eintritt kostenlos Naturschutzgebiet. Visitors Center an FM 420 (7 mi nördl. von Kountze), Nähe US 69. Wandern (rund 65 km an Wanderwegen), Rad fahren, Angeln aber auch Kanu-/Kajakfahrten kann man unternehmen. Oder einfach nur die Vögel beobachten (am besten Mitte April–Mitte Mai).

Alabama-Coushatta Indian Reservation

US 190, 571 State Park Rd. 56 (15,5 mi westl. von Woodville), Livingston, TX 77351
© (936) 563-1100
www.alabama-coushatta.com
Lake Tombigbee Campgrounds (Reservierung: © 936-563-1221).

The Woodlands Convention & Visitors Bureau
10001 Woodloch Forest Dr., Suite 600
The Woodlands, TX 77380
© (281) 363-2447 und 1-877-963-2447
www.thewoodlandscvb.com

The Woodlands Waterway
Waterway Cruiser
© (281-367-1151)
www.btd.org/Waterway.htm
Tageskarte $ 5/2.50
Von dem ca. 2 km langen, künstlichen Wasserweg aus kann man in Wassertaxis die wesentlichen Attraktionen besichtigen: Cynthia Woods Mitchell Pavilion, Town Green Park etc.

Avia Hotel The Woodlands
9595 Six Pines Dr., # 1100
The Woodlands, TX 77380

© (281) 203-5005 und 1-866-644-2842
www.aviahotels.com
Edles Boutique-Hotel (70 Zimmer). Pool, Fitness, Restaurant, Bar. $$$$

The Woodlands Waterway Marriott Hotel

1601 Lake Robbins Dr.
The Woodlands, TX 77380
© (281) 367-9797
www.marriott.com/houmw
Großes Hotel, direkt am Waterway in der Nähe von Restaurants, Geschäften und Unterhaltungsangeboten gelegen. Pool, Fitness, Restaurant, Lounge. $$$$

The Woodlands Resort
2301 N. Millbend Dr.

The Woodlands, TX 77380

© (281) 367-1100 und 1-800-433-2624

Fax (866) 364-6345
www.woodlandsresort.com
Apartments am See, verschiedene Restaurants und Lounges, Pool, Tennisplätze, Spa, Golfplätze, Fitnesszentrum und Sauna, Jogging- und Wanderpfade. $$$–$$$$
Anfahrt: 5 km westl. I-45 (Exit 76, Robinson Rd./Woodlands Pkwy.) und Schildern folgen.

Days Inn Shenandoah
29007 I-45 North

Shenandoah, TX 77381
© (281) 363-3933, www.daysinn.com
Guter Standard, Pool, Fitnesscenter. Free Wi-Fi und Continental Breakfast. $–$$

Jasper's
Market St./9595 Six Pines Dr., Suite 900 (Lake Woodlands Dr.)
The Woodlands, TX 77380
© (281) 298-6600
www.jaspers-restaurant.com
Tägl. Lunch und Dinner
Auf den Tisch kommt Eklektisches aus der regionalen Küche. Patio. $$$

Lupe Tortilla
19437 I-45 South (zwischen Oak Ridge School Rd. & Research Forest Dr.)
The Woodlands, TX 77385
© (281) 298-5274
www.lupetortilla.com
Beliebtes, etwas hektisches Tex-Mex-Restaurant. Besonders beliebt: Fajitas. $–$$

191

SIEBEN ROUTEN DURCH WEST-TEXAS

① Auf nach Westen
Von San Antonio nach Marathon

West Texas – where all the lies you heard about Texas are true.

1. Route: San Antonio – Del Rio – Seminole Canyon – Marathon (533 km/333 mi)

km/mi	Zeit	Route
0	9.00 Uhr	Von **San Antonio** über I-37 und dann immer der US 90 nach Westen folgen über Uvalde, Brackettville, Del Rio, Lake Amistad, Comstock zum
317/198	12.30 Uhr	**Seminole Canyon State Historical Park**. Wanderung des **Rio Grande River Trail**; alternativ Wanderung zum **Fate Bell Shelter**, allerdings abhängig von den angebotenen Führungen. Weiter über US 90 nach
350/219	15.00 Uhr	**Langtry**, Besuch der Wirkungsstätte von Judge Roy Bean (ca. 30 Min.). Weiter über US 90 nach
533/333	17.30 Uhr	**Marathon**.

Ein kurzes Wegstück von San Antonio nach Westen (von Castroville bis Hondo) ist identisch mit dem **Texas Hill Country Trail**. Der Name bestätigt sich insoweit, als tatsächlich einige Hügel die vom Ackerbau dominierte Landschaft prägen. Nach und nach folgen scherenschnittartige Figuren auf Ranchtoren an der Straße – Ikonen der Viehzucht, oft auch Brandzeichen.

Im Licht der bisherigen Texas-Kenntnis wissen wir, dass es solche und solche

Auf nach Westen

> **Wanderung durch den Seminole Canyon Historical State Park**
> **Rio Grande River Trail:** Wer nur eine Wanderung unternehmen will, sollte diesen Trail wählen. Nicht spektakulär, aber ein schöner, leichter Spaziergang bis zum Rio Grande.
> Länge: ca. 10 km, Dauer: 2 Std., einfach.
> **Fate Bell Shelter:** Die rund 7000 Jahre alten, indianischen Petroglyphen der Felssiedlung kann man leider nur im Rahmen einer geführten Tour bewundern. In der Regel werden Mi–So jeweils 10 und 15 Uhr Führungen angeboten. Man sollte aber unbedingt vorher im Park anfragen, weil saisonale bzw. witterungsbedingte Änderungen möglich sind.
> Länge: 3,2 km, Dauer: 1 $^1/_2$ Std., mittelschwer.

Ranches gibt. Die King Ranch (s. S. 171 f.) steht sicher Modell für eine »richtige« Ranch. Aber schon bei »echten« Exemplaren gibt es Unterschiede. Bei einer kleinen Ranch liegt der Eingang in der Regel nahe am Highway – mit viel Klimbim und oft noch mit dem Cowboy-Gruß »Howdy« vorn am Tor. Der Eingang zu einer großen Ranch ist von der Straße aus meist gar nicht sichtbar. Das schlichte Eisenbogentor trägt den Namen der Ranch und/oder das Brandzeichen. Ansonsten kein Firlefanz, es geht ums Geschäft. Allenfalls zeigt man mal ein Bild von der Zucht, aber niemals einen Willkommensgruß.

Auch Brandzeichen symbolisieren großen Landbesitz, außerdem die Größe der Herden und die Mitgliedschaft in der *Texas and Southwestern Cattle Raisers Association*. Diese Gesellschaft in Fort Worth muss man sich wie eine Art Adelsverein für texanische Viehzüchter vorstellen. Wessen Brandzeichen schon vor 1900 registriert wurde, der gehört zur *Cattle Royalty*.

Ab und zu sorgt eine Büffelherde in West-Texas für Abwechslung unterwegs

Brackettville; Longhorns

Wiederum andere schaffen sich eine Ranch an, um dort ihren Seelenfrieden zu finden, oder sie kaufen sich halt eine wie andere ihre Ferienwohnung am Meer oder ihre Hütte in den Bergen. Nach einer harten Woche in der Stadt entspannen sie sich auf ihrer Ranch und halten sich ein paar Tiere, damit das Milieu beim Grillfest für die Gäste glaubhafter wirkt.

Trendbewusste Texaner pflegen sich darzustellen, indem sie ihrem Beruf einen Bindestrich hinzufügen und als *oil-man-rancher*, *business-rancher* oder *president of the U.S.A.-rancher* (wie bei L.B.J.) auftreten. Kein Zweifel, der Rancherstatus ist in Texas so mystifiziert, dass sich viele fragen, was einige den ganzen Tag da draußen eigentlich so machen. Kümmern sie sich wirklich ums Vieh oder um den Heuvorrat? Oder hören sie nur die *bluebonnets* wachsen? Gleichwohl, gern verabschiedet man sich freitags selbstbewusst: »I'm goin' ranchin'.« Was immer das heißen mag.

Windräder und Kakteen leiten langsam den Wandel der Vegetation ein, es wird zunehmend ruppiger und struppiger, Schafe stehen unter Mesquite-Bäumen, kurz, Flora und Fauna des Südwestens gewinnen die Oberhand. Die Überquerung des Nueces River, jenes alten Bekannten aus Corpus Christi und einst umstrittenen Grenzflusses, gibt den Blick auf eine schöne Buschlandschaft frei, während der mexikanische Sender im Autoradio herzzerreißende Songs verströmt.

In **Brackettville** geht es ab zum Alamo Village. Diese Nachbildung der Alamo diente als Kulisse für den gleichnamigen Film mit John Wayne (1959) und diverse andere Westernfilme und TV Commercials. Ein Filmdorf inmitten einer Working Ranch. Die Eigentümerfamilie Shahan hatte sich über Jahrzehnte alle Mühe gegeben, die täuschend echt nachgebauten Bestandteile ihrer Westernwelt der Öffentlichkeit zugänglich zu machen. Nach dem Tod der Tochter bleibt Alamo-Village leider auf unbestimmte Zeit, vielleicht auch für immer geschlossen. Schade, denn es war einfach spannend, den Dreharbeiten zu einem Western zuzuschauen. Etwa, wenn als Cowboys verkleidete Mexikaner eine gefährlich aussehende, aber filmerprobt harmlose Longhorn-Herde so lange den Kameras vorantrieben, bis die Aufnahme saß.

Eine gute Gelegenheit für einen kleinen Exkurs über **Longhorns**. Was die Swimmingpools für Beverly Hills, das sind die Kühe für Texas: Man muss mindestens eine im Hinterhof haben. Am besten ein Longhorn oder, besser gesagt, *wieder* ein Longhorn, denn lange Zeit schien dieses Rindvieh mit den stattlichen Hörnern von der Bildfläche verschwunden. Seine Vorfahren kamen mit Columbus nach Santo Domingo. Von dort brachte sie Cortez 1525 mit nach Mexiko und Coronado 1540 ins heutige Texas. Die Rinder waren damals schwarz oder dunkelbraun. Erst durch Kreuzungen entwickelten sie ihre heutige Vielfarbigkeit.

Manche der Pferde und Rinder, die die Spanier zur Selbstversorgung mitführten, gingen verloren, und weil die Spanier ihre männlichen Rinder nicht kastrierten, vermehrten sich die entlaufenen Tiere in ziemlichem Tempo und wurden zu zähen, cleveren, hochsensiblen Überlebenskünstlern mit längeren und schärferen Hörnern als ihre europäischen Vorfahren.

Die ursprünglich als *black cattle* bezeichneten Longhorns durchwanderten diverse Namensgebungen. Sie hießen *mustang cattle, wild cattle, Texas cattle* und schließlich, in der zweiten Hälfte des

19. Jahrhunderts, *longhorn cattle*. Lange gehörten die Herden niemandem bzw. jedem, der ihrer habhaft werden konnte. Das änderte sich nach dem Bürgerkrieg, als die arbeitslosen Soldaten Cowboys und Viehtreiber wurden. Um sich zusätzlich ein paar *greenbacks* (Banknoten, weil auf der Rückseite grün) zu verdienen, trieben sie die wilden Rinder zusammen zu den Viehbörsen in Abilene und Kansas City. Mit Erfolg! Longhorn-Steaks wurden zum heißen Tipp bei den Ostküsten-Gourmets.

Bald übernahmen Profis das Geschäft. Hunderttausende von Rindern wanderten in den Jahren 1867–84 auf dem Chisholm Trail nach Abilene, von wo aus sie in die Schlachthäuser von Kansas City oder Chicago verfrachtet wurden. Um mit der Nachfrage Schritt halten zu können, kamen neue Trails hinzu: der Western Trail nach Dodge City und der Goodnight-Loving Trail durch die Plains nach Denver und Cheyenne. Die näher rückenden Schienen der Eisenbahnen vereinfachten den Handel mit dem Vieh, das seine Pfunde nun nicht mehr auf den Trails einbüßte. 1893 lebten an die 20 Millionen Longhorns in Texas, davon ein Drittel frei, wild und ohne Brandzeichen. 20 Jahre später waren sie fast ausgestorben. Was war geschehen?

Einmal brachten die enormen Hörner, ihre Überlebenswerkzeuge, sie aus dem Geschäft, denn es hieß, sie nähmen in den Zügen zu viel Platz ein. Die eigentliche Ursache für ihr Aussterben war, dass einflussreiche Industrielle, die bei den Rinderzüchtungen ein Wort mitzureden hatten, zu dem Schluss kamen, englische Züchtungen wie Angus, Devon und Hereford seien produktiver und somit ökonomischer. Plötzlich galten die Longhorns als bastardisierte Form vieler Rassen. Als ihr Bestand drastisch sank, hieß es, sie hätten das Zeckenfieber nicht überlebt, eine Krankheit, gegen die die Tiere, wie sich nachher herausstellte, ausgerechnet resistent waren. Die Zucht der Longhorns wurde schließlich verboten und niemand protestierte.

Erst 1927 änderte sich die Lage. Der US-Kongress schickte einen Suchtrupp los, um die letzten Longhorns in Süd-Texas und Nord-Mexiko zu einer Herde zusammenzustellen. Acht Monate brauchten die Männer, um 20 Kühe und acht Stiere aufzutreiben, die zur Zucht nach Oklahoma gebracht wurden. Von nun an ging es auch in Texas mit den totgeglaubten Urtieren wieder aufwärts. Doch Viehindustrie und Öffentlichkeit nahmen erst in den 1960er-Jahren positiv davon Notiz.

Charles Schreiner III. von der Y.O. Ranch musste noch 1957 einige gekaufte Longhorns vor seiner Mutter verstecken, weil die ihm untersagt hatte, diese abscheulichen und knochigen Burschen auf ihr Land zu bringen! Heute besitzt die Y.O. Ranch in der Nähe von Kerrville die größte Longhorn-Herde, mit der übrigens vor mehr als 20 Jahren hier die Marlboro-Reklame begann.

1964 wurde die *Texas Longhorn Breeders Association of America* im historischen Menger Hotel in San Antonio gegründet. Das machte die Longhorns gesellschaftsfähig und zu einer Institution des Südwestens, ja, zum Kulttier. Es sind zähe, genügsame und damit billige Tiere mit außerordentlichen Fähigkeiten. Die Rancher müssen nicht unbedingt kostspieliges Alfalfa-Heu verfüttern. Ein Longhorn frisst und verträgt jedes Gras. Es kann mit Kaktusfrüchten, Brombeergestrüpp, zur Not sogar mit der Rinde von Zaunpfählen überleben. Die Tiere erschnuppern Wasser – etwa einen Schauer in den Bergen – über Entfernungen bis zu zehn Meilen und sie bewegen sich dort auch noch in der größten Hitze

Longhorns; Del Rio, Amistad Reservoir

hin, wo andere Kühe schon nach kurzem Marsch schlapp machen. Die eleganten, weitgeschwungenen Hörner (die Cowboys nennen sie *lyrical*) sind Waffen und im Übrigen hervorragend geeignet, den Weg durch dichtes Gestrüpp zu bahnen. Die langen Beine helfen, Strecken schneller zu überwinden und weiter zu laufen als andere Züchtungen.

Inzwischen hat jeder Rancher, der auf sich hält, mindestens ein Longhorn in der Herde. Yankees auf Besuch in Texas können eine Longhorn-Limousine mieten und durch die Stadt fahren: offene, weiße Cadillacs mit imposanten Hörnern auf dem Kühler. Die seriöse Universität von Texas in Austin hält sich ein Longhorn als Maskottchen und nennt sich *Longhorn University*.

Die letzten Meilen bis zur Grenze werden steiniger und erdtöniger. Weit und breit bestimmen Viehherden die Szene, während sich texanisches Buschland und *chaparral* immer deutlicher mit den Merkmalen der Chihuahua-Wüste mischen.

Del Rio, das Provinznest im Val Verde, dem Grünen Tal, nennt sich Wolle- und Mohairhauptstadt der Welt, aber das nützt nicht viel, von Hauptstädtischem fehlt jede Spur. Auch das historische Viertel von Downtown, wo noch einige ältere Sandsteinbauten überdauert haben, die von italienischen Steinmetzen errichtet wurden, lässt das touristische Herz nicht gerade höher schlagen; ebenso wenig wie das älteste Weingut in Texas, die ortsansässige **Val Verde Winery**, die sich seit 1883 in italienischem Familienbesitz befindet.

Und es kommt noch schlimmer. Die angeblich tüchtigen Quellen, die San Felipe Springs, aus denen sich täglich Millionen Gallonen Wasser ergießen, die einen Fluss und um ihn herum einen grünen Stadtpark bilden, sind ausschließlich im Verborgenen tätig. Kamele, von Jefferson Davis aus Afrika in der (irrigen) Annahme importiert, sie würden sich dem westtexanischen Klima optimal anpassen, haben hier zwar ebenso ihren Durst gelöscht wie später die Reisenden in der Postkutsche – aber diese Zeiten sind vorbei.

Die eigentliche Attraktion von Del Rio war lange Zeit der deutlich größere Nachbar, **Ciudad Acuña,** die mexikanische Zwillingsstadt. Insbesondere am frühen Abend, wenn das späte Licht die Farben zum Leuchten bringt, nutzten Einheimische und Touristen gerne die Gelegenheit für eine Stippvisite. An der Plaza, rund um den bunt bemalten Gazebo, konnte man das farbenfrohe Straßenleben, fußballspielende Kinder, lokale Restaurants und Bars und das mexikanische Kunstgewerbe genießen. Nach der Verschärfung des Drogenkrieges entlang der mexikanischen Grenze (vgl. S. 263) wird zurzeit aber dringend davon abgeraten, die Grenze nach Mexiko zu überschreiten.

Am nördlichen Ende von Del Rio geht es wieder auf die bereits vertraute US 90 und weiter westwärts. Ein Damm führt die Straße sicher über das **Amistad Reservoir**, den Stausee aus Rio Grande, Pecos und Devils River, ein mexikanisch-amerikanisches Gemeinschaftsprojekt, das 1969 eingeweiht wurde. Der blaue Riesenklecks in der Landschaft bildet ebenso wie einige weitere, die folgen werden, die Grundlage der Bewässerungskultur entlang dem Rio Grande. Es gilt, die zwischen Hochwasser und extremer Austrocknung schwankende Wasserführung auszugleichen. Der Freizeitwert der Seen kommt als erfreulicher Nebeneffekt hinzu, etwa zum Angeln, Schwimmen oder für Bootsfahrten. Wer einen kleinen Stopp auf der Reise nach Westen einlegen möchte, der kann nach

Diablo East, Seminole Canyon State Park

Del Rio am **Diablo East** für einen Spaziergang halt machen.

Die zunehmende Kargheit des *chaparral country* ruft die ersten Christusdornbüsche *(ocotillo)* und Yuccas auf den Plan. Geckos und Wachteln, Erdmännchen und Kaninchen, kleine Wildschweine *(javelinas)* und Armadillos (geruhsame Gürteltiere, die seit prähistorischen Zeiten so aussehen) leben hier; auch Klapperschlangen und Skorpione, (harmlose) Taranteln und (weniger harmlose) Schwarze Witwen. Ab und zu gleitet ein Ranchtor oder ein Windrad vorbei oder, wenn man Glück hat, mal ein Güterzug der »Southern Pacific«.

Westlich von **Comstock** lohnt der **Seminole Canyon State Historical Park** einen Abstecher. Hier finden sich zahlreiche Beispiele indianischer Petroglyphen, also in Stein gearbeitete, bildliche und grafische Motive aus prähistorischer Zeit. Die spektakulärsten Beispiele dieser *Rock art* finden sich im **Fate Bell Shelter**, einer der ältesten nordamerikanischen Felssiedlungen *(cliff-dwellings)*.

Kurz nach Verlassen des Parks kommt mit der **Pecos River Bridge** Bewegung ins Landschaftsbild. Von der Brückenhöhe kann man die steilen Uferfelsen jenes berühmten Flusses bewundern, dessen Name Wildwestfans und insbesondere Karl-May-Kennern auf der Zunge zergeht. Ab hier beginnt die sogenannte Trans-Pecos-Region, die letzte *frontier* Amerikas am Ende des 19. Jahrhunderts. Das ist heute noch nachvollziehbar, denn ähnlich wie auf dem Weg nach Del Rio erlebt man erneut eine beinah schulbuchmäßige Einführung in den einst Wilden Westen. Die Weiten werden weiter, die einsamen Straßen einsamer, und während sich am Horizont zart die ersten Bergrücken aufbauen, werden die *highway cuts*, die Straßendurchstiche, tiefer und tiefer. Und über allem kreisen schwarze Galgenvögel, Aasgeier *(vultures)*, die sich auf alles Getier stürzen,

Amistad Reservoir

Langtry

das die Überquerung des Highways nicht überlebt hat.

Über **Langtry** und seine 45 Einwohner würde man kein Wort verlieren, hätte es da nicht diesen bizarren Richter gegeben, der schon zu Lebzeiten von sich reden machte: Judge Roy Bean. »Ich verurteile Sie zu 45 Dollar Geldstrafe und einer Runde Drinks für das Gericht.« So oder ähnlich endete mancher Schuldspruch westlich des Pecos, wo allein Roy Bean für *law and order* zuständig war und ausnahmsweise nicht der Gouverneur von Texas. Der solle sich gefälligst um seinen Job in Austin kümmern und ihn in Ruhe lassen, soll Bean gesagt haben.

Die Holzbaracke, in der dem Gesetz Genüge getan wurde, ein karges Ensemble aus Saloon, Billardraum und Gerichtssaal, ist in einen wohlrestaurierten Zustand gebracht worden und zu besichtigen, zusammen mit einem Kakteengarten und Besucherzentrum, in dem unter anderem zahlreiche penibel gebastelte Dioramen Szenen des Lebens und die Karriere des legendären Richters wie Puppenstuben nachstellen. Er hatte sich mit seinem zahmen Bären Bruno ins Abseits und in Gedanken an die von ihm angebetete englische Schauspielerin Lillie Langtry, die übrigens auch in Atlantic City auftrat, zurückgezogen. Ihr verdankt die Stadt zwar ihren Namen, aber Bean hat sie persönlich nie kennengelernt. Lillie besuchte Langtry erst 1904, nachdem der Friedensrichter das Zeitliche schon gesegnet hatte.

Es war letztlich die Eisenbahn, die zu Beans skurriler Form von Amt und Würden führte, denn im Zuge ihres Baus – 1883 wurde hier letzte Hand an die Strecke New Orleans–San Francisco gelegt – siedelten und gründelten die verschiedenen Bautrupps und mit ihnen allerlei zwielichtiges Volk. Die Bosse der Eisen-

Saloon des Richters Roy Bean in Langtry als Puppenstube nachgestellt

Gage Hotel in Marathon

bahngesellschaften, in Furcht um ihre Investitionen und Kunden, riefen nach dem Gesetz, das heißt im Klartext nach den Texas Rangers und Judge Roy Bean. 1882 wurde er ernannt. Mit den hartgesottenen Rangers im Rücken und einem geladenen *sixshooter* neben sich sah er vor Ort nach dem Rechten. Betrunkene wurden schon mal mit Bruno an eine Kette gelegt. Und so wie milde Urteile kräftigen Drinks nicht im Weg standen, gingen bei Bean auch die meisten Geldstrafen und persönlichen Bereicherungen problemlos ineinander über. Doch hängen ließ er keinen, der Held der Great American West-Saga.

Plattes Ranchland bis Dryden und **Sanderson**, in dessen früher Stadtgeschichte es von Viehdieben, Banditen, *outlaws* und *gunmen* nur so wimmelt. Noch heute wirkt das Örtchen wie eine kleine *frontier town* mit Eisenbahndepot. Der Highway durchzieht das leere und ansehnliche Tal. Ganze Heerscharen von Yuccas treiben am Autofenster vorbei, mit langstieligen Blütenstengeln, die im Frühjahr prächtig gelb und weißlich blühen. Die Berge rücken unmerklich näher, Tausende gelber Wildblumen säumen die Straße und eine Büffelherde macht sich über die Gräser her. Man schätzt, dass es zu Beginn des 16. Jahrhunderts allein in Texas 60 Millionen Büffel gegeben hat; sie wurden im Lauf der Jahrhunderte abgeschlachtet und nahezu ausgerottet. Lediglich an die 600 Tiere haben überlebt.

Die Reise westwärts endet dann in **Marathon**, einem 500-Seelen-Ort, dessen Mittelpunkt das **Gage Hotel** darstellt. Der mit Liebe zum Detail renovierte Bau aus dem Jahre 1927 gibt einen Eindruck davon, wie ein Hotel im Westen früher ausgesehen hat. »Wir wollen kein TV auf den Zimmern«, sagt der Manager. »Die Gäste sollen sich abends in der Lobby treffen und zusammensetzen, statt vor dem Fernseher zu hocken.«

1 Infos: Del Rio, Comstock, Langtry, Marathon

»Bull-Dogging« heißt die Methode, Stiere unter Kontrolle zu bringen, indem man sie bei den Hörnern packt, mit diesen ihren Hals dreht und so den Kopf zu Boden zwingt.

 Amistad National Recreation Area
4121 Veterans Blvd.
 Del Rio, TX 78840
© (830) 775-7491, Eintritt $ 4
 Ca. 10 mi nach Del Rio, hinter einer Exxon-Tankstelle kommt der Abzweiger zum **Diablo East**. Der Straße eine gute 3/4 Meile folgen bis zum Parkplatz kurz vor der Bootsrampe, dort gibt es einen kurzen Lehrpfad.
Auskünfte über das Erholungsgebiet rund um den Stausee. Camping.

 Seminole Canyon State Historical Park
Park Rd. 67 North (rund 44 mi auf US 90 westl. von Del Rio)
Comstock, TX 78837
© (432) 292-4464
www.tpwd.state.tx.us/park/seminole
Tägl. 8–22 Uhr, Eintritt $ 3
Zum Wandern empfiehlt sich der leicht zu gehende **Rio Grande River Trail**. Eine Wanderung zu **Fate Bell Shelter** mit spektakulären Petroglyphen ist nur als geführte Tour möglich (s. S. 193).

 Judge Roy Bean Visitor Center
US 90, Loop 25, Langtry, TX 78871
© 1-800-452-9292
Tägl. 8–17 Uhr, Eintritt kostenlos
Gedenkstätte und originalgetreu rekonstruierte Bar des skurrilen Friedensrichters.

 The Gage Hotel
102 N.W. 1st St. auf der US 90
Marathon, TX 79842
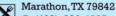 © (432) 386-4205 und 1-800-884-GAGE
Fax (432) 386-4510
www.gagehotel.com
Sehr schönes, traditionsreiches Western-Hotel von 1927 ganz im Stil des Old West. Der luxuriösere Adobe-Flügel bietet wunderschöne Schattenplätze und erinnert an Santa Fe. Großer Pool, Fitness, free Wi-Fi.

Das **Restaurant at the Gage** bietet Frühstück, Lunch, und Dinner ($$–$$$$), außerdem im Haus: White Buffalo Bar. Da das Gage Hotel den Mittelpunkt von Marathon darstellt, ist das Restaurant zugleich der kulinarische Höhepunkt im Ort. $$–$$$

 Marathon Motel & RV Park
US 90, Marathon, TX 79842
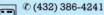 © (432) 386-4241
Einfaches, aber nettes Motel am westlichen Ortsausgang gelegen. $

 Kleinere Restaurants (z. B. Famous Burro, Guzzi Pizza) finden sich entlang der Hauptstraße von Marathon, vgl. auch www.marathontexas.com/dining.

❷ Die Große Biege
Big Bend National Park

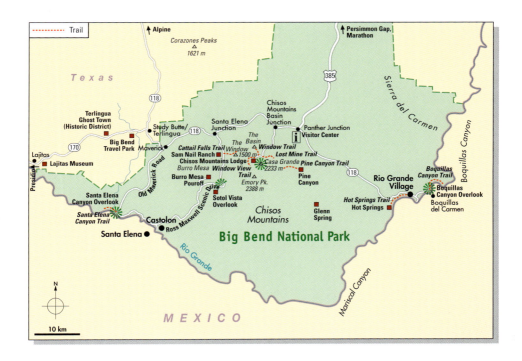

2. Route/Programm: Marathon – Big Bend National Park (109 km/68 mi)

km/mi	Route
0	Am Vormittag in **Marathon** auf die S 385 nach Süden zum
109/68	**Big Bend National Park** (Headquarters bei Panther Junction).
	Wanderung auf dem **Window Trail**, zu den **Cattail Falls** bzw. im **Pine Canyon**. Am späteren Nachmittag in die Geisterstadt **Terlingua**.

Alle weiteren Entfernungsangaben sind abhängig vom Übernachtungsort (s. S. 203 ff. und Infos S. 216 f.) bzw. den ausgewählten Wanderrouten.

Big Bend National Park

Hier werden zwei Reisetage für den Big Bend National Park vorgestellt. Vor allem im Frühjahr (April) und Herbst (Oktober/Anfang November) sollte man mehr Zeit einplanen, denn es bieten sich vielfältige Möglichkeiten: bequeme Naturpfade ebenso wie stramme Bergtouren, mehrtägige Schlauchbootfahrten durch die Canyons, Kanutrips auf eigene Faust, aber auch Ausritte, bei denen die Kinder mitkommen können.

Chisos Mountains

Eine dreiviertel Stunde nach Verlassen von Marathon, verschafft sich der **Big Bend National Park** erst einmal Respekt durch ein drastisches Tempolimit. Das bringt mehr Muße, die von fleißigen Park Rangers gepflanzten Vorzeige-Kakteen zu würdigen, und für die ersten spektakulären Eindrücke dieser Urlandschaft, die Felsmassive der Sierra del Carmen oberhalb des Boquillas Canyon im Osten zum Beispiel.

Wenn es ein Aschenputtel unter den amerikanischen Nationalparks gibt, dann heißt es Big Bend. Unter den Topstars der Naturwunder-Szene kursiert sein Name nicht, was vor allem an der Abgelegenheit des 1944 gegründeten Parks liegt. Selbst wer hier wohnt, bekommt das zu spüren. Zu einem guten Zahnarzt muss man oft bis nach San Antonio fahren. Und das dauert ja bekanntermaßen. Mobilfunkempfang ist eher ein Glücksfall. Zumindest erlauben Wi-Fi und Satellitenschüsseln den Kontakt zum Rest der Welt. Aber Tageszeitungen? Nein. Big Bend an der großen Biegung des Rio Grande erweist sich als ein natürlicher Geheimtipp im Winkel.

Der riesige, insgesamt rund 3200 Quadratkilometer große Landschaftsbrocken vereint im Grunde drei unterschiedliche Parks: das **Zentralmassiv der Chisos Mountains**, umgeben von den grünsten und kühlsten Flecken der Region; die karge **Chihuahua-Wüste** zu ihren Füßen im Süden des Parks, heiße angeschwemmte Niederungen, durchbrochen von kleinen Mesas; und den **Rio Grande**, der 190 Kilometer lang den

Big Bend National Park

Wandern im Big Bend National Park

Big Bend bietet eine Fülle von wunderschönen Wanderwegen auf insgesamt rund 320 km Länge. Die Wahl der Wanderungen ist natürlich abhängig von den individuellen Präferenzen sowie der Jahreszeit. Viele Wanderwege starten in den Chisos Mountains, in der Nähe der Lodge. Grundsätzlich bieten sich die Wege in den Chisos Mountains vor allem für die wärmere Jahreszeit an.

Wichtig: Reichlich Wasser (Faustregel: mindestens 4 Liter pro Person und Tag), Sonnenschutz (mindestens Lichtschutzfaktor 30), Wanderschuhe und

Die Wüste blüht ...

ein Hut sind ein Muss. Vorsicht ist geboten bei der Mitnahme von Nahrungsmitteln. In sehr seltenen Fällen kann man auf einen Schwarzbären *(black bear)* oder einen Berglöwen *(mountain lion)* treffen, die durch den Geruch der Nahrungsmittel angelockt werden. Praktische Empfehlungen bekommt man am besten im National Park Visitors Center in Panther Junction. Vor allem für ambitionierte Wanderer empfiehlt es sich, vor Reiseantritt einen Hiking Guide anzuschaffen, z. B. Laurence Parent »Hiking Big Bend National Park« (Falcon Guides). Hier eine Auswahl an schönen Wanderwegen:

Westteil des Parks
Santa Elena Canyon: Von **Panther Junction** aus ca. 70 km südwestlich am Ende des Ross Maxwell Drive. Santa Elena Canyon ist einer der populärsten Trails, allerdings weniger wegen der Wanderung selbst, sondern wegen des spektakulären Canyon mit bis zu 450 m hohen Steilwänden. Zu Beginn des Weges überquert man den Terlingua Creek, was mit normalen Wanderschuhen i.d.R. kein Problem ist. Es folgt ein kleiner Aufstieg, um den Trail zu erreichen.

Nach Überschwemmungen oder schweren Regenfällen ist es u.U. nicht möglich, den Terlingua Creek zu überqueren.
Länge: 2,6 km, Dauer: ca. 3/4 – 1 Std., einfach.
Cattail Falls: Cattail Falls gehört zu den Trails, die nur sehr selten beschrieben werden und deren Zugang in den Big-Bend-Karten nicht eingezeichnet und daher auch nicht ganz leicht zu finden ist. Dafür wird man mit einer wunderschönen Wanderung belohnt.

Von **Panther Junction** aus kommend fährt man den Ross Maxwell Scenic Drive ein paar Kilometer Richtung Castolon. Kurz bevor man rechts das Zeichen zur Sam Nail Ranch sieht, zweigt linker Hand eine nicht gekennzeichnete Dirt Road in Richtung Berge ab, die man nur mit einem SUV *(Sport Utility Vehicle)* befahren sollte. Diese Dirt Road führt ca. 20–30 Minuten durch die Wüste und endet an einem Parkplatz. Von dort geht es zu Fuß weiter, bis rechts ein Zeichen den Weg nach Cattail Falls weist. Dort beginnt eine sehr abwechslungsreiche Wanderung durch offene Wüstenlandschaft.

Dann geht es in den Canyon, an dessen Ende man an einen wunderschönen Wasserfall gelangt.
Länge: 5-6 km, Dauer: 2 Std., einfach.

Ostteil des Parks
Hot Springs: Von **Panther Junction** die Old Maverick Road ca. 28 km in südöstlicher Richtung fahren bis zum Abzweiger rechts nach **Hot Springs** (von dort noch ca. 2,5 km bis zum Parkplatz).

Der Ausflug nach Hot Springs zum Baden in den heißen Quellen (41 °C) bietet sich vor allem morgens oder spätnachmittags/abends an. J. O. Langford hat hier 1909 ein Health Spa errichtet, weil er fest an die heilende Wirkung der Quellen glaubte. Überreste, etwa das ehemalige Motel oder Post Office, sind heute noch erhalten. In den 1940er-Jahren wurde die Anlage Teil des Nationalparks.

Fingerspitzengefühl ist bei Vogelspinnen gefragt

Nach einem Bad in den heißen Quellen kann man dem Weg am Fluss weiter folgen und biegt dann links ab zum Rückweg über die Klippe. Von hier aus hat man einen schönen Blick auf den Rio Grande sowie die Berge und die Wüstenlandschaft in Mexiko. Der Weg endet dann wieder am Parkplatz.
Länge: 1,2 km, Dauer: 1/2 Std., einfach.
Boquillas Canyon Trail: Von **Hot Springs** aus biegt man auf die Old Maverick Road in Richtung Rio Grande Village ab. Vor Rio Grande Village zweigt man links auf die Boquillas Canyon Road ab und fährt ca. 6 km bis zum Parkplatz am Ende der Straße.

Der Trail geht über einen flachen Limestone-Hügel. Viele Prickly-Pear-Kakteen säumen den Weg. Dann rechts halten, dem Weg zum Ufer des Rio Grande folgen, der wunderschöne Blicke auf den Fluss und die Mündung des Boquillas Canyon eröffnet.
Länge: 2,2 km, Dauer: 3/4–1 Std., einfach.

Chisos Mountains
Window View Trail: Ein kurzer Rundweg Richtung Westen, der ganz in der Nähe der **Chisos Mountain Lodge** beginnt. Ein schöner Platz, um den Sonnenuntergang im Park zu beobachten.
Länge: 0,5 km, Dauer: 1/4 Std., sehr einfach (asphaltiert, daher rollstuhlgeeignet; Parkbänke).
The Window Trail: Der Trail startet vom **Chisos Basin Campground** in der Nähe des Platzes Nr. 52. Über eine Strecke von rund 3 km geht es zunächst deutlich abwärts (Hö-

Big Bend National Park

henunterschied ca. 250 m) mit einem entsprechenden Wechsel in der Vegetation und hervorragenden Ausblicken auf die Gipfel der Chisos Mountains. Die letzten 1,5 km führen durch einen kühlen schattigen Canyon, der durch den Oak Creek geformt wurde. Am Ende des Weges erreicht man **The Window** – der das Chisos Basin entwässert. Die Gegend ist beliebt bei wilden Tieren, z. B. Javelinas, Füchsen und selten auch einmal einem Schwarzbären.
Länge: 7 km; Dauer: 3–3 1/2 Std., mittelschwer, vor allem starker Anstieg auf dem Rückweg.
Lost Mine Trail: Man fährt von **Panther Junction** die Old Maverick Road 5 km in Richtung Westen und biegt dann links in Richtung Chisos Mountain Lodge auf die Basin Road ab. Nach ca. 8,5 km folgt der Parkplatz von **Panther Pass** und der Eingang zum Trail. Ein idealer Weg, um Pflanzen- und Tiervielfalt der Chisos Mountains kennenzulernen. Der Weg startet auf einer Höhe von ca. 1700 m und steigt kontinuierlich an bis zur Spitze auf 2100 m, von wo aus man Pine und Juniper Canyon bewundern kann.
Länge: 7,7 km, Dauer: 3–4 Std., anspruchsvoll, kaum Schatten.
Pine Canyon: Von **Panther Junction** aus fährt man die Old Maverick Road 8 km in Richtung Osten und biegt dann rechts auf eine Dirt Road, die Glenn Spring Road, ein, nach ca. 3,5 km dann rechts in die Pine Canyon Road. Auch diese Dirt Road sollte man möglichst nur mit einem SUV befahren.
Zu Beginn steigt der Trail an und führt durch eine offene, mit Sotol gesprenkelte Wüstenlandschaft. Nach ca. 1,5 km erreicht man den dicht bewaldeten, schattigen Canyon. Hier findet man Piñon-Kiefern, Pinien, Eichen, Ahorne und Texas-Madronen. Der Weg endet am Fuße eines 50 m hohen Felsen, der sich nach kräftigen Regengüssen zu einem dramatischen Wasserfall entwickeln kann.
Länge: 6,4 km, Dauer: ca. 2–2 1/2 Std., einfach.

Weitere Outdoor-Aktivitäten
Reiten: Ausritte werden vor allem von Lajitas aus angeboten – entweder auf Stundenbasis oder auch über mehrere Tage (vgl. Infos S. 218 ff.).
Bootstouren: Vor allem die Canyons (Santa Elena und Bouquillas) kann man am besten vom Wasser aus erleben, entweder per Schlauchboot *(Rafting)* oder Kanu *(Canoing)*. Man ist allerdings sehr stark abhängig vom Wasserstand des Rio Grande, der im Sommer oft nicht genügend Wasser führt. Am besten entscheidet man sich für eine Mehrtagestour mit einem lokalen River Guide (vgl. Infos S. 218).
Darüber hinaus gibt es verschiedene **Mountainbiking**-Angebote (vgl. Infos S. 218).

Grenzfluss im Park spielt und der außerhalb seiner drei großen Canyons (Santa Elena, Boquillas und Mariscal) eine oasenhafte Vegetation entlang seinen Ufern und in den Auen bewässert, die im scharfen Kontrast zum durchweg kargen Wüstengeröll steht.

Entsprechend vielfältig sind die Lebensräume und damit die vorkommenden Tier- und Pflanzenarten in Big Bend.

Big Bend National Park

> **Achtung:** Auch wenn gerade in Big Bend ein Ausflug nach Mexiko so nahe liegt, sollte man unbedingt darauf verzichten. Informelle Grenzübertritte sind nach den Bestimmungen der Homeland Security seit 2002 illegal und werden entsprechend bestraft. Das bedeutet leider, dass die früher üblichen Stippvisiten in die auf der anderen Seite des Rio Grande gelegenen Orte (vor allem Boquillas del Carmen und Paso Lajitas) nicht mehr möglich sind.
>
> Ohne die Besucher aus Big Bend haben die sehr abgelegenen mexikanischen Dörfer ihre Existenzgrundlage verloren, vor allem Boquillas del Carmen. Seit Januar 2011 wird allerdings von der verantwortlichen Behörde erwogen, am Boquillas Canyon möglicherweise einen winzigen, offiziellen Grenzübergang nach Boquillas del Carmen zu schaffen, der Mitte 2012 den Betrieb aufnehmen soll. Bis dahin müssen die Bewohner von Boquillas weiter auf Victor Valdez vertrauen, der mit seiner bezaubernden Tenorstimme im Rio Grande stehend mexikanische Balladen durch den Canyon schmettert, um für sein Dorf ein paar Dollars zu verdienen. Ein herzzerreißendes Schauspiel.

Während die Schwarzbären, Berglöwen und Adler die kühlen Höhen der Bergwälder schätzen, Coyoten und Kaninchen, Schlangen und Eidechsen sich am liebsten an die stacheligen Meister des Wasserspeicherns in der Wüste halten, gefällt es den Schwalben, Wachteln und Regenpfeifern bei den Kies- und Sandbänken des Flusses am besten – auch dem feuerroten Cardinal, einer der 400 Vogelarten, die im Park gesichtet worden sind.

Die Temperaturen schwanken zwischen Sommer und Winter, Berg und Tal, Tag und Nacht beträchtlich. Auch das hat dazu beigetragen, Form, Funktion und Verhalten der Wüstenpflanzen und -tiere zu bestimmen. Unter den Wüstentieren gibt es wunderliche Formen der Anpassung an das extreme Klima, zum Beispiel bei der *spadefoot toad*, einer Krötenart, die bis zu zehn Monate pro Jahr in der Erde lebt. Erst nach einem Sommerregen versammelt sie sich mit ihren Artgenossen an temporären Wasserlöchern, um sich zu paaren und Eier in das stehende Wasser zu legen. Daraus werden innerhalb von Stunden oder wenigen Tagen Kaulquappen, die meist binnen zwei Wochen zu Kröten heranwachsen. Sollte das Wasserloch jedoch vorher austrocknen, dann dienen die verendeten Tierchen der nachfolgenden Generation als Nahrung.

Auch die Schlangen müssen sich vor dem Extremklima schützen. Es ist also keineswegs so, wie Besucher oft befürchten, dass der Park zu jeder Zeit von giftigem Getier wimmelt. Die Schlangen verziehen sich meistens unter Steine oder unter die Erde, wenn es zu heiß oder zu kalt ist, und weichen mit ihren Aktivitäten oft auf die Nacht aus.

Ein anderer typischer Wüstenbewohner ist die Kängururatte, die den Schlan-

Javelinas mögen Big Bend

Big Bend National Park

gen mit der Quaste an ihrem langen Schwanz Sand in die Augen streut. Sie kann Wasser nicht nur konservieren, sondern auch produzieren, denn aus den trockenen Körnern, von denen sie lebt, stellt sie chemisch H_2O her, *metabolic water*, wie es genannt wird. Mehr braucht sie nicht, keine Quellen, keine feuchtigkeitshaltigen Pflanzen oder Insekten.

Erstaunlich sind beim *black-tailed jackrabbit*, einem Wüstenkaninchen, die riesigen Ohren. Das durch sie zirkulierende Blut wird gekühlt und setzt so die Körpertemperatur herab. Ansonsten bevölkern Rehe, Schafe und Wildschweine (*javelinas*) die magischen Weiten unterhalb der Chisos-Berge, die vor 60 Millionen Jahren aus dem Magma zu blockartigen Gebilden, wie die der Casa Grande, des Tall Mountain und des South Rim erodierten.

Spärliche prähistorische Funde deuten darauf hin, dass hier vor 10 000 Jahren Indianer als Halbnomaden lebten. Man verlor ihre Spuren, andere indianische Jäger und Sammler kamen und verschwanden ebenfalls aus noch heute unbekannten Gründen. Um 1200 ließ sich eine Gruppe von Pueblo-Indianern aus New Mexico am Treffpunkt von Rio Conchos und Rio Grande als sesshafte Farmer nieder. Die Spanier, die Anfang des 16. Jahrhunderts auf der Suche nach Bodenschätzen in das Land einbrachen, mieden die unwirtliche Big-Bend-Region, die sie *El Despoblado*, das unbewohnte Land, nannten.

Zu Beginn des 18. Jahrhunderts dominierten die Apachen das Gebiet. Sie waren von den Comanchen aus den Plains nach Süden abgedrängt worden und nervten die Spanier so lange mit Überfällen, bis diese sich Ende des 18. Jahrhunderts mehr und mehr zurückzogen. Den erhofften Reichtum hatten sie ohne-

Kaktusblüte in den Chisos Mountains

hin hier nicht finden können. Als Mexiko 1821 seine Unabhängigkeit gewann, gaben sie völlig auf. Ihnen folgten die Comanchen, die ihrerseits von den Anglos aus den fruchtbarsten Gebieten verscheucht wurden. Sie mussten sich in dem kargen Land einrichten, und möglicherweise erwiesen sich ihre Überfälle auf Trecks als einträgliche Nebenverdienste für die neue Existenzgründung. Jedes Jahr im Sommer fielen die Comanchen auf ihrem gefürchteten *Comanche War Trail* in Mexiko ein und über Siedlungen und Ranches her.

Als Texas annektiert und in Kalifornien Gold gefunden wurde, kamen mehr weiße Siedler in die Gebiete und mit ihnen Soldaten, die die Indianer systematisch

2 Big Bend National Park, Terlingua

Von der alten Minenstadt Terlingua ist nicht mehr viel übrig geblieben

bekämpften und dezimierten. Ende des 19. Jahrhunderts begann der große Vorstoß der Gringos nach Big Bend. Die ersten Ranches entstanden an den Hängen der Chisos Mountains. Vieh und Pferde, Schafe und Ziegen wurden gezüchtet, aber ihr *overgrazing* strapazierte das Grasland. Als 1942 der Staat Texas Land und Ranches kaufte, war der Boden bis auf den letzten Halm abgegrast. Gut zu sehen ist das im Green Gulch (zwischen Basin Junction und dem Chisos Mountain Basin), wo die Eichen abstarben, weil das Wasser zu schnell versickerte.

In der ersten Hälfte des 20. Jahrhunderts blühte das Geschäft mit Zinnober, dem wichtigsten Quecksilber-Mineral. 1900–42 ließ man den gefährlichen Abbau im Wesentlichen von mexikanischen Arbeitern betreiben. Dann rutschte der Quecksilberpreis in den Keller, der Minenbesitzer, ein Industrieller aus Chicago, machte Pleite und Terlingua, die Minenstadt, wurde versteigert.

Indessen geht die Wachsproduktion an der großen Krümmung weiter. Sie basiert auf der Wachspflanze *(candelilla)*, die nur hier, und auch nur auf Kalkstein wächst; eine blattlose Wüstenpflanze, deren Knospen eine milchige Flüssigkeit abgeben, die den Grundstoff für das Wachs bildet. Daraus werden Gummi, Fußbodenwachs, Politur und Schallplatten hergestellt. Anfang des 20. Jahrhunderts entstanden große Wachsfabriken in McKinney und Glenn Springs, bis die Pflanzen fast ausgerottet waren. Sie haben sich wieder erholt, werden noch ab und zu geerntet und mit Eseln aus dem unwegsamen Gebiet weggeschafft.

Den ersten Tag in Big Bend kann man zum Beispiel mit einer schönen Wanderung starten: Es empfehlen sich der **Window Trail** (wegen der spektakulären Ausblicke und des Wildlife) oder **Cattail Falls** bzw. **Pine Canyon** beide wegen ihrer abwechslungsreichen Vegetation und des Wasserfalls jeweils am Ende des Trails (Details vgl. S. 203 ff.).

Am (späteren) Nachmittag sollte man dann einen Besuch in **Terlingua** einplanen, der Geisterstadt aus alten Quecksil-

Perry Mansion beherbergt heute das ungewöhnliche Hotel Upstairs at the Mansion

bertagen. Schwer vorstellbar, dass hier einmal 2000 Menschen wohnten; heute sind es vielleicht knapp 100. Ein paar Steinwürfe westlich von Study Butte, rechts am Schild TERLINGUA, führt die Schotterstraße zu dem merkwürdigen Ensemble erdfarbener Schuppen, vorbei an den alten Gräbern des sehenswerten Friedhofs, nach Downtown: eine Trading Company, ein paar Shops und Hotels sowie eine schöne Bar.

An klaren Tagen kann man von hier aus den freien Blick auf die Chisos Mountains genießen, während im Vordergrund die säuberlich aus Felsbrocken aufgeschichteten Ruinen der Erdhäuser im satten Licht der späten Sonne leuchten. Einige von ihnen sind wieder wohnlich hergerichtet, wenn auch nach wie vor meist ohne Strom und Wasser. So wirken sie schlichtweg steinzeitlich, sind aber gerade recht und billig genug für die modernen Klausner, Aussteiger und schrulligen Käuze, die sich in diese gottverlassene Ecke der USA zurückgezogen haben. Über allem ragt etwas höher gelegen **Perry Mansion**, früher das Wohnhaus des Minenbesitzers aus der Blütezeit des Zinnober-Abbaus, heute eine charmante Hotelruine in der man tatsächlich übernachten kann.

Wenn die Kraft der Sonne gebrochen ist, wird es auf der Veranda der **Terlingua Trading Company** dem *hangout* der *local heroes* lebendig. Am besten man holt sich in der Trading Company ein Bier und gesellt sich dazu. Heute Nachmittag sind die Herren von der staatlichen Wasserkommission aus Austin eingetroffen. Bei jedem ihrer Besuche ärgern sie die Geister von Terlingua mit dem Hinweis, dass ihre Wasserversorgung wieder mal gefährdet sei, weil die Fluor-Grenzwerte überschritten wären. Man müsse jetzt endlich Zisternen bauen, um das Regenwasser aufzufangen. Aber woher soll, anders als in Austin, der Regen denn kommen?

Auf der Veranda der Terlingua Trading Company

Die Wasserprüfer wissen es auch nicht. Für sie steht erst mal nur fest, dass sie heute Abend trotz des klaren Sternenhimmels über Big Bend nicht mehr nach Alpine zurückfahren. Sie halten sich lieber an die fluorfreien Drinks. Im Lauf des Abends wird man sie nebenan in der Bar des **Starlight Theatre** wiedersehen, dem Szenetreff der Einsiedler. Dann aber nicht mehr als *water commissioners*, eher schon als *booze commissioners*.

Überregional machte Terlingua von sich reden, als hier 1967 die ersten Weltmeisterschaften im *chili cookoff* ausgetragen wurden; nicht in den ruinösen Resten des alten Camps selbst, sondern in der nahe gelegenen **Villa de la Mina**, einem alten Bau, halb Ranch, halb Motel, auf dem Grundstück einer ehemaligen Mine. Wettkochen von Chili-Gerichten war immer schon ein kulinarischer Volkssport im gesamten Südwesten, vor allem in Texas, wo man 1977 Chili sogar zum offiziellen »Staatsmenü« kürte. Aber so wild wie in Terlingua wird nirgendwo gekocht, für Feinschmecker und Schlinghälse gleichermaßen. *Having a good time,* die Devise aller Kochfestivals, ist hier mehr gefragt als anderswo. Die scharfen Schoten sind dabei nur der Anlass, das Drumherum zählt, vor allem, wenn zu den paar Dutzend Eremiten plötzlich 5000 Menschen strömen. Da bleiben Eskapaden natürlich nicht aus.

Ein Koch ließ leichte Mädchen aus San Francisco einfliegen und kutschierte sie im Feuerwehrauto über das Festgelände. Anderen Garköchen wird nachgesagt, sie hätten sich tiefgekühltes Klapperschlangenfleisch von Neiman Marcus schicken lassen und es ihrem Chili untergejubelt. Das seriöse Warenhaus dementierte sofort. Man kann verstehen, dass viele Locals während des Chili Cookoff das Weite suchen.

Nachts hängt der schwarze Himmel tief und mit ihm die Sterne – zum Greifen nahe. Big Bends weiter Himmel ist unangefochten der beste Platz in den USA um nachts die Sterne zu beobachten.

❸ Atempause im Big Bend
Varianten

3. Programm: Big Bend

Vormittag: Bootsfahrten, Wanderung durch den **Santa Elena Canyon** und anschließender Stopp in **Castolon**.

Nachmittag: Nach **Hot Springs** und Baden in den heißen Quellen, anschließend Wandern auf dem **Boquillas Canyon Trail** (vgl. S. 204).

Wie ein *road runner* nach Big Bend zu flitzen ist eine Sache, an der »Großen Biege« eine tiefe Atempause zu machen, um die Stille der Bergwüste, die Formen der Steinwelt oder das Treiben des Flusses auf sich wirken zu lassen, eine andere. Dazu einige Vorschläge.

Da wären zunächst die **Bootsfahrten**, Touren für halbe oder ganze Tage oder gar länger. Die Trips zu Wasser außerhalb der Schluchten, das heißt westlich von Lajitas, sind in der Regel gemächliche Unternehmungen. Wayne hat uns zu einer solchen Fahrt eingeladen, aber ein spritziger Trip mit Härtetest und Nervenflattern wird nicht daraus. Dafür hat der Rio einfach zu wenig Wasser.

»Too skinny«, meint Jack, der mit roter Schwimmweste im Boot hinten sitzt und aufpasst, dass trotzdem nichts passiert. Er hat diesmal keine Stromschnellen zu meistern, sondern muss immer wieder raus ins Wasser, um das vollbepackte Schlauchboot von den dicken Steinen zu zerren und wieder flott zu machen. Auf mexikanischer Seite sichten wir an den Hängen eine Gruppe wilder Esel, die uns aus gebührendem Abstand mit gespitzten Ohren neugierig betrachten.

Santa Elena Canyon ▷

Big Bend: Santa Elena Canyon, Ross Maxwell Drive; **Castolon**

Spektakulärer sind die **Trips durch einen der Canyons**, am beliebtesten ist der von Santa Elena. Die Touren dauern einen ganzen Tag und länger, wenn zwischendurch auf den Sandbänken und den Grasflächen gezeltet und übernachtet wird. Diese grasbedeckten Uferpartien wirken so gepflegt, als sei hier ein Gartendirektor tätig gewesen. Im Winter kann es allerdings ziemlich kalt werden, weil die Sonne zwar vorher und nachher die lieblichen Flussauen bestrahlt, aber nicht in die Steinschlucht selbst eindringt. Vögel nisten im Canyon und ihre Rufe werden durch die engen Steinwände als Echo verdoppelt.

Eine Wanderung im **Santa Elena Canyon** und ein Stopp in **Castolon** (halber Tag) könnten so aussehen: Wer in Lajitas, Terlingua oder Study Butte übernachtet hat, kommt morgens von Westen und fährt die Old Maverick Road Richtung Westen bis zum Ende. Dutzende *road runners*, kreisende Falken, ein Kaninchen in weißen Unterhosen *(cottontail rabbit)*, eines mit Riesenlöffeln *(jack rabbit)*, Schmetterlinge, Käfer, bunte Insekten und lange dunkelrote Raupen sind die Zaungäste auf dieser kurzen Anreise. Vom Parkplatz aus muss man durch den je nach vorausgegangener Regenmenge mal schlapp, mal mitreißend fließenden Terlingua Creek waten, bevor man auf dem Santa Elena Canyon Trail in die Schatten spendende Schlucht eindringt.

Man vermutet ja, dass der Rio Grande nur so tut, als hätte er das alles selbst ausgefressen, dass er sich tatsächlich aber in das vom Rio Conchos gemachte Bett gelegt hätte, denn nur der sei imstande gewesen, diesen gewaltigen Einschnitt zu sägen.

Muscheln sammeln im knochentrockenen Big Bend? Aber ja, schließlich stand hier lange Zeit alles unter Wasser. Und während der Ozean wogte, bildeten sich Sedimente, die man heute noch finden kann. Austernbetten zum Beispiel.

Nach der kleinen Wanderung folgt man am besten der Straße flussabwärts nach **Castolon**. Unvorstellbar, dass die Flussauen zur Rechten mit Pappeln, Schilfgräsern und Weiden vor 50 Millionen Jahren üppige Savannen und Sumpfgebiete waren, in denen sich die Krokodile tummelten. Heute tun es ihnen Schildkröten, Welse, Hechte und Biber nach. Seit 1900 bauten hier mexikanische und amerikanische Siedler Mais und Baumwolle an; an einigen Stellen bei Castolon oder bei Rio Grande Village geschah das noch bis in die 1940er-Jahre. Mittags drückt gewöhnlich die Hitze in Castolon, deshalb das schattige Bambusdach vor dem Geschäft der alten Trading Post, wo es wirklich alles gibt.

Schon zu Pancho Villas Zeiten war Castolon Handelsposten und Soldatencamp für die Garnison gegen die *bandidos*, von hier aus wurde am Rio Grande per Pferd patrouilliert. Geschmuggelt wird nach wie vor, denn der Fluss ist verlockend leicht zu überqueren – trotz deutlich verschärfter Grenzkontrollen.

Zurück fährt man den **Ross Maxwell Drive**, die *scenic route*, die sich von Castolon zur Santa Elena Junction an verschiedenen Aussichtspunkten vorbei wieder nach Norden schlängelt. Unterwegs wechselt das Panorama von schokoladenbraunen über hellgelbe, zu eierschalen- und lilafarbenen Klippen und Hügeln, Ebenen, Canyons und Mesas. Lava und vulkanische Asche aus den Chisos Mountains gaben dieser Region ihre Farben, ihre Formensprache verdanken sie der Erosion. Wer in dieser Landschaft nicht nur als Tourist flüchtig vorbeischauen will, sondern überleben muss, braucht bestimmte Kenntnisse.

Allgemein gilt im Gebiet von Big Bend die scheinbar paradoxe Regel, dass man

Big Bend, Chisos Mountains, Hot Springs

Wasser nur durch Klettern und Holz nur durch Graben findet *(you climb for water and you dig for wood)*. Das liegt daran, dass die Quellen an der Seite der Mesas oder Buttes ziemlich hoch austreten (keineswegs also aus dem Talgrund) und dass auch kleine Pflanzen mitunter ein beachtliches Wurzelsystem haben, nach dem man graben muss, um an Feuerholz zu kommen.

Beim **Sotol Vista Overlook** sollte man Ausschau halten, er gilt als der schönste und zugleich am bequemsten erreichbare Aussichtspunkt auf die Urlandschaft, in der man sich die gewaltigen Dinosaurier und fliegenden Superechsen gut vorstellen kann, die früher hier zu Hause waren.

Zwischen Burro Mesa zur Linken und den Chisos Mountains zur Rechten trifft die Straße an der Santa Elena Junction auf die US 118. (Wer von der Chisos Mountains Lodge kommt, fährt die beschriebene Route am besten in umgekehrter Richtung.)

Je nach Lust und Laune kann man in den Chisos Mountains faulenzen, reiten, stramm oder geruhsam wandern. In jedem Fall bewegt man sich dabei in einer Region des Parks, die sich durch ihre Höhenlage und ihre entsprechend kühleren Temperaturen von den anderen wesentlich unterscheidet.

Von der **Basin Junction** aus klettert die Straße durch den Green Gulch hoch zum **Chisos Basin**. Je höher man kommt, desto mehr weicht die Wüstenvegetation, um den Eichen, Ponderosa-Kiefern und Koniferen den Vortritt zu lassen. Am Parkplatz von Panther Pass beginnt der **Lost Mine Trail**, der die Anstrengungen seiner Benutzer (fast acht Kilometer hin und zurück bei 400 Metern Höhenunterschied) mit farbigen Felsformationen und schönen Ausblicken belohnt. Im Basin, überragt vom Gipfel der Casa Gran-

Gut gegen Rheuma, Blasenprobleme und Verstopfung: ein Bad in Hot Springs am Rio Grande

de, nistet die **Chisos Mountain Lodge**, die das Übernachtungs- und Beköstigungsmonopol innerhalb des Parks innehat. Hier kann man faul in der Sonne sitzen oder auch eine gemütliche Alternative zu Schweiß treibenden Wanderwegen finden, den **Window View Trail** nämlich, der praktisch vor der Tür liegt. Er ist lediglich 500 Meter lang und mit Bänken bestückt, von denen aus sich die eindrucksvollen Sonnenuntergänge im felsigen »Fenster« bequem erleben lassen – gemeinsam mit den lieblichen Taranteln, die um diese Zeit zum Abendspaziergang aufbrechen.

In der Wüste baden gehen, was gibt es Schöneres? Aber im Rio Grande? Lieber nicht, denn Treibsand und Strömungen machen ihn unberechenbar. Also, auf nach **Hot Springs** am besten am späten Nachmittag oder frühen Abend.

Ein paar Meilen vor bzw. westlich des Rio Grande Village zweigt von der Hauptstraße ein Weg in südlicher Richtung ab, der nach rund zwei Kilometern zu der Stelle führt, wo der kleine Tornillo Creek in den Rio Grande mündet. Hinter dem Parkplatz, einem alten General Store, vorbei an indianischen Piktogrammen in Kalksteinklippen, Schwalbennestern und Steinmulden, in denen Bohnen und Samen zermahlen wurden, liegt der historische Badeplatz – eine Schwimmbadruine. Die heilende Wirkung wurde in den 1920er- und 1930er-Jahren so gerühmt, dass man von Hot Springs als einem Jungbrunnen sprach, den Juan Ponce de Léon wohl übersehen haben muss. Das Wasser soll Rheuma, Blasenprobleme und Verstopfungen ebenso beseitigt haben wie die Sucht nach Tabak und Alkohol.

Der ursprüngliche Besitzer der Anlage, J. O. Langford, in Mississippi aufgewachsen und durch Malaria gesundheitlich geschwächt, ließ sich hier 1909 mit seiner Familie nieder und unterzog sich einer Badekur streng nach Anweisungen der Indianer. Er badete, trank das Wasser und wurde geheilt. Aber die Überschwemmungen des Rio Grande machten den Heilbädern bald danach den Garaus.

Trotzdem kann man sich heute hier im heißen Wasser entspannen, das geothermisch auf gleichbleibend etwa 41 Grad Celsius gehalten wird. Es stammt aus einem Becken »fossilen Wassers«, das sich vor mindestens 20 000 Jahren gesammelt hat. In der Regel ist es ruhig hier; mit ein Grund, weshalb sogar Mick Jagger hier auftauchte – weil er sicher sein konnte, von niemandem gesehen zu werden.

Zurück zur Hauptstraße Richtung Boquillas Canyon. Der Ausflug über den **Boquillas Canyon Trail** ähnelt dem vom Santa Elena, immer vorausgesetzt, der Wasserstand macht mit. Manchmal legt der Rio Grande nämlich kräftig zu und gibt sich völlig unnahbar. In einer knappen Stunde kommt man bequem hin und wieder zurück aus der Schlucht, über der sich weiter östlich die mächtigen Berge der Sierra del Carmen erheben.

Am frühen Abend in einem kleinen mexikanischen Schuppen an der Straße bei **Study Butte**. Wir sitzen bei einer saftigen *enchilada* mit grüner Chile-Soße, die, wenn man Pech hat, das Gesicht auch schon mal grün färben kann. Ausgerechnet in diesem Augenblick fahren Mike und seine Familie, die wir gestern an einer Tankstelle kennengelernt hatten, im alten VW-Bus vorbei und grüßen. Big Bend zählt ja überhaupt zu den Regionen des intensiven Grüßens aus dem Auto. Sie laden uns ein, und bei Anbruch der Dunkelheit benutzen wir den kleinen Zettel, auf dem sie den Weg skizziert hatten: ein paar Meilen geht es Richtung Alpine und dann über eine holprige Piste zum Steinhaus: Zwölf Quadratmeter Wohnfläche, zwei Schlafstellen für die Kinder auf dem Boden, ein Bett für die Eltern, ein kleiner Tisch, drei Kerosinlampen. Kein fließendes Wasser, kein Strom, kein Internet. Die Kinder gehen nicht zur Schule, sie werden zu Hause unterrichtet. Von allem, was nach Staat und Gesellschaft, Fortschritt und Technik riecht, hat Mike genug.

Dem ehemaligen Soldaten ist außer Zynismus nicht viel geblieben. »Die Moral hierzulande ist dahin«, sagt Mike. Die Konsumwelt der Yuppies, gebe den Ton an und herrsche über die Habenichtse. Als wir uns vor dem Haus auf die Bank setzen wollen, macht Mike gerade noch rechtzeitig einer *black widow* den Garaus. Dann blicken wir in die mondhelle Wüste, trinken Regenwasser und reden. Über den Nationalpark nebenan, der hier, wegen der Autotouristen, *Big Bend National Parking Lot* heißt; über militärische Taktiken der USA und überirdische Schauspiele auf dem Hen Egg Mountain, den man in der Ferne sehen kann und von dem herab schon bald ein neues Jerusalem käme, ein neues Zeitalter, eine bessere Welt.

Study Butte, Terlingua, Lajitas

Inzwischen ist im Dreieck zwischen Study Butte, Terlingua und Lajitas das gesellschaftliche Leben der *mountain people society* erwacht. Ein seltsames Völkchen, das im Blick auf den amerikanischen Durchschnitt nicht untypischer sein könnte: Aussteiger und Teilzeit-Jobber, die dem Anpassungsdruck an einen höheren Lebensstandard bewusst ausweichen und mit wenigen Ausgaben lieber so leben, wie es ihnen passt.

Und während auf der Veranda in Terlingua die Jack-Daniel's-Flasche zu kreisen beginnt, schart man sich in der »Kiva« um diverse Tequila-Sorten vom milden und teuren »Cuervo Gold« bis zum preiswerteren, weil aus heimischem Kaktus gewonnenen »Sotol«-Verschnitt. Die Leute essen, sie schwatzen, machen Musik und tanzen. In der Saison sind meist ein paar Touristen dabei, die von ihren Bootsabenteuern auf dem Fluss schwärmen. Die Locals revanchieren sich, indem sie die Vorzüge ihrer Einsamkeit preisen, bisweilen auch von deren Nöten erzählen, zum Beispiel von den kalten Nächten, wenn nur noch Heizdecken helfen. *(You don't sleep with a local, and you don't sleep with a tourist. Just take your electric blanket.)*

Zuletzt stellt sich raus: einer hat kein Auto. Wir bringen ihn heim, unter dem Sternenzelt der Milchstraße nach Terlingua, in eines dieser Geisterhäuser, einen rohen, unverputzten Steinhaufen im Geröll, durch den der Wind fegt. Ein freundlicher Hund, ein Bett und ein Schreibpult warten schon: Pleistozän-Design für 45 Dollar Hausmiete im Monat.

Einsame Piste: Parkstraße im Big-Bend-Gebiet

Infos: Big Bend National Park, Terlingua

Big Bend National Park (Park Headquarters)
US 385, Panther Junction, TX 79834-9999
✆ (432) 477-2251, Fax (432) 477-1175
www.nps.gov/bibe/
Ganzjährig 24 Std. geöffnet
Eintritt $ 20 pro Auto (gültig für 7 Tage)
Das Visitor Center (tägl. 8–18 Uhr) bietet eine große Auswahl an Literatur und Karten für die Region. Faszinierende Landschaft an der »Großen Biege« des Rio Grande mit exzellenten Wander-, Reit-, Wassersportbedingungen und heißen Quellen. Weitere Informationen findet man unter www.visitbigbend.com.

Camping
Es gibt zahlreiche Campgrounds im Big-Bend-Gebiet, z.B. im **Chisos Mountains Basin** (Nähe Lodge, ✆ 432-477-2251), in **Lajitas** (✆ 432-424-3471 und ✆ 1-800-527-4078) oder im **Rio Grande Village** (✆ 432-477-2251 und ✆ 432-477-2293).
Im Frühjahr und Herbst kann es leicht zu Engpässen kommen, rechtzeitige Reservierung ist dann anzuraten.

Innerhalb des Nationalparks existiert nur ein Hotel, die **Chisos Mountain Lodge**. Alle anderen Übernachtungsmöglichkeiten liegen im Westen, gerade außerhalb des Nationalparks in den Orten Terlingua, Study Butte und Lajitas. Die Wahl des Standorts ist abhängig von den individuellen Erwartungen.

Chisos Mountains Lodge
Big Bend National Park, TX 79834
✆ (432) 477-2292 und 1-877-386-4383
www.chisosmountainslodge.com
Ganzjährig geöffnet
Berg-Lodge mit dem einzigen **Restaurant** (✆ 432-477-2291, $–$$) innerhalb des Parks. Wer gerne mitten im Nationalpark wohnt und die typische Lodge-Atmosphäre nicht scheut, sollte hier übernachten. Viele Hiking-Trails starten in der Nähe. Eine Reservierung Wochen und Monate im Voraus ist erforderlich. $$–$$$

Terlingua:

Nur wenige Meilen vom westlichen Eingang des Big-Bend-Nationalparks. Wer die Atmosphäre einer wiederbelebten Ghosttown hautnah erleben möchte, sollte möglichst auch dort übernachten. Die nachfolgenden Hotels sind eher klein, aber vermitteln am besten die Stimmung, die vor allem nachmittags und abends rund um die Terlingua Trading Company zu spüren ist.

Upstairs at the Mansion
1 Perry Mansion Dr.
Terlingua, TX 79852
✆ (360) 713-3408 (Mobilfunknummer der Innkeeperin Kaci Fullwood)
Keine eigene Homepage, alle erforderlichen Informationen unter Facebook bzw. per Mail upstairsatthemansion@gmail.com
Hier erlebt man das ultimative Terlingua-Gefühl. Perry Mansion, ein alter Adobe-Bau, war früher das Haus des Minenchefs. Zurzeit hat das Hotel zwei Zimmer (mit einem gemeinsamen Badezimmer), alles Weitere ist *work in progress*, wie man auf dem Bild S. 208/209 gut sehen kann. Hier werden keine Türen abgeschlossen. Stattdessen geht man in die gemeinsame Küche, holt sich ein Bier, sitzt auf der Veranda und genießt den Blick auf Big Bend. Ziemlich sicher wird man hier ungewöhnliche Menschen kennenlernen. Free Wi-Fi. $$

Infos: Big Bend National Park, Terlingua

 La Posada Milagro Guesthouse and Casitas
100 Milagro Rd., Terlingua, TX 79852
✆ (432) 371-3044
www.laposadamilagro.net
Mitten in Terlingua auf einem kleinen Hügel gelegen mit wunderbarem Blick. Stilsicheres Südwest-Design *(rustic chic)* in sanierten Steinhäusern aus der Zeit des Quecksilberbooms. Leider sind die Zimmerpreise für eine Ghosttown schon ziemlich ambitioniert. Free Wi-Fi. Die kleine Espressobar **Espresso …y poco mas** gehört zum Hotel. $$$–$$$$

 Holiday Hotel
Terlingua, TX 79852
✆ 1-888-371-2234 und 1-877-298-5638
www.bigbendholidayhotel.com
Eine Alternative ebenfalls mitten in Terlingua, neben der Terlingua Trading Company. Im Südwest-Stil eingerichtet. In den Zimmern weder TV, noch Telefon oder Internet. $$$–$$$$

 Chisos Mining Company Motel
Hwy. 170 (ca. 1 km von der Kreuzung der Hwys. 118 & 170)
Terlingua, TX 79852
✆ (432) 371-2254, www.cmcm.cc
Einfache Motelzimmer, Cabin und Cottages. Nähe Terlingua Creek. $–$$

 Starlight Theatre Restaurant & Bar
Terlingua, TX 79852
 ✆ (432) 371-2326
www.starlighttheatre.com
Tägl. 17–22 Uhr Dinner, Bar bis Mitternacht oder länger
Aus dem Theaterraum während der Blütezeit der Quecksilberstadt wurde eine rustikal-schicke Bar im Santa-Fe-Stil, raffiniert ausgeleuchtet und gemütlich mit Holzdecke. $$–$$$

 Los Jalapeños Café
Terlingua, TX 79852 (Hwy. 170 & South County Rd., direkt neben dem Terlingua Store)
✆ (432) 371-2711
Tägl. außer Mi bis 16 Uhr
www.losjalapenoscafe.com
Simples, aber sehr authentisches mexikanisches Essen. Frühstück und Lunch. $

Local Hangout in der Wüste: Starlight Theatre Restaurant & Bar in Terlingua

Infos: Big Bend National Park, Terlingua

Kathy's Kosmic Kowgirl Kafe
Terlingua, TX 79852 (Hwy. 170, ca. 1 mi westl. der Kreuzung mit Hwy. 118)
✆ (432) 371-2164
www.kosmickowgirl.com
Tägl. außer Di/Mi 7–15 Uhr
In einem pinkfarbenen Trailer werden Frühstück, BBQ und schmackhafte Sandwiches zubereitet. $

La Kiva Restaurant & Bar
Hwy. 170, Terlingua Creek, TX 79852
✆ (432) 371-2250, www.lakiva.net
Urige Bar, BBQ-Restaurant. Meist Livemusik. $–$$

Terlingua Trading Company
Terlingua, TX 79852
In einem alten Laden der Chisos Mining Company werden Bücher, Chili-Utensilien, lokale Souvenirs und praktische Accessoires angeboten. Am wichtigsten ist der Kühlschrank in einem der hinteren Räume, wo man sein eiskaltes Bier für den Abend organisieren kann.

Big Bend River Tours
Hwy. 170 Richtung Study Butte, links vor dem Hwy. 118
Terlingua TX 79852
✆ (432) 371-3033 und 1-800-545-4240
www.bigbendrivertours.com
Ganzjährig Halbtags-, Tages- und mehrtägige Schlauchboot- oder Kanutouren.

Desert Sports
Hwy. 170, 5 mi westl. der Kreuzung Hwys. 118 & 170
Terlingua, TX 79852
✆ (432) 371-2727
www.desertsportstx.com
River-Rafting und Kanutouren, geführte Wanderungen, Mountainbiking und Jeep-Touren.

Angell Expeditions
✆ (432) 229-3713 und (305) 336-2787
www.angellexpeditions.com
Charles Angell bietet Mountainbiking, geführte Wanderungen, River-Rafting und Jeep-Touren an.

Lajitas Stables
Hwy. 170 in Lajitas
Terlingua, TX 79852, ca. 2 mi westl. des Lajitas Golf Resort & Spa

Winter in den Chisos Mountains, Big Bend

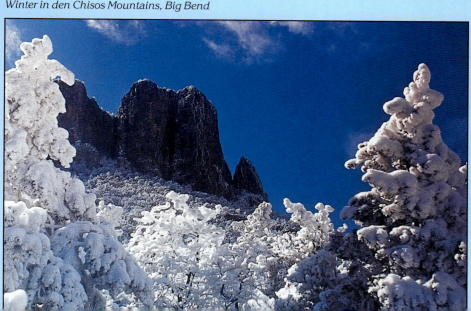

Infos: Big Bend National Park, Lajitas, Study Butte

✆ (432) 371-3066 und 1-800-887-4331
www.lajitasstables.com, tägl. 8–17 Uhr
Von hier aus werden kurze und lange Ausritte (mit Übernachtung) angeboten.

Lajitas:

Lajitas ist der Gegenentwurf zu Terlingua. Wer mehr Luxus und die typischen Annehmlichkeiten eines Resorts sucht, ist hier richtig aufgehoben.

 Lajitas Golf Resort & Spa
HC 70, Box 400, Lajitas, TX 79582
✆ (432) 424-5000 und 1-877-525-4827
www.lajitasgolfresort.com
Der Traum vom *Old West* als Luxus-Oase: Zwischen *cowboy chic* und *Victorian charm,* verteilt auf diverse Hotelzimmer, Haziendas, Casitas. Lunch und Dinner werden im angenehmen Esssaal des **Candelilla Café** mit schönem Blick serviert, außerdem Patio, mexikanisch geprägte und amerikanische Küche ($$–$$$), Saloon, Golfplatz (»The Ambush at Lajitas«), Tennisplätze, Pool, Fitnesscenter und Wellness/Spa, Shopping am Boardwalk, eigener Flugplatz, Wander- und Bootstouren, Pferdeverleih. $$$$

 Study Butte Store
Hwy. 118, 1 mi südl. der Kreuzung mit dem Hwy. 170, Study Butte, TX 79852
✆ (432) 371-2231
www.terlingua-lajitas.com
Tägl. 7–21 Uhr
Das Phillips-66-Zeichen weist den Weg zu diesem gemütlichen Laden, einer Fundgrube, wo es eigentlich alles gibt. Im Laufe der Zeit hat er schon viele Auszeichnungen gewonnen und ist zum *Best Little Store* oder zum *Most Off-Beat Place* im Big Bend-Gebiet erklärt worden.

 Terlingua International Chili Championship
www.chili.org
1. Wochenende im Nov.
Beim Chili Cookoff, dem früheren World

Day of the Dead

Championship der Chili-Köche geht es *rough & tough* zu. Diesen Zeitraum sollte man eher meiden, weil es dann mit der Beschaulichkeit im total überfüllten Terlingua vorbei ist.

Day of the Dead/El Dia de los Muertos
Terlingua, TX 79852
2. Nov.
Auf dem Friedhof in Terlingua wird nach mexikanischer Tradition gefeiert. Den Verstobenen gedenkt man, indem man kleine Altäre auf dem Friedhof aufbaut, mit Bildern der Verstorbenen und den Dingen, die sie gerne gegessen und getrunken haben, sowie jeder Menge anderer Memorabilien und Totenköpfen.

Mit Beginn der Dämmerung kommen die Menschen aus der Umgebung zusammen und erinnern sich bei gemeinsamem Essen, Lagerfeuer, Gitarrenmusik, Gebeten und natürlich Bier und Tequila ihrer Verstorbenen.

④ Entlang der River Road: Nach Marfa

»Der Rio Grande ist der einzige Fluss in Amerika, der bewässert werden muss.«
Will Rogers

4. Route: Terlingua – Closed Canyon – Presidio – Marfa (200 km/125 mi)

km/mi	Zeit	Route
	9.00 Uhr	In **Terlingua** auf die FM 170 nach Westen
22/14	9.30 Uhr	**Barton Warnock Environmental Education Center**, Rundgang durch den Wüstengarten. Weiter auf der FM 170 nach Westen
24/15	10.00 Uhr	**Lajitas**. Weiter auf FM 170 (River Road) zum
58/36	10.30 Uhr	**Closed Canyon Trailhead** (ca. 1 Std. Wanderung).
104/65	12.30 Uhr	**Presidio**, von da aus US 67 nach Norden über Shafter bis
200/125	13.30 Uhr	**Marfa**.

Alternativen und Extras:
Von Presidio aus kann man die River Road noch weiter nach Westen fahren, sofern man über eine Geländelimousine (SUV) verfügt. Ca. 58 km nordwestlich erreicht man **Ruidosa**. Nach 1 km zweigt dann die **Hot Springs Road** ab, die nach ca. 11 km nach **Chinati Hot Springs** führt (✆ 432-229-4165, www.chinatihotsprings.com, $$), eine kleine, abgeschiedene Oase in den Chinati Mountains, in der man die Heilkraft der natürlichen Quellen genießen und vollständig entspannen kann. Das Hotel stammt aus den 1930er-Jahren und gehörte auch einmal Donald Judd. Man sollte die Anfahrt so planen, dass man auf keinem Fall im Dunkeln anreist.

Von hier aus kann man am nächsten Tag weiterfahren nach **Marfa** über die **Pinto Canyon Road** und dann die **2810** nach Norden. Für die ca. 80 km lange Strecke, die teilweise nicht asphaltiert ist, muss man knapp 2 Stunden einplanen.

Entlang der River Road

Wer die Gegend um **Marfa** näher kennenlernen möchte, der sollte einen Abstecher nach **Fort Davis**, in die Davis Mountains und nach Alpine machen, hier beeindruckt besonders die von Bergpanoramen, offenem Ranchland und dem McDonald Observatory (für Sternengucker: ✆ 432-426-3640) geprägte *scenic loop* westlich von Fort Davis über S 166 und S 118.

Fort Davis National Historic Site, Texas Hwy. 17, Fort Davis, TX 79734, ✆ (432) 426-3224, tägl. 8–17 Uhr, Eintritt $ 3. Das Kavallerie-Fort am Nordende der Stadt wurde 1854 für die afroamerikanischen *Buffalo Soldiers* zum Schutz der Siedler und Goldsucher vor den Apachen errichtet. 1862 kurz von konföderierten Truppen besetzt, von Indianern zerstört und 1867 wieder aufgebaut, begann die Restaurierung 1961. Von hier aus führen Wanderwege in die Berge.

In und bei Fort Davis gibt es zwei gute Übernachtungsadressen: **Hotel Limpia**, Town Sq., Fort Davis, TX 79734, ✆ (432) 426-3237 und 1-800-662-5517, Fax (432) 426-3983, www.hotellimpia.com. Solider Bau mitten im Ort mit Schaukelstühlen auf der Veranda, Pool und Steak-Restaurant, $$–$$$. Und **Indian Lodge**, Park Rd. 3, Davis Mountains State Park, TX 79734, ✆ (512) 389-8982, www.tpwd.state.tx.us/park/indian. Hübsche, einsam gelegene Adobe-Herberge im Pueblo-Stil aus den 1930er-Jahren. Mit Restaurant, Spielraum, geheiztem Pool (Reservierung empfohlen), $$. Im **Davis Mountains State Park** gelegen (1 mi auf der S 17 nach Norden, dann 3 mi westlich auf S 118, dann Park Rd. 3).

Für Ferien auf dem Bauernhof wie geschaffen: **Historic Prude Ranch**, Fort Davis, TX 79734, 6 mi nordwestlich von Fort Davis auf Hwy. 118, ✆ (432) 426-3202 und 1-800-458-6232, Fax (432) 426-4401, www.prude-ranch.com. Unterkunft, Verpflegung, Pools, Tennisplätze, Pferde; schöner Campingplatz, $$.

Für Wasserfreunde: **Balmorhea State Park**, Toyahvale, TX 79786, ✆ (432) 375-2370, www.tpwd.state.tx.us. In den Ausläufern der Davis Mountains, ca. 4 mi südwestlich von Balmorhea auf der TX 17 in Reeves County gelegene, in den frühen 1930er-Jahren um die San-Solomon-Quelle herum erbaute große Badeanlage (vgl. Karte Route 5, S. 231).

Alpine: Restaurant **The Reata**, 203 N. 5th St., Alpine, TX 79830, beliebte Südwestküche, schöner Patio, ✆ (432) 837-9232, www.reata.net. Entertainment: **The Railroad Blues**, 504 W. Holland Ave., ✆ (432) 837-3103, www.railroadblues.com, Mo–Sa 16–2 Uhr früh, oft Livemusik. Die Happy Hour (Bier und Wein) dauert tägl. 16–19 Uhr. Übernachtung: **Holland Hotel**, 209 W. Holland Ave., ✆ (432) 837-2800, www.thehollandhoteltexas.com, $$–$$$. **Antelope Lodge**, 2310 W. Hwy. 90, ✆ (432) 837-2451, www.antelopelodge.com, $–$$.

25 km südlich von Alpine liegt eine Fundgrube für Steinesammler: die **Woodward Agate Ranch**, Hwy. 18, ✆ (432) 364-2271, www.woodwardranch.net, tägl. 9–17 Uhr. In Begleitung kann man auf dem großen Ranchgelände selber sammeln. Mr. Woodward, der Steine-Boss, schüttelt den Kopf: »Mich haben schon Leute nachts um 2 Uhr aus dem Bett geklingelt. Die sind den Tag und auch die ganze Nacht über gefahren. Wollten unbedingt die Schätze sehen. Oft musste ich draußen das Eis von den Steinen entfernen, mit heißem Wasser, damit die Leute die Sachen auch richtig besichtigen konnten.« Picknick, Camping, einfache Cabin-Unterkünfte.

Big Bend Ranch State Park, Lajitas

> **Wandern im Big Bend Ranch State Park**
> Man sollte bereits am Barton Warnock Environmental Education Center in Terlingua (vgl. Infos S. 228) den Eintritt für den Park bzw. für die Trails bezahlen und sich mit weiteren Informationen versorgen.
>
> **Closed Canyon Trail:** Ca. 22 mi/35 km westlich des Barton Warnock Center erreicht man auf der River Road (FM 170) links von der Straße den Parkplatz zum Trail. Man klettert ein paar Felsen hinunter und folgt dann dem Wash zum Canyon-Eingang, gelegentlich unterbrochen durch kleine Wasseransammlungen (ca. 250 m von der Straße). Je näher man dem Ziel kommt, umso mehr rücken die steilen (bis zu 50 m hohen) Felswände zusammen, so dass man kaum mehr die Arme ausbreiten kann. Je nachdem, wie lange der letzte große Regen zurückliegt, stößt man auf u. U. von einem vorangegangenen Regen mit Wasser gefüllte *tinajas* (Spanisch für Krug), die den Weg in den tiefer gelegenen Teil des Canyons blockieren können.
> Gegen Ende geht der Weg in Richtung Rio Grande in zunehmend steileren Stufen abwärts, die vor allem für den Rückweg eine entsprechende Kletterausrüstung (Wanderschuhe, Seil etc.) erfordern. Die meisten Wanderer kehren hier um.
> **Vorsicht:** Beachten bzw. erfragen Sie beim Warnock Center die Wettervorhersagen, weil die steilen Canyonwände im Falle einer plötzlichen Überschwemmung keinen Fluchtweg bieten.
> Länge: 2,3 km, Dauer: 30–45 Min., bis zum steilen Abstieg einfach.
>
> **Rancherias Canyon Trail:** Ca. 1 mi/1,5 km westlich vom Closed Canyon Trailhead (siehe oben) auf der River Road (FM 170) dem Hinweis auf den West Rancherias Trailhead folgen. Vom Parkplatz auf dem Fußweg bis zu einer Weggabelung. Linker Hand geht es zum Rancherias Loop, einem 33,5 km langen, sehr fordernden Trail, rechter Hand zum hier beschriebenen Rancherias Canyon. Rancherias ist ein tiefer und weiter Canyon, an dessen Ende man auf einen schönen Wasserfall trifft (Rancherias Falls). Kleine Steinhaufen markieren den Weg dorthin. Für den Weg zurück sollte man unbedingt dieselbe Strecke wählen.
> Länge: ca. 15 km, Dauer: 5–6 Std., mittelschwer (Höhenunterschied ca. 300 m).

Heute heißt es Abschied zu nehmen von Big Bend. Aber dem Rio Grande wird man entlang der River Road noch einen Teil des Tages treu bleiben. Je mehr *dips,* desto mehr ähnelt die FM 170 von Terlingua nach Westen einer Achterbahn. Kurz vor Lajitas verführt das Lehrgärtchen von Grasprofessor Warnock zu einer kurzen Lektion über die Tier- und Pflanzenwelt der Chihuahua-Wüste.

Lajitas präsentiert sich wie ein potemkinsches Dorf West, wie eine perfekte Westernstadtkulisse: ein touristisches Servicepaket aus Holz mit Airconditioning. Big Bend, die Ruhe in Natur, im Aufschwung? Lange hatte es geheißen, das Quecksilber habe das gesamte Grundwasser verdorben. Also, Wassermangel. Schon aus diesem Grund würde es hier kein rasantes Wachstum geben. Wer weiß, denn immerhin hat sich zu den bekannten Vorzügen von Lajitas – der Stille, dem alten Trading Post in Ufernähe und der Möglichkeit von Bootstouren auf dem Rio Grande ein Golf-Resort gesellt.

Also doch *nomen est omen*? Lajitas bedeutet »flache Steine«, einen sicheren Übergang über den Fluss, der auch so häufig genutzt wurde, dass 1915 die Errichtung eines Forts und die Stationierung von US-Truppen fällig wurden, um die mexikanischen Raubritter und Halsabschneider um Pancho Villa zur Raison zu bringen. Der Cavalry Post Motor Inn steht auf den Fundamenten dieses ehemaligen Kavallerie-Forts.

Zwischen Lajitas und Presidio wird die FM 170 zum *El Camino del Río*, der **River Road**, einem der schönsten Highways des Westens. Und je früher man vom Big Bend National Park losfährt, umso schöner ist gewöhnlich das Licht. Aber welche Tageszeit auch immer, die Straße tut alles, um hinreißende *vistas* und Perspektiven auf den Fluss und die ihn flankierende Bergwelt zu eröffnen. Sie steigt und fällt, taucht in *washes* und legt sich in Kurven, kurz, sie ist ein echter *Blue Highway*, eine jener stilleren Wege, die fernab der großen Interstates und Bundesstraßen über Land führen. »Blau« heißen sie, weil sie auf den älteren US-Karten blau eingezeichnet waren.

Wo heute die bequem durchreisenden Naturästheten auf ihre Kosten kommen, standen früher handfestere Interessen auf dem Spiel. Silbertransporte schlugen sich ebenso durch wie neidische Banditen, und während der nüchternen Prohibitionszeit sorgten die *tequileros* und *rumrunners* für (illegalen) Alkoholnachschub.

Die vielen noch kursierenden Geschichten von durchgebrachten oder verlorenen Schätzen halten die Hoffnung auf überraschende Funde wach, wie beispielsweise auf jenen dicken Brocken aus dem Konvoi des August Santleben, der hier 1876 mit einer Silber- und Kupferladung im damaligen Wert

Führt am Rio Grande entlang: die River Road

4 River Road, Closed Canyon, Presidio

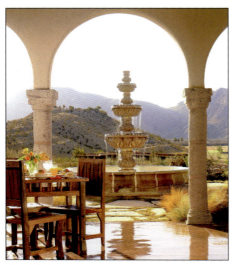

Candelilla Café in Lajitas

von rund 400 000 Dollar verschollen ging.

Schotter und Geröll garnieren die Fahrt am Rio Grande entlang. Die trockenen Halbwüsten kontrastieren mit dem trägen Wasserlauf auf unterschiedliche Weise, je nach Tages- und Jahreszeit, Wetter und Regenmenge. Mal schleppt sich der Fluss braun und mager dahin, mal gurgelt und schäumt er wild, reißt alles mit und macht seinem großen Namen Ehre – immer dann, wenn zuvor heftiger Regen niederging. Dann mischen auch noch die Wassermassen des Rio Conchos mit, der aus Mexiko kommt und bei Presidio einmündet, aber vorher gewöhnlich gestaut wird. Plötzlich erinnern dann die grünen Berghänge (selbst die Ocotillo-Sträucher sind ungewöhnlich grün) sogar ein bisschen an Hawai'i; sie verwandeln die Strecke in ein Urtal aus paradiesischer Vorzeit.

Apropos Ocotillo: »Spazierstock des Teufels«, *devil's walking stick*, wird der staksige Geselle oft genannt. Gelegentlich schneidet man die langen Äste, befreit sie von den Dornen und nutzt sie zum Bau von Zäunen. Wenn es dann plötzlich heftig regnet, beginnt er ein zweites Leben und bildet wieder Wurzeln.

Ausnahmewetter durchkreuzte in den 1980er-Jahren auch einmal Willie Nelsons Filmpläne. Er hatte sich diese dürre Ecke als ideale Westernkulisse für seinen Film »Barba Rossa« ausgeguckt, aber es goss in Strömen, und der fluxe Anflug von tropischem Regenwald vertrieb die Filmcrew – nach Alamo Village. Inzwischen steht auch diese Region unter Schutz, sie ist zum State Park erklärt worden.

Auf halber Strecke zwischen Terlingua und Presidio lädt der **Closed Canyon** zu einer Wanderung ein. Den Eingang erreicht man auf kurzem Weg vom Parkplatz und taucht dann in den steilen Canyon ein. Wanderer mit Neigung zur Klaustrophobie seien gewarnt: Die steil aufragenden Canyonwände kommen sich teilweise bedrohlich nahe (vgl. S. 222).

Presidio – wegen der Lage am Zusammenfluss von Rio Grande und Río Conchos einst *La Junta de los Ríos* genannt – ist nicht nur stolz auf seinen »Internationalen Flugplatz«, sondern vor allem auf seine künstlich bewässerten Melonen- und Zwiebelfelder. Die Honigmelonen (Cantaloupes) sind berühmt, und was die Zwiebeln angeht, so fühlt sich Presidio schlicht als *The Onion Capital of the World*.

Der alte Handelsplatz am Chihuahua Trail, der sich in den letzten Jahren rasch entwickelt und selbst Orte wie Alpine überflügelt hat, lag lange auf mexikanischem Territorium. Erst nach dem Amerikanisch-Mexikanischen Krieg wurde der Rio Grande internationaler Grenzfluss, Presidio amerikanisch und, jenseits des Flusses, Ojinaga das mexikanische Pendant. Ojinaga ist übrigens Kopf-

Shafter

station der spektakulären Eisenbahnroute über Chihuahua nach Los Mochis am Pazifik.

Halbwüsten und vulkanische Bergzüge beherrschen die Szene nördlich auf der US 67 von Presidio. **Shafter**, ehemalige Silberminenstadt und einstiger Drehort des Science-Fiction-Films »Andromeda antwortet nicht« ist nicht mehr die gänzlich verlassene Ghosttown. Wäsche flattert an der Leine, Hunde bellen zwischen den Ruinen. Von 1860 bis 1952 waren die Silberminen ergiebig; aber selbst viel versprechende Testbohrungen von 1970 brachten den Abbau nicht wieder in Gang.

Nördlich von Shafter folgen Breitwandbilder einer menschenleeren Westernlandschaft, endlose Weiten und wuchtige Bergprofile. Seit der Zeit der riesigen Büffelherden hat sich hier nicht viel verändert. Nur ab und zu torkelt, vom Winde verweht, ein Strauch über den Asphalt und verfängt sich im Zaun – *tumbleweed*. Im Frühjahr wachsen diese Sträucher rund und grün an den Zäunen, im Herbst brechen sie ab, tanzen über Land und verstreuen ihren Samen. Das tun sie seit 1873, seit die Büsche als ein unerwünschtes Geschenk mit einer Schiffsladung Flachssamen aus Russland nach Nordamerika einwanderten.

Wasserpumpen und ein paar Antilopen beim Lunch – so sieht der Alltag in West-Texas aus. Auch die plötzliche Straßensperre gehört dazu: *Checkpoint*, Passkontrolle. An den meisten grenznahen Straßen gibt es solche Hürden der *border patrol*, die dazu dienen, die illegale Einwanderung der Mexikaner bzw. den

Marfas prächtiges Courthouse von 1886

④ Marfa

Chinati Foundation in Marfa: Ausstellungsgebäude in der ehemaligen Kaserne

Drogenhandel zu erschweren. Hier sollte man heute immer seinen Pass parat haben, sonst könnte die Begegnung mit der *border patrol* ungemütlich werden.

Weit und breit Rinder, Schafe, Ziegen. Verständlich, dass die ersten Siedler das hochgelegene Grasland einst zum Himmelreich der Kühe erklärten. Doch unversehens naht in der Verlängerung der Straße Kultur – das prächtige Gerichtsgebäude von **Marfa**. Welch ein Kontrast! Die alte Eisenbahnstation an der Southern Pacific Railroad und, ähnlich wie Lajitas, 1911 Truppendepot für die Bekämpfung der Bandidos während der mexikanischen Revolution, war lange Zeit vor allem ein adrettes Ranching Center. Im hübschen kleinen Stadtkern rund um das Gerichtsgebäude von 1886 stehen noch das Gefängnis und das restaurierte **Hotel Paisano** (207 N. Highland). Im Bereich der Lobby kann man der Pracht der 1930er-Jahre nachhängen. Im Gästebuch finden sich die Namen so mancher US-Präsidenten, die hier nächtigten. Die Hollywood-Filmcrew der »Giganten« schlief ebenfalls hier, während die eigentlichen Stars (Rock Hudson, James Dean und Liz Taylor) in Privathäusern logierten, was angeblich das Gezänk zwischen ihnen nicht verhindern konnte.

Stolz verweisen die Locals auf die Wohltaten des Klimas und die gesunde

Donald Judd: Untitled, 100 works in mill aluminum, 1982–1986, Ausschnitt, Chinati Foundation

John Chamberlain: 24 variously titled works in painted and chromium steel, 1972–1983

Lage ihres Luftkurorts in über 1500 Metern Höhe, auf die guten Windbedingungen für Segelflieger und auf ihr sauberes, ungechlortes Trinkwasser.

Am meisten aber begeistern sie sich für die *Marfa Lights*, mysteriöse Lichterscheinungen, von denen erstmals 1883 berichtet wurde und die etwas außerhalb des Städtchens meist nachts über plattem Buschland bei jedem Wetter leuchten. Nächtliche Spiegeleffekte? Elektrostatische Lichter? Entzündetes Gas? Oder vielleicht doch UFOs oder die Geister der Indianer? Keiner weiß sich einen Reim auf die geheimnisvollen Dinge zu machen, die da draußen vor sich gehen – *out there in the middle of nowhere*, wie es heißt. Theorien gibt es unzählige.

Dass die gottverlassene Wildnis nicht nur besondere Kräfte der Natur zu entfesseln vermag, sondern auch Raum für Kunst-Oasen hat, beweist die vom 1994 verstorbenen Maler und Bildhauer Donald Judd ins Leben gerufene **Chinati Foundation**, die seit 1986 fernab vom blasierten Kunstbetrieb Werke zeitgenössischer Künstler zeigt und fördert, unter ihnen die Serie blinkender Aluminiumwürfel von Judd und das »Denkmal für das letzte Pferd« von Claes Oldenburg. Die Werke sind teils in den hellen Hallen eines ehemaligen Gefängnisses für deutsche Kriegsgefangene aus dem Zweiten Weltkrieg, teils in historischen Bauten in Marfa selbst untergebracht.

Marfa hat sich inzwischen mehr und mehr zu einem Zentrum für Kunstbegeisterte entwickelt und zahlreiche Kunststiftungen und Galerien haben hier ihren ständigen Sitz. Mit entsprechenden Auswirkungen auf das Publikum und die lokale Hotel- und Restaurantszene. Kein Wunder, dass man im 200 Kilometer entfernten in Terlingua nur den Kopf schüttelt über die hippe Art-Szene des 2000-Seelen-Städtchens.

4 Infos: Terlingua, Presidio, Marfa

 Barton Warnock Environmental Education Center
FM 170, ca. 1 mi östl. von Lajitas
HC 70, P. O. Box 375
Terlingua, TX 79852
✆ (432) 424-3327
www.tpwd.state.tx.us
Tägl. 8–16.30 Uhr, Eintritt $ 3
Lehrreicher Garten der Chihuahua-Wüste: Exponate und Dioramen zur lokalen Fauna, Flora, Geologie und Geschichte. Hier kann man bereits den Eintritt für den Big Bend Ranch State Park bzw. für den Closed Canyon bezahlen.

 Big Bend Ranch State Park
P.O. Box 2319, Presidio, TX 79845
✆ (432) 358-4444
www.tpwd.state.tx.us
Eintritt $ 3/0
Zwischen Lajitas und Presidio (Hwy. 170) erstreckt sich dieses 1988 zum Naturschutzpark erklärte frühere Ranchgebiet der Diamond Cattle Company. Der State Park ist flächenmäßig größer als alle anderen State Parks in Texas zusammen und bietet hervorragende Wanderwege (mit etwas Glück stößt man auf alte Minen oder einen ausgelaufenen Stausee), einfache Campingplätze. Wanderwege vgl. S. 222.

Marfa:

 Marfa Chamber of Commerce
207 N. Highland Ave.
Marfa, TX 79843 (im Hotel Paisano)
✆ (432) 729-4942, www.marfacc.com

 The Hotel Paisano
207 N. Highland Ave.
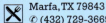 Marfa, TX 79843
✆ (432) 729-3669 und 1-866-729-3669
www.hotelpaisano.com
Als 1955 der Film »Die Giganten« in der Nähe von Marfa gedreht wurde, wohnte hier die Film-Crew, während die Stars James Dean, Liz Taylor und Rock Hudson in Privathäusern untergebracht waren. Architekt: Henry Trost. Nostalgisches Ambiente, Pool, Restaurant. $$–$$$$

 Riata Inn
1500 US 90 East
Marfa, TX 79843
✆ (432) 729-3800
www.riatainnmarfa.com
Einfaches Hotel, ca. 1 Meile von Downtown. $–$$

 Thunderbird Hotel
601 W. San Antonio St., Marfa, TX 79843
✆ (432) 729-1984
www.thunderbirdmarfa.com
Ein 1950er-Jahre Motel stilsicher und in minimalistischem Design geschmackvoll renoviert. 24 Zimmer, kleiner Pool, Fahrräder, free Wi-Fi, Continental Breakfast in der kleinen Lounge. $$$

 El Cosmico
802 S. Highland Ave.
Marfa, TX 79843
✆ (432) 729-1950
www.elcosmico.com
Das neueste Hotelprojekt in Marfa: In der Nähe der Chinati Foundation kann man entweder in einem alten, liebevoll restaurierten Trailer, einem Tipi oder auch dem eigenen Zelt übernachten. $$ (bei Übernachtung im Trailer)

 Marfa Lights View Park
9 mi östl. von Marfa Richtung Alpine am Hwy. 90

④ Infos: Marfa

Presidio County Courthouse
N. Highland Ave.
Marfa, TX 79843
www.co.presidio.tx.us
Mo–Fr 9–12 und 13–15 Uhr
Besichtigung und spektakulärer Blick von der Dachkuppel sind kostenlos.

Chinati Foundation
1 Cavalry Row, Marfa, TX 79843
℡ (432) 729-4362, Fax (432) 729-4597
www.chinati.org
Mo/Di geschl., Eintritt $ 5
Führung durch alle Ausstellungen Mi–So tägl. 10 Uhr, Eintritt $ 10/5. Die Führung dauert mehrere Stunden, unterbrochen von einer Lunchpause um 12 Uhr; Touren allein durch Judds Aluminium-Installationen starten Mi–So 15.45 Uhr.
Gemeinnützige Kunststiftung, von Donald Judd 1986 als alternatives Forum für zeitgenössische Kunst gegründet. Schwerpunkt sind großformatige Installationen ausgesuchter Künstler. Auf die Verbindung der Exponate mit der umgebenden Landschaft wird viel Wert gelegt.

Zur Zeit sind im ehemaligen Fort (800 m südl. von Marfa links von der US 67) u.a. Werke von D. A. Russell, John Chamberlain, Dan Flavin, Carl Andre, Roni Horm, Richard Paul Lohse, ein überdimensionales Hufeisen von Claes Oldenburg (»Monument to the Last Horse«, 1991) und Aluminium-Installationen des Minimal-Art-Pioniers Donald Judd zu sehen. Zugänglich nur im Rahmen geführter Touren.

Restaurierter Trailer in El Cosmico

④ Infos: Marfa

Ballroom Marfa
108 E. San Antonio St.
Marfa, TX 79843
Do–So 12–18 Uhr
✆ (432) 729-3600
www.ballroommarfa.org
Untergebracht in einem ehemaligen Tanzsaal aus dem Jahre 1927 bietet die Galerie zeitgenössische Kunst, die durch Filme, Bilder, Musik oder Aufführungen erfahrbar gemacht wird.

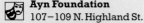
Ayn Foundation
107–109 N. Highland St.
Marfa, TX 79843
✆ (432) 729-3315
www.aynfoundation.com
Do–Sa 12–17 Uhr
Wechselnde zeitgenössische, großformatige Objekte international bekannter Künstler (z. B. Andy Warhol, Maria Zerres).

Marfa Gliders
Marfa Airport, Hwy. 17, ca. 5 km nördl. von Marfa
✆ 1-800-667-9464
www.flygliders.com
Rundflüge in der Region. Reservierung erforderlich.

Marfa Book Company
105 S. Highland, Marfa, TX 79843
✆ (432) 729-3906, Do–So 10–19 Uhr
Exzellentes Buchsortiment vor allem für Kunstbegeisterte.

Blue Javelina
1300 W. San Antonio St.
Marfa, TX 79843
✆ (432) 729-1919
www.bluejavelina.com
Fr–So 17.30–22 Uhr
Internationale Küche mit marokkanischen, spanischen und mexikanischen Einflüssen. $$$

Maiya's
103 N. Highland St.
Marfa, TX 79843
✆ (432) 729-4410
www.maiyasrestaurant.com
Mi–Sa ab 17 Uhr
Gute italienische Küche. $$$

Q Cafe & Wine Bar
109 W. San Antonio St.
Marfa, TX 79843
✆ (432) 729-4599
Do–Mo 12–21 Uhr
Suppen, Salate und Sandwiches. $$

Pizza Foundation
100 E. San Antonio St.
Marfa, TX 79843
✆ (432) 729-3377
www.pizzafoundation.com
Do–Mo 11–21 Uhr
Wirklich gute Pizza. $

Carmen's
317 E. San Antonio St.
Marfa, TX 79843
✆ (432) 729-3429
Mo–Sa 6–15 Uhr
Mexikanische Küche, seit über 35 Jahren beliebt bei den Locals (Frühstück und Lunch). $

Tumbleweed Laundry
120 N Austin St.
Marfa, TX 79843
✆ (432) 729-4033
www.tumbleweedlaundry.com
Tägl. 9–21 Uhr
Wäscherei und Coffee Shop in einem, mit wirklich exzellentem Cappuccino.

Padre's Marfa
209 W El Paso St.
Marfa, TX 79830
✆ (432) 729-4425
www.padresmarfa.com
Tägl. außer So 11.30–24, Sa bis 1 Uhr geöffnet
Funky Hangout für Locals – klassenlos. Vor allem Bar mit Pool-Billard, oft Livemusik und Tanz.

⑤ Traumweiten: West Texas

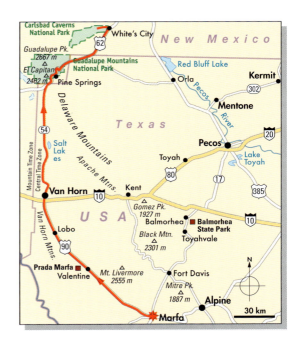

5. Route: Marfa –
Van Horn – Guadalupe
Mountains – White's City/
Carlsbad Caverns
(314 km/196 mi)

km/mi	Zeit	Route
0	9.00 Uhr	In **Marfa** auf US 90 (Hinweis: Wer im McKittrick Canyon die 56-stündige Wanderung zu The Notch plant, sollte besser früher starten.) nach Westen über **Valentine** nach
58/ 39	9.45 Uhr	**PRADA MARFA** (ca. 3 km nordwestl. von Valentine), von dort weiter über US 90 nach
120/ 75	10.30 Uhr	**Van Horn**, dort über die S 54 nach Norden. Achtung: Zwischen Van Horn und White's City gibt es weder Restaurants, Hotels noch Tankstellen!
208/130	10.30 Uhr	(11.30 Uhr *Central Time*) An der Kreuzung mit der US 62/180 diese nach Nordosten fahren. (An dieser Stelle zugleich Wechsel von *Central Time* zu *Mountain Time* und damit 1 Std. Zeitgewinn.)
240/150	11.00 Uhr	(12.00 Uhr *Central Time*) **Guadalupe Mountains National Park, McKittrick Trailhead** (ca. 11 km/7 mi nach dem Abzweiger zum National Park Headquarter in Pine Springs biegt man von der US 62/180, auf die Straße zum McKittrick Trailhead ab; Aufenthalt abhängig von der gewählten Wanderung (s.u.). Danach wieder zurück auf die US **62/180** nach Norden.

Traumweiten, Guadalupe Mountains National Park

314/196 Nachmittag/früher Abend je nach Wanderung: **White's City**, Hotel-check-in, danach oder am nächsten Morgen zu den **Carlsbad Caverns**. Alternativ, vor allem, wer die Carlsbad Caverns noch am selben Tag besucht, Übernachtung in **Carlsbad**.

Wandern im Guadalupe Mountains National Park
Im zerklüfteten Nationalpark gibt es Wanderwege mit insgesamt rund 130 km Länge. McKittrick Canyon ist aber mit Abstand der attraktivste Trail, zumal er je nach Zeit und Energie verschiedene Optionen bietet. Die ideale Jahreszeit für die Guadalupe Mountains ist der Herbst, vor allem zwischen Mitte Oktober und Anfang November, wegen der unglaublichen Farbvielfalt des Herbstlaubs.
McKittrick Canyon: Der Canyon startet am McKittrick Trailhead, dazu verlässt man das Park Headquarter in Pine Springs und fährt ca. 7 mi/11 km die US 62/180 nach Norden und biegt dann links auf die Zufahrtsstraße zum McKittrick Canyon ein (Achtung: Diese ca. 3,5 mi/6 km lange Zufahrtsstraße wird bei Dunkelheit geschlossen).

Die Wanderung führt bis zur ersten Überquerung des Bachs durch offene Wüstenlandschaft mit Yuccas, Agaven und Kakteen, den schon bekannten Wegbegleitern. Danach schließt sich ein sehr abwechslungsreiches Waldgebiet u.a. mit Ahornbäumen, Eichen und der Texas-Madrone, die unterwegs für Schatten sorgen, an. Nach knapp 4 km erreicht man **Pratt Cabin**, das Ende der 1920er-Jahre am Westende des Canyons erbaute Sommerhaus von William Pratt. Pratt war Geologe und durch das Ölgeschäft zu beträchtlichem Wohlstand gekommen. Ihm gehörte der Großteil des heutigen Nationalparks. 1957 vermachte Pratt das Land dem National Park Service.

Von hier geht es weiter entlang dem Fluss zur **Grotto**, einem idealen Picknickplatz. Dort kann man die Wanderung zum ca. 2,5 km entfernten **Notch** fortsetzen. Der steile Aufstieg auf 2200 m Höhe (Höhenunterschied von ca. 600 m) ist zwar anstrengend, wird aber mit einem großartigen Panoramablick über die entfernte Wüstenlandschaft und den McKittrick Canyon belohnt.
Länge bis zur **Pratt Cabin:** 7,7 km für Hin- und Rückweg, Dauer: 2–3 Std., bis zur **Grotto** 11 km, ca. 4–5 Std. und schließlich bis zum **Notch** 15,7 km, ca. 5–6 Std. Bis zum steilen Anstieg am Ende moderat ohne nennenswerten Höhenunterschied, danach anstrengend.

Sehr erfahrene Wanderer können die Wanderung bis zum **McKittrick Ridge** (insgesamt 24 km) fortsetzen, sollten aber für diesen schwierigen Teil des Trails eine Zeltübernachtung in den Bergen (McKittrick Ridge Camp) vorsehen. Wer das plant, muss sich im Headquarter in Pine Springs genau informieren und die erforderliche Genehmigung einholen.
Wichtig: Achten Sie auf genügend Wasservorrat (empfohlen sind 4 Liter pro Person/Tag) und plötzliche Wetterumschwünge mit starken Winden im Frühjahr und plötzlichen Gewittern in den Sommermonaten; Kletterer sollten besonders an den Steilwänden vorsichtig sein, das Gestein gilt als brüchig und unsicher! Vorsicht auch mit Kakteen, Klapperschlangen und Skorpionen.

Valentine, PRADA MARFA, Van Horn

Von Marfa aus geht es wieder auf die altbekannte US 90. Vorher sollte man sicherstellen, dass man für den Rest des Tages über genug Essen und Getränke verfügt, denn die Strecke zu den Carlsbad Caverns führt wirklich durch die Einsamkeit. Zu Beginn zeigt sich die US 90 nicht sonderlich reizvoll. Allenfalls trifft man auf die eine oder andere Fata Morgana, spukige Spiegelungen auf der Straße, so als ob Aquaplaning bevorstünde. Genau 187 Einwohner leben zurzeit im winzigen **Valentine**, in dem nur einmal im Jahr so richtig die Post abgeht: am Valentinstag im Februar, dem Tag aller Liebenden. Dann flattern Tausende von Grußkarten in dieses Nest und dem Postmeister auf den Tisch, um erneut freigestempelt *(remailed)* zu werden.

Kurz nach Verlassen von Valentine kommt auf dem linken Seitenstreifen des schnurgeraden Highways noch einmal ein künstlerisches Highlight ins Bild: Ein PRADA Shop – Synonym des Luxus mitten im Nichts. Die Installation **PRADA MARFA** der Berliner Künstler Michael Elmgreen und Ingar Dragset ist keine Fata Morgana. Sie präsentiert in einem weiß getünchten Showroom original Prada-Schuhe und Handtaschen der Herbstkollektion 2005. Das Objekt selbst ist versiegelt und erlaubt nur *window shopping*. Die Sponsoren des Projekts betonen, dass die Installation Zeitzeichen sein soll und egal ob sie als Objekt für Schießübungen wilder Cowboys oder von Graffiti-Sprayern genutzt wird – das am 1.10.2005 vollendete Projekt wird nie mehr geöffnet, renoviert oder gar instandgesetzt. Es soll nach und nach verfallen.

Danach ist endgültig Schluss mit der Kunst: **Van Horn** und dann noch Sau-

In the middle of nowhere: Kunstinstallation PRADA MARFA

wetter, das ist hart. Kalter Regen prasselt gegen die Scheiben des Büros der Tankstelle. Die Frau sitzt in dicker wattierter Jacke hinter ihrer Kasse. Nur ja keinen Schritt zu viel nach draußen tun. »Verkaufen Sie auch Zeitungen?« »Nein, wir haben keine. Drüben gibt es welche, auf der anderen Straßenseite. In dem orangen Kasten da. Manchmal sind sie auch ausverkauft.« Kurze Pause und Ratlosigkeit. Dann holt sie ihren Feldstecher aus der Schublade und peilt den Zeitungsautomaten an und stellt scharf. »Tut mir leid. Alles ausverkauft.«

Westlich von Van Horn beginnt die Mountain Time und bringt auf dem Rest der Reise eine Stunde Zeitgewinn. Noch wichtiger aber ist, Van Horn mit einem gut gefüllten Tank zu verlassen. Auf der weiteren Reise gilt es eine lange Durststrecke zu überwinden bis zur nächsten Tankstelle in White's City. Die S 54 von Van Horn nach Pine Springs erweist sich als Geduldsprobe. Sie führt durch das Tal des **Salt Flat Basin**, eines geschlossenen Systems insofern, als die Niederschläge aus den Bergregionen (zum Beispiel der Apache und Delaware Mountains im Osten) durch keinen Fluss entwässert werden, sondern sich in kleinen Seen sammeln, die schnell austrocknen. Weißliche Salzablagerungen sind die Folge. Viele maritime Fossilien von hier bestätigen, dass Berg und Tal einst Riffe und Meeresböden waren. Links ragen die Berge der Sierra Diablo empor, deren rote Narben an den Flanken auf früheren Silber- und Kupferabbau schließen lassen.

Langsam ziehen sich die Rotlinge zurück und tatzenähnliche Formationen in steinfarbenen und grünlichen Tönen treten hervor, bis schließlich nur noch das alpine Massiv der Guadalupe Mountains dominiert, ein urzeitlich fossiles Riff und 250 Millionen Jahre alt: Grüße aus dem Perm-Zeitalter. Es gehört zum **Guadalupe Mountains National Park**, der vom Guadalupe Peak, dem mit 2667 Metern höchsten Berg von Texas, überragt wird. Allerdings stiehlt ihm der um 200 Meter niedrigere **El Capitan** (2462 m) mit seiner blankgeschliffenen Flanke die Schau, weil er aus der Perspektive der Straße größer wirkt.

Vor allem wegen seiner abgeschiedenen Lage und der fehlenden touristischen Infrastruktur liegt Guadalupe Mountains in der Hitliste der Nationalparks noch weit hinter Big Bend. Anders als in Big Bend kann man die Schönheit des Parks nur durch eine Wanderung erleben. Insbesondere lockt die wilde, gewundene Schlucht des **McKittrick Canyon** mit kleinem, quellgespeisten Bach, Ahorn-, Walnuss- und Wildkirschbäumen, Eichen und Eschen, die unterwegs für Schatten sorgen – sobald die Wüstenlandschaft zurückgelassen ist. Zu

Blick über blühende Jumping-Cholla-Kakteen auf die Guadalupe Mountains

White's City, Carlsbad Caverns National Park

El Capitan in den Guadalupe Mountains

den bemerkenswertesten Bäumen gehört die seltene Texas-Madrone (Erdbeerbaum), ein malerischer Baum mit glatter, rötlicher Rinde und immergrünen Blättern. Im Herbst reifen leuchtendrote, beerenartige Früchte, die für die meisten Vögel ein gefundenes Fressen sind. Neben Wildhasen, Maultier- und Wapiti-Hirschen leben hier Coyoten, Stachelschweine, Graufüchse, Pumas und viele Fledermäuse. Der Trail gilt zu Recht als einer der schönsten in ganz Texas, vor allem im Herbst zwischen Mitte Oktober und Anfang November, wenn sich die Blätter leuchtend rot, gelb und orange färben (Details siehe Kasten S. 232).

Nach Verlassen des Parks windet sich der Highway weiter den Pass hinauf nach New Mexico, ins *Land of Enchantment*, ins Traumland der Verzauberung, wie sich dieser Bundesstaat gern nennt. In der Ferne glänzen ein paar weiße Häuser. Logisch, das Ganze heißt ja auch so: **White's City**. Von wegen. Der Apostroph hätte schon skeptisch stimmen sollen, denn er bringt die Wahrheit an den Tag. Seit der Cowboy Jim White 1901 die Höhlen zuerst entdeckte, ist White's City Eigentum der Familie White. Ihr gehört praktisch der ganze Ort: Campingplatz, Motels, Restaurant, Shops und Minigolf. Nur die berühmten Höhlen gehören ihr nicht. Sie waren allerdings der Anlass für die Gründung von White's City, denn vom Ort sind es nur noch ein paar Meilen bis zum **Carlsbad Caverns National Park**.

Wer die Schönheitskönigin unter den wilden Wunderwelten der US-Parks ist,

5 Carlsbad Caverns

Carlsbad Caverns

darüber wird gern gestritten. Nicht aber über die besondere Qualität der Tropfsteinhöhlen von Carlsbad, denn sie sind der einzige Nationalpark mit eingebauter Klimaanlage und damit von allen Launen des Reisewetters und der Jahreszeiten unabhängig. Konstante 13 Grad Celsius Kühle umgeben den Besucher auf seinem Abstieg in die 230 Meter tiefe, durch Sickerwasser entstandene Märchenunterwelt, eine der größten der Erde.

Die ersten Siedler um 1880 nannten sie *Bat Cave*, Fledermaushöhle, wegen der Millionen Fledermäuse unterhalb des Höhleneingangs. Zwischen April und Oktober starten sie vor Anbruch der Dämmerung zum luftigen Insekten-Dinner, einem Spektakel, das allabendlich Hunderte von Schaulustigen anlockt. Angeblich bringen es die Tiere auf drei Tonnen Nahrung pro Nachtmahl. Was davon übrig bleibt, die Guano-Ablagerungen, werden seit der Wende zum 20. Jahrhundert als ebenso hochwertiges wie begehrtes Düngemittel genutzt, das unter anderem den süßen Früchten in den Zitrusgärten Kaliforniens zugutekommt.

Die Höhle selbst wurde erst in den 1920er-Jahren erforscht und Schritt für Schritt zugänglich gemacht, bis sie 1930 zum Nationalpark erklärt wurde. Heute sorgen flotte Aufzüge dafür, dass die 75 Stockwerke Höhenunterschied in einer Minute überwunden werden: eine Art kontrollierter freier Fall für alle, die wenig Zeit haben. Spannender ist nämlich der Abstieg zu Fuß durch die spukige Dunkelheit der Raumstrukturen und deren Formenfülle, die von Kleinkleckersdorf über Spaghetti-Eis und Streuselkuchen zu überwältigenden Steinkathedralen reicht.

Die hohe Luftfeuchtigkeit (etwa 95 %) drückt auf die Lungen. Außerdem verführen die bizarren Höhlendecken leicht zur Genickstarre, was den Gleichgewichtssinn nicht gerade fördert. Viele wandern denn auch sichtlich benommen herum, schwanken und torkeln seltsam wie im Trancezustand. Es tröpfelt, ein Ranger flackert mit der Taschenlampe, ein bisschen Friedhofsgeruch lässt gruseln, und Geisterbahn-Effekte bleiben nicht aus.

Doch Ende gut, alles gut. Die technisch gestylte Boden- bzw. Verköstigungsstation wirkt so vertraut wie das Szenario eines antiquierten James-Bond-Films. Und Souvenirstände, Fotoshop und Cafeteria sorgen auch unter Tage für die gewohnte Sicherheit.

5 Infos: Guadalupe Mountains N.P., Carlsbad, White's City

 Guadalupe Mountains National Park
400 Pine Canyon Rd., an US 180/62
Salt Flat, TX 79847
✆ (915) 828-3251
www.nps.gov/gumo
Eintritt $ 5

 Carlsbad Caverns National Park
3225 National Parks Hwy.
Carlsbad, NM 88220
✆ (575) 785-2232, Fax (575) 785-3122
www.nps.gov/cave/
Im Sommer (Ende Mai–Anfang Sept.) tägl. 8–19, im Winter 8–17 Uhr; der Höhleneingang schließt für Fußgänger im Sommer 15.30 Uhr (im Winter 14 Uhr); letzter Lift abwärts 17 Uhr (15.30 Uhr)
Eintritt $ 6/3
Die **Red Tour:** mit dem Lift sofort in den **Big Room** und zurück (1 Std.), eher etwas für Senioren; **Blue Tour:** zu Fuß abwärts (und mit dem Lift zurück), dauert ca. 2–3 Std.; zu den Highlights zählen **Scenic Room, Veiled Statue, Green Lake Room** und **Kings Palace**. Visitor Center und ein Teil der Höhlentour eignen sich auch für Rollstuhlfahrer. Vorsicht ist geboten für Besucher mit Herz- bzw. Atembeschwerden.

White's City:

Zu diesem sehr schlichten Versorgungszentrum für Höhlenbesucher (www.whitescity.net) gehören außer den beiden Motels zwei Restaurants (Cactus Cafe und JJ's Steak House), Shops, Mini-Golf und Campingplatz *(full hookups).* Eine größere Auswahl an Hotels und Restaurants hat das ca. 25 km entfernte Carlsbad zu bieten.

 Cavern Inn oder Walnut Canyon Inn
17 Carlsbad Cavern Hwy.
White's City, NM 88268-0128
✆ (575) 785-2291 und 1-800-228-3767
Fax (575) 785-2283
Schlicht, sauber, Pool. Frühstück inkl.
$$

 The Trinity Hotel & Suites
201 S. Canal Carlsbad
Carlsbad, NM 88220
 ✆ (575) 234-9891
 www.thetrinityhotel.com
Einziges Boutique-Hotel in Carlsbad; geschmackvoll eingerichtet. Full Breakfast und Wi-Fi eingeschlossen. Außerdem Bar und Restaurant im Haus. $$$ ☼

Herbstfarben im McKittrick Canyon

⑥ Wüster Gips
White Sands National Monument

6. Route: White's City – Carlsbad – Alamogordo – White Sands National Monument – Las Cruces – El Paso (482 km/301 mi)

km/mi	Zeit	Route
0	8.30 Uhr	Von **White's City** US 62/180 nordostwärts nach
32/ 20		**Carlsbad**, dort auf US 285 in Richtung Norden nach **Artesia**, dort US 82 nach Westen über Hope nach
235/147	11.30 Uhr	**Cloudcroft**, auf US 54 nach Süden bis
267/167		**Alamogordo**, weiter auf US 70/82 zum
317/196	12.30 Uhr	**White Sands National Monument** (Die Rundfahrt durch den Park auf dem Dunes Drive ist insgesamt 16 mi (26 km) lang und dauert ca. 40 Minuten; je nach Wanderung vermutlich insgesamt Aufenthalt von 2–3 Std.). Zurück zur US70/82 Richtung
400/250	16.00 Uhr	**Las Cruces**, dort auf NM-28 nach Süden (Avenida de Mesilla)
408/255		**Mesilla** (ca. 1/2-1-stündiger Rundgang). Auf die I-10 nach Osten Richtung
482/301	18.00 Uhr	**El Paso**.

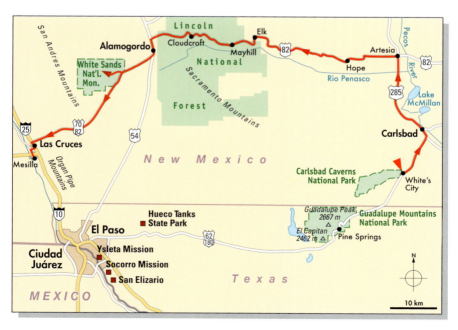

Wüster Gips 6

Abfahrt: von Cloudcroft ins Tal von White Sands

Wandern im White Sands National Monument
In White Sands gibt es vier verschiedene Trails um die Dünenlandschaft zu erkunden. Man erreicht diese vom Visitors Center aus über den 13 km langen, szenischen Dunes Drive.
Achtung: Man kann sich in den Dünenfeldern schnell verlaufen (gilt vor allem für den Alkali Flat Trail bzw. Off-Trail-Wanderungen), wenn starker Wind die Fußspuren verweht bzw. die Sicht behindert. Ein Kompass oder ein mobiles Navigationsgerät sind dann eine gute Hilfe.
Playa Trail: Ca. 4 km vom Visitors Center entfernt, führt der Weg zu einer flachen Senke *(playa)*, die sich nach starken Regenfällen mit Wasser füllt, den Großteil des Jahres aber ausgetrocknet ist.
Länge: 0,3 km, Dauer: 1/4 Std., einfach.
Dune Life Nature Trail: Nach ca. 4,5 km auf der Dünenstraße erreicht man den Parkplatz zum ersten Weg durch den Wüstensand. Im Randbereich der Dünen leben die meisten Wüstenbewohner und Pflanzen. Holzpfähle im Sand weisen den Weg. Kleine Schilder stellen die wichtigsten Tiere und Pflanzen vor.
Länge: 1,6 km, Dauer: 3/4 –1 Std., einfach.
Interdune Boardwalk: Startet ca. 7 km vom Visitors Center entfernt. Von dem Rundweg über den angelegten Holzsteg *(boardwalk)* bekommt man großartige Ausblicke auf das Tularosa Basin. Der Trail führt durch einen sehr sensiblen, für das Leben in der

Carlsbad, Artesia, Cloudcroft

> Wüste unentbehrlichen Bereich *(cryptobiotic crust)*, der den Boden vor Erosion schützt und zugleich Feuchtigkeit sowie lebenswichtige Nährstoffe für Pflanzen liefert. Ein einzelner Fußabdruck kann die Organismen zerstören. Man darf daher den Boardwalk nicht verlassen.
> Länge: 0,6 km, Dauer: 1/2 Std., sehr einfach, für Rollstuhlfahrer geeignet.
> **Alkali Flat Trail:** Der Trail startet fast am Ende des Dunes Drive (ca. 11 km nach dem Visitors Center). Am Trailhead sollte sich jeder, der eine Wanderung unternimmt, ein- und wieder austragen. Der Weg führt auf und ab durch eine wunderschöne Dünenlandschaft bis zum dem ausgetrockneten Seebett des **Lake Otero**, der in der letzten Eiszeit das Tularosa Basin über rund 4144 km^2 mit Wasser gefüllt hat und in dem der Gipssand entsteht. Der Trail ist durch entsprechende Pfähle im Sand markiert. Sollte man bei stärkerem Wind den nächsten Streckenposten nicht mehr erkennen können, ist es höchste Zeit umzukehren.
> Länge: 7,4 km, Dauer: 2 Std., mittelschwer.

Nichts, aber auch gar nichts erinnert in **Carlsbad** an Karlsbad. Die meisten der rund 25 000 Einwohner werden das vermutlich bestätigen. Die Namensgebung liegt lange zurück: Am Ende des 19. Jahrhunderts meinte man, der Mineralgehalt einer nahen Quelle ähnele dem der Heilquellen des böhmischen Karlsbad. So wenig Carlsbad aber für Vergleiche mit der Alten Welt taugen mag, so sehr eignen sich seine Supermärkte zur Bevorratung für ein Picknick in den Dünen von White Sands.

Ein Stück gestauter Pecos River (Lake McMillan), Rinder hinter Gittern und Gattern, Ranchland und künstlich bewässerte Äcker begleiten die Fahrt bis **Artesia**, eine nicht unansehnliche Kleinstadt, die lange von Ackerbau und Viehzucht lebte, bis 1923 Ölfunde ihr Wachstum beschleunigten. Die Mineralquelle in der Umgebung verlieh dem Städtchen seinen poetischen Namen; gelebt aber hat es mehr von Ölprodukten. Die Raffinerie am Weg legt Zeugnis davon ab.

Westlich von Artesia gewinnt das Ranching wieder die Oberhand und damit die Einsamkeit. Auch ein Nest wie **Hope** kann daran wenig ändern. Hier ist jeder erst mal auf sich selbst gestellt. Je näher die Berge rücken, umso lieblicher sehen die sanften Hügel aus, durch die sich der **Rio Penasco** zieht. Die Straße folgt seinem Lauf durch ein Tal mit fast paradiesischen Zügen, so schön und zugleich fruchtbar ist es. Hier und da ein Holzhaus. Es folgen kleine Siedlungen wie Elk und Mayhill, wir sind längst im **Lincoln National Forest** und ziemlich auf der Höhe, genauer gesagt, auf 2637 Metern, hoch in den Wolken – der Name **Cloudcroft** deutet es an.

Dass die Gemeinde in einem Ferien- und Skigebiet liegt, das übrigens in seinem nördlichen Teil das Reservat der Mescalero-Apachen einschließt und auch von ihnen verwaltet wird, erkennt man leicht, denn aus den Ranches werden plötzlich Resorts und Ferienhäuser. Auf den Almwiesen grasen keine Kühe mehr, sondern Makler nach Zweitwohnungen und Skihütten. Zusätzlich werden dem Vorbeifahrenden Äpfel und Birnen, Pflaumen und Pfirsiche, Mais, Tomaten und Kürbisse angeboten.

Die Abfahrt aus dem Hochwald der Sacramento Mountains durch den steilwandigen Canyon ins knochentrockene **Tularosa Valley** vermittelt zweifellos die stärksten landschaftlichen Eindrücke

Alamogordo, White Sands National Monument

am heutigen Tag: traumhafte Aussichten auf die gestaffelten Felslandschaften und im Hintergrund bereits White Sands wie ein Schneefeld – Breitwandkino vom Feinsten.

Vielleicht wird in **Alamogordo** gerade eine Fiesta gefeiert. Dann sollte man getrost seinen Picknickvorrat vergessen und sich unter das ohnehin bunte Volk mischen. Indianer, Mexikaner und Yankees, Kinder und Omas, Lasso schwingende *vaqueros* und Grundschullehrerinnen sind auf solchen Straßenfesten vereint und erkennbar bester Dinge; an Musik und Tanz, Essen und Trinken fehlt es nie.

Szenenwechsel. Von der menschenfreundlichen Fiesta zum lebensfeindlichen Gips im Tularosa Basin, zum **White Sands National Monument**. Irgendwo hat man das fotogene Granulat schon einmal gesehen. Im Kino? Ja, in Westernfilmen, wo Pferde mit weißem Schaum vor dem Maul zusammenbrechen und den Gnadenschuss bekommen, während sich der Held mit rissigen Lippen und rotgeflecktem Gesicht zum nächsten Wasserloch schleppt.

In Wirklichkeit ist White Sands aber halb so schlimm. Wie sonst könnten die Dünen ein beliebter Wochenendtrip sein, auf dem sich die Wagenkolonnen, gut gefüllt und schwer beladen, zur riesigen Gipswüste schleichen. Die Wüste lebt. Dass sie das wirklich tut, sieht man erst, wenn die Besucherströme ihr Freizeit-Soll erfüllt haben und abgezogen sind, also wochentags oder zu ruhigeren Besuchszeiten im Frühjahr oder Herbst. Dann lockt der gewellte Puderzucker zu einzigartigen Wanderungen vor dem purpurnen Hintergrund der San Andres Mountains im Westen und der Sacramento Mountains im Osten.

Rutschfeste Dünen: White Sands National Monument

Wer möchte, kann sich im Visitors Center für eine Nachtwanderung bei Vollmond anmelden. Außerdem werden naturkundliche Führungen, Sternkundeprogramme und Einführungen in die Geologie angeboten. Aber man kann auch einfach so durch den Gips laufen – barfuß und querbeet – oder sich still hinsetzen und dem fernen Gewitter zusehen. Obwohl die Dünen ratzekahl sind, haben sich einzelne Pflanzen den extremen Wachstumsbedingungen angepasst. Man hat schon welche mit einem Wurzelsystem von mehr als zehn Metern Länge gefunden. Andere Pflanzen stehen seltsam verloren da, weil die Düne bereits Kilometer weitergewandert ist. Auch für die wenigen Kleintiere, die zum Selbstschutz das Weiß ihrer Umgebung angenommen haben, ist das Überleben hier schwer. Keine Frage, die Gipsästhetik begeistert vor allem die Menschen.

Der naturkundliche Wanderweg **Big Dune Nature Trail** zeigt, wer im Einzelnen hier sein zu Hause hat. Und wer länger durch die Dünenlandschaft laufen will, sollte den **Alkali Flat Trail** entlangwandern (vgl. Details S. 240).

In der Nähe von Las Cruces sorgen viele poppig bemalte Wassertürme für optische Abwechslung – strenge Konquistadoren, reitende Cowboys und torkelnde Astronauten. Die Raumfahrtgesellen erstaunen an dieser Stelle nicht, denn White Sands ist außer einem märchenhaften Naturwunder auch eine martialische Mischung aus Raumfahrtbahnhof, Raketentestgelände und – in seinen

White Sands National Monument

Las Cruses, Mesilla, El Paso

nördlichen Ausläufern – sogar Schauplatz der ersten Atombombenexplosion. Am 16. Juli 1945 ging sie in Trinity Site hoch, in jener Ebene mit dem bezeichnenden Namen *Jornada del Muerto*.

Im Osten wird **Las Cruces** geradezu alpin von den stattlichen **Organ Pipe Mountains** überragt, aus denen der Wind scharf gezackte Gipfel modelliert und eine Skyline der Orgelpfeifen geschaffen hat. Über ein halbes Jahrhundert lang, von 1849 bis 1902, beutete man die Bodenschätze der »Orgeln« aus – Kupfer, Zink und Blei. Die Stadt ist mit ihren rund 62 000 Einwohnern das größte Handelszentrum im südlichen New Mexico. Die »Kreuze« stammen angeblich von den Gräbern eines spanischen Trecks, der in der ersten Hälfte des 19. Jahrhunderts eine Attacke der Apachen nicht überlebte. Der ursprüngliche Name, *La Placita de las Cruces*, wurde später abgekürzt.

Die übrigen Stationen der Stadtgeschichte sind friedlicher: der anfängliche Indianer-Pueblo, die nachfolgende spanische Siedlung, die Versorgungsstation für die in Fort Seldon stationierten Soldaten, das Bergarbeitercamp. Nur kurz mögen die Querelen zwischen Billy the Kid und Pat Garrett dem Ruf der Stadt geschadet haben. Garrett, der 1881 den Outlaw Billy erschoss, liegt auf dem Masonic Cemetery begraben. Im 21. Jahrhundert jedenfalls ist die landwirtschaftliche Welt im fruchtbaren und klimatisch milden Mesilla-Tal in Ordnung – durch jede Menge Trauben, Nüsse, Chili und Baumwolle.

Die Plaza im alten **Mesilla** (»kleiner Tisch«) lohnt einen kleinen Abstecher. Dem idyllischen Platz rund um den bunten *gazebo*, den kleinen Pavillon, und der angrenzenden **San Albino Mission** sieht man das viele Kommen und Gehen nicht an, das sich hier früher abgespielt hat. In alten Tagen lag Mesilla am Chihuahua Trail, auf dem der Warenverkehr entlang dem Rio Grande vorbeirollte. Um die Mitte des 19. Jahrhunderts wurde hier der sogenannte Gadsden Purchase unterzeichnet, der Kaufvertrag, der das heutige Süd-Arizona und New Mexico für ganze zehn Millionen Dollar den USA einverleibte und die heutige amerikanisch-mexikanische Grenze festlegte. Dann (1858–61) stoppten hier die Kutschen der Butterfield Overland Mail Route. Das heutige La Posta Restaurant war die ehemalige Poststation auf dem ebenso berühmten wie langen Trail (4473 km). Im Bürgerkrieg schließlich zogen die Texaner ein; 1861/62 besetzten die Konföderierten die Stadt.

Mesilla begreift sich heute keineswegs als Vorort von Las Cruces, sondern präsentiert sich seit einigen Jahrzehnten als eine eigene und selbstständige Gemeinde. Die Plaza, die ausnahmsweise nicht gerade der Szenetreff der Locals ist, wurde sorgsam restauriert. Trotz ihrer touristischen Gastronomie und zahlreicher Kunstgewerbeläden entfaltet sie durchaus ihren provinziellen Charme.

Auf dem letzten Wegstück nach Texas ziehen zahlreiche Rinderstationen vorbei und schließlich schlüpft der Highway den Pass hinunter in die Stadt, die daher ihren Namen hat: **El Paso**. Der erste Blick streift die mexikanische Seite mit wild besiedelten Geröllbergen, armseligen Buden und Schrotthütten: **Ciudad Juárez**, die Schwesterstadt. Sie sorgt für viel schlechte Luft – auch in El Paso. Vier Brücken verbinden die beiden Städte. Links und rechts der Brückengeländer sind die Wahrzeichen des Tortilla-Vorhangs befestigt, die Maschendrahtzäune, die im Stadtbereich scharf bewacht werden. Ähnlich wie in den meisten anderen Grenzstädten trägt das Flussbett im Stadtbereich ein Betonkorsett. Weil der

El Paso, Ciudad Juárez

Rio Grande zu oft seinen Lauf wechselte, wurde die Grenze irgendwann auf diese Art festgeschrieben, und so legte man den lebendigen Fluss in ein tristes Steinbett, einem Abwasserkanal nicht unähnlich. Der Rio Grande sei »keine Grenze, sondern eine Narbe«, formulierte einmal Carlos Fuentes in seinem Roman »Der alte Gringo«.

Heute zählt Ciudad Juárez leider zur mexikanischen Hochburg der Kriminalität. Drogenkriege rivalisierender Banden führen zu einer erschütternden Mordbilanz. Da redet man doch besser übers Wetter. *Sun City*, El Pasos Untertitel, spielt auf die überdurchschnittlich vielen Sonnentage pro Jahr an und leuchtet jedermann sofort ein. *El Paso* selbst auch: Pass, Grenze und Schnittstelle dreier Kulturen: der indianischen, der hispanischen und der der Yankees. *Paso del Norte* nannten die *conquistadores* diesen Fleck am Ende des 16. Jahrhunderts. Etwas über 1000 Meter Höhe erreicht er zwischen den Juárez und Franklin Mountains, was soviel heißt wie zwischen dem Ende der Sierra Madre und dem Beginn der Rocky Mountains, die sich von hier aus über 5000 Kilometer bis nach Alaska erstrecken. Auch sonst liegt die Grenzstadt irgendwie dazwischen. Symptomatisch: Hier und in der Umgebung herrscht *Mountain Time*, während in ganz Texas die Uhren anders gehen – nach der *Central Time*. Einer der wenigen Fälle, wo Texas und New Mexico im Einklang sind.

Abends flimmern unterhalb des erhöhten Freeway die Lichterteppiche von El Paso und Juárez. Nachts machen beide Städte einen richtig guten Eindruck: Man sieht nichts mehr außer Lichtern und Reflexen. Dann fehlt nur noch ein guter Song im Autoradio.

El Paso – Sun City

6 Infos: White Sands, Las Cruces, Mesilla, El Paso

 White Sands National Monument
P.O. Box 1086
 Holloman AFB, NM 88345
✆ (575) 679-2599, www.nps.gov/whsa
Tägl. 7 Uhr bis 1 Stunde nach Sonnenuntergang
Visitor Center: Im Sommer tägl. 8–19, sonst 8–18 Uhr, Eintritt $ 3/0, Infos und Camping-Permit für die Gipswüste.
712 km² wasserhaltiger, schwefelsaurer Kalk bilden eine gleißende Dünenlandschaft. Vom Visitor Center aus führt der szenische **Dunes Drive** ca. 13 km durch die Gipswüste. Wer zwischen Mai und Oktober an einem *full moon hike* teilnehmen will, sollte mindestens 2 Wochen im Voraus reservieren (Termine siehe Website). Eine Alternative sind die täglichen *sunset strolls*, die ca. 1 Stunde vor Sonneruntergang vom Visitors Center aus starten (siehe Website).
   Die unmittelbare Nähe zur White Sands Missile Range hat leider auch ihre Schattenseiten. Für die Dauer von Raketentests auf dem benachbarten Gelände werden der Dunes Drive und eventuell auch der Hwy. 70/82 zwischen Alamogordo und Las Cruces u.U. für einige Stunden geschlossen. Deshalb sollte man danach vorab telefonisch fragen.

 Las Cruces Convention & Visitors Bureau
211 N. Water St.
Las Cruces, NM 88001
✆ (575) 541-2444
Fax (575) 541-2164
www.lascrucescvb.org

 Mesilla Plaza
Calles Principal & de Parian
Mesilla, NM 88046
Für die mexikanischen Restaurants an der Plaza (z.B. **La Posta**, www.lapostade-mesilla.com) gilt: Folklore geht vor Gaumenfreude. Salate, kleine Vorspeisen und Weine liegen dafür deutlich über dem geschmacklichen Niveau der Hauptspeisen. $$–$$$

El Paso:

 El Paso Convention & Visitors Bureau
1 Civic Center Plaza
El Paso, TX 79901
✆ (915) 534-0601 und 1-800-351-6024
Fax (915) 534-0687, www.visitelpaso.com

 Camino Real Hotel
101 S. El Paso St., El Paso, TX 79901
 ✆ (915) 534-3000 und 1-800-769-4300
Fax (915) 534-3024
 www.caminoreal.com/elpaso/
Historisches, etwas in die Jahre gekommenes Hotel (1912) im Zentrum, in dem u.a. schon Pancho Villa, LBJ, Charles Lindbergh und Herbert Hoover übernachteten. Schöne **Dome Bar**, Restaurants, Pool, Sauna, Fitnessraum. $$–$$$$

 Da die meisten Besucher von El Paso vermutlich am nächsten Tag die Heimreise antreten, empfiehlt sich ein Hotel in Flughafennähe. Der **Flughafen in El Paso** ist angenehm überschaubar und die Mietwagenrückgabe direkt neben dem Terminal, so dass kein Shuttle benötigt wird.

 Wyndham El Paso Airport Hotel
2027 Airway Blvd., El Paso, TX 79925
 ✆ (915) 778-4241 und 1-877-999-3223
www.wyndham.com
Bequem unmittelbar am Flughafen gelegen (Fußnähe). Fitness, Restaurant. $$$

 Hyatt Place El Paso Airport
6030 Gateway Blvd. East
El Paso, TX 79905
✆ (915) 771 0022
www.hyatt.com/hyatt/place/
Rund 4 km vom Flughafen entfernt. Fitnessraum, free Wi-Fi und Continental Breakfast. $$–$$$

 La Quinta Inn El Paso Airport East
9125 Gateway Blvd. West
El Paso, TX 79925
✆ (915) 593-8400 und 1-800-753-3957
Fax (915) 599-1268

6 Infos: El Paso

Ordentliches Motel, ca. 6 km vom Flughafen entfernt. $

Forti's Mexican Elder Restaurant
321 Chelsea St., El Paso (East), TX 79905
✆ (915) 772-0066
www.fortis-restaurant.com
Mo–Do 9–22, Fr/Sa bis 23, So bis 20 Uhr
Hacienda mit guter, traditionell mexikanischer Kost (beliebt sind hier alle Fajitas-Variationen) zum drinnen und draußen Sitzen. Meist mit Mariachi-Musik. Cocktail Lounge. Frühstück, Lunch ($) und Dinner. $–$$

Avila's Mexican Restaurant
6232 N. Mesa St., Nähe Sunland Park Dr.
El Paso (West), TX 79912
✆ (915) 584-3621
Herzhafte Tex-Mex-Gerichte. Immer dabei: frische Tortillas und *sopapillas*. Lunch und Dinner. $

La Hacienda Restaurant
1720 W. Paisano Dr.
El Paso, TX 79922
✆ (915) 533-1919, www.shambala.net
Mexikanische Variationen – einfache und feinere Gerichte, gegrillt mit Mesquiteholz. Tipp: *Chiles rellenos*. Hübscher Patio (einer der wenigen in El Paso) in einem alten Gebäude genau an der Stelle, wo Don Juan de Oñate 1598 den Rio Grande überquerte. $

The Garden
511 Western St., im Union-Plaza-Distrikt
El Paso, TX 79901
✆ (915) 544-4400
www.thegardenep.com
Mo–Fr 11–2, Sa 17–2 Uhr, So geschl.
Anspruchsvolle, eklektische Küche: amerikanisch-mexikanische Fusion, Sushi, Sandwiches, Pasta, Fisch und Steaks. Großer Patio, 2 Bars. $$–$$$

Cafe Central
109 N. Oregon St. (One Texas Court, Downtown)

Fiesta in Alamogordo, New Mexico

El Paso, TX 79901
✆ (915) 545-2233
www.cafecentral.com
Mo–Do 11–22.30, Fr/Sa 11–23.30 Uhr, So geschl.
Lounge und Restaurant zum *fine dining* mit mexikanisch inspirierten Gerichten – eine kulinarische Oase in Downtown. $$$

Cattleman's Steakhouse
Indian Cliffs Ranch
Fabens, TX 79838
✆ (915) 544-3200
www.cattlemansranch.com
Mo–Fr 17–22, Sa/So 12.30–22 bzw. 21 Uhr
Institution für anspruchsvolle Steakfreunde im Western-Milieu außerhalb der Stadt: *family style country western dining*. Cocktail Lounge. Besonders zum Sonnenuntergang sitzt man hier schön. $$
Anfahrt: In El Paso auf I-10 East etwa 48 km bis Exit 49 (Fabens), von dort 7 km nach Norden. Dauert eine gute halbe Stunde von Downtown El Paso.

⑦ Sun City
El Paso – Abschied von West-Texas

7. Programm: El Paso Downtown und Mission Trail: Ysleta, Socorro und San Elizario Mission (vgl. Karte Route 6, S. 238)

> **Alternativen und Extras:** Die **Hueco Tanks** im gleichnamigen State Park (vgl. Karte S. 238), auf US 180/62 gut 38 mi östlich von El Paso und FM 2775 nach Norden. Die Mulden *(huecos)* in den mächtigen Basaltbrocken wirken wie steinerne Zisternen, in denen sich Regenwasser sammelt, die, weil es in der Region äußerst selten regnet, seit Jahrtausenden Menschen und Tiere anlocken. Sogar die Kutschen der Butterfield Overland Mail Route legten an dieser Oase einen Erfrischungsstopp ein – auf ihrem Weg von St. Louis nach San Francisco. Naturfreunde können rund um die Pools picknicken, wandern oder auf dem Campingplatz Quartier beziehen. Ideal für Kletterfreunde, denn die Löcher der Huecos bieten Händen und Füßen guten Halt.
> **Prähistorische Felszeichnungen** – man hat 5000 mythische Figuren, Menschen- und Tierbilder gezählt – deuten auf eine frühe indianische Mogollon-Kultur hin; jüngere Spuren verweisen auf Mescalero-Apachen. Die Spanier dagegen schienen die Wasserlöcher nicht zu kennen, was wiederum die Indianer nutzten, um von diesem Unterschlupf über die verhassten Eindringlinge herzufallen.
> Hueco Tanks State Park & Historic Site, 6900 Hueco Tanks Rd. No 1, El Paso, TX 79938, www.tpwd.state.tx.us, ℭ (915) 857-1135 oder 1-800-792-1112, Öffnungszeiten vorab telefonisch erfragen, da Besuchsmöglichkeiten limitiert werden. Eintritt $ 5/0.

Downtown El Paso, besonders Santa Fe Street, mischt munter Neuzeit und 1930er-Jahre. Die älteren, oft angegammelten Discount-Läden sind fest in der Hand der hispanischen Bevölkerung, die auch hier wohnt, weil es in der Stadt sonst nirgendwo billiger ist. Tagsüber herrscht reges Geschäftsleben, nachts wird es spukiger. Doch trotz Schwarz- und Drogenhandels und patrouillierender Sheriffs gilt El Paso als sichere Stadt. 60 bis 70 Prozent der rund 620 000 Einwohner tragen spanische Familiennamen; zusätzlich kommen täglich Hunderte Tagelöhner über die Brücken. Die Stadt ist komplett zweisprachig. Vor allem Schuh- und Bekleidungsindustrien haben sich hier festgesetzt – was zum Shopping insbesondere von Westernkleidung ermutigen sollte.

Eine Möglichkeit, den Tag zu beginnen, ist der Besuch des **El Paso Museum of Art**. Den Grundstock der ständigen Sammlung bildet die Kress-Kollektion aus den späten 1950er-Jahren, deren Schwerpunkt auf der italienischen Renaissance liegt – in merkwürdigem Kontrast zum Ort des Gezeigten. Wer

El Paso: Mission Tour

sich für die Pflanzenwelt der Chihuahua-Wüste interessiert, kann auch das **Centennial Museum** und die dazugehörigen Desert Gardens auf dem Campus der Universität von Texas besuchen.

Für den Nachmittag empfiehlt sich, ähnlich wie in San Antonio, eine Mission-Tour. Sie beginnt im Reservat der **Tigua Indians**, denen die Spanier nach der Pueblo-Revolte im Norden des heutigen New Mexico 1680 diesen neuen Siedlungsplatz zuwiesen. In der Nähe steht die **Ysleta Mission**, die älteste Kirche von Texas, 1682 erbaut, auch Corpus Christi de Ysleta del Sur genannt. Überschwemmungen und Feuer ruinierten allerdings den ursprünglichen Bau und etliche Nachfolger.

Was man heute zu Gesicht bekommt, entstand 1908 auf den Fundamenten dieser Vorgängerbauten – eine Alamo-ähnliche Front mit einer integrierten kleinen Statue des heiligen Antonios und einer silbrigen Glockenturmkappe, die allerdings erst einige Jahre später (1925) aufgesetzt wurde. Wie die meisten Missionskirchen des Südwestens ist die Kirche nach Osten ausgerichtet, denn die Indianer glaubten, dass ihre Götter aus dieser Richtung zurückkämen. Alle Gottesdienste werden heute auf spanisch gehalten.

Nächster Stopp: die **Socorro Mission**, deren Dachbalken noch aus den ersten Tagen dieser Kirche (1681) stammen. Ihre archaisch wirkende Fassadenform entspricht dem indianischen Regenwolkensymbol. Auch ihre Existenz hängt mit den Vorgängen in New Mexico zusammen, mit Socorro, von wo aus die christianisierten Indianer (und Spanier) nach dem erwähnten Aufstand flohen, um hier ihr neues Socorro *(del Sur)* zu gründen. Heute ist der Kirchenraum für tägliche Messen der ringsum schnell wachsenden Bevölkerung längst zu klein geworden; außerdem setzen Regen und Grundwasser den knapp zwei Meter dicken Lehmziegelwänden zu. Also beschränken sich die Gottesdienste nur noch auf Hochzeiten und Beerdigungen. Lohnend ist auch der Besuch des nahe gelegenen alten Friedhofs.

Am Ende der Mission-Kette steht die **Presidio Chapel San Elizario**, die Kapelle des San Elizario Presidio von 1789, ein kleines wehrhaftes Fort, das die spanischen Padres vor den Überfällen der marodierenden Apachen und Comanchen schützen sollte. Die heutige Gemeinde der Bauern ringsum ist stolz auf ihr Erbe, denn historische Dokumente belegen, dass an dieser Stelle das erste Erntedankfest auf amerikanischem Boden stattgefunden haben soll – und zwar 1598, und das war 23 Jahre vor dem im historischen Plymouth im östlichen Massachusetts, wo die frommen Pilgerväter landeten. Es soll von den Kolonisten unter Don Juan de Oñate hier gefeiert worden sein, nachdem sie auf seiner Expedition eine lange karge Strecke durch die Wüste von Chihuahua hinter sich gebracht hatten. Man speiste Enten und Ziegen, während die (noch) friedlichen Indianer sie am Rio Grande mit frischen Fischen versorgten.

Presidio Chapel San Elizario

Infos: El Paso

 El Paso Museum of Art
One Arts Festival Plaza (Main & Santa Fe Sts., Downtown)
El Paso, TX 79901
✆ (915) 532-1707
www.elpasoartmuseum.org
Di–Sa 9–17, Do bis 21, So 12–17 Uhr, Mo geschl., Eintritt kostenlos
Der Grundstock der ständigen Sammlung ist die Kress-Kollektion aus den späten 1950er-Jahren mit dem Schwerpunkt auf der italienischen Renaissance. Außerdem Wechselausstellungen.

 Magoffin Home State Historic Site
1120 Magoffin Ave. & Octavia St.
El Paso, TX 79901
✆ (915) 533-5147
www.visitmagoffinhome.com
Wegen umfassender Renovierungsarbeiten ist Magoffin Home mindestens bis Ende in 2011 geschlossen, vermutlich noch darüber hinaus.

Typische, 1875 im Territorialstil erbaute Adobe-Hacienda von J. W. Magoffin, einer prominenten Pionierfamilie des Südwestens. Antike Möbel, Tafelbilder und andere Kunstgegenstände hinter dicken Lehmziegelwänden.

 Centennial Museum and Chihuahuan Desert Gardens
 The University of Texas
500 University Ave., El Paso, TX 79968
✆ (915) 747-5565, http://admin.utep.edu
Di–Sa 10–16.30 Uhr
Chihuahuan Desert Gardens tägl. bis zur Dämmerung
Eintritt für Museum und Garten kostenlos
Das Centennial Museum liegt auf dem Campus der University of Texas. Im Mittelpunkt stehen die Pflanzenwelt und kulturelle Geschichte der Grenzregion zwischen dem Südwesten der USA und Mexiko, insbesondere der Chihuahua-Wüste. Beeindruckende Sammlung loka-

Socorro Mission

Infos: El Paso

ler Keramik. Die Desert Gardens zeigen mehr als 600 lokale Pflanzenarten in verschiedenen Themengärten.

Ysleta Mission
Old Pueblo Rd. (Tigua Indian Reservation)
El Paso, TX 79907
✆ (915) 859-9848
www.ysletamission.org
Tägl. 9–16 Uhr, Messen (auf Spanisch) Mo–Fr 7 und 18 Uhr
Die älteste Missionskirche in Texas wurde 1682 von den Spaniern erbaut, die vor dem Indianeraufstand in New Mexico geflohen waren. Die gegenwärtig zu besichtigende Kirche entstand 1908 auf den Fundamenten ihrer verschiedenen Vorgängerbauten, die durch Überschwemmungen und Feuer zerstört wurden.

Socorro Mission La Purisima
328 S. Nevarez Rd./FM 258 (südöstl. von El Paso)
El Paso, TX 79927
✆ (915) 859-7718, tägl. 9–16 Uhr
Die Dachbalken stammen noch aus den ersten Tagen dieser von Piro-Indianern erbauten Kirche von 1681 mit der wahrscheinlich ältesten aktiven Gemeinde in Texas. Ihre Fassadenform entspricht dem indianischen Regenwolkensymbol. Nur noch Bruchstücke des ehemaligen Gebäudes sind erhalten, was heute sichtbar ist, stammt von 1840. Lohnend ist auch der Besuch des nahen alten Friedhofs.

San Elizario Chapel of Presidio
Socorro Rd. (südl. von El Paso)
San Elizario, TX 79849
✆ (915) 851-1682
Die Missionskirche von 1773 gehört zum Presidio, das die Padres vor den Überfällen der Apachen schützen sollte. Gegenüber: das alte Gefängnis.

Starr Western Wear
112 E. Overland Ave. (Downtown)
El Paso, TX 79901

Hauptsache Hüte: Western Store, El Paso

✆ (915) 533-0113
www.starrwesternwear.com
Shopping-Tipp für Westernkleidung: Stiefel, Hüte, Gürtel und Textilien.

Tony Lama Factory Store
7156 Gateway Blvd. East (Nähe Hawkins)
El Paso, TX 79915
✆ (915) 772-4327, www.tonylama.com
Eine von mehreren Filialen des berühmten Stiefelschusters. Suchen Sie sich ein passendes Paar unter 15 000 Modellen aus.

Lucchese Boots
6601 Montana Ave. & F St.
El Paso, TX 79925
✆ (915) 778-8060
www.lucchese.com
Großes Sortiment an High-end Westernstiefeln.

Justin Boot Factory Outlet
7100 Gateway Blvd. East
El Paso, TX 79915
✆ (915) 779-5465
www.justinboots.com
Exzellenter Cowboy-Schuster.

Southwestern Livestock Show & Rodeo
In den ersten beiden Februarwochen Im El Paso County Coliseum mit viel Country Music.

ZWEI ROUTEN FÜR DEN TEXAS PANHANDLE

① Yellow Rose of Texas
Amarillo

This country's so flat you can see for two days.

Redensart

1. Programm: Amarillo

Vormittag   Flug nach **Amarillo**.

Nachmittag   **Route 66 District** und **Cadillac Ranch**.

Yellow Rose of Texas: Amarillo

Extras: Amarillo Livestock Auction – eine der größten privaten Viehauktionen ihrer Art in ganz Texas, jeweils dienstags. Übers Jahr wechseln hier mehr als 100 000 Rinder den Besitzer (100 S. Manhattan St., Western Stockyards, ✆ 806-373-7664, www.amarillolivestockauction.com).

Auch wenn man nicht unbedingt ein Pferdeliebhaber ist, lohnt der Besuch des **American Quarter Horse Hall of Fame and Museum**, I-40 East, Exit 72 (2601 Quarter Horse Dr.), ✆ (806) 376-5181. www.aqhhalloffame.com, Mo–Sa 9–17 Uhr, Eintritt $ 6/2. Es gibt Einblick in die Cowboy-Kultur und die Geschichte der ältesten amerikanischen Pferderasse, der American Quarter Horses, muskulöser Gesellen, die sich auf kurzen Strecken als äußerst schnell erweisen.

Bei einem längeren Aufenthalt in Amarillo: Ausflug zum **Alibates Flint Quarries National Monument**, P.O. Box 1460, Fritch, TX 79036, ✆ (806) 857-3151, www.nps.gov/alfl. Von Amarillo: auf Hwy. 136 etwa 32 mi nach Nordosten, dann 1 mi hinter Turkey Creek Plant links auf Alibates Rd. abbiegen. Zügig zieht sich die Straße aus der Stadt zurück auf plattes Land. Dann der alte Steinbruch am Südufer des **Lake Meredith**, aus dem die Indianer der High Plains, 7000 Jahre bevor die Ägypter ihre Pyramiden errichteten, Flintgestein abbauten, um Waffen und Werkzeuge herzustellen, die in Nordamerika gehandelt wurden. Pueblo-Ruinen und Petroglyphen nur mit Ranger-Führung. (Touren beginnen zwischen Memorial und Labor Day tägl. 10 und 14 Uhr, sonst nach telefonischer Voranmeldung.) Schöne Aussichten auf den nahen Lake Meredith. Für die kleine Wanderung zum und im Steinbruch braucht man feste Schuhe, Sonnenschutz und genügend Atem. Für sportliche Angebote am/im See: **Lake Meredith Recreation Area**.

Gruppenbild mit Cowboy: Western Stockyards in Amarillo

Texas Panhandle, Amarillo, Cadillac Ranch

Auf dem kurzen Flug oder der langen Autofahrt nach Amarillo bleibt Zeit, sich ein paar Gedanken über den **Texas Panhandle** zu machen. Ein spanischer Kolonist, der sich hier 1808 von San Antonio nach Santa Fe durchzuschlagen versuchte, notierte: »Es gab nichts als Gras und ein paar Regenlöcher ... Auf der Prärie, wo wir kampierten, musste man Pfähle für die (Anbindung der) Pferde einschlagen.« Diese bestückten ein Hochplateau, die High Plains, die sich von hier nach New Mexico erstrecken, eine riesige Mesa an einem Stück, die so aussieht, als sei sie wie ein Sockel aus dem umliegenden Gebiet herausgedrückt worden.

Lange galt die Gegend als unbesiedelbar. Die Meinung änderte sich erst, als man die Indianer vertrieben hatte. Weiße Büffeljäger rückten nach, und bald entstanden große Ranches wie »XIT«, »Matador«, »JA«, »T Anchor« und »LS«. Der berühmte Viehzüchter Charles Goodnight (1836–1929), der sich als Texas Ranger und Erfinder des *chuck wagon* (der bei den Pionieren beliebten Proviant- und Feldküche) einen Namen machte, war der erste, der seine Herde hierher trieb und sich niederließ. Als man unterm Gras fruchtbaren Boden entdeckte, wich das Ranchland mehr und mehr Baumwoll- und Getreidefarmen.

Im Ersten Weltkrieg nahm die Weizennachfrage drastisch zu, und immer mehr Farmer gingen dazu über, die Decke des ehemaligen Büffelgrases zu lüften und die Erde unterzupflügen. Das bot der Winderosion unbegrenzte Angriffsflächen. Die Oberbodenverluste gingen schließlich so weit, dass die gesamte Region unter den Sammelbegriff der *Dust Bowl* – Staubschüssel – rückte, die durch Steinbecks Roman »Die Früchte des Zorns« zu literarischen Ehren kam. Erst nach dem Desaster kümmerten sich die Farmer um effizienteren Windschutz und Bewässerungsmethoden. Heute gehört der *Golden Spread* des Panhandle wegen seiner ausgeprägten Bewässerungskunst zu den fruchtbarsten Gebieten der USA.

Amarillo, auf Spanisch »gelb«, verdankt seinen Namen den üppigen gelben Wildblumen, die man im Frühling und Sommer entlang dem Amarillo Lake findet. Deshalb wird Amarillo häufig auch liebevoll *The Yellow Rose of Texas* genannt. Wenn man hier jemandem begegnet, der wie ein Cowboy aussieht, ist er vermutlich auch einer. Die große Wahrscheinlichkeit, dass jemand oder etwas echt ist, trägt dazu bei, dass in dieser rund 1000 Meter hoch gelegenen und 1887 gegründeten Metropole des Panhandle, die aus einer *ragtown,* einer Zeltstadt, herauswuchs, noch der selbstzufriedene und familiäre Ton des Old West kursiert.

Und Bodenständigkeit und Viehauktion passen besonders gut zusammen, was sich vor Ort feststellen lässt. Von romantischer Schwärmerei und *Urban cowboy*-Mode keine Spur. Alles dreht sich um propere Bullen, nüchterne Kaufleute und harte Dollars. Über 70 Prozent aller texanischen Rinder wechseln in Amarillo den Besitzer. Neben dem Viehhandel rühmt sich die Stadt, Zentrum der nordtexanischen Öl- und Gasindustrie zu sein. Auch für ästhetische Tupfer ist Platz. Immerhin leistet man sich ein hochgeschätztes Sinfonieorchester (Amarillo Symphony) und eine renommierte Ballett-Truppe (Lone Star Ballet).

Wer sich den Tag über nicht in den gemütlichen Cafés und Souvenirläden entlang der Route 66 vergnügt, der sollte sich zu den schrägen Caddies der kuriosen **Cadillac Ranch** aufmachen, die sicher kein hinreichender Programmpunkt für einen Pandhandle-Besuch sind, aber

Amarillo, Cadillac Ranch

Stonehenge, USA: die »Cadillac Ranch« bei Amarillo

doch ein notwendiger. Kurios ist er schon, dieser Auto-Gag auf dem Acker, Stonehenge, USA. Zehn zur Hälfte eingegrabene Cadillacs strecken ihr Hinterteil *(tail fins)* in die Höhe, in Schieflage wie die Enten im See, hübsch ordentlich hintereinander. Die Installation stammt von der Künstlergruppe »Ant Farm« (Chip Lord, Doug Michels und Hudson Marquez) aus San Francisco, die den Auftrag und das Geld dazu von dem exzentrischen Kunstmäzen Stanley Marsh 3 erhielten; eine Art Peter Ludwig des Panhandle. Er hat verschiedene lokale Projekte in Amarillo initiiert unter anderem auch die witzige Verfremdung von Verkehrsschildern.

An Interpretationen hat es diesem Autofriedhof nie gemangelt. Einer der Urheber sprach von einem »weißen Schrott-Traum«, was allerdings heute nicht mehr ganz nachvollziehbar ist, denn über die Jahre haben die Touristen Hand angelegt und die Karosserien eingekratzt, besprüht, bepinselt oder mit Kugeln durchsiebt. Der Mäzen selbst meinte, die Ranch symbolisiere »die große Flucht, die sexuelle Freiheit, die Freiheit der Wahl, die Möglichkeit, einfach abzuhauen«.

❷ Hartes Holz
Palo Duro Canyon State Park

2. Route: Amarillo – Panhandle Plains Historical Museum – Palo Duro Canyon State Park – Amarillo (106 km/66 mi)

km/mi	Route	
		Route siehe Karte S. 252.
0	Abfahrt von **Amarillo**, an der Kreuzung I-40/I-27 die I-27 nach Süden Richtung CANYON und LUBBOCK. Ausfahrt nach Canyon und geradeaus, an der Ampel 4th Ave. stehen Schilder für das Museum und den Palo Duro Canyon: hier links bis zur nächsten Ecke	
29/18	**Panhandle Plains Historical Museum.** Vom Museum weiter über 4th Ave. (= TX 217) nach Osten zum	
59/37	**Palo Duro Canyon State Park.** State Park Rd. 5 führt durch den Canyon – Rückfahrt nach Amarillo: Vom Parkausgang über die gleiche Straße zurück. Am ersten Blinklicht rechts die Texas Farm Road 1541, eine schöne Landstraße, nach Norden bis	
106/66	**Amarillo.**	

Ein spannendes Museum und ein toller Canyon füllen einen weiteren Tag in Amarillo aufs Beste. Im **Panhandle Plains Historical Museum** kann man sich unter anderem schon einmal ein Bild vom Canyon machen, weil man hier die Schlucht in Miniatur besichtigen kann.

Brettgerade führt dann der Texas Highway 217 zum **Palo Duro Canyon State Park.** Kein Berg, nicht mal ein Hügel. Kann denn hier überhaupt ein Canyon sein? Damit wird klar, wie hoch die Ebene selbst schon liegen muss und dass es nur noch abwärts gehen kann. Prompt zeigen sich auch die ersten roten Furchen: Vorboten des imposanten Canyon, der von einer der drei Gabeln des Red River gegraben wurde. Wegen seiner Größe und vielfarbigen Gesteinsschichten, wird er auch gerne der »Grand Canyon von Texas« genannt.

Der Name *Palo Duro* ist spanisch und bedeutet »hartes Holz« – wahrscheinlich in Anspielung auf die zähen Juniper- und Mesquitebäume an den knallroten Canyonwänden. Die farbigen Felsschichten und die hervorstechenden, durch Wind- und Wassererosion erzeugten Steinpfähle *(hoodoos)* machen den Reiz der Schlucht aus. Wer in sie hinabsteigt, legt dabei auch Millionen Jahre geologische Entwicklung zurück – im Zeitraffertempo versteht sich.

Der heutige Park umfasst nur einen Teil des weitläufigen Canyons, in dem schon vor 12 000 Jahren Nomaden Büf-

Palo Duro Canyon State Park

Wandern im Palo Duro Canyon

Lighthouse Trail: Der Trail startet von der Park Road 5 und führt zum Lighthouse Peak, dem bekanntesten, ca. 100 m hohen Gipfel im Park, der Dank jahrtausendelanger Wind- und Wassererosion die Form eines Leuchtturms angenommen hat. Der Trail ist sehr populär und daher gut entwickelt. Vom Trailhead geht es zunächst in westlicher Richtung auf die roten Canyonwände zu, bevor der Trail nach Norden um einen Bergkamm dreht. Dann geht es weiter in westlicher Richtung, nach ca. 2,5 km kommt der Lighthouse Peak in Sicht.

Das letzte Stück des Weges erfordert einige stark erodierte Stufen zu erklimmen, bevor man eine Bank erreicht von der man den wundervollen Blick auf die Lighthouse Formation genießen kann. Zurück geht es auf gleichem Weg.
Länge: 10 km, Dauer: 3 Std., moderat, Anstieg von ca. 100 m.

fel jagten, wie Funde belegen. Auf seiner Suche nach den sieben goldenen Städten bekam Coronado das Territorium 1541 auf seiner Expedition zu Gesicht, als er hier in einen schlimmen Hagelsturm geriet und fast scheiterte. Im Zuge der Westbesiedlung wurden Comanchen und *comancheros* (Mexikaner, die mit den Comanchen handelten) bis 1874 nach und nach aus der Region vertrieben. Zwei Jahre später grasten bereits die Rinder der JA Ranch an dieser Stelle, die Charles Goodnight, einer der berühmtesten texanischen Rancher, für sich und die Seinen ausgeguckt hatte.

Vergangenheitsbewältigung, freilich aus ganz anderer Perspektive, betreibt das historisch-patriotische Freilichtmusical »Texas«, das während der Sommermonate im Pioneer Amphitheater vor der Canyon-Kulisse über die Bühne geht – ein Dauerbrenner seit über 40 Jahren, bei dem vor allem texanische Patrioten voll auf ihre Kosten kommen.

Lighthouse Rock im Palo Duro Canyon

Infos: Amarillo, Palo Duro Canyon State Park

Amarillo Convention & Visitor Council
1000 S. Polk St.
Amarillo, TX 79101
✆ (806) 342-2012
Am Wochenende ✆ (806) 374-8474
www.visitamarillotx.com
Visitor Center & Gift Shop
401 S. Buchanan, Suite 101
Im Sommer Mo–Fr 9–18, Sa/So 10–16, im Winter Mo–Fr 8.30–17.30, Sa 12–16 Uhr, So geschl.

 Ambassador Hotel
3100 I-40 West (Exit 68 B)
Amarillo, TX 79102
 ✆ (806) 358-6161 und 1-800-817-0521
Fax (806) 358-9869
www.ambassadoramarillo.com
Erste Adresse in der Stadt: 265 Zimmer, Restaurant, Pool, Fitnesscenter, Sauna. $$$–$$$$

 Holiday Inn Amarillo
1911 I-40 East (Exit Ross/Osage)
Amarillo, TX 79102
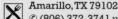 ✆ (806) 372-3741 und 1-800-181-6068
Fax (806) 372-2913
Guter Standard. Restaurant, Pool, Fitnessraum, Sauna, Minigolf. $$–$$$

 Best Western Amarillo Inn
1610 Coulter St. (I-40, Exit 65, 3 Blocks nach Norden)
 Amarillo, TX 79106
✆ (806) 358-7861 und 1-877-358-2256
Fax (806) 352-7287
www.bestwesterntexas.com
Mit Restaurant, Atrium-Pool, Münzwäscherei und kleinem Frühstück. $$

 Drury Inn & Suites
8540 I-40 West
Amarillo, TX 79121
✆/Fax (806) 351-1111
www.druryhotels.com
Ansprechendes Hotel mit 165 geräumigen Zimmern und Suiten. Reiches Frühstück und Happy-Hour-Drinks gehen aufs Haus. $$$–$$$$

 Fort Amarillo RV Resort
10101 W. Amarillo Blvd. (I-40, Exit 64/Soncy, 1 mi westl.)
 Amarillo, TX 79124
✆ (806) 331-1700 und 1-866-431-7866
www.fortrvparks.com
Platz mit *full hookups*, Telefon, Kabelanschluss, Wireless-Internetzugang, geheizter Pool. Reservierung ratsam.

 Cadillac Ranch
Von Amarillo ein paar Meilen auf I-40 West, Exit 60 (Arnot Rd.) und auf der gegenüberliegenden Seite über die Frontage Road rechts ein Stück zur Ranch. Die 10 schräg in den Acker gerammten und nach Westen ausgerichteten Cadillacs (Baujahre 1948–64) ergeben keine Ranch, eher ein Stück Land-Art oder ein Denkmal für das goldene Zeitalter der Route 66 und die amerikanische Autokultur, gesponsert 1974 vom Prärie-Mäzen und Helium-Millionär Stanley Marsh 3 aus Amarillo.

 Historic Route 66 District
Zwischen Georgia & Western Sts.
Amarillo, TX 79106
www.amarillo66.com
Bunte Nostalgie- und Flohmarkt-Meile entlang der 6th Ave. mit Läden, Cafés und kleinen Imbissrestaurants. Etwa **Alex's 66 Antique Mall** und **NAT Antiques**. Darunter:

 Golden Light Cafe
2908 W. 6th Ave. (zwischen Kentucky & Alabama Sts.)
 Amarillo, TX 79106
www.goldenlightcafe.com, So geschl.
Zur Stärkung, unscheinbar, aber beliebt – seit 1946 ununterbrochen.

 Harrington House Historic Home
1600 S. Polk St., Amarillo, TX 79102
✆ (806) 374-5490
www.harringtonhousehistorichome.org
Einstündige Führungen nach Anmeldung, max. 4 Pers., nur Erwachsene, nur

Infos: Amarillo, Palo Duro Canyon State Park

Di und Do 10–12.30 Uhr, leider nicht behindertengerecht
Die prächtige klassizistische Villa (1914) des betuchten Ranchers John Landergrin wird betreut von der Don & Sybil-Harrington-Stiftung.

 Panhandle-Plains Historical Museum
2503 4th Ave. (Nähe 24th Ave.)
Canyon, TX 79015
✆ (806) 651-2244
www.panhandleplains.org
Im Sommer Mo–Sa 9–18, So 13–18, sonst Mo–Sa 9–17, So 13–18 Uhr
Eintritt $ 10/5
In diesem geräumigen Art-déco-Gebäude (1933) ist nicht nur eine Western Town komplett und originalgetreu wieder aufgebaut worden, sondern auch andere Elemente der Besiedlung des Panhandle: zum Beispiel ein *drilling rig*, ein imposanter Ölbohrturm. Außerdem sind Oldtimer der Automobilszene zu bewundern.

Gut aufgemacht ist auch das Thema *windmills of the west*, das die texanische Windradkultur nachzeichnet. Es gab einen *windmiller,* der dafür verantwortlich war, die Räder aufzubauen und darauf zu achten, dass sie in Schwung kamen und funktionstüchtig blieben. Diese Leute arbeiteten sowohl als Angestellte der Ölfirmen als auch als Unabhängige.

Besonders sehenswert ist die 1. Etage, die fast komplett dem Thema Petroleum gewidmet ist: mit einem Defilee von Bohrrüsseln und dem Nachbau des herrschaftlichen, holz- und ledertrachtigen Büros eines Ölbarons. Im »Petroleum Theatre« läuft ein Film über die Ölgewinnung. In der Tierabteilung gibt es neben vielen Monstern, Knochen und Zähnen u. a. Bisonskelette, Mammutzähne aus dem Pleistozän und ein Gerippe des Allosaurus, der einer der gefährlichsten Fleischfresser der Jurassic-Periode war.

 Palo Duro Canyon State Park
11450 Park Rd. 5 (SR 217)
Canyon, TX 79015
 ✆ (806) 488-2227, www.tpwd.state.tx.us
 www.paloduroncanyon.com
Tägl. 8–18, von Frühjahr bis Herbst teilweise bis 20 bzw. 22 Uhr, Eintritt $ 5
Der zweitgrößte Canyon in den USA erwächst aus dem Prairie Dog Town Arm des Red River. Scenic Drive, Wander- und Reitwege, Pferde kann man mieten, Campingplatz.

Der Park bietet leider nicht allzu viele Wanderwege, am bekanntesten ist Lighthouse Trail (s. S. 257). Wer gerne reitet, kann bei den **Old West Stables** (direkt im Canyon, ✆ 806-488 2180) an geführten Touren etwa zum Timber Creek Canyon oder der berühmten Lighthouse-Formation teilnehmen.

Die Freilichtbühne **Pioneer Amphitheater** zeigt Anfang Juni–Ende Aug. Di–Sa 20.30 Uhr das Musical »Texas« über die Geschichte und Erschließung des Texas Panhandle. Tickets an der Theaterkasse und beim **»Texas« Information Office** in Canyon, 1514 5th Ave., Reservierung ✆ (806) 655-2181, www.texasshow.com.

 Elkins Ranch Cowboy Morning
11301 E. State Hwy. 217 (vor dem Eingang zum Palo Duro Canyon)
 Canyon, TX 79015
✆/Fax (806) 488-2100
www.theelkinsranch.com
Bietet Western-Frühstück und Dinner mit Unterhaltung und Jeep-Touren in den Canyon, der hier im Privatbesitz ist. Reservierung erforderlich.

 River Breaks Ranch
Durrett Dr., Amarillo, TX 79101
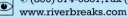 ✆ (806) 374-0357, Fax (806) 374-2037
www.riverbreaks.com
Nur 10 Minuten von Amarillo bietet die Ranch Frühstück und Dinner mit Cowboy-Unterhaltung; Pferderennen, Cowboys bei der Arbeit, und wenn mal nicht so schönes Wetter ist, verlegen sie die Mahlzeit in die Scheune. Reservierung erforderlich.

1 2 Infos: Amarillo

Big Texan Steak Ranch

 Marty's
2740 Westhaven Village (34th Ave.)
Amarillo, TX 79109
✆ (806) 353-3523
www.martysrestaurant.com
Mo–Fr Lunch und Dinner, Sa nur Dinner
Steaks und Meeresfrüchte (die *clam chowder* schmeckt und der *blackened snapper* erst recht).
   Live-Entertainment in der Lounge mit einem *Good Old Days*-Charme, den viele Gäste mit Westernhüten und LOLs *(little old ladies)* genießen. Aus der Not eine lokale Tugend zu machen bedeutet hier, zum Essen einen texanischen Cabernet zu bestellen, z.B. einen gereiften »Llano Estacado«, etwa den »Texas High Plains Cabernet Sauvignon« von einem Weingut in Lubbock. $$

 Ohms Cafe & Bar
619 S. Tyler St., Amarillo, TX 79101
 ✆ (806) 373-3233, www.ohmscafe.com
Internationale Küche (u.a. mit vegetarischen Gerichten – in Amarillo!), importierte Spirituosen. Oft Livemusik. Den Namen des Lokals lesen viele Einheimische als Abkürzung von *On Her Majesty's Service* = OHMS. $

 Catfish Shack & Seafood Grill
3301 Olsen Blvd. (Nähe Paramount)
Amarillo, TX 79109
✆ (806) 358-3812
Catfish im Schlafrock oder nackt vom Grill. Nichts Tolles, aber ebenso populär wie »Peggy Sue« aus dem Lautsprecher. Auch zum draußen Sitzen. $–$$

 Stockyard Cafe
101 S. Manhattan St. & E. 3rd Ave., im Auktionsgebäude
Amarillo, TX 79104
✆ (806) 342-9411
Frühstücks-Treff der Cowboys und Züchter seit 1945. Überwältigende Frühstücksportionen, preiswerte Steaks. $–$$

 Big Texan Steak Ranch
7701 I-40 East (Lakeside Dr., Exit 75)
 Amarillo, TX 79118
✆ (806) 372-6000 und 1-800-657-7177
www.bigtexan.com
Gastronomisches Wahrzeichen des Panhandle. Vieles von dem, was ringsum kreucht und fleucht, wird hier verbraten: Büffelfleisch und frittierte Klapperschlangen. Hausgemachter Gag: Wer das berühmte *72 oz steak* (über 2 kg!) in einer Stunde verdrücken kann, braucht es nicht zu bezahlen. Vorsicht: im gleichen Zeitraum muss man auch die Beilagen verschlungen haben (Folienkartoffel, Shrimp-Cocktail, Salat, Brötchen). Wer aufgibt (strenge Kontrolleusen überwachen die Esser), kommt ans Zahlen. Di C&W-Musik *(live opry)* und Tanz. $$–$$$

 Midnight Rodeo Country-Western Club
 4400 S. Georgia St.
Amarillo, TX 79110
✆ (806) 358-7083, Do–Sa 20–2 Uhr
www.midnightrodeoamarillo.com
Tanzclub und Bar mit DJ-Musik.

 Feste in Amarillo
Cowboy Mounted Shooting National Finals: Okt.
Working Ranch Cowboys Ranch Rodeo/World Championship: Nov.

Service von A–Z

An- und Einreise 262	Notfälle 269
Ausflüge nach Mexiko 263	Öffentliche Verkehrsmittel 269
Auskunft in Deutschland 263	Post 269
Auskunft vor Ort 264	Rauchen 269
Autofahren 264	Reservierungen 269
Automiete 265	Restaurants/Essen und Trinken 270
Diplomatische Vertretungen 266	Sicherheitshinweise 271
Feiertage/Feste 266	Sprachgebrauch in Texas 272
Geld/Kreditkarten/Reisekosten . . . 266	Strom 273
Hinweise für Menschen mit Behinderungen 267	Telefonieren/Internet 273
Kinder 267	Trinkgeld 274
Klima/Kleidung/Reisezeit 267	Unterkunft 275
Maße und Gewichte 268	Zeitzonen 276
Medizinische Vorsorge 268	Zoll 276

An- und Einreise

Zur Einreise in die USA benötigen Besucher aus Deutschland, Österreich und der Schweiz (auch Babys und Kinder) einen **maschinenlesbaren Pass**, der mindestens bis zum Ende der geplanten Reise gültig sein muss. Für deutsche Staatsangehörige ist nur der rote Europapass zulässig, vorläufige Reisepässe, Kinderausweise oder Einträge in den Reisepässen der Eltern werden nicht mehr akzeptiert. Das gilt jedoch nicht für Reisende, die ein US-Visum besitzen.

Seit Januar 2009 müssen USA-Reisende, die ohne Visum in die USA einreisen, zusätzlich und mindestens 72 Stunden vor Reiseantritt online eine sogenannte **ESTA-Genehmigung** (*Electronic System for Travel Authorization,* vgl. https://esta.cbp.dhs.gov) beantragen, dies gilt auch für Kinder.

Für diese Online-Reiseanmeldung ist ein Fragebogen mit persönlichen und anderen Daten im Internet auszufüllen, der bisher während des Flugs ausgeteilt wurde. Die daraufhin erteilte ESTA-Auftragsnummer sollte man sich notieren. Die Genehmigung ist bis zu zwei Jahre oder bis zum Ablauf des Passes für mehrere Reisen gültig. Allerdings autorisiert die ESTA-Genehmigung nur zu einem Aufenthalt von max. 90 Tagen entsprechend dem amerikanischen *Visa Waiver Program* (VWP), für einen längeren Aufenthalt muss ein Visum beantragt werden. Seit September 2010 ist diese Registrierung kostenpflichtig (Gebühr von $ 14). Es wird empfohlen, einen Ausdruck der ESTA-Genehmigung bei der Einreise mitzuführen.

Die Details der Einreisebestimmung können sich kurzfristig ändern, sodass empfohlen wird, sich vor Reiseantritt auf der Homepage der US-Botschaft (www.usembassy.de) oder des Auswärtigen Amts (www.auswaertiges-amt.de) zu informieren. Häufig gestellte Fragen zur Einreise (FAQs) werden auch unter www.usvisa-germany.com beantwortet.

Der Beamte der Einwanderungsbehörde *(immigration officer)* nimmt bei der Einreise einen Fingerabdruck ab und ein digitales Passfoto auf. Er erkundigt sich nach Zweck und Dauer der Reise und setzt die Aufenthaltsdauer fest. Manchmal wird nach dem Rückflugticket oder der finanziellen Ausstattung gefragt.

Noch ein Hinweis, der mit den strengeren Sicherheitsbestimmungen seit dem 11.09.2001 in den USA zu tun hat: Sie sollten Ihr **Gepäck bei der Aufgabe am Flughafen nicht verschließen**, da es sonst mit großer Wahrscheinlichkeit von den Behörden aufgebrochen wird.

Wichtigste Zielflughäfen in Texas sind **Dallas/Fort Worth** (DFW) und **Houston** (IAH). Nonstopflüge verschiedener Fluggesellschaften aus Europa erreichen die texanischen Air-

Service von A–Z

ports nach rund 11 Stunden Flugzeit (und 7 Stunden Zeitunterschied) meist am frühen Nachmittag. Der Rückflug ist in Regel eine Stunde kürzer.

Der Dallas/Fort Worth Airport (DFW) liegt etwa 30 km von beiden Stadtzentren entfernt. Zwischen Flughafen und den Städten verkehren Schnellbusse und Taxis.

Wer mit dem **Auto** anreist, erreicht Texas von den angrenzenden Bundesstaaten durch Interstate Highways und US-Bundesstraßen. Von Osten, d.h. von Louisiana, führen zwei Interstates nach Texas: die I-10 (im Süden) in Richtung Beaumont und Houston und die I-20 (weiter nördlich) in Richtung Dallas. Im Nordosten verbindet die I-30 Arkansas mit Texas, d.h. Little Rock und Dallas.

Die wichtigste Nord-Süd-Achse bildet die I-35, sie kommt aus Oklahoma und führt nach Dallas und weiter nach Austin, San Antonio und Laredo. Wer Texas nur kurz durchfahren möchte, hat dazu nur im »Panhandle« die Chance: über die I-40, die in Ost-West-Richtung an Amarillo vorbeiführt (und die der legendären Route 66 folgt). Den Westzipfel von Texas erreicht man – von New Mexico oder Arizona kommend – über die I-10 in El Paso. Die Überlandbusse benutzen dieselben Fernstraßen. Alle größeren Städte in Texas haben im Innenstadtbereich **Busbahnhöfe** der Greyhound- bzw. Trailways-Linien.

Mit der **Eisenbahn** ist es in Texas nicht weit her. Nur wer mit Amtrak von New Orleans oder Los Angeles anreist, kann dreimal pro Woche die Bahnhöfe in San Antonio und Houston erreichen.

Ausflüge nach Mexiko

Grundsätzlich genügt für den Grenzübertritt nach Mexiko der Reisepass, sofern man den Aufenthalt auf die Grenzstadt beschränkt. Zollbestimmungen sind an den Übergängen und bei den örtlichen Touristenbüros zu erfahren. Leihwagenfahrer sollten wissen, dass es aus versicherungsrechtlichen Gründen nicht erlaubt ist, mit dem Auto über die Grenze nach Mexiko zu fahren.

Der Krieg zwischen kriminellen Organisationen, die um die Kontrolle des Drogenhandels in Mexiko kämpfen, hat die Gewalt in der mexikanischen Grenzregion in den letzten Jahren dramatisch verschärft. Die Auseinandersetzungen werden in erster Linie zwischen den rivalisierenden Drogenkartellen und gegen Polizeieinheiten und Strafverfolger geführt. Dennoch sind auch Touristen bereits Opfer von Morden und Entführungen geworden.

Von Besuchen im Nachbarland Mexiko wird daher zur Zeit abgeraten, das gilt insbesondere für Ciudad Juárez, die Hochburg der mexikanischen Drogenkriminalität, aber auch für die anderen größeren Grenzstädte (Ciudad Acuña, Nuevo Laredo, Reynosa und Matamoros). Das US-Außenministerium (State Department) hat eine Reisewarnung, insbesondere für die grenznahen Gebiete in Nordmexiko herausgegeben. Den aktuellen Stand erfragt man am besten unter: http://travel.state.gov.

Informelle Grenzübertritte sind nach den Bestimmungen des Heimatschutzministeriums (Department of Homeland Security, www.dhs.gov) seit 2002 illegal und werden entsprechend bestraft. Das bedeutet leider auch, dass die in Big Bend früher üblichen Stippvisiten in die auf der anderen Seite des Rio Grande gelegenen mexikanischen Dörfer (z. B. Boquillas del Carmen, Paso Lajitas) zurzeit nicht mehr möglich sind. Was besonders bedauerlich ist, weil die mexikanischen Dörfer ohne die Besucher aus Big Bend ihre Existenzgrundlage verloren haben. Seit Januar 2011 wird allerdings erstmals darüber nachgedacht, möglicherweise am Boquillas Canyon einen winzigen offiziellen Grenzübergang nach Boquillas del Carmen zu schaffen, der möglicherweise im Laufe von 2012 eröffnet wird.

Auskunft in Deutschland

Texas Tourism
c/o Mangum Hills Balfour GmbH
Maximilianstr. 54, 80538 München
℅ (089) 23 23 26-50, Fax (089) 23 23 26-529
www.traveltex.com/german
info@mangumhillsbalfour.eu

Service von A–Z

Auf der Website findet man eine Fülle von Tipps für die Reiseplanung.

Auch die hier im Buch gelisteten regionalen Chambers of Commerce bzw. die Convention & Visitors Bureaus in den USA geben telefonische und schriftliche Auskunft.

Auskunft vor Ort

Fast alle größeren Orte besitzen ein meist gut ausgeschildertes Visitors Bureau oder eine Chamber of Commerce, die Unterkünfte vermitteln und Tipps für Unternehmungen und Veranstaltungshinweise geben. Man muss nicht unbedingt hinfahren, sondern kann auch anrufen. Die Adressen sowie Telefon- und Faxnummern der regionalen finden Sie in diesem Buch auf den blauen Infoseiten bei den entsprechenden Orten. In den Büros der *American Automobile Association* (AAA) erhalten ADAC-Mitglieder gegen Vorlage ihres Mitgliedsausweises kostenlos englischsprachige *AAA TourBooks* bzw. *CampBooks*, die vor allem umfassende Hotel- bzw. Camping- sowie Restaurantinformationen beinhalten, aber auch Hinweise zu wichtigen Sehenswürdigkeiten. Außerdem gibt es aktuelles Kartenmaterial.

Autofahren

Europäische Autofahrer können sich auf den US-Highways erst mal entspannt zurücklehnen. Man fährt dort vergleichsweise rücksichtsvoll und vor allem – langsamer. Meistens jedenfalls. Landkarten und Stadtpläne bekommt man an vielen Tankstellen, in Drugstores und Buchhandlungen.

Einige **Verkehrsregeln** und Verhaltensweisen unterscheiden sich von denen in Europa:
– Die **Höchstgeschwindigkeit** ist ausgeschildert: auf Interstate, U.S. und State Highways in der Regel 70 mph (d.h. 112 km/h) bzw. in dünn besiedelten Gegenden von West-Texas durchaus auch 75 mph oder gar 80 mph (bzw. 120 km/h oder 128 km/h), in Ortschaften 25–30 mph (40–48 km/h). Teilweise werden Höchstgeschwindigkeiten zwischen Tag und Nacht differenziert.
– An **Schulbussen** mit blinkender Warnanlage, die Kinder ein- und aussteigen lassen, darf man auf keinen Fall vorbeifahren. Das gilt auch für Fahrzeuge aus der Gegenrichtung!
– **Rechtsabbiegen** an roten Ampeln ist erlaubt, nachdem man vollständig angehalten und sich vergewissert hat, dass weder ein Fußgänger noch ein anderes Fahrzeug behindert wird.
– Außerhalb von Ortschaften muss man zum **Parken oder Anhalten** mit dem Fahrzeug vollständig von der Straße herunter.
– **Fußgänger**, besonders Kinder, haben immer Vorfahrt!

Die **Farben an den Bordsteinkanten** bedeuten Folgendes:
Rot: Halteverbot
Gelb: Ladezone für Lieferwagen
Gelb und Schwarz: LKW-Ladezone
Blau: Parkplatz für Behinderte
Grün: 10–20 Minuten Parken
Weiß: 5 Minuten Parken während der Geschäftszeiten
Wenn keine Farbe aufgemalt ist, darf man unbegrenzt parken, aber nie an Bushaltestellen oder vor Hydranten!

An **Tankstellen** muss man manchmal im Voraus bezahlen (PAY FIRST) bzw. eine Kreditkarte hinterlegen. Die Preise variieren u. U. je nachdem, ob man Selbstbedienung (SELF SERVE) oder Bedienung durch den Tankwart (FULL SERVE) wählt.

Bei **Pannen** sollte man sich als Erstes mit seiner Mietwagenfirma in Verbindung setzen, um die weiteren Schritte abzusprechen. In Notfällen wendet man sich an die Texas Highway Patrol (Toll free ℂ 1-800-525-5555). Diese leitet die Information weiter an Abschleppdienste, Notarzt usw.

Auch die AAA (American Automobile Association) unterhält einen eigenen Pannendienst, den man als Mitglied des ADAC, ÖAMTC und anderer Clubs in Anspruch nehmen kann. In allen Südweststaaten herrscht Gurtpflicht für jeden im Auto.

Service von A–Z

Yellow Roses of Texas: Lunch-Time in Taylor

Zur Verdeutlichung der Straßentypen hier die in Texas üblichen Unterscheidungen:
Interstate Highway (I-35 oder IH-35 z.B.): gut ausgebaute, kreuzungsfreie Autobahnen. Gerade Zahlen stehen für die Ost-West-Richtung, ungerade für die Nord-Süd-Richtung.
U.S. Federal Highway (US): auch interstaatlich, aber nicht ganz so aufwendig,
Texas State Highway (z.B. S 71 oder SR 71): texanische Landstraßen,
Texas Farmroad oder **Ranchroad** (FM oder RM): kleine, aber in der Regel gut ausgebaute Landstraßen innerhalb von Texas, wo man am meisten vom Land sieht.

Automiete

Bei der Landung in Dallas/Fort Worth haben Sie sicher die Frage Pkw- oder Campermiete längst beantwortet. So oder so sollten Sie den Wagen bereits angemietet haben. Das ist i.d.R. preislich günstiger als erst vor Ort zu buchen.

Mit dem Pkw ist man besonders in den Städten flexibler, an Bord eines Wohnmobils dagegen häufiger an der frischen Luft, beweglicher (was die Zeiteinteilung angeht) und insgesamt – vor allem bei der Verpflegung – ein bisschen billiger dran. Anfragen (Wochenpauschalen, Freimeilen und Überführungsgebühren) richtet man an das Reisebüro oder direkt an die internationalen Autovermieter.

Bei der Abholung des Fahrzeugs vor Ort muss man den nationalen **Führerschein** und eine **Kreditkarte** vorlegen. Wer keine besitzt, muss, wenn er keinen Gutschein (Voucher) hat, im Voraus bezahlen und eine Kaution hinterlegen. Achtung vor verdeckten Kosten! Die Autovermieter jubeln dem Besucher gern weitere Versicherungen unter. Prüfen Sie daher vorher, ob diese nicht anderweitig (z. B. über die eigne Kreditkarte) oder bereits mit dem Gutschein für die Automiete abgedeckt sind.

Den Wagen sollte man bei Übernahme zunächst genau überprüfen (Reserverad, Automatikschaltung, eventuelle Schäden etc.) und sich insbesondere beim Camper alles genau erklären lassen.

Für Autos gilt grundsätzlich das texanische Prinzip des *Think big*. So trifft man in Texas

Service von A–Z

noch mehr als in anderen Bundesstaaten auf große Fahrzeuge. Auch wenn preisliche Gründe und die höheren CO_2-Emissionen gegen einen Geländewagen (SUV bzw. S*port Utility Vehicle*) sprechen, tatsächlich fühlt man sich in dieser Wagenklasse in Texas durchaus wohler. Hinzu kommt, dass man vor allem in West-Texas auf Dirt oder Off Roads vor allem hohe Bodenfreiheit *(high clearance)* und damit die Geländetauglichkeit zu schätzen weiß; Allradantrieb *(4-wheel-drive)* hingegen ist nicht ganz so wichtig. Gerade bei den eher hochpreisigen SUVs lohnt sich ein kritischer Preisvergleich der verschiedenen Mietwagenangebote.

Und dann noch GPS: Vor allem in den großen Städten ist ein GPS-System sehr empfehlenswert. Allerdings ist außerhalb der großen Städte Vorsicht geboten. Viele schöne, hier im Buch empfohlene Straßen fallen bei GPS-Systemen dem Gebot der Schnelligkeit zum Opfer, obwohl gerade in Texas die sog. Blue Highways, die Schönheit des Landes erschließen, während auf den Interstates alles an einem vorbeirauscht. Sie sollten sich daher möglichst – trotz GPS – an die im Buch empfohlene Routenführung halten, zumal vor allem in West-Texas die Geschwindigkeitsregelungen auf Landstraßen teilweise sehr großzügig gehandhabt werden.

Diplomatische Vertretungen

Generalkonsulat der Bundesrepublik Deutschland
1330 Post Oak Blvd., Suite 1850
Houston, TX 77056-3018
✆ (713) 627-7770
www.germanconsulatehouston.org

Consulate of Switzerland
11922 Taylorcrest Rd., Houston, TX 77024
✆ (713) 467 9887, www.eda.admin.ch

Österreichisches Honorarkonsulat
800 Wilcrest Dr., Suite 340
Houston, TX 77042
✆ (713) 773 9979
www.austrianconsulatehouston.org

Feiertage/Feste

An den offiziellen Feiertagen können die Strände an der Küste und auch San Antonio voll werden – besonders im Sommer. Da viele *holidays* auf einen Montag fallen, entstehen lange Wochenenden und dann oftmals auch Staus. Das gilt vor allem für die Wochenenden von Memorial Day (Beginn der Reisesaison) und Labor Day (Ende der Reisezeit). Banken, öffentliche Gebäude und viele Sehenswürdigkeiten sind feiertags geschlossen.

Offizielle Feiertage:

New Year's Day (1. Januar)
Martin Luther King Day (3. Montag im Januar)
Presidents' Day (3. Montag im Februar)
Texas Independence Day (2. März)
San Jacinto Day (21. April)
Memorial Day (letzter Montag im Mai)
Independence Day (4. Juli)
Lyndon B. Johnson's Birthday (27. August)
Labor Day (1. Montag im September)
Columbus Day (2. Montag im Oktober)
Veterans Day (11. November)
Thanksgiving (4. Donnerstag im November)
Weihnachten (25. Dezember)

Für den Zaungast sind die inoffiziellen, lokalen (und ethnischen) Feste meist viel ergiebiger, denn auf den Fiestas, Rodeos und Festivals geht es bunt her. Es gibt immer was zu essen und trinken, viel zu sehen und oft gute Musik zu hören, und jeder findet schnell Anschluss, weil Kind und Kegel mit von der Partie sind.
Am 1. Weihnachtstag sind in den USA fast alle Restaurants geschlossen.

Geld/Kreditkarten/Reisekosten

Die Reisekasse verteilt man am besten auf zwei Zahlungsmittel: **US-Dollar-Bargeld** und eine oder mehrere **Kreditkarten** (Mastercard, Visa oder American Express). Bis zu $ 10 000 in bar oder anderen Zahlungsmitteln dürfen Sie in die USA mitbringen. Euro-Reiseschecks und Bargeld in Euro werden in den Großstädten nur

Service von A–Z

am internationalen Flughafen und – zu normalen Banköffnungszeiten – in einigen wenigen Wechselstuben umgetauscht.

Der US-Dollar ist in 100 *cents* unterteilt. Gängige, im Umlauf befindliche **Münzen** sind 1 *cent (penny)*, 5 *cent (nickel)*, 10 *cent (dime)* und 25 *cent (quarter)*. **Dollar-Scheine** *(bills, notes)*, die im Wert von 1, 2, 5, 10, 50 und 100 Dollar kursieren, sind alle gleich groß und dadurch schnell zu verwechseln.

Größere Geldscheine und Reiseschecks (z.B. schon Hunderter) werden ungern gesehen und in manchen Läden und Tankstellen (vor allem nachts) nicht akzeptiert. Lieber im Hotel wechseln lassen oder von zu Hause bereits Bargeld in $-20- und $-50-Stückelung mitnehmen. In den Großstädten geben die Banken Bargeld gegen Vorlage von Kreditkarte und Reisepass ab. Mit EC-Karten mit Maestro-Zeichen kann man an vielen Geldautomaten (ATM – *Automatic Teller Machine*) kleinere Barabhebungen tätigen. Höhere Beträge erhält man über Kreditkarte und PIN.

In den USA ist es üblich, Preise ohne Umsatzsteuer anzugeben, d.h. man zahlt grundsätzlich mehr, als ausgewiesen ist. Zu allen ausgezeichneten Beträgen kommen, je nach Region und Kommune, zwischen 6,25 % und 8,25 % **Umsatzsteuer** *(sales tax)!* Hotels erheben statt der *sales tax* eine **Hotelsteuer** (getrennt nach *state* und *city room tax*), die insgesamt bis zu 13 % betragen kann. Bei den meisten Hotels in den großen Städten fallen zusätzliche Parkgebühren an, die locker $ 20 pro Übernachtung betragen können.

Hinweise für Menschen mit Behinderungen

Einrichtungen für Rollstuhlfahrer sind in den USA erheblich häufiger anzutreffen und besser ausgestattet als z.B. in Deutschland. Allgemein kann man sich darauf verlassen, dass alle öffentlichen Gebäude (z.B. Rathäuser, Postämter) mit Rampen versehen sind. Das gilt auch für die meisten Supermärkte, Museen, Sehenswürdigkeiten und Vergnügungsparks. Durchweg sind Bordsteine an den Fußgängerüberwegen abgesenkt. In vielen Hotels und Hotelketten gibt es spezielle Rollstuhlzimmer. Die Firma AVIS z.B. vermietet Autos mit Handbedienung.

Kinder

Amerikaner sind kinderfreundlich. Kindermenüs, eigene Sitzkissen und Kindertische in den Restaurants, preiswerte, wenn nicht gar kostenlose Unterbringung in Hotels und Motels sind selbstverständlich. Besonders mit dem Camper macht den Kindern die Rundfahrt Spaß: Grillen oder auch kleine Wanderungen lassen keine Langeweile aufkommen. Auch die Amerikaner reisen häufig mit Kind, sodass Kontaktmöglichkeiten nicht ausbleiben. Das zuständige Visitors Bureau und die Hotels in den Städten vermitteln Babysitter.

Klima/Kleidung/Reisezeit

Angesichts der Größe von Texas variiert das Klima natürlich je nach Region. Allerdings, charakteristisch für das wetterwendische Texas ist der viele Sonnenschein: das ganze Jahr über von der Golfküste bis zu den hohen Bergen. Die Faustregel lautet: heiße Sommer (mit einem Durchschnitt über 30 °C); milde Winter im Süden, kalte im Norden; trocken im Westen, feucht und mehr Regen im Osten.

Wer sagt: »Ich mag das Wetter in Texas nicht«, bekommt prompt zu hören: »Warte fünf Minuten, dann ändert es sich.« Das stimmt. Grauen Dauerregen gibt es hier nicht, das Wetter wechselt schneller. Temperaturstürze kommen hauptsächlich im Winter (und dann im Panhandle, im nördlichsten Teil) vor. **Winter** heißt in Texas eigentlich nur Januar und Februar. Schnee gibt es in der Regel nur in den High Plains. Ansonsten bedeutet Wintersport in Texas: Angeln, Segeln und Picknick am Strand.

Der **Frühling** gehört zu den schönsten Jahreszeiten. Die Tagestemperaturen sind angenehm, abends wird es kühl bis kalt. Das Strandleben beginnt, und das ganze Land blüht in allen Regenbogenfarben – mit Wildblumen und auch schon Kakteen.

Service von A–Z

Im **Sommer** kann es sehr heiß werden, aber die Luftfeuchtigkeit ist (bis auf Houston und Ost-Texas) im Allgemeinen gering und die Innenräume (auch die meisten Autos) klimatisiert. Das Meer, die vielen Seen und Flüsse, Wasservergnügungsparks und die Pools in den Hotels bringen dann die ersehnte Abkühlung.

Ausgesprochen angenehm und farbenfroh sind die Tage im **Herbst** von Anfang Oktober bis Ende November, wenn das Herbstlaub leuchtet, die Mücken tot und die meisten Touristen schon wieder zu Hause sind. Besonders attraktiv ist dann die Golfküste: milde Tage mit leuchtend blauem Himmel und kühle Nächte.

Extrem, aber äußerst selten sind **Hurrikane und Tornados**. Sollte sich wirklich ein Hurrikan der Küste nähern, wird so früh gewarnt, dass man noch in Ruhe ins Landesinnere entkommen kann. Die Fluchtwege sind ausgeschildert: EVACUATION ROUTE. Im Übrigen trösten sich die Golfbewohner damit, dass der Fischreichtum danach umso größer ist. Über Tornados, die ab und an Flecke im Inland heimsuchen, macht sich in Texas selbst offenbar keiner Gedanken.

Als **Kleidung** empfiehlt sich für alle Jahreszeiten der flexible Zwiebelstil, d.h. mehrere Stücke übereinander zu tragen, die man dann je nach Bedarf an- oder ausziehen kann. Da es ab und zu, je nach Jahreszeit und Aufenthaltsort, zu Temperaturschwankungen kommen kann bzw. die Abende stark abkühlen können, sollte man wärmere Kleidung dabeihaben (Pulli, lange Hose, feste Schuhe). Wichtig ist vor allen eine winddichte Jacke.

Anfang April z.B. kann es in den Bergen im Big Bend Park nachts frieren, aber sich tagsüber dann auf 30 °C erwärmen. An der Golfküste kann der Wind im Frühjahr recht kalt pfeifen, während man windgeschützt die Sonne genießen kann. Ansonsten ist legere bzw. sportliche Freizeitkleidung immer angebracht, es sei denn, Sie möchten elegant dinieren – das geht selten ohne Krawatte und entsprechendes Zubehör.

Längenmaße:	1 *inch (in.)*	= 2,54 cm
	1 *foot (ft.)*	= 30,48 cm
	1 *yard (yd.)*	= 0,9 m
	1 *mile*	= 1,6 km
Flächenmaße:	1 *square foot*	= 930 cm²
	1 *acre*	= 0,4 Hektar
		(= 4 047 m²)
	1 *square mile*	= 259 Hektar
		(= 2,59 km²)
Hohlmaße:	1 *pint*	= 0,47 l
	1 *quart*	= 0,95 l
	1 *gallon*	= 3,79 l
Gewichte:	1 *ounce (oz.)*	= 28,35 g
	1 *pound (lb.)*	= 453,6 g
	1 *ton*	= 907 kg

Temperaturen:

Grad Fahrenheit (°F)

| 104 | 100 | 90 | 86 | 80 | | 70 | 68 | 50 | 40 | 32 |

Grad Celsius (°C)

| 40 | 37,8 | 32,2 | 30 | 26,7 | 21,1 | 20 | | 10 | 4,4 | 0 |

Maße und Gewichte

Es bleibt in den USA bei *inch* und *mile*, *gallon* und *pound*. Man muss sich also wohl oder übel umstellen. Die nebenstehende Aufstellung soll dabei helfen:

Medizinische Vorsorge

In den USA ist man automatisch Privatpatient, d.h. die Arzt- bzw. Krankenhauskosten sind horrend. Man sollte also tunlichst vorsorgen und sich zunächst bei seiner Krankenkasse nach einer Kostenerstattung im Ausland erkundigen. Falls nicht alle in den USA erbrachten Leistungen übernommen werden, ist dringend eine **Auslandsreisekrankenversicherung** anzuraten, die für Urlaubsreisen äußerst preiswert zu haben ist. Aber Achtung: Auch wenn Sie versichert sind, muss beim Arzt oder im Krankenhaus in den USA sofort bezahlt werden, meist im Voraus. Dafür erweist sich wiederum eine Kreditkarte als nützlich. Erkundigen Sie

Service von A–Z

sich deshalb, welche Leistungen Ihre (oder eine) Kreditkarte im Krankheitsfall im Ausland einschließt.

Apotheken *(pharmacy)* findet man meist in *drugstores*, die auch Toilettenartikel und Kosmetika führen. Ständig benötigte Medikamente sollte man schon von zu Hause mitbringen (und möglichst ein Attest bei sich haben für den Fall, dass der Zoll Fragen stellt). Viele Medikamente, die in Europa rezeptfrei zu haben sind, können in den USA nur vom Arzt verschrieben werden.

Notfälle

In Notfällen kann man sich telefonisch an den Operator (0) oder die Notrufzentrale (911) wenden. Man nennt Namen, Adresse oder Standort und die Sachlage. Der Operator informiert dann Polizei, Rettungsdienst oder Feuerwehr. Bei Autopannen erweist es sich als Vorteil, Mitglied eines Automobilclubs zu sein. Der amerikanische Club AAA hilft auch den Mitgliedern europäischer Clubs (Ausweis mitbringen!). In den Nationalparks wird die Polizeigewalt von den Rangern ausgeübt, die auch für Notfälle zuständig sind.

Öffentliche Verkehrsmittel

Reisen in Texas ohne eigenes Auto macht keinen Spaß. U-Bahnen gibt es nirgendwo, und da sich die Städte nach allen Himmelsrichtungen munter ausdehnen, sind Taxis teuer und Busse unerträglich langsam. In Fort Worth verkehren Busse in bestimmten Zonen der Innenstadt immerhin kostenlos; außerdem gibt es Busverbindungen zu den Stockyards und in den Cultural District. In Dallas fährt zwar eine schicke Straßenbahn, aber nicht allzu weit und selten.

Taxis bekommt man am besten bei den großen Hotels. Auf der Straße sind sie meist nicht, von Ausnahmen werktags zwischen 9–17 Uhr in Downtown Fort Worth, Dallas, Austin, San Antonio, El Paso und Houston abgesehen.

Ein typisch texanisches Produkt ist die hocheffiziente **Southwest Airlines:** Es gibt keine Klassenunterschiede und keine Mahlzeiten an Bord, dafür ist sie preiswert, schnell und fliegt meist von City-nahen, d.h. nicht von den internationalen Mega-Airports. Eine gute Buslinie in der Luft.

Post

Postämter gibt es sogar in den winzigsten Orten. Je kleiner das Nest, umso kürzer die Wartezeiten für die Aufgabe eines Päckchens z.B. oder den Briefmarkenkauf. Die Beförderung einer Postkarte nach Europa dauert oft länger als eine Woche.

Man kann sich postlagernde Sendungen schicken lassen, wie folgt adressiert:
(Name)
c/o General Delivery
Main Post Office
Houston, TX.......USA
In den USA hat das Telefonsystem mit der Post nichts zu tun, daher findet man in Postämtern auch keine Telefonzellen.

Rauchen

Die USA sind inzwischen ein raucherfeindliches Land geworden. In Büros, öffentlichen Gebäuden, Restaurants und Bars, vielen Bed & Breakfast Inns und Shopping Malls gilt auch in Texas Rauchverbot.

Reservierungen

Aufgrund der Klischees vom »typischen Amerikaner« denken viele, das tägliche Leben dort sei eine jederzeit jedermann zugängliche *drop-in culture*, in die man mir nichts, dir nichts reinplatzen kann, weil es schon irgendwie klappen wird. Tatsächlich sieht die Praxis anders aus. Ob Campingplatz oder Nobelrestaurant, Hotel, Kanutrip oder Ranchbesuch – die bohrende Standardfrage lautet immer wieder »Haben Sie reserviert?«. Amerikaner sind geradezu besessen von Reservierungen; das gehört zu ihren Spielregeln.

Service von A–Z

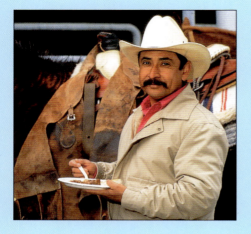

Restaurants/Essen und Trinken

Die kulinarische Vielfalt der USA gart in ihren ethnischen Töpfen und Küchen. Die Empfehlungen in diesem Buch versuchen, einige dieser Deckel zu heben und Türen zu öffnen. Leckerbissen findet man vor allem in den individuell geführten Restaurants der Großstädte, in Dallas, Fort Worth, Houston, Austin und San Antonio.

Die lokale Küche von Texas wird von drei typischen Gerichten beherrscht: Barbecue, Tex-Mex und Chicken-fried Steak.

Der Begriff **Barbecue** kommt aus dem Spanischen. *Barbacoa* bezeichnet einen Grill, auf dem Fleisch gebraten wird. Barbecue bedeutet einmal die Art der Fleischzubereitung, aber auch das gesellschaftliche Ereignis um das Essen herum. Was Pasta für Italien, bedeutet BBQ für Texas: Alles (außer Eiscreme) wird hier gegrillt. An erster Stelle steht natürlich Rindfleisch (gefolgt von Hähnchen, Würstchen etc.) – das, mit einer würzigen Sauce ständig bestrichen – über einem offenen Feuer gegrillt wird. Überall im Staat servieren Restaurants BBQ in großen Mengen billig und selten ohne die Begleitung großer Bierhumpen.

Hier einige Merkmale, an denen man zünftige BBQ-Restaurants erkennen kann: 1. Mesquite-Holz ist draußen gestapelt, 2. BBQ wird auf Pergamentpapier serviert anstatt auf Tellern, 3. schon von Weitem sollen Geruch und Rauch den Anschein erwecken, als würde das Lokal brennen, 4. Plastikbesteck (wenn überhaupt), bloß kein Silberbesteck!

Tex-Mex: Diese Mischgerichte haben mit mexikanischen Nationalgerichten, die leicht und fein im Geschmack sind, nichts zu tun. Tex-Mex ist schwerer, fetter und flüssiger, aber lecker. Die meisten Gerichte sind wegen des dazugehörigen Chili rotbraun, würzig bis scharf, mit Käse überbacken und müssen billig sein, sonst sind sie nicht echt Tex-Mex.

Weitere Erkennungsmerkmale: Bilder von Stierkämpfern an den Wänden, Dekor mit Kakteen, Plastikrosen und -bullen, mit der Speisekarte werden sofort Tortillachips mit scharfer Soße gebracht, mexikanisches Bier steht auf der Speisekarte.

Chicken-fried Steak: Dieses Nationalgericht (ein Überbleibsel aus der Zeit der Depression) hat nichts mit Hähnchen zu tun. Es ist ein preiswertes Stück Rindfleisch, paniert, gebraten und zart genug, um es mit der Gabel zu zerteilen. Die Kruste soll knusprig und hell aussehen. Dazu: Kartoffelpüree und über allem braune Soße. Die guten Adressen erkennt man an den Polizeiautos und Pick-ups mit Gewehrhaltern, die zur Lunchzeit auf dem Parkplatz stehen; am Geräusch vom Plattschlagen der Fleischstücke; daran, dass Chicken-fried Steak an erster Stelle auf der Karte als Spezialität aufgeführt ist, und – dass es billig ist.

Lunch: Mittags sind die Gerichte in den Restaurants durchweg originell und angemessen portioniert und vor allem preisgünstig – im Gegensatz zu vielen Dinner-Angeboten, bei denen man nicht immer weiß, was einen erwartet, und die oft zu vollgepackt und inzwischen richtig teuer geworden sind. Nirgends ist es übrigens ein Problem, sich Hauptgerichte zu teilen!

Dinner: Im Vergleich zu Europa essen die meisten Amerikaner früh zu Abend; in kleineren Städten heißt das: vor 21 Uhr. Selbst in den Großstädten fällt es mitunter schwer, nach 22 Uhr noch ein offenes Restaurant zu finden.

Fürs **Picknick** oder auch für die Abend-Vesper im Hotelzimmer empfiehlt es sich, gleich

Service von A–Z

zu Beginn der Reise einen ausreichend geräumigen (ab 20 l) Cooler bzw. eine (billigere) Styropor-Eiskiste für den Kofferraum zu kaufen. Eis gibt's reichlich in Supermärkten, kleinen Läden und Tankstellen. Picknickfreunde und Selbstversorger sollten überdies wissen, dass man sich in den Restaurants grundsätzlich alles, was man einmal bezahlt hat, zum Mitnehmen einpacken lassen kann.

Für Kleinigkeiten und Zwischenmahlzeiten sind Supermärkte (das Highlight: Whole Foods Markets) dagegen oft wahre Fundgruben, weil sie Gemüse, Obst, Sandwiches, Gebäck usw. frisch, lecker und preiswert anbieten – und oft zu jeder Tages- und Nachtzeit. Auch die Shops der Tankstellen sind als Versorgungsstationen nicht zu verachten.

In Texas gibt es nach wie vor Gemeinden, die der Prohibition treu geblieben sind, sog. *dry counties*, in denen kein **Alkohol** verkauft werden darf und wo die meisten Restaurants auch keinen servieren. Für Hotelgäste gibt es dann oft die Möglichkeit, »Mitglied« in einem der dortigen Privatclubs zu werden, um an einen Drink zu kommen. Von einer »trockenen« Gemeinde muss man in eine »nasse« (*wet county*) fahren, um sich dort einzudecken. Und auch sonntags ist der Verkauf von Alkohol in Geschäften eingeschränkt. Ansonsten bekommt man Bier, Schnaps oder Wein am preiswertesten in Supermärkten oder Discountläden. Mehr zahlt man meist in *liquor stores*, die sich auf Alkohol und Zigaretten spezialisiert haben.

Unter den **Biersorten** ist die Marke »Lone Star« das unumstrittene Nationalbier. Mitteleuropäischen Gaumen schmeckt das mexikanische Bier würziger als das leicht wässrige US-Bier: z.B. Bohemian, Tecate, Dos Equis, Carta Blanca und Corona. Wenn **Tequila** pur, dann bitte nur die mexikanischen Marken wie z.B. »Cuervo«, »Herradura«.

Und, Texas steht längst nicht mehr nur für Cowboys und Rodeo, denn es wird auch **Wein** produziert in Texas und durchaus edle Tropfen. Am bedeutendsten sind die Weinbaugebiete am Pecos River, im zentralen Hochland bei Lubbock und auf den Hügeln bei Fredericksburg. Renommierte Weingüter sind z. B. Texas Hills, Becker Vineyards, Llano Estacado oder Flat Creek.

Die neue amerikanische **Kaffeehauskultur** und ihre süßen Theken haben auch schon lange die texanischen Großstädte erreicht, oft in Kombination mit Buchhandlungen oder Zeitungsständen. Diese Läden sind meist gemütlich, bunt und anheimelnd eingerichtet – ganz im Gegensatz zum Sanitärdekor vieler neudeutscher Bäckerei-Ketten. In der texanischen Provinz wird man aber oft verzweifelt nach einem guten Kaffee Ausschau halten.

Die unter den Routen-Infos empfohlenen Restaurants sind nach folgenden **Preiskategorien** für ein Abendessen (ohne Getränke, Vorspeisen, Desserts, Steuer und Trinkgeld) gestaffelt:

$	–	bis 15 Dollar
$$	–	15 bis 25 Dollar
$$$	–	über 25 Dollar

Sicherheitshinweise

Trotz teilweise deprimierender Kriminalstatistik mancher US-Metropolen sind die USA insgesamt ein sicheres Reiseland. Tagsüber auf jeden Fall, aber auch abends.

Ethnische Wohnviertel und solche mit aktiven Straßengangs bergen die meisten Gefahren, für den Fußgänger auf jeden Fall, aber auch mit dem Auto kann es böse Überraschungen geben. In den großen Städten sollte man sich deshalb im Wesentlichen in jenen Stadtbezirken aufhalten, die im Buch erwähnt sind. Nach dem Abendessen oder Barbesuch muss man nicht unbedingt noch einmal »um den Block« spazieren oder zu Fuß zum Hotel zurücklaufen. Nehmen Sie ein Taxi!

Auch die sogenannte freie Natur birgt Risiken, die viele der an Parks und Stadtwälder gewöhnten Mitteleuropäer unterschätzen. Die Wildnisregionen in den USA eignen sich nur bedingt zur Kaffeefahrt oder zum unbekümmerten Spaziergang! Skorpione, Klapperschlangen, Schwarze Witwen oder Moskitos können den Urlaub ebenso vermiesen wie unvorhergesehene Regengüsse und die in den

Service von A–Z

Wüsten gefürchteten *washes* – plötzlich durch Regenfälle entstandene Sturzbäche, die alles mit sich reißen. Wenige wissen, dass in der Wüste mehr Menschen ertrinken als verdursten!

Informieren Sie sich bei den Rangern der National oder State Parks über die potentiellen Gefahren und wie man ihnen vorbeugt! Achten Sie auch darauf, dass Sie festes Schuhwerk tragen und in der heißen Big-Bend-Region stets genügend Trinkwasser mit sich führen. Das gilt im Übrigen auch für Benzin. Vor allem im Westen Texas ist die Tankstellendichte zum Teil extrem gering (vgl. Hinweise bei den Routen).

Sprachgebrauch in Texas

Der folgende Schnellkurs über die Linguistik des Wilden Westens soll Engpässe in der Verständigung vermeiden helfen. Sie können schon durch ungewohnte Wortbetonungen entstehen, z.B. durch die typisch texanische Aussprache der Vokale, die oft so lang gedehnt werden, dass man einen Mittagsschlaf auf ihnen halten kann. Da hört man etwa:

	gesprochen	
All		*oil*
ranch		*ray-inch*
dance		*day-ins*
great		*gra-a-a-ayt*

In anderen Fällen wiederum legen die Texaner Tempo bei der Aussprache vor, z.B. bei *business* (gesprochen wie *bidness*), *real* (gesprochen wie *rill*), deal (gesprochen wie *dill*) und dadurch, dass sie bei vielen »ing«-Endungen das »g« nicht mitsprechen.

An einige texanische Redensarten gewöhnt man sich schon deshalb schnell, weil sie immer wieder vorkommen, z.B.:

Howdy	–	kürzeste Begrüßungsformel, Cowboy-Version des korrekten *How do you do*
How ya' doin'?	–	dasselbe, nur etwas länger
Y'all	–	linguistisch: die Abkürzung von *you all*; soziologisch: Anrede, die aus nur zwei Personen gleich eine ganze Gruppe macht
Y'all come back	–	Abschiedsgruß und Einladung zugleich
Aggies	–	Studenten der Landwirtschaftsschule »Texas A & M University« in College Station, östlich von Austin. Über sie kursieren, ähnlich wie bei uns über die Ostfriesen, jede Menge Witze, in denen *Aggies* als Tölpel vorkommen.
bandana	–	Halstuch
blowout	–	Öl, das unter großem Druck aus dem Bohrloch schießt (früher auch *gusher* genannt)
bolo tie	–	modisches Detail im Western-Look: Brosche, an Lederriemchen getragen – wie und anstelle einer Krawatte
Boot Hill	–	Friedhof für die Bösen, so genannt, weil sie mit ihren Stiefeln begraben wurden. Im Gegensatz zu den Guten, die, wie es sich gehört, im Bett und ohne Schuhe starben.
buckle	–	Gürtelschnalle
buffalo chip	–	Kuhfladen
chaps	–	lederner Beinschutz für Reiter (modische Version: Fransen-Look)
chuck wagon	–	Feldküche auf Rädern, wie sie während der Viehtrecks mitfuhr
fly low	–	(mit dem Auto) rasen
cow town	–	Stadt mit Eisenbahnstation, wo die Cowboys und *cattlemen* (Viehtreiber) ihre Herde ablieferten
Gimme cap	–	die typischen Mützen mit Schirm und Gummizug. *Gimme* kürzt das *Give me* ab, mit dem die Leute nach solchen Kappen verlangten, als es sie noch in Geschäften und an Tankstellen gratis gab.
honky-tonk	–	Kneipe mit Parkplatz voller Pick-ups mit Gewehrhaltern, einfach eingerichtet, oft mit Live-Band oder Jukebox. Andere Typen: *Texas ice house*

Service von A–Z

	(der Männerwelt vorbehalten, wo es Eis und Bier zu kaufen gibt), und der *beer joint*: noch rauer und rauchiger als der *honky-tonk*, ohne Band.
longneck –	beliebte Bierflasche mit langem Hals, außerhalb von Texas nur noch selten in den USA gebräuchlich
maquiladora –	grenznahes mexikanisches Montagewerk in US-Besitz, der billigeren Arbeitskräfte wegen
maverick –	streunendes Vieh ohne Brandzeichen. Im übertragenen Sinn: eine freiheitsliebende, unabhängige Person – so, wie sich die Texaner selbst gern sehen
old boy –	jede männliche Person über 18 Jahre
shitkickers –	Slang für Stiefel
six pack –	Karton mit 6 Bierbüchsen/-flaschen
snowbirds –	Leute, die im Winter nach Süd-Texas kommen, weil es dort so schön warm ist
tall boys –	Bierbüchsen, etwas länger als das Standardformat
wildcatter –	Ölsucher und -erschließer, der auf eigene Faust und nicht als Angestellter einer Firma arbeitet
Yankee –	jeder, der nördlich des Red River geboren wurde

Strom

Die Netzspannung beträgt in den USA 110 Volt, dabei kommt unser Fön ebenso wenig auf Touren wie herkömmliche Batterie- oder Akkuladegeräte. Besonders Ladegeräte von Handys oder Digitalkameras sind aber heute bereits mit Transformatoren ausgerüstet und stellen sich auf die vorhandene Spannung ein. Das sollte man vor der Reise prüfen und wenn dies nicht der Fall ist, evtl. ein entsprechendes Ladegerät kaufen.

Aber selbst wenn man ein auf 110 Volt umstellbares oder mit Transformator ausgestattetes Gerät hat, benötigt man noch einen Adapter für amerikanische Steckdosen, den man schon von zu Hause mitbringen sollte. Vor Ort muss man lange danach suchen.

Telefonieren/Internet

Das Telefonieren von öffentlichen Telefonen, sog. *payphones*, erfordert etwas Übung. Wie man Ortsgespräche (*local calls*) und Ferngespräche (*long distance calls*) führt, kann bei den verschiedenen Telefonanbietern variieren, wird allerdings meist in einer Aufschrift am Telefon erläutert. Allerdings sind *payphones* in Texas vielfach aus dem öffentlichen Leben verschwunden.

Die mit Abstand günstigste Art zu telefonieren sind *Prepaid Phone Cards*. Mit Ihnen kann man praktisch von überall den Rest der Welt erreichen, etwa aus dem Hotel oder vom *payphone*. Es gibt sie meist in Drugstores (z. B. bei Walgreens), Tankstellen oder Supermärkten ab einem Preis von $ 10 zu kaufen.

Tarifbedingungen (z. B. *maintenance fee* und *rounding*) und Preise (ab 1 c/Min.) variieren je Anbieter (bei einigen sind diese auf der Rückseite der Karte aufgedruckt), wobei Karten für *international calls*, für Anrufe nach Europa, meist die beste Alternative sind. Jedenfalls lohnt sich ein kritischer Vergleich verschiedener Anbieter. Über die auf der Karte aufgedruckte Servicenummer und den sog. *authorization code* wählt man sich ein und erhält in der Regel zu Gesprächsbeginn und -ende eine Information über das Restguthaben der Karte und die verbleibenden Gesprächsminuten.

Telefonate aus dem Hotel können ein teures Vergnügen werden. Während *local calls* und die Nutzung der 1-800- und anderer Servicenummern in der Regel kostengünstig oder bisweilen auch gebührenfrei ist, muss man für internationale Telefonate mit hohen Verbindungskosten rechnen. Man sollte sich also vorab in jedem Fall über die Tarife informieren oder besser gleich die *Prepaid Phone Card* einsetzen.

Service von A–Z

Die Nutzung des eigenen Mobiltelefons/Handys (in den USA *cell phone* oder *mobile phone*) ist grundsätzlich möglich, wenn man über ein Mehrband-Mobiltelefon verfügt. Allerdings sind die Verbindungskosten – je nach Provider und gewähltem Telefontarif – unter Umständen deutlich höher als zu Hause. Es empfiehlt sich daher, die Tarifbedingungen für ein- und abgehende Anrufe bei der jeweiligen Telefongesellschaft zu prüfen.

Alternativ kann man für sein Mobiltelefon auch eine Prepaid-SIM Karte eines US-amerikanischen Mobilfunkdienstleisters erwerben. So bieten einige Mobilfunkanbieter (z. B. AT&T) Prepaid-Tarife an, die Anrufe ins US-amerikanische Fest- und Mobilfunknetz zu sehr günstigen Konditionen bieten, aber auch die Möglichkeit, kostenfrei aus Deutschland angerufen zu werden.

Egal, welche Lösung man wählt, man muss immer damit rechnen, während einer Texas-Reise in Regionen zu kommen, wo es keinen Mobilfunkempfang *(coverage)* des eigenen Providers gibt (z.B. in Big Bend).

Wichtige Rufnummern und Vorwahlen:

Polizei, Feuerwehr und Notarzt ✆ 911
Telefonauskunft ✆ 411
Auskunft zum Straßenverkehr ✆ 511
Für Telefonate aus den USA nach wählt man folgende **Ländervorwahlen** *(country codes)*:
Deutschland ✆ 011 49
Österreich ✆ 011 43
Schweiz ✆ 011 41
danach im Anschluss die Ortsvorwahl *(area code)* ohne Null und dann die jeweilige Anschluss-Nummer *(phone number)*.

Internet:

Wer mit dem eigenen Notebook in die USA reist, sollte keine größeren Probleme haben online zu gehen. High-Speed Internet (per LAN-Anbindung) oder W-Lan (Wireless LAN) ist heute in vielen Hotels Standards – leider nicht immer gebührenfrei *(complimentary)*. In etwas älteren Hotels wird man manches Mal dann noch auf eine langsame Modemverbindung verwiesen. Das ist heute genaugenommen keine Alternative mehr.

In einigen Hotels gibt es eigene *Business Center*, d.h. in einem separaten Raum des Hotels werden Gästen Computernutzung, Internet- und Faxnutzung ermöglicht. Einige Hotels bieten Internetfunktionaliäten auch über das Fernsehen an. Reisende können aber auch sog. HotSpots (W-Lan Access Point) in Cafés (z.B. kostenfrei bei allen Starbucks Cafés), Bars oder an Flughäfen etc. nutzen. Die Modalitäten sind recht unterschiedlich. Einige bieten W-Lan kostenlos an, andere verlangen Gebühren oder man muss einen Vertrag mit einem Provider (z.B. AT&T) abgeschlossen haben, um den Zugang nutzen zu können.

Austin bietet Wireless Zones *(Municipal Wi-Fi)* flächendeckend im innerstädtischen Bereich und in ausgewählten öffentlichen Räumen an, die kostenlos genutzt werden können. Kostenfreie Wi-Fi-Nutzung ist außerdem an vielen Rastplätzen *(rest areas)* der texanischen Autobahnen und Bundesstraßen verfügbar. Achten Sie auf »Texas Safety Rest Areas« und »Travel Information Centers«. Die Verbindung stellt man über www.textreks.com her.

Trinkgeld

Man gibt, man gibt: den Kofferträgern *(bellboys)* je nach Hotelklasse etwa $ 1 pro großem Gepäckstück, Taxifahrern und Frisören etwa 15–20 % vom Rechnungsbetrag, in den Bars etwa 50 c je Drink und dem Zimmermädchen bei mehrtägigem Aufenthalt $ 3–4. Für den Einparkservice *(valet parking)* von Hotels oder Restaurants i.d.R. jeweils $ 1, wenn das Auto vom Servicepersonal übergeben wird.

Restaurants sind ein Kapitel für sich. Hier lässt man rund 15 % des Rechnungsbetrages als *tip* auf dem Tisch liegen. Das ist allerdings kein hohes Trinkgeld, weil dieses in den USA nicht im Preis enthalten ist und die Bedienung im Wesentlichen davon lebt und nicht vom Gehalt. Im Klartext: 15 % sind die Untergrenze! Bei größeren Gruppen (z.B. ab 6 Personen) behalten sich manche Restaurants vor, das Trinkgeld direkt abzurechnen.

Service von A–Z

Unterkunft

Hat man nicht vorgebucht, sollte man grundsätzlich erst einmal nach der *lowest possible rate* fragen – und nicht einfach nur danach, was ein Zimmer kostet. Hotelpreise in den USA erweisen sich nämlich als äußerst verhandelbar.

Die weitaus meisten der hier empfohlenen Hotels oder Motels können von Europa aus reserviert werden. In den USA selbst sollten Sie dazu die **gebührenfreien Nummern** nutzen (1-800, 1-888 u. a.). Besonders in der Hauptreisezeit von Juni bis August, an Wochenenden und Feiertagen und in den großen Städten sollte man während der Hauptsaison einige Tage zuvor Zimmer bestellen. Die über die 1-800er-Nummern reservierten Zimmer kosten bei Hotelketten oft weniger, als sie beim Einchecken vor Ort kosten würden.

Auch bei der Hotelreservierung gilt: Ohne Kreditkartennummer läuft kaum etwas, an Wochenenden/Feiertagen gar nichts. Haben Sie eine, wird das Zimmer garantiert aufgehoben. Wird eine Reservierung ohne Kreditkarte akzeptiert, muss man bis **spätestens 18 Uhr** einchecken. Bei der kurzfristigen Zimmersuche sind die örtlichen Visitors Bureaus behilflich.

In den Motels/Hotels kann man zwischen Raucher- und Nichtraucherzimmern wählen. Allerdings überwiegt inzwischen bei Weitem die Zahl der Räume für Nichtraucher.

Nicht anders als sonst in den USA verfügt auch Texas über ein breites Spektrum an Unterkünften. In individuell geführten **Motels** kann man am preiswertesten übernachten. Meist sind sie einstöckig, autogerecht, mit Pool, aber ohne Restaurant.

Ketten-Motels (oder Motor Inns) kosten bereits mehr, bieten aber neben größerem Komfort fast immer einen Coffee Shop und/oder ein Speiselokal im Haus (z. B. Ramada Inn, Quality Inn, Best Western, Howard Johnson, Travelodge, Holiday Inn etc.).

Bed & Breakfasts sind das angelsächsische Pendant zum Hotel garni: Zimmer mit Frühstück also, und zwar meist in historischem Rahmen. Bei den Amerikanern stehen sie seit langem hoch im Kurs. Offenbar schätzen viele das gemütliche Frühstück mit hausgemachter Marmelade und ziehen das Flair nostalgischer Zimmer den stereotypen Motelräumen vor. Europäischen Besuchern bieten B&Bs außerdem den Vorteil, dass Gespräche und Kontakte gefördert werden.

Country Inns (manchmal auch Bed & Breakfast-Hotels) sind häufig historische Bauten, die statt moderner Einrichtungskonfektion die individuelle Note in einem kleinen Kreis von Gästen pflegen.

Dude Ranches gibt es in Texas besonders viele: für Ferien auf dem Bauernhof mit frischer Luft und sportlicher Betätigung im Wildweststil. Die meisten Guest Ranches bieten, mal robuster, mal luxuriöser: Reiten, Lagerfeuerromantik, *cookouts*, Angeln, Tennis- und andere Sportanlagen für die ganze Familie. Außerdem gibt es noch aktive Ranches (Working Ranches), die nur ein paar Besucher aufnehmen, die sich gern mal den Betrieb ansehen möchten.

Apartments mit Kitchenettes (komplett eingerichteten Küchen) findet man vor allem in Urlaubsgebieten, die für einen längeren Aufenthalt geeignet sind (z. B. an der Golfküste).

Resorts, großräumig angelegte Sporthotels, liegen meist fernab der großen Siedlungsgebiete und bieten vor allem umfangreiche Sport- und Freizeitanlagen (Golf, Tennis, Segeln, Angeln).

Luxushotels präsentieren sich entweder als (meistens) geschmackvoll restaurierte Grandhotels oder als (nicht immer sofort anheimelnde) hypermoderne Glaspaläste.

Die bei den Hotel-Empfehlungen der Routen-Infos angegebenen Preiskategorien gelten jeweils für einen **Double Room** (für zwei Pers.). Einzelzimmer sind nur unwesentlich billiger, während man für ein zusätzliches Bett etwa $ 5–10 zuzahlen muss. Für Kinder, die im Zimmer der Eltern schlafen, wird meist kein Aufpreis berechnet.

Die Bedeutung der Dollarsymbole in diesem Buch:

$	–	bis 70 Dollar
$$	–	70 bis 110 Dollar
$$$	–	110 bis 180 Dollar
$$$$	–	über 180 Dollar

Service von A–Z

Camping wird außerhalb der Städte allenthalben großgeschrieben. Die meisten Plätze liegen ausgezeichnet und haben direkten Anschluss an Wanderwege, Strände und sportliche Aktivitäten. Der Wohnwagen befreit von den Hotel- und Restaurantritualen und bringt Abwechslung in die Speisekarte, weil man die preiswerten und meist guten Obst- und Gemüseangebote der Supermärkte nutzen kann. Außerdem fördert Camping die Bekanntschaft mit Gleichgesinnten.

Die staatlichen Campingplätze liegen oft in Parks (National Park, State Parks etc.), haben Feuerstellen, Holzbänke und -tische sowie sanitäre Anlagen. Vorbestellung ist oft nicht möglich, daher sollte man daran denken, früh einzuchecken.

Die privaten Plätze sind meist vorzüglich ausgestattet, mit sauberen Duschen, Grillplätzen und oft mit kleinem Laden. Die Übernachtungspreise schwanken zwischen $ 15 und $ 30 für zwei Personen pro Nacht. Wildcampen für mehrere Tage wird nicht gern gesehen, doch kann man durchaus über Nacht sein Motorhome auf einem Parkplatz oder – nach Rücksprache am *front desk* – im Einzelfall auch auf Hotel- und Motelparkplätzen, hinter Tankstellen und auf Supermarktparkplätzen abstellen, vorzugsweise auf solchen, die 24 Stunden geöffnet sind.

Beim **US National Park Service** gibt es eine zentrale und kostenlose Reservierungsnummer, unter der man für jeweils einen Tag im Voraus einen Campingplatz in einem Nationalparks reservieren kann: ✆ 1-877-444-6777.

Von Europa aus kann man einen bzw. mehrere der **KOA**-Campingplätze online reservieren: http://koa.com/reservations/.

Zeitzonen

Ganz Texas liegt innerhalb der *Central Standard Time* Zone (7 Stunden früher als MEZ) – mit Ausnahme von El Paso, wo die Uhren entsprechend der *Mountain Time* eine Stunde früher anzeigen. Auch in New Mexico gilt *Mountain Time*. Zwischen Mitte März (ab dem 2. Sonntag im März) und Anfang November (bis zum 1. Sonntag im November) herrscht Sommerzeit (*daylight saving time*, DST). Dann wird die Uhr ähnlich wie in Europa um eine Stunde vorgestellt.

Zoll

Zollfrei in die USA mitbringen darf man außer der persönlichen Reiseausrüstung (Kleidung, Kamera etc.):
– 200 Zigaretten oder 50 Zigarren (möglichst nicht aus Kuba) oder 2 kg Tabak
– 1 Liter Alkohol
– Geschenke im Wert von bis zu $ 100.

Tierische und pflanzliche Frischprodukte (Obst, Wurst, Gemüse) dürfen nicht eingeführt werden. Die Zollbeamten sind da unerbittlich; Wurststulle und Orange werden konfisziert. Dagegen sind Gebäck, Käse und Süßigkeiten (keine Schnapspralinen!) erlaubt.

Den eigenen Wagen darf man (bis zu einem Jahr) mitbringen, was sich aber nur bei einer Aufenthaltsdauer von mindestens zwei Monaten lohnt. Bleibt man länger als 12 Monate, muss das Fahrzeug nach den amerikanischen Sicherheitsbestimmungen umgerüstet werden. Wenn man seinen Wagen nach einer Reise in den USA verkaufen möchte, heißt es ebenfalls umrüsten und zusätzlich Zoll bezahlen.

Bei speziellen Fragen zu den amerikanischen Zollbestimmungen setzt man sich am besten mit dem nächsten US-Konsulat in Verbindung bzw. mit www.customs.gov/travel.

Bevor man den günstigen Dollar-Wechselkurs für Einkäufe in den USA nutzt, sollte man sich darüber im Klaren sein, dass Zigaretten, Alkohol, Parfüm nur bis zu einer bestimmten Grenze frei sind und alle übrigen Mitbringsel ab einem Wert von € 430 bei der Einfuhr verzollt werden.

Auskünfte erhält man beim Zoll-Infocenter unter ✆ (03 51) 448 34-510, www.zoll.de.

Orts- und Sachregister

Fett hervorgehobene Seitenzahlen verweisen auf ausführliche Erwähnungen, die *kursiv* gesetzten Begriffe und Seitenzahlen beziehen sich auf den Service am Ende des Buches.

Für die amerikanischen Bundesstaaten werden die geläufigen Abkürzungen verwendet:

IL	–	Illinois
KS	–	Kansas
MS	–	Mississippi
NM	–	New Mexico
OK	–	Oklahoma
TX	–	Texas
WY	–	Wyoming

Abilene, KS 47, 195
Alabama-Coushatta Indian Reservation 17, 24, 185, **188, 191**
Alamo Village (vgl. auch San Antonio)
Alamogordo 238, 242, 246, 247
Albuquerque, NM 27
Alibates Flint Quarries National Monument 253
Alpine 210, 214, 221, 224
Amarillo 21, 24, 25, **252 ff.**, 256, **258 ff.**, *263*
– Amarillo Livestock Auction 253
– American Quater Horse Hall of Fame and Museum 253
– Harrington House Historic Home 258 f.
– Historic Route 66 District 252, 258
Ambrose Mountain 16
Amerikanisch-Mexikanischer Krieg 17, 32, 224
Amistad Reservoir vgl. Lake Amistad
An- und Einreise 262 f.
Apache Mountains 234
Appalachen 187
Aransas Bay 161
Aransas National Wildlife Refuge 160, 166
Aransas Pass 159, 160, 161, 162
Arlington 54, 55, 56, 64
Armadillo (Gürteltier) 183, 187, 197
Armstrong Ranch 172
Artesia 238, 240
Ausflüge nach Mexiko 263
Auskunft in Deutschland 263 f.
Auskunft vor Ort 264

Austin 11, 13, 14, 23, 24, 38, **71–87**, 90, 91, 92, 114, 196, 198, 209, *263, 269, 270, 273, 274*
– Artist's Market 76
– Austin Museum of Art (Downtown) 82 f.
– Austin Museum of Art (Laguna Gloria) 83
– Blanton Museum of Art 76, 82
– Bob Bullock Texas State History Museum 76, 82
– Congress Avenue Bridge 74, 75, 84
– Driskill Hotel 74, 79
– East Side 76
– French Legation Museum 74, 82
– Governor's Mansion 74, 82
– Guadalupe Street 76
– Lady Bird Johnson Wildflower Center 90, **91 f.**, **95**
– Lady Bird Lake 72, 74, 76, 81, 84, 91
– Paramount Theater 82
– Sixth Street 74, 78
– South of Congress **75**, 78, 81, 84, 85, 86
– State Capitol Building 74, 80, **81 f.**
– Umlauf Sculpture Garden & Museum 77, 82
– Universität 36, 38, **75 f.**, 196
– Warehouse District 78
– Zilker Park & Barton Springs Pool 72, **77**, 82, 87
Austin County 29
Autofahren/Verkehrsregeln 264 f.
Automiete 265 f.

Balmorhea 221
Balmorhea State Park 221
Bandera 108, 109, **111 ff.**, 116
Barbecue *270*
Barrier Islands 160
Basin Junction 208, 213
Bay City 158, 166
Beaumont 15, 17, 24, 36, 37, 178, **179–184**, 185, *263*
– Chili cookoff 181 f.
– County Fair Grounds 181

– Gladys City 179, 180, 181
– McFaddin-Ward House 180, 183
– Spindletop 17, 36, 133, 179 ff.
– Spindletop & Gladys City Boomtown Museum 181, 183
– Texas Energy Museum 183
Benbrook Lake 41
Bergheim 98
Big Bend National Park 20, 25, **201–219**, 222, 223, 234, *263, 268, 272, 274*
Big Bend Ranch State Park 222, 228
Big Thicket National Preserve 17, 24, 27, **185 ff.**, **191**
Black-tailed jackrabbit (Wüstenkaninchen) 207
Bluebonnets 41, 91, 94, 194
Blumenthal 92
Boerne 11, 33, 98, **99 f.**, 103, **105**
Bolivar-Halbinsel 179
Boquillas Canyon 202, 204, 205, 206, 211, 214, *263*
Boquillas del Carmen (Mex.) 206, *263*
Brackettville 192, 194
Brazoria 158
Brazos River 30, 41, 72
Brownsville 17, 23, 32, 39, 164
Brownsville/South Padre Island International Airport 170
Brush Country 16, 171
Buffalo Bayou 30, 132, 133
Büffel 41, 91, 199
Bürgerkrieg vgl. Sezessionskrieg
Burro Mesa 213
Butterfield Overland Mail Route 244, 248

Cadillac Ranch 21, 252, **254 f.**, **258**
Candelilla (Wachspflanze) 208
Canyon 256, 259
– Panhandle Plains Historical Museum 21, 256, **259**
Canyon Lake 90, 94, 97
Carlsbad, NM 232, 238, 240
Carlsbad Caverns, NM 25,

277

231, 232, 233, **235 f.**
Carlsbad Caverns National Park, NM 20, **235 f.**
Casa Grande 207, 213
Cascade Caverns 98
Castolon 203, 211, 212
Cat Springs 29, 35
Cattail Falls 201, 203, 208
Cheyenne, WY 195
Chicago, IL 61, 64, 73, 145, 164, 195, 208
Chihuahua (Mex.) 225
Chihuahua Trail 224, 244
Chihuahua-Wüste (Mex.) 20, 196, 202, 222, 228, 249, 250
Chili cookoff 210, 219
Chinati Hot Springs 220
Chinati Mountains 220
Chisholm Trail 42, 47, 195
Chisos Basin 205, 208, 213, 216
Chisos Mountain Lodge 203, 204, 205, 213, **216**
Chisos Mountains 202, 203, 204, 205, 207, 208, 209, 212, 213
Ciudad Acuña (Mex.) 23, 196, *263*
Ciudad Juárez (Mex.) 17, 19, 23, 38, **244 f.**, *263*
Clinton 25
– Route-66-Museum 25
Closed Canyon 220, 222, 224, 228
Cloudcroft 238, 239, 240
Coahuila 28
Coastal Plains 99, 172
Colorado (Staat) 33
Colorado River 72, 73, 74, 76
Columbus 131, 137
Comal River 92, 94, 95, 96
Comstock 26, 192, 197, 200
Copano Bay 160
Corpus Christi 15, 24, 77, 158, 160, **162 ff.**, **167 ff.**, 170, 171, 172, 194
– Art Museum of South Texas 164, 168
– Harbor Bridge 162, 163
– Heritage Park 163
– Ocean Drive 164
– South Texas Botanical Gardens & Nature Center 168
– Texas State Aquarium 168 f.
– Texas Surf Museum 162, 169
– »U.S.S. Lexington« 163
– Water Street Market 163

Corpus Christi Bay 164, 168
Corsicana 17
Country & Western Music 11, 13
Crystal Beach 178, 179

Dallas 9, 11, 12 f., 23, 24, 38, 39, 41, 45, **54–70**, 71, 72, 73, 114, 115, 132, 134, 135, 162, 170, 181, *263*, *269*, *270*
– Adolphus Hotel 58, 64
– African American Museum 55, 67
– Arts District 39, 61, **65 f.**
– AT & T Performing Arts Center 61, 65 f.
– Carrollton 59
– Center for the Performing Arts 61
– Cotton Bowl Stadium 55
– Crow Collection of Asian Art 62, 66
Dallas Art Museum 55
Dallas Heritage Village 67
– Dallas Museum of Art 62, 66
– Dee and Charles Wyly Theatre 60, 61, **66**
– Deep Ellum 55, 63, **70**
– Downtown 59 f., 63
– Eisenbahnmuseum 55
– Farmer's Market 55, 62 f., **68**
– Greenville Avenue 55, 63
– Hall of State 55
– Highland Park 55, 59, 63, **68**, 69
– Katy Trail 55
– Lake Carolyn 58
– Las Colinas 58
– Latino Cultural Center 67
– Love Field (Airport) 24
– Magnolia Petroleum Building 58, 65
– Main Street Garden Park 60, 68
– Majestic Theater 58, 68
– Margot and Bill Winspear Opera House 61, 65, 66, **67**
– McKinney Avenue 62, 68
– Morton H. Meyerson Symphony Center 61, 66 f.
– Museum of Nature & Science 55, 67
– Nasher Sculpture Center 62, 66
– Neiman Marcus' Original Store 57, 68, 210
– Old Red Museum 61, 67
– Plano 59

– Plaza of the Americas 60, 68
– Reunion Tower/Hyatt Regency 68
– Reunion-Komplex 54, 61
– Richardson 59
– State Fair Park 55
– State Fair Coliseum 55
– The Crescent 62
– The Sixth Floor Museum 54, 60 f., 67
– Union Station 61, 64
– Uptown 62, 68
– West End 55, 60, 63
– Women's Museum 55, 67
Dallas/Fort Worth International Airport 12, 24, 25, 58, *262*, *263*, *265*
Davis Mountains 221
Davis Mountains State Park 221
Del Rio 20, 192, **196 f.**, 200
Delaware Mountains 234
Denison 38
Denver, CO 77, 195
Devils River 196
Diablo East 197, 200
Diplomatische Vertretungen 266
Dodge City, KS 195
Dryden 199

Eagle Mountain Lake 41
Edwards Plateau 99
El Capitan 234
El Paso 17, 20, 23, 25, 26, 27, 37, 38, 47, 181, 238, **244 f., 246 f., 248 ff.**, *263*, *269*, *276*
– Centennial Museum 249, 250 f.
– El Paso Museum of Art 248, 250
– Magoffin Home State Historic Site 250
– San Elizario Presidio vgl. San Elizario
– Socorro Mission vgl. Socorro
– Tigua Indian Reservation 249
– Ysleta Mission 248, 249, 251
Elk 240
Elkins Ranch 259
Enchanted Rock State Natural Area 98 f.
Erdöl 17, 36, 37, 39, 44, 133, 179 f.

Orts- und Sachregister

Feiertage/Feste 266
Flying L Guest Ranch 109
Fort Bliss 37
Fort Davis 221
Fort Davis National Historic Site 221
Fort Seldon 244
Fort St. Louis 27
Fort Worth 11, 12, 13, 23, 24, 37, 39, **40–53**, 54, 55, 56, 64, 114, 170, 193, *263, 269, 270*
– Amon Carter Museum of American Art 45 f., **50**
– Bass Performance Hall 46, 50 f.
– Billy Bob's Texas 45, 53
– Botanic Garden 41, 48, **51**
– Coliseum 44
– Cultural Arts District 41, **45**, 50, *269*
– Fort Worth Museum of Science and History 46, **50**
– Fort Worth Nature Center and Refuge 41, 51
– Kimbell Art Museum 45, **50**
– Livestock Exchange Building 41, 43
– Main Street 43
– Modern Art Museum 10, **46**, **50**
– National Cowgirl Museum 46, **50**
– Sid Richardson Museum of Western Art 50
– Stockyards 41, **44 f.**, 49, 53, *269*
– Stockyards Historic District 41
– Stockyards Station 45
– Sundance Square 41, 44, **46**, 49
– Trinity Park 41, 48
– Water Gardens 46, 49, **51**
Franklin Mountains 245
Fredericksburg 11, 32, 91, 98, **101–107**, 108, *271*
– Country Court House 108
– Japanischer Friedensgarten 109
– Marienkirche 106 f., 109
– National Museum of the Pacific War **106**, 108, 109, 110
– Pioneer Museum **106**, 108, 109
– Sunday Houses 104
– Vereins Kirche 103, **106**, 108, 109
Freeport 158, 160

Fritch 253
– Alibates Flint Quarries National Monument 253
Fulton 158, 160 f.
– Fulton Mansion 159, 160 f., **166**

Galveston 14, 15, 16, 17, 24, 31, 34, 35, 36, 144, 148, **150–157**, 158, 160, 178
– 1894 Opera House 150, 156
– Ashton Villa 152, 153, **155**
– Bishop's Palace 151, 153, **155**
– Broadway 153, 155
– East Beach/R. A. Apffel Beach Park 153, 157
– Lone Star Flight Museum 156
– Moody Gardens 150, 156
– Moody Mansion Museum 153, 155
– Ocean Star Oil Rig Museum 155 f.
– Pier 21 Theater 156 f.
– Postoffice Street 151, 153
– Seawall 152, 153, 158, 179
– Strand District 153, 155
– The Strand 144, 151
Galveston Bay 133, 150
Galveston Island 27, 150–157
Galveston Island State Park 153, 157
Garcitas Creek 27
Geld/Kreditkarten/Reisekosten 266 f.
Glenn Springs 208
Golf von Mexiko 10, 15, 22, 23, 24, 26, 27, 39, 149, 155, 161, 162, 163, 168, 173, 174, 176, 179, 184, *267, 268, 275*
Goliad 28, 29, 30
Goodnight-Loving Trail 195
Granbury 41
– Historic Nutt House Hotel 41
Grand Prairie 55
Grapevine 45
Great Plains 11, 20 f., Green Gulch 208, 213
Gruene 90, **94**
– General Store 94
– Gruene Hall 94, 97
Guadalupe Hidalgo 32
Guadalupe Mountains 20, 25, 231, 232, 234
Guadalupe Mountains National Park 231, 232, 234 f.
Guadalupe Peak 234

Guadalupe River 92, 94, 95, 97, 110

Harlingen 170, 172, 175
Hen Egg Mountain 214
High Island 179
High Plains 253, 254, *267*
Hill Country vgl. Texas Hill Country
Hillsboro 71, 72
Hinweise für Menschen mit Behinderungen 267
Hollywood, CA 11
Hope 238, 240
Hot Springs 204, 211, 213
Houston 11, 14 f., 23, 24, 29, 36, 38, 39, 57, 59, 73, 102, 114, 115, **131–149**, 150, 154, 162, 170, 179, 181, 189, *263, 266, 268, 269, 270*
– ArtCar Museum 141, 147
– Astrodome 143
– Bayou Place 136
– Beer Can House 141, 147
– Byzantine Fresco Chapel Museum 139
– Children's Museum of Houston 140
– Cockrell Butterfly Center 140
– Contemporary Arts Museum 138 f., 146
– Cullen Sculpture Garden 145 f.
– Cy Twombly Gallery 139
– Deutsche Kolonialkirche 135
– Discovery Green 134, 137, **141 f.**
– Downtown 133, 134, **135 f.**, 137, 141, 147
– Galleria 138, **143**, **147 f.**
– George Ranch Historical Park 140 f.
– Glassell School of Art 146
– Heights 134
– Health Museum 140
– Hermann Park 141, 144, 147
– Houston Center for Contemporary Craft 140
– Houston Hobby (Airport) 24,
– Houston International Airport 185, *262*
– Houston Museum of Natural Science 140, 147
– Houston Zoo 144, 147
– Lyric Center 136

279

Orts- und Sachregister

- Magnolia 134
- Memorial Park 141, 144
- The Menil Collection 137, **139**, 140, **146**
- Montrose 134, 137
- Museum of Fine Arts **138**, **145**, 146
- Pennzoil Palace 136
- Post Oak District 147
- Post Oak Galleria 144
- Rice University 134, 141
- River Oaks 134, 147
- Rothko Chapel **139 f.**, 145, **146 f.**
- Sam Houston Park 135
- South Park 134
- Space Center Houston 15, 141, 144, **148 f.**
- Texas Medical Center 134, 138, 141
- Tranquility Park 136
- Uptown District 147 f.
- Westheimer Road 147
- Wortham Center 136

Houston Ship Channel 15, 133, 152, 179
Hueco Tanks 248
Hueco Tanks State Historic Park 248
Humble 36
Huntsville 186, 189

Industry 29
Intracoastal Waterway 160, 164, 166, 179
Irving 55
Isleta Pueblo, NM 27

JA Ranch 257
J.F. Kennedy Causeway 164
Johnson City 91
Juniper Canyon 205
Juárez vgl. Ciudad Juárez
Juárez Mountains 245

Känguruhratte 206 f.
Kansas City, KS 195
Kemah 154
Kennedy Ranch 172
Kerrville 108, **110**, **116**, 195
- Schreiner Mansion 110, 116
- Museum of Western Art 108, 110, **116**
- Olde Town 110
Kilgore 17
Kinder 267
King Ranch 16, 24, 33, 170, **171 f.**, **175**, 193
Kingsville 170, 172, 175

Klima/Kleidung/Reisezeit 267 f.
Kountze 191
Ku-Klux-Klan 35, 37

La Junta de los Ríos vgl. Presidio
La Réunion 33
Laguna Madre Bay 165, 173
Lajitas 205, 211, 212, 215, 216, **219**, 220, **222 f.**, 226, 228
Lake Amistad 192, 196, **200**
Lake Buchanan 14
Lake Granbury 41
Lake Livingston 17, 24, 185, 188 f.
Lake Marble Falls 14
Lake McMillan 240
Lake Medina 14
Lake Meredith 253
Lake Otero 240
Lake Sam Rayburn 188
Lake Travis 14, 77, 81
Lake Worth 41, 51
Langtry 20, 192, **198 f.**, 200
- Judge Roy Bean Visitor Center 192, 198, **200**
Laredo 23, 39, *263*
- San Agustin Plaza 180
- St. Agustin 180, 182
- St. Agustin Church 182
- St. Mary's University Law School 180
Las Cruces 20, 238, 243, **244**, 246
Lavaca Bay 158, 160
LBJ-Ranch 91, 98, 102
Lincoln National Forest 240
Livingston 185, 186, 191
Llano Estacado vgl. Great Plains
Longhorn-Rinder 33, 35, 41, 45, 55, 136, 171, **194 ff.**
Los Mochis (Mex.) 225
Los Olmos Creek 172
Lost Mine Trail 205, 213
Louisiana (Staat) 16, 27, 28, 186, *263*
Lubbock 34, 37, 97, 256, 260, *271*
Luckenbach 92, 98, **100 f.**, **105**
- Luckenbach Dance Hall, General Store 100, 101, **105**
Lyndon B. Johnson National Historical Park 91

Mansfield Channel 164, 174
Marathon 25, 192, **199**, **200**, 201, 202
- The Gage Hotel 199, 200
Marfa 20, 25, 220, 221, **226 f.**, **228 ff.**, 231, 233
- Chinati Foundation 227, 228, **229**
- Gerichtsgebäude 225, 226, **229**
- Hotel Paisano 226, 228
Marfa Lights 227, 228
Marsical Canyon 205
Maße und Gewichte 268
Matagorda Bay 27
Matamoros (Mex.) 17, 19, 23, 164, *263*
Mayan Dude Ranch 113 f.
Mayhill 240
McAllen 39
McDonald Observatory 221
McKinney 208
McKinney Falls State Park 81
McKittrick Canyon 231, 232, 234
McLean 25
Medina 108, 111
Medina River 14, 108, 110, 111, 113
Medizinische Versorgung 268 f.
Meeresschildkröten 16, 174, 176
Mesilla 238, **244**, 246
- Plaza 244, 246
- San Albino Mission 244
Mesilla-Tal 244
Mexiko 8, 16, 17, 19, 23, 28, 29, 31, 32, 35, 37, 39, 64, 121, 122, 164, 168, 174, 187, 194, 195, 204, 206, 207, 224, 250, *263*
Midland 24, 26
Missionen, spanische 11,
Mississippi (Staat) 8
Mountain Home 98
Mustang 171
Mustang Island 15, 24, 159, 161, **162**, 163, 164, 172
Mustang Island State Park 167

NASA 11, 12, 15, 38, 134
NASA Johnson Space Center vgl. Houston
Neches River 186
Neu-Spanien 27
New Braunfels 11, 14, 33, 72, 90, 92, **92–97**, 98, 99, 102, 103
- Conservation Plaza 94, 96
- Faust Hotel 93
- First Protestant Church 93

Orts- und Sachregister

– John Faust House 93
– Landa Park 90, 94, **96 f.**, 97
– Landa-See 96
– Lindheimer Home 93 f., 96
– Main Plaza 93
– Museum of Texas Handmade Furniture 94, 96
– Prince Solms Inn 92, 93, 95
– River Road 94, 97
– Schlitterbahn 72, 92, **94, 96**
– Sophienburg Museum & Archives 96
– Wurstfest 93, 97
New Mexico (Staat) 20, 33, 207, 235, 244, 245, 249, 251, 254, *263, 276*
Niederwald 92
Norias Ranch 172
Notfälle 269
Nueces 34
Nueces River 17, 32, 194
Nueces Valley 171
Nuevo Laredo (Mex.) 23, *263*

Oak Creek 205
Oakhurst 185
Ocotillo-Sträucher 197, 224
Odessa 24
Öffentliche Verkehrsmittel 269
Ojinaga (Mex.) 224 f.
Oklahoma (Staat) 195, *263*
Oklahoma City, OK 25
– Cowboy Hall of Fame 25
Orange 181
Organ Pipe Mountains 244

Padre Island 31, 159, **164 f.**
Padre Island National Seashore 15 f., **164 f., 167 f.**, 173
Palacios 158, 160
Palo Duro Canyon 21, 256, 257, 259
Palo Duro Canyon State Park 256 f., 259
Panhandle 11, 20 f., 23, 25, **252–260**, *263, 267*
Panhandle Plains Historical Museum vgl. Canyon
Panther Junction 201, 203, 204, 205, 216
Panther Pass 205, 213
Parker 55
Paso Lajitas (Mex.) 206, *263*
Pecos 36
Pecos River 33, 196, 197, 198, 240, *271*
Pecos River Bridge 197
Phelps 185

Piedras Negras (Mex.)
Pine Canyon 201, 205, 208
Pine Springs 231, 232, 234
Plains 187, 195, 207
Port Aransas 158, 159, **161, 166 f.**
Port Arthur 181
Port Bolivar 178
Port Isabel 170, 172, **173**, 175
– Lighthouse 173, 175
Port Mansfield 164, 174
Post 269
PRADA MARFA 231, 233
Prairie Dog Town Arm 259
Prairie dog (Erdhörnchen) 21, 41
Presidio 25, 220, 223, **224**, 225, 228
Prohibition 17, 37, 223, *271*

Queen Isabella Causeway 170, 173

Rancherias Canyon 222
Rancherias Falls 222
Rauchen 269
Red River 9, 35, 256, 259, *273*
Reservierungen 269
Restaurants/Essen und Trinken 270 f.
Reynosa (Mex.) 23, *263*
Rheingold 92
Richmond 140
Rio Bravo del Norte (mexikan.) vgl. Rio Grande
Rio Conchos 207, 212, 224
Rio Grande 12, 17 f., 19, 20, 25, 26, 27, 29, 32, 121, 127, 192, 193, 196, 202 f., 206, 207, 211, 212, 213, 214, 216, 220, 222, 223, 224, 244, 245, 247, 249, *263*
Rio Grande Valley 24
Rio Grande Village 204, 212, 213, 216
Rio Pecos 12, 20
Rio Penasco 240
River Road 25, **220–227**
Rock art 26, 248, 253
Rockport 161
Rocky Mountains 20, 245
Rodeo 36, 171, 189, *266, 271*
Route 66 21, 23, 25, 254, 258, *263*
Ruidosa 220

Sabine Pass 34
Sabine River 16

Sacramento Mountains 240, 242
Salado 71, 72, 73, 79
– Stagecoach Inn 72, 79
Salado Creek 72
Salt Flat Basin 234
Sam Houston National Forest 189
San Andres Mountains 242
San Antonio 9, 14, 23, 24, 26, 28, 29, 33, 34, 35, 36, 37, 38, 47, 59, 61, 64, 92, 94, 108, 109, **114 f.**, 116, **117–130**, 131, 132, 170, 192, 195, 202, 254, *263, 266, 269, 270*
– Alamo 29 f., 115, **118, 125**, 127, 194, 224
– Alamodome 115
– Art District 115
– Brackenridge Park 118
– El Mercado/Market Square 118, 119, 125, **127**
– Farmers Market 118 f.
– Hemisfair Plaza 115
– Hyatt Regency Hill Country Resort 109
– Institute of Texan Cultures 118, 119, **125**
– King William Historic District 35, 118, **119 f.**, 124, 126, 130
– La Villita 127 f.
– Majestic Theater 126
– McNay Art Museum 118, 121, **125**
– Menger Hotel 124, 195
– Mission Concepción 121, **126**, 127
– Mission San Francisco de la Espada 122, 127
– Mission San José 121 f., 126 f.
– Mission San Juan Capistrano 122, 127
– Mission Trail 118, 121 f.
– Museo Alameda 118, 119, **125**
– Museum Reach **115**, 118, 128
– Pearl Brewery Complex 115, 118, 121, **128**, 130
– Riverwalk 14, **114 f.**, 122, 123, 124, 125, 126, 127, 128, 129
– Rivercenter Mall 128
– San Antonio de Valero 118, 125
– San Antonio Museum of Art 118, 120, **126**

281

Orts- und Sachregister

– Sea World San Antonio 127
– Spanischer Aquädukt 122, 127
– Spanish Governor's Palace 118, 119, **126**
– Steves Homestead 120, **126**
– Tower Life Building 123
– Villa Finale 119, 120, **126**
San Antonio River 113, 118, 121, 128, 129, 130
San Elizario 248, 249, 251
– San Elizario Presidio 248, 249, 251
San Felipe de Austin 28
San Felipe Springs 196
San Jacinto 30, 31, 118, 135 f.
San Jacinto River 30
Sanderson 199
Santa Ana, Ca 29, 30
Santa Elena Canyon 203 f., 205, 211, 212, 214
Santa Elena Junction 212, 213
Santa Gertrudis Creek 172
Sauer-Beckmann-Farm 102
Scharbauer Ranch 26
Schulenburg 92
Seminole Canyon 26, 192
Seminole Canyon State Historical Park 26, 192, 193, **197, 200**
Sezessionskrieg 17, 34, 35, 37, 42, 115, 186, 194, 244
Shafter 20, 220, 225
Shamrock 25
Ship Channel vgl. Houston Ship Channel
Shreveport 16
Sicherheitshinweise 271 f.
Sierra del Carmen 202, 214
Sierra Diablo 234
Sierra Madre 20, 245
Sisterdale 98, 100
Six Flags Over Texas 54, 56, **64**
Socorro 249
– Socorro Mission 248, 249, 251
Sotol Vista Overlook 213

South Fork Ranch 38, 55
South Grape Creek 98
South Padre Island 16, 24, 160, 164, 170, 172, **173 f., 175 ff.**
South Rim 207
Spadefoot toad (Krötenart) 206
Spindletop vgl. Beaumont
Sprachtipps 272 f.
Staked Plain vgl. Great Plains
Steinhagen 186
Stonewall 38, 91
Strom 273
Study Butte 209, 212, 214, 215, 216, **219**
Surfside 158, 160

Tall Mountain 207
Telefonieren/Internet 273 f.
Terlingua 182, 201, **208 ff.**, 212, 215, **216 ff.**, 219, 220, 222, 224, 227, 228
– Barton Warnock Environmental Education Center 220, 222, **228**
– Perry Mansion 209, 216
– Starlight Theater 210, 217
– Terlingua Trading Company 209, 216, 217, 218
– Villa de la Mina 210
Terlingua Creek 203, 212, 217
Tex-Mex 122 f., *270*
Texarkana 35
Texas Hill Country 13 f., 24, 72 f., 76, 91, 92, 99, 102, 104, 107, **108–116**
Texas Hill Country Trail 192
Texas Riviera 16
Tivoli 160, 166
Tornillo Creek 213
Trans-Pecos-Gebiet 20, 25, 197
Trinity River 41, 42, 51, 65, 186, 188
Trinity Site 244
Trinkgeld 274
Tularosa Basin 239, 240, 242

Tularosa Valley 240
Tumbleweed (Strauchart) 225
Turkey Creek 186
Tusculum 33
Twin Points Beach 41

Unterkunft 274 ff.
Utopia 14
Uvalde 192

Val Verde 196
Val Verde Winery 196
Valentine 231, 233
Van Horn 20, 231, 233 f.
Verkehrsregeln vgl. Autofahren

Waco 36, 72, 79
Washington, D.C. 30, 73, 74, 125, 140, 149
Waterloo 73
Weimar 92
West 72, 79
West Columbia 158
Western art 45, 50, 110, 116
Western Trail 195
Western wear 42, 55, 248
White Sands 20, 25
White Sands National Monument 238, 239 f., 240, **242 ff., 246**
White's City, NM 231, 232, 234, 235, 238
Whooping crane (Schreikranich) 160, 166
Wichita County 44
Window View Trail 204, 213
Woodlands, The 17, 24, 185, **189, 191**
Woodville 185, 188
Woodward Agate Ranch 221

Y.O. Ranch 195
Ysleta del Sur (vgl. auch El Paso, Ysleta)

Zeitzonen 276
Zoll 276

282

Namenregister

African-Americans 8, 59, 67, 134
Alabama-Indianer 17, 27, 28, 186, 188
Altgeld, Ernst Hermann 35
Ando, Tadao 10, 50
Andre, Carl 229
Apachen 26, 122, 207, 221, 244, 249, 251
Attacapas 26, 31, 186
Aubry, Eugène 140
Austin, Stephen F. 14, 28, 29, 30, 73, 76
Autry, Gene 47, 78

Barnstone, Howard 140
Bass, Gebrüder 46
Bean, Roy 12, 20, 192, **198 f.**, 200
Beauvoir, Simone de 119
Bierstadt, Albert 50
Billy the Kid 12, 244
Bingham, George Caleb 50
Bird Johnson, Lady 91
Blind Lemon Jefferson 63
Bonnie und Clyde 16, 58
Börne, Ludwig 31, 99
Bowie, Jim 29
Bramblett, Kit 39
Brauner, Victor 139
Büchner, Georg 31, 99
Burgee, John 51, 62
Busch, Adolphus 58
Bush, George 38
Bush, George W. 39

Caddo-Indianer 26, 27, 33, 186
Cajuns 11, 179
Calder, Alexander 66
Callas, Maria 61
Carter, Amon 46
Caruso, Enrico 44
Cassidy, Butch 43
Catlin, George 50
Cézanne, Paul 125, 138
Chamberlain, John 229
Chavez, Cesar 18
Cherokees 31
Chirico, Giorgio de 139
Chisholm, Jesse 32, 47
Clements, Bill 38
Coahuiltecans 26, 121
Columbus, Christoph 194

Comanchen 26, 32, 35, 42, 103, 122, 207, 249, 257
Comancheros 257
Connally, John 8
Cook, W.D. 59
Coronado, Francisco Vásquez de 27, 257
Cortez, Hernando 194
Coushattas 17, 27, 28, 186, 188
Crockett, David 29
Crouch, Hondo 101

Davis, Jefferson 196
Dean, James 226, 228
Degas, Edgar 138
Demuth, Charles 50
Deutsche 11, 14, 102, 103
Dragset, Ingar 233
Dubuffet, Jean 136
Dufy, Raoul 125

Earp, Wyatt 12
Eisenhower, Dwight D., General 38
Elmgreen, Michael 233
Engel, Ben 100
Engel, Minna 100
Ernst, Friedrich 29
Ernst, Max 139
Ewing, J.R. vgl. Hagman, Larry

Fallersleben, Hoffmann von 11, 31, 98, 100
Faust, Walter 93
Fender, Freddy 78
Ferguson, James E. 37
Flavin, Dan 229
Foster, Norman & Partners 61, 67
Fourier, Charles 33
Franziskaner 26
Fuentes, Carlos 245

Garrett, Pat 244
Gatlin, Larry 78
Gauguin, Paul 125
Giacometti, Alberto 66, 138
Gogh, Vincent van 125, 138
Goodnight, Charles 254, 257
Granger, General 35
Greco, El 125
Griffith, Nancy 77
Grüne, Ernst 94

Haas, Richard 42 f.
Hagman, Larry 12, 38, 58, 63
Hardin, John Wesley 12

Heine, Heinrich 31, 99
Henderson, J.P. 32
Hepworth, Barbara 136
Hidalgo, Pater Miguel 28
Hilton, Conrad 65
Hispanics 8, 11, 17 ff., 59, 102, 123, 134, 248
Holly, Buddy 37, 78
Homer, Winslow 50, 125
Hoover, Herbert 246
Horm, Roni 229
Houston, Sam 30, 31, 32, 34, 42, 118, 136, 188
Hudson, Rock 226, 228
Hunt, Familie 8, 46, 57
Hunt, H.L. 57

Indianer 26, 27, 103, 172, 207, 221, 242, 249, 253, 254

Jagger, Mick 214
James, Jesse 124
Jennings, Waylon 13, 78, 100, 101
Johnson, Lyndon B. 8, 38, 91, 102, 194, 246
Johnson, Philip 45, 46, 51, 62, 133, 136, 140, 164, 168
Joplin, Janis 77, 86
Joplin, Scott 35
Judd, Donald 66, 220, 226, 227, 229
Judge Roy Bean vgl. Bean, Roy

Kahn, Louis 45, 50
Karankawas 26, 27, 31, 164
Kelly, Ellsworth 138
Kennedy, John F. 12, 38, 58, 67, 167
Kimbell, Kay 50
King, Martin Luther 140
King, Richard 33, 172
Kiowas 26, 32
Kleberg, Familie 29, 172
Kleberg, Robert 172
Klein, Betty 102
Koock, Guich 101
Koolhaas, Rem 61, 66
Kooning, Willem de 66
Kristofferson, Kris 78

La Salle, René Robert, Sieur de 27
Lafitte, Jean 150, 157
Lamar, Mirabeau B. 31
Landergrin, John 259
Langford, J. O. 204, 214

Namenregister

Langtry, Lillie 198
LBJ vgl. Johnson, Lyndon B.
Legorreta, Victor 168
Legorreta, Ricardo 168
Liebermann, Max 66
Lincoln, Abraham 34
Lindbergh, Charles 246
Lindheimer, Ferdinand 33, 96
Lipski, Donald 114, 115
Loetscher, Ila 174, 176
Lohse, Richard Paul 229
Lopez, Trini 78
Lord, Chip 255
Ludwig, Peter 255

Magoffin, J.W. 250
Magritte, René 139
Malliol, Aristide 146
Marcus, Stanley 57, 68
Marquez, Hudson 255
Marsh 3, Stanley 255, 258
Mathis, Walter 126
Matisse, Henri 66, 138, 146
May, Karl 11
Menil, Dominique de 139, 146
Menil, John de 139, 146
Menil, Familie 146
Mescalero-Apachen 240, 248
Mestizen 171
Meusebach, Ottfried Hans von 32
Mexikaner 17 ff., 225, 242
Michels, Doug 255
Midland Minnie 26
Mies van der Rohe, Ludwig 145
Miklovisch, John 141
Miller, Steve 77
Miró, Joan 66, 136, 138
Mitchell, George 189
Mix, Tom 47
Molak, Pat 94
Moneo, Rafael 138
Moore, Henry 66, 136
Moran, Thomas 50
Morgan, Kathy 101
Moscoso, Luis de 27

Nasher, Raymond D. 66
Nelson, Willie 13, 22, 38, 39, 77 f., 101, 123, 224
Newman, Barnett 140

Nimitz, Admiral 38, 106, 109
Nimitz, Karl 109
Noguchi, Isamu 138, 145

O'Keeffe, Georgia 50, 125, 138
Oldenburg, Claes 66, 136, 226, 227, 229
Olmsted, Frederick Law 73, 74
Oñate, Juan de 247, 249
Oswald, Lee Harvey 60, 67

Pei, Ieoh Ming 66, 133
Pellis, Cesar 133
Perot, Ross 57, 67
Pershing, General 37
Piano, Renzo 50, 62, 66, 139, 146
Picasso, Pablo 50, 66, 125, 138
Piñeda, Alonso Alvarez de 27
Piro-Indianer 251
Pollock, Jackson 50
Ponce de Léon, Juan 214
Postl, Karl Anton 11, 31
Pratt, William 232
Presley, Elvis 44
Prince-Ramus, Joshua 66
Puck, Wolfgang 66, 68
Pueblo-Indianer 26

Remington, Frederic 50, 110, 116
REX/OMA 66
Richardson, Sid 50
Rivera, Diego 125
Rodin, Auguste 66, 146
Roeder, von, Familie 29
Rogers, Kenny 78
Rogers, Will 47
Ronstadt, Linda 123
Rothko, Mark 50, 140, 146
Russell, Charles M. 50, 110, 116
Russell, D.A. 229

Sahm, Doug 78
Sánchez, Tomás de la Barrera y Gallardo
Santa Ana, General 29, 30, 118, 125

Santleben, August 223
Schmidt, Dr. Charles 101
Schmidt, Loretta 101
Schreiner, Charles 110, 116
Schreiner, Charles III. 195
Schwarzenegger, Arnold 23
Sealsfield, Charles vgl. Postl, Karl Anton
Serra, Richard 66
Shaw, Jim 32
Solms-Braunfels, Carl Prinz zu 31, 92, 96
Soto, Hernando de 27
Spanier 115, 171, 194, 207, 248, 249, 251
Steinbeck, John 254
Stella, Frank 50, 146
Stetson, John B. 35
Steves, Edward 126
Stifter, Adalbert 187
Sundance Kid 13, 43 f.

Taylor, Elisabeth 226, 228
Tejas 27, 121
Tiguas 27, 249
Tonkawas 26, 33
Toulouse-Lautrec, Henri de 125
Travis, William Barret 29
Trost Henry 228
Tubb, Ernest 78
Tucker, Tanya 78
Turrell, James 145, 147
Twombly, Cy 139

Vaca, Cabeza de 27
Valdez, Victor 206
Villa, Pancho 37, 223, 246

Walker, Jerry Jeff 101
Warhol, Andy 50, 138
Warnock, Prof. 222
Wayne, John 194
West Texas Cave Dwellers 26
White, Edward H. 38
White, Familie 235
White, Jim 235
Wilhelm I., König von Preußen 119
Wills, Bob 78
Wimar, Carl 50

© 2011 United Air Lines, Inc. Alle Rechte vorbehalten.

Sie werden eine größere Landkarte benötigen.

Mehr als 370 Reiseziele weltweit sowie 15 Nonstop-Flüge in die USA ab Deutschland.

Beinhaltet Reiseziele, die von United Airlines, Inc., Continental Airlines, Inc., United Express, Continental Express und Continental Connection angeflogen werden.

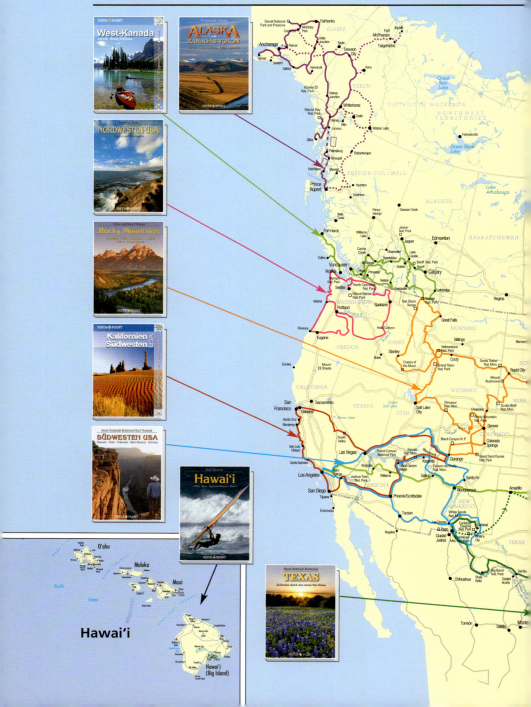

Bildnachweis und Impressum

Adolphus Hotel, Dallas: S. 59
EricAnderson/ElCosmico: S. 229
Carol Barrington/Fredericksburg Convention & Visitors Bureau: S. 104
Barry Banner: S. 208/209
Beaumont Convention & Visitors Bureau: S. 182 u., 184 o., 184 u.
Beaumont Enterprise: S. 179, 181
Big Bend National History Association: S. 218
Frieder Blickle, Hamburg: S. 21 u., 255
Kenny Braun/TxDOT: S. 15, 51, 129, 152 o., 162, 172, 175, 177, 197, 210, 226 o., 245, 257, 260, Umschlagrückseite
Doug Buehler/National Park Service: S. 235, 237
Denise Chambers, Austin: S. 13, 84
Clay Coleman, Dallas: S. 56/57
Stephanie Colgan/San Antonio Convention & Visitors Bureau: S. 120 o., 130
Dallas Convention & Visitors Bureau: S. 11 o., 62, 70
Hauke Dressler/LOOK, München: S. 253
The Driskill Hotel, Austin: S. 74
Sean Fitzgerald, Dallas: S. 63 u.
Fort Worth Convention & Visitors Bureau: S. 10/11, 42 o., 44, 45, 7, 48, 53
Jim Fox, Fredericksburg Convention & Visitors Bureau: S. 102
Galveston Convention & Visitors Bureau: S. 149, 152 u., 156
Gillespie County Historical Society, Fredericksburg: S. 106
Peter Ginter, Köln: S. 21 o., 69, 120 u., 153, 165, 193, 198, 204, 239, 251
Greater Houston Convention & Visitors Bureau: S. 4 o., 132, 133, 135, 136, 139, 140, 143, 146, 147,148, 151
Christian Heeb/LOOK, München: Haupttitel: S. 2/3, 8, 46, 87, 100, 112/113, 150, 215, 217
Dan Herron, Austin: S. 75
Hickey-Robertson, Greater Houston Convention & Visitors Bureau: S. 145
Florian Holzherr/Chinati Foundation: S. 226 u. (Donald Judd, 100 untitled works in mill aluminum, 1982–1986, detail, permanent collection, the Chinati Foundation, Marfa, Texas, photograph by Florian Holzherr, 2002, © VG Bilkunst 2011) S. 227 (John Chamberlain, 24 variously titled works in painted and chromium steel, 1972–1983, permanent collection, the Chinati Foundation, Marfa, Texas, photograph by Florian Holzherr, 2001, copyright Art Judd Foundation, Licensed by VAGA, NY/VG Bildkunst 2011)
Tim Hursley, ATTPAC: S. 60, 61
Institute of Texan Cultures, San Antonio: S. 35 u., 37 u., 38
iStockphoto/Arturo M. Enriquez: S.20; Shannon Forehand: S. 1; Evan Gearing: Titelbild u. S. 116; Kim Hammar: S. 241; Dave Hughes: S. 236; D. Huss: S.171; Duncan Johnson: S.18/19; Frank Leung: S.183; Brianna May: S. 88/89; Norman Sciple: S. 190; James Pharaon: S. 202
Jon King Keisling, National Trust for Historic Preservation: S. 119
Matt Lankes, Austin: S. 199
Kimber Modern, Austin: S. 80
Lajitas Golf Resort & Spa: S. 224
Library of Congress, Washington, D.C.: S. 26
Joni Marginot, Marfa: S. 225
Marks Moore, San Antonio: S. 118
Guy Reynolds, Dallas: S. 39
Richard Nowitz, Beaumont Convention & Visitors Bureau: S. 180
Richter Architects, Fredericksburg Convention & Visitors Bureau: S. 110
Steve Rawls, Fredericksburg Convention & Visitors Bureau: S. 99
Al Rendon, San Antonio: S. 101, 114, 115, 122
San Antonio Conservation Society: S. 36
San Antonio Convention & Visitors Bureau: S. 25, 121, 123, 270
Horst Schmidt-Brümmer, Köln: S. 4 u., 6/7, 14, 23, 63 o., 73, 95, 97, 107, 109, 113 o., 160, 163, 187, 208, 242, 247
Andy Schrader, Austin: S. 85
Carina Sieler, Köln: S. 86, 128, 219, 223, 233, 242/243, 249, 250
South Padre Island CVB: S. 176
Richard Stockton/SPI CVB: S. 174
David Strohl, Austin: S. 78
Texas State Library, Archives Division, Austin: S. 31, 35 o.
Dan Tharp, New Braunfels Chamber of Commerce: S. 91
TxDOT (Texas Department of Tourism), Austin: S. 5, 16, 22, 42/43, 56, 93, 110/111, 173, 182 o., 188, 189, 234, 261, 265
The Tremont House, Galveston: S. 154
Upstairs at the Mansion/Kaci Fullwood: S. 216
Visit Big Bend/Brewster County Tourism Council: S. 206, 207, 211
Vista Point Verlag, Köln (Archiv): S. 17
Wolfgang R. Weber, Darmstadt: S. 203, 213
Wildseed Farms, Fredericksburg: S. 103
Nigel Young, Foster+Partners: S. 65
Alle übrigen Abbildungen stammen aus dem Archiv des Autors.

Titelbild: Feld mit Bluebonnets, der texanischen Staatsblume. Foto: iStockphoto/Evan Gearing
Vordere Umschlagklappe (innen): Übersichtskarte von Texas mit den eingezeichneten Routenvorschlägen
Haupttitel (S. 2/3): Kaktus, Cowboy und Windrad. Foto: Christian Heeb/LOOK, München

Konzeption, Layout und Gestaltung dieser Publikation bilden eine Einheit, die eigens für die Buchreihe der **Vista Point Reiseplaner** entwickelt wurde. Sie unterliegt dem Schutz geistigen Eigentums und darf weder kopiert noch nachgeahmt werden.

© Vista Point Verlag, Köln
5., stark überarbeitete Auflage 2011
Alle Rechte vorbehalten
Reihenkonzeption: Horst Schmidt-Brümmer, Andreas Schulz
Verlegerische Leitung: Andreas Schulz
Lektorat: Kristina Linke
Bildredaktion: Andreas Schulz, Carina Sieler
Layout und Herstellung: Sandra Penno-Vesper
Reproduktionen: Henning Rohm, Köln
Kartographie: Berndtson & Berndtson Productions GmbH, Fürstenfeldbruck, und Kartographie Huber, München
Gedruckt auf chlorfrei gebleichtem Papier

ISBN 978-3-86871-114-1